JN246740

# 新しい小説のために

# 新しい小説のために

佐々木敦

講談社

装幀——森大志郎

新しい小説のために／目次

# 第一部　新しい「小説」のために

私は、こゝで問題を提出したり解決したり仕様とは思はぬ。私はたゞ世の騒然たる文芸批評家等が、騒然と行動する必要の為に見ぬ振りをした種々な事実を拾ひ上げ度いと思ふ。私はたゞ、彼等が何故にあらゆる意匠を凝らして登場しなければならぬかを、少々不審に思ふ許りである。私には常に舞台より楽屋の方が面白い。この様な私にも、やつぱり軍略は必要だとするなら、「搦手《からめて》から」、これが私には最も人性論的法則に適つた軍略に見えるのだ。

――「様々なる意匠」小林秀雄――

# 第一部　新しい「小説」のために

# 第一章　リアリズムの末流

## 0. 「新しい小説」のために？（2013年）

新しい小説のために、いったい何を、どこから、どうやって、書き始めるべきなのだろうか。どうしたら書き始めることが出来るのだろう。

だいたい、いったい、どんな書き出しならば許されるというのか（それに大体一体、どこの誰に対して、何の「許し」を乞おうというのか）。

と、こうして既に書き始めてしまっている今も尚、このようないかにも愚鈍な、だが明らかに無理もなかろう自問に対する答え、答え方、答える術は、もちろん一向に定かではない。

今ここで、こうして幾分、というか、あからさまにトリッキーな、ほとんど児戯めいた騙し討ちのようにして、ともあれ書き始めてしまいながらも、しかし私にはむろん、とりたてて何かの確信があるわけではないのだ。

ただ、ここに「新しい小説のために」という、なんだか勇ましいような古めかしいようなひと続きの言葉があり、何よりもまず、この九文字をめぐって、何ごとかを考えながら、これからすこし時間を掛けて、言葉を書き連ねていこうと、漠然と思っているだけである。

だからむしろ先の問いは、いま、既にしてこのように書きつつある、この「私」自身に向けて、不断に発され、問われ続けられるべき問いであるのだろう。書き始める前の逡巡よりも、書きつつある言葉への懐疑を片時たりとも忘れぬこと。それでいて、ともかくも書き続けてみること。それにそもそも、特に深く考えてみるまでもなく、どこからどうやって書き出し、どのように書き継いでいったとしても、いずれ完膚無き正答であり得る筈もない。従ってだからそれゆえに、完膚無き誤答だってあり得ることはない。とどのつまり、これからやろうとしている作業に、今はまだこれといった確信が無いのと同じく、私には実のところ、迷いだって無いのだ。

だから何がどうでもよいということではないが、それでもさしあたりは、だから、と書くしかないのだとも思うので、だから、いま、既にこうしてしまっているように、ともかくも、何かを書き出してみればいいのだし、結局、何ごとであれ、いつだってそうするしかないのではあるまいか。

だからこうして、これはここから、このようにして始められる、新しい小説のために。

## 1.「新しい小説」は不要だと述べる「新しい小説論」について（2008年／1987年）

二〇〇八年の春先のことだが、書店で目に留まった瞬間、思わずおいおいと突っ込みたくなってしまったものとして、金井美恵子の『小説論――読まれなくなった小説のために』の文庫版に付された帯文が挙げられる。
そこには次のような惹句が記されてあったのだ。

「今、最も新しい小説論！」

だって、この『小説論』ってもともとは一九八七年に出た本ですよ。初の文庫化であるとはいえ、この素敵な売り文句に誘われて思わず本を書店のレジに持っていくかもしれない小説家志望の大学生（当時）がこの世に生まれ出るか出ないかといった頃に出版された「小説論」を「今、最も新しい」と断言してしまえる朝日文庫編集部の商魂には、まったくもって頭が下がるというか何というか。もちろん所詮はキャッチコピーに過ぎないとはいえ、一片の疑いもなく完璧に確信犯であるに違いないこの断言はしかし、初見の失笑の後、ゆっくりと妙な薬が効いてくるようにして、私に随分と様々な事どもを考えさせてくれることになったのだ。
『小説論』の帯には先のコピーとともに、こんな問いかけも記されている。「小説は〈時代遅れ〉なのか？」。この問いが、この書物の主題、少なくともそのひとつを表しているのだとして（そしてそれはそうなのだが）、二十年以上も前に発された「小説は〈時代遅れ〉なのか？」という設問が、二十余年後に「最も新しい」という断言と一緒になって記されているということは、つまりはこの問い自体は二十余年が経っても古びていないということになるのだろう。

とすれば、真に驚くべきことは、この『小説論』という本の、時間を超えた「新しさ」というよりも、むしろ、この「小説＝時代遅れ」という評言の耐用年数の長さということにはならないか。「小説は〈時代遅れ〉なのか？」という設問が、いつまで経っても「時代遅れ」にはならず、それどころか「今、最も新しい小説論」とさえ言い得てしまうということの事実は、よく考えてみるとまるで可笑しくはなく、むしろなんだか気味が悪くて、ほとんど空恐ろしくさえある。

そう思って、ともあれ『小説論』をあらためて捲ってみると、「読まれなくなった小説のために」という、いかにもシニカルな副題が露骨に示しているように、一九八七年の時点で金井美恵子の「小説」にかんする状況認識は、楽観的とは到底言い難い。当時の日本はバブル景気の途上であって、圧倒的な資本主義的加速&膨張を背景にした、大量かつ多種多様な情報のフローにより、文化、教養、芸術などと呼ばれていた古式ゆかしき領域は、急速な自己差異化と（それと相即した）平準化を促進していた。ニューメディアとサブカルチャーの氾濫の只中にあって、十九世紀の産物であるところの「小説」の表現様式としての／産業形態としての低迷と没落は、金井美恵子ならずともありありと見て取れたことだろう。

『小説論』は三回にわたる連続講演が基になっているのだが、その初回、まだ語り出して間もないあたりで、「いずれにしましても、いまどき小説の話をするのは、多少時代遅れというか、反時代的な感じがどうしてもつきまとうような気がします」と述べてから、講演者は次のように続けている。

小説の黄金時代は十九世紀だったわけですし、もうすでにあらゆる実験や挑戦はなされてしまった、書かれるべき小説はほとんど書かれてしまって、新しい小説の未来、衝撃的な作品なり世界を変えるようなかたちで小説の未来は考えられない、小説は死にかけているのではないか、という考え方があるのも、広く知られているとおりです。小説家や文学評論などを書いている人たちのあいだにも、そういう一種の不安や脅えみたいなものがどこかにわだかまっているらしく、様々な言説として、かつての〈繁栄〉と現在の〈凋落〉がことあるごとに言われます。世界的に小説は大していい状況にいるわけでもないし、映画などと同じように観客が少なくなったとか売れなくなったとかいうことが非常によくいわれる分野です。

(『小説論――読まれなくなった小説のために』)

「小説」が、「時代遅れ」であり、「反時代的」であるという評定は、ここではふた通りの意味で言われている。すなわち、

(1)「小説」のモードの更新が停まっている。

(2)「小説」は読まれていない(=売れていない)。

(1)は、確かに今も小説は膨大に書かれているかもしれないけれども、真の意味で「新しい小説」、何らかの意味で明白なる「新しさ」を体現していると言い得るような小説は、ついぞ出てこなくなってしまった、それは要するに「小説」というジャンルに「新しさ」を生産するエネルギーが無くなってしまったということではないのか、「小説」はクリエイティヴィティのポテン

シャルをもはや蕩尽し切り、芸術の一分野としての役割を終えつつある、つまり「死にかけている」のではないのか。というようなことだろう。それと（2）の、「小説」が売れない、という厳然たる資本主義的現実とは、本来は別々のことであってもいい筈なのだが、けれどもどうやら（1）が（2）の原因でもあるというか、少なくとも原因の一端を成しているのであるらしい、という憶測も、ここでは述べられている。

世紀末でポスト・モダンで、何もかもが大きく変わろうとしている、と言われている現代という時代を知るためには、今、私たちの同時代の小説家たちが書いている小説より、ずっと刺激的で知的で、そうですね、それを読んだことで読者自身も頭が良くなったり、眼からウロコが落ちる程びっくりして、何かを理解したという錯覚（錯覚、と言っては、あんまり不躾けでしょうか？）を与えてくれる本が、たくさんあるのではないでしょうか。（同前）

つまり「時代が変わったのに小説は変わらない」。急速な世の中の変化に対応し（ようとし）ている「本」ならば、「小説」以外に幾らでもあるのだから、相対的に「小説」は「読まれなくなった」のだ、というわけである。このロジックから読み取れることは、バブル景気で「ポスト・モダン」だった八〇年代後半の日本においては、きわめて世俗的な意味での「新しさ」という属性が、まだしも「商品」としてのチャームの重要な条件たり得ていた、ということであり、その意味でいうと、もはや「小説」は魅力的な「商品」ではまるっきりない、という評価がここでなされているということである。

ところでしかし、金井美恵子自身は、かくのごとき、まあ悲観的と言ってよいだろう（そして凡庸と呼んでもよかろう）「小説」に関する認識を、あくまでも他人事というか、どうやら世間や業界ではそういうことになっているらしいけれども、ねえ、といった調子で挙げてみせているのに過ぎない。『小説論』では、こうしたことは、いわば話の枕であって、彼女は明らかに「新しい小説」の不作を嘆いてはいないし、そもそも嘆くべきことだとさえ考えていない。「商品」としてならばともかく、いわば「作品」としての「小説」の価値判断には、浮薄で軽佻な「新しさ」という計測単位など、別段無関係であっても全然構わないと、彼女は思っているようにも思われる。

この「新しい小説」なるものへの否定は、二重の意味で為されている。すなわち、

（a）たとえ新しく「新しい小説」が書かれていないとしても、新しくはない（＝時間的には古い）「新しい小説」が幾らだってある。たとえばフローベールとかがそう。

（b）そもそも「小説」の「新しさ」というのは、「書くこと」のみならず、むしろより一層、実は「読むこと」に懸かっているのだから、たとえ「新しい小説」でなくても、読み方次第で、それは幾らだって「新しさ」を滲出するのである。

（a）が（b）を起動し、（b）が（a）の証明にもなることで、いってみれば「新しい小説」という観念そのものが解体されてしまうことになる。そして『小説論』は、いつのまにか「小説」の論というよりも、一種の「読者論」へと展開＝転回してゆくことになる。だが、この点に

ついては現物を読んで貰えばいいとして、おおよそこんなような主張を有する『小説論』という書物が、二十年もの歳月を経て、「今、最も新しい」というキャッチフレーズを冠されて堂々と書店に並べられていたということ、そしてそれがどうやら全然アリである（とされているらしい）という点に立ち戻りたいと思う。

「小説＝時代遅れ」説を構成する先の二項目に、「新しい小説」を解体する二項目によって対抗する、というのが、『小説論』の基本戦略と言えるのだが、その際、まずは大前提としては（1）も（2）も認めざるを得ないわよね、という感じになっている。（a）と（b）は、「新しい小説」の不在という事実認定に対して、その概念設定の根拠自体を覆す、という格好になっているのだから。つまりは「小説は時代遅れなんかじゃない」＝「小説はまだまだ全然新しい」とはやっぱり言えていなくて（言うつもりはなくて）、その代わりに「小説が時代遅れっていってますけど、それが何か？」＝「小説は時代遅れとされても全然構わない」と言わんがために「時代遅れって、そもそもどういう意味なの？」＝「時代遅れっていうレッテル自体が曖昧だし根拠レスなんじゃないの？」と述べてみせているのが、要するに『小説論』の主張である。

とすると、たとえばフローベールであれ誰であれ、いうなれば「新しい小説」は、もうはるか遠い昔にとっくに書かれてしまっていて、それは今も「新しい」といえば歴然と「新しい」のだけれど、しかし現時点で、フローベールのような「新しさ」を身に纏っている小説が他には見当たらないのだとするならば、そこに残されているのは、「新しい小説」が書かれ（得）ないのは、他ならぬフローベールが既に書いてしまったからだという、それはそれですこぶる潔い一種の諦念と、別にフローベールとかがもう居るんだから、新たに「新しい小説」など書かれなくても、それはそれで全然構いはしないのだという、実にこう何と言えばよいのか、なんとも鷹揚な肯定の仕草しかない。

そして、この金井美恵子↓フローベール的な、時間的にはまるで新しくはない「新しさ」への一種の「信仰」が、ほぼそのままの形で、他ならぬ『小説論』の帯の「今、最も新しい」というキャッチコピーに反復=模倣されていると、私には思えたのだ。

新たな「新しさ」の不在を嘆くどころか、むしろそんなものは不毛で不要だと断じることを可能にするような「新しさ」とは、いわば「絶対的な新しさ」である。だが、それは実のところ、後発のあれやこれやと較べてみたとしてもやっぱり色んな面で新しい、という評価が為されているという意味では、あくまでも相対的な「新しさ」である筈である。フローベールよりも「新しい小説」が出てこない、『小説論』よりも「新しい小説論」が見当たらないという、個別的な認識を共同的に抽象した信念(信仰)が、あたかも「絶対的」であるかのごとき「新しさ」の刻印を可能にしているのに過ぎない。

その背後には、おそらく、いわゆる「最新流行」のひたぶるな競い合いばかりが「新しさ」だとされていた時代に対する、同時代的な/事後的な侮蔑や反省の意識が垣間見える。その侮蔑にはたぶん意義があるし、その反省はまったくもって正しい。しかし、そのことによって、実時間的には古い「新しさ」を、いつまでもいつまでも温存し、それがいつしか絶対視されてしまうことによって、ひょっとすると「小説」と「小説論」の「新しさ」への期待の地平それ自体が、根こそぎ無効という審判を下されてしまったのではないだろうか。

「新しさ」を求めたり見出そうとしたりするような希いや振る舞いそのものをナンセンスとあっ

さり切り捨ててしまえるということ。そしてそうした断定の仕草の内に、そこにこそ／そこにのみ、逆説的に「新しさ」を認めてみせること。そんな態度が正当化される環境が、ポストモダンと呼ばれるものだと私は思う。誰もが「新しさ」を競い合い、より新しくある／なることが可能だと思い込み、それが実際に新しいことだとされてしまうような有様のみならず、そんな有様に対する否定や嘲弄の身振りもまた、間違いなくポストモダンの条件なのだ。

この意味で、『小説論』の著者は、ポストモダンの批判者というよりも、あからさまなポストモダンの体現者の一人だと言っていい。そして、そんな『小説論』を「今、最も新しい」と言ってしまえるということはつまり、「新しさ」を否認し嗤うことの新しさが、今なお〝新しさ〟として延命している、もしくは一旦はどこかに退いていた筈なのに、いつのまにか何故だか復活してきている、ということを示唆している。つまり本来的な、字義通りの、ベタな意味での「新しい小説」という概念は、今から約四半世紀も昔に抑圧されてしまったのだ。そして、それから二十年余りが過ぎた二〇〇八年、その「抑圧」は「新しい小説論」として回帰していたのである。

私は何よりもまず、この奇怪な風景に抗いたいと思う。どうにかして健康的でポジティヴな「新しさ」を「小説」に取り戻したい、そう希っているのだ。

もちろん、そんなことは不可能であるように、不可能でしかないようにも見える。無意味なことに、無意味以外の何ものでもないかにさえ思える。けれども、しかしほんとうに、それは不可能で無意味なことなのだろうか。私たちはいつのまにか、「新しさ」の断念を、いや「新しさ」の禁止を、それのみを絶対の「新しさ」として認めるという「ポストモダン」な思考に馴らされているだけではないのか。『小説論』には、次のような指摘もある。「小説の時代は終った、ということを口にしたり書いたりすることは、文化現象＝流行なのです」。これももちろんまったくの正論である。だが「新しさ」に関するのと同様、しきりにあちこちで「終わり」を告げたがる仕草に加えて、そんな仕草への批判と嘲笑の仕草もまた「ポストモダン」の範疇にあるのだ。「死亡宣告」の蔓延と「「死亡宣告」への無効宣告」はワンセットなのである。

だから「今」こそ、もしも「小説」のことを本気で考えてみようとするのなら、長年機能してきたポストモダンな抑圧と禁止を超えて、真っ向から、ベタに「新しい小説」を問えるような蛮気を持たねばならない。もちろんそれは「最新流行」の蕩尽に再び赴くこととは、まるで異なっている。繰り返すが「最新流行」と「最新流行の否定」は表裏一体である。その回路＝罠に嵌まらないようにしなければならない。そこから完全に抜け出したところで、今、まさに生まれつつある「新しい小説」を出迎えてみたい、そう出来なくてはならない。

ところで、約四半世紀前に事実認定として正しく、現在においてはより一層の正しさを持ってしまっている事実として、（2）「小説」は読まれていない（＝売れていない）、がある。実は『小説論』には、こちらについての実践的な対策はほとんど述べられていない。というよりも、副題に「読まれなくなった小説のために」とあるのにもかかわらず、そこでの金井美恵子は、小説が読まれなくなった、という現実的な問題には、はっきり言って冷淡である。

先だっても、ある酒場で、ある文芸ジャーナリストに、

「金井さん！　文学はどおーして！　こんなことに、なっちゃったんでしょうかねえ!!」と言

われたので、「そんなことはあたしには責任のとりようのないことだし、関係もない」と正直にというか無責任に答えましたところ、「そういう無責任な考え方が、（文学を）駄目にしたのだ、そうやって気取ってる時じゃあないよ」と言われたのでした。（同前）

「純文学の不振」にかんする、こんなやりとりからも分かるように、金井美恵子はここでもやはり、至って超然としている。そして『小説論』の論旨は、当然のように「量としての読者」ではなくて「質としての読者」へとフォーカスを移してゆくことになるだろう。すなわち金井美恵子にとっては、「新しい小説」など実のところ存在していなくても全然構わなかったのと同様に、「読まれなくなった小説のために」という副題もまた、反語的というか逆説的というか、ほんとうは「小説は（そんなに）読まれなくても全然構やしない」ということなのだ。そしてこの態度もまた明らかに、絶対的に正しい。だが問題は、この毅然とした「正しさ」が、長い時を経た現在、「「小説」が読まれない（＝売れない）」という事実への闇雲で浅薄な応援・対策と、奇妙に釣り合いが取れたものになってしまっているように見えるということである。

　実際には、二十年前にも、「純文学の不振」に危機感を覚えて、何らかの対処に臨もうとした者は、「文学」の内側にも全然居ないわけではなかった。だがその対処の方法は、これまたいかにも「ポストモダン」の八〇年代らしく、かなり倒錯した形を取ることになった。たとえば、オリジナルの『小説論』が出版されてから数ヵ月後の一九八八年二月から、高橋源一郎が、今は亡き文芸誌「海燕」で、のちに『文学がこんなにわかっていいかしら』として一冊に纏められる文芸時評を連載開始している。この本はちょっとしたベストセラーとなったのだが、その特徴は何と言っても、既存の「文学」の外部、それも少女マンガやドラクエなどといったポップ・カルチャー／サブ・カルチャーに「文学」の参照系を求めてゆくというスタンスにあった。

もちろん、高橋源一郎は自身の創作における方法論を批評にも適用してみせたわけだが、しかし「文学」の延命のために「外部」を、それも明らかに「文学」以上のポピュラリティを帯びた「外部」を持ってくるという、高橋源一郎をまぎれもない始祖とする、以来現在に至るまでさまざまなヴァージョンで継承＝反復されている手法は、それが疑いなく一定以上に有効であるからこそ、奇妙なパラドックスを抱え込んでしまっていると私には思える。一方に「外部」のあれこれに「文学（的なるもの）」を触知してゆくというベクトルがあり、もう一方に「文学」の内部にそうした「外部」のあれこれと相通ずる要素を見つけ出してゆこうとするベクトルがある。『文学がこんなにわかっていいかしら』や、その続編の『文学じゃないかもしれない症候群』など一連の文芸時評で高橋源一郎がやってみせたことは、要するにこの二方向のベクトルの併用だと言える。

それを推し進めていくと、はじめ「文学」と呼ばれていた領域は、どんどんオープンになっていき、他領域／多領域と侵食し合い、ポジティヴかネガティヴかはともかくも、やがて何らかの解体へと至る筈である。それならそれで構わない、むしろ望むところだ、というのなら話はわかりやすいのだが、ところが実際には、そんな高橋源一郎自身が、同時並行的に「文学」のコアというか魂というかアイデンティティというか、そんなような「何か」を明らかに強固に信じているかのように振る舞っていくことになるのだ。「文学」の「解体」を促進し推奨しながら、なおかつ「文学」の「文学」性を担保し守護しようとすること。

高橋源一郎には深謀遠慮があってのことであるのは間違いないが、しかし私には、このような振る舞いが、おそらく高橋自身の意図とはまた別に、結果として「文学」と「俗情（ポピュリズム）」および「市場（コマーシャリズム）」との「結託」のアリバイを、実に巧妙にアモルフな形で用意することになった、という点は否めないのではないかと思うのだ。そしてこの「アリバイ」は、それから約四半世紀を経た現在、ほぼ耐久年数が切れかかりながらも、なお機能し続けている。

「文学」は、今やますますポップ化と商業化を余儀なくされ、いや、自ら進んでその路線を突き進みながら、それと同時に謎と言うならずいぶんと謎な、究極的には定義不能な「文学」としての「聖域」性をも強化しているように見える。そして私の考えでは、この一見矛盾とも思える二相はしかし、実のところは相補的なものであり、ますますそうなっているのである。

## 2. だが、「新しい小説家」は、続々と生まれている（2007年）

ところで、最初にも述べたように、金井美恵子の『小説論――読まれなくなった小説のために』文庫版が刊行されたのは、二〇〇八年四月のことである。このタイミングには出版社と著者の事情の他に具体的な理由はたぶんなかったものと思われるが、しかしたとえばその前年の二〇〇七年を顧みてみるならば、この年に、緩やかなものではあっても、ほぼ同質と言ってよい傾向性を帯びた新人作家たちが、一群として登場してきていた事実に気付く筈である。

二〇〇七年とは、川上未映子の「わたくし率 イン 歯ー、または世界」が「早稲田文学」に載った年であり、諏訪哲史が「アサッテの人」で第50回群像新人文学賞と第１３７回芥川龍之介賞を受賞した年であり、磯﨑憲一郎が「肝心の子供」で第44回文藝賞を受賞した年であり、円城塔が「オブ・ザ・ベースボール」で第１０４回文學界新人賞を受賞し、第7回小松左京賞最終候補作だった彼の『Self-Reference ENGINE』が出版された年でもある。

更に言うならば、のちに第2回大江健三郎賞を受賞することになる岡田利規の初の小説集『わたしたちに許された特別な時間の終わり』と、のちに『乙女の密告』で第１４３回芥川賞を受賞することになる赤染晶子の初の単行本『うつつ・うつら』と、のちに『私のいない高校』で第25回三島由紀夫賞を受賞することになる青木淳悟の第二のデビュー作ともいうべき『いい子は家で』と、福永信の『アクロバット前夜』以来六年ぶりの小説集『コップとコッペパンとペン』が出版された年でもある。まだまだ他にもあるかもしれないが、とりあえずこれだけ挙げておくだけでも十分だろう。

二〇〇七年という一年だけにこだわらなければ、このリストはより長くなる。ともかく、まず強調しておきたいのは、ゼロ年代の後半あたりから、以前とは些か異なったタイプの「新しい小説家」たちが、実のところ続々と登場してきていたという紛れもない事実である。川上未映子、諏訪哲史、磯﨑憲一郎、円城塔、岡田利規、赤染晶子、青木淳悟、福永信……これらの作家に共通しているものがあるだろうか？　差し当たり名付けてみるならば、それは「メタ・リアリズム」とでも呼べるだろう傾向である。ならば「メタ・リアリズム」とは何か？　それは文字通り、従来の「リアリズム」へのメタ的（＝批評的、批判的）な問い直しであり、そのことによる

「リアリズム」の更新＝アップデートである。

本論は、「新しい小説家」たちの、ここでは仮にそう呼んでいる「メタ・リアリズム」なる傾向のありようを、その内側（どのように、どうやって書かれているのか？）と外側（なぜ、そうなって、それで、どうなるのか？）の双方にわたって考察することを、ひとつの目標としている。しかし、それだけではなく、それと並行して、（「メタ・リアリズム」の作家たちは本当に「新しい小説家」と呼び得るのか、という重要な設問も込みで）「新しい小説」なるものは如何にして可能なのか、という問いをめぐって、時には空間を越え、時には時間を駆け巡りながら、さまざまな次元で思考してみたいと思う。

そしてその際、実作のみならず、文芸評論、あるいはより広範な意味での「批評」と呼ばれる営みが、その時々の「新しい小説」の存立可能性に対して、どのように応接してきたか、どのように共闘し、どのように扶助してきたか、もしくは、どのようにそれを阻んできたか、どのようにその障害になったのか、といった点にかんしても考えてみたいと思う。なぜなら小説と批評は、言葉を使った試みという意味で、表裏一体であると信じているからだ。

## 3. では、「小説の新しさ」とは、何であるのか？（2009年／1895年／1971年／1843年／2001年／2005年）

二〇〇九年に刊行された高橋源一郎の『大人にはわからない日本文学史』は、成程！と大きく頷く所とマジかよ?とやや訝ってしまう所、思わず感動させられる所と何だか騙されてるような気のしてくる所が微妙に絶妙な（アン）バランスで入り交じった、つまりはいつものごとくの「高橋さん」の文芸評論である、とひとまずは言える。

昔、ビートルズの新曲がラジオではじめて放送されるのを聞いた記憶から始まる「はじめに」であらかじめ述べられているように（「それは、わたしが生まれて初めて「歴史」というものに触れた瞬間でした」）、先行する『ニッポンの小説——百年の孤独』と同様に、ここでは「日本文学史」のおおよそ「百年」に及ぶ「歴史」すなわち「「過去」と「現在」との諸関係」の「高橋さん」視点での見直しが、幾つかの論点から行われていく。

「『過去』なんてないんじゃないかな。五十年前も、百年前も、みんないまと同じようなことを考えて小説を書いていたんじゃないかな。小説は、進歩もしてないし、退化もしてないし、要するに、あまり変わってないんじゃないかな。なんか、そんな気がする」

（『大人にはわからない日本文学史』）

と言いつつも、実際にはこの本での「高橋さん」の主張は、この「百年」で「小説」は「あまり変わってない」というよりも「変わったところと変わってないところがあるんじゃないかな」という、もっと穏当な、まあ当たり前といえば当たり前な意見になっており、と言いつつも、最後の方になると何故か「いや、やっぱ変わったんじゃないかな」という話に変わってきたりするのだが、それはとりあえず措くとして、ひとまず本論に入っていくと、まず最初に「小説」の

「百年＝歴史」を抽象するために導入されてくるのが、他ならぬ「リアル」という語である。高橋源一郎によると「リアル」には二種類ある。まず第一に「あるなにかが正確に再現されている、という状態のこと」。それはいわゆる「自然主義的リアリズム」を齎した「写実＝リアル」ということだ。

しかし、「リアル」には、もう一つの意味があります。それは、あるなにかの本質が再現されている、という状態です。この場合、再現されたなにかは、もとの写真や映像とは似ても似つかぬものかもしれません。あるいは、もとがなになのかさっぱりわからない、ということだってあるのです。それにもかかわらず、わたしたちは、あるものを「リアル」だと感じることができるのです。（同前）

明治二十八年から二十九年にかけて書かれた樋口一葉の諸作品が、言葉遣いだけを取ったら、相前後して発表された他の小説と比べてもほとんど「古文」なので一見かなり「読みにくい」のにもかかわらず、たとえば「高橋さん」が教えている大学生たちにとっても、読んでいるうちにいつのまにかするすると頭に入ってきて「古さを感じずに」読めてしまったりするのは一体なぜなのかというと、それは一葉の文章が、あとの方の意味で「リアル」だからなのだ、と話は進む。こちらは「真実＝リアル」または「現実＝リアル」ということになるだろうか。この「写実／真実（現実）」の違いは「リアリズム／リアル」の二項対立とも言い換えられる（「「イズム」は観念の中に存在しますが、「リアル」は肉体の中に存在するのです」）。

わたしの考えでは、すぐれた作品というものは、どんな場合でも、リアルなはずです。リアルではない作品などというものを、そもそも人は作ろうとするでしょうか。

それは、要するに、自分が生きている世界、その世界の中で自分の居る場所がどこなのか、それを確定することです。自分が生きている世界を書こうとすること、それはどんな状況、どんな場所、どんな世代の作家にとっても同じではないでしょうか。

リアルであるという意味は一つしかありません。ただ場所によって、時代によって、個人によって、そのリアルの形態、本質、内容が変わるだけです。だとするなら、そもそもヨーロッパの特定の場所で始められた「物事を目に見えるように書く」という、いわば写真術のようなリアリズムの一つの形態に過ぎない自然主義的リアリズムが、一つの国で百年以上にもわたって、文学手法のすべてを支配しているといったようなことの方がおかしいのかもしれません。

（同前）


このように「そこにあるものをどれだけくっきり写しとることができるかということに関して、これまで人間が発明したもっとも完璧な技術」としての「自然主義的リアリズム」と、その「歴史」に対して疑義が突きつけられ、もう一方の、現に真の「リアル」なるものを体現した、いわば「百年」後の「樋口一葉」として、続いて取り上げられるのは綿矢りさの作品なのだが、このあたりまで読んできて、ふと思い出されたのは、意外かもしれないが（意外でないかもしれないが）『リアリズムの源流』の江藤淳だった。

「日本の近代文学に、リアリズムというものはいつごろ定着したのだろう、そして、それはいまどこへ行ってしまったのだろう」という、素朴ではあるが鋭い問いかけから書き起こされる、昭和四十六年（一九七一年）に発表されたこの論考で、江藤はまず「日本文学」における「リアリズム」の初源を辿りながら、坪内逍遥と二葉亭四迷が相次いでぶつかった困難について述べている。

逍遥が小説の筆を抛ったように、二葉亭もやがて小説の筆を折った。それは結局、彼らがどうしても文章を「活《い》」かすことができないのを自覚したからにちがいない。いいかえれば、彼らにはものがはっきり見えなかったのであり、しかもそれでいながらものの存在は感じられたのである。おそらく彼らは、そのことに怯えていた。なぜならこのものは、名づけようのない新しい現実、とでも呼ぶほかないものであったから。

（「リアリズムの源流――写生文と他者の問題」）

「逍遥も二葉亭も、たしかにリアリズムの理論をもたらした先駆者であった。しかし彼らは決して、その後日本の近代文学のなかで生きつづけるような文章をもたらしはしなかった」と断定しておいて、江藤淳は「「意」を体してなお「活《い》」きている文章」として、逍遥と二葉亭の時代から約四十年も遡る天保十四年（一八四三年）に書かれた勝海舟の父・勝小吉の回想録『夢酔独言』を挙げているのだが、これは高橋源一郎が、樋口一葉の「明治二十八年」から約十年前の明治十七年に書かれた三遊亭円朝の『怪談　牡丹燈籠』を、「（大人にはわからない）日本文学史」の

「起源」に置き、「明治二十八年」の「十年」後の田山花袋や島崎藤村や夏目漱石の登場をもって、その「完成」とする史観を披露した上で、円朝の『真景累ヶ淵』を一葉と同じく「まったく古びた様子も見せない」と評価してみせているのと同型である。

円朝の作品は、古い時代の作品であるのに、古びているという感じがほとんどしません。同様に一葉の小説も、きわめて古めかしい外見を持っているのに、「古い」という印象がないのです。円朝は、当時の口語を元にして作品を作りだしました。もしかしたら、口語というものが当時と本質的にほとんど変わっていない故に、わたしたちは、彼の作品に古さを感じないのかもしれません。

では、一葉の場合はどうでしょうか。文語文を使用し、当時にあってさえ古いといわれたにもかかわらず、いま読んで、古びているという感想がやってこないのはなぜなのでしょうか。もし、そこに古びないものがあるとすれば、それは、どの時代にあっても共通するものだからではないでしょうか。

（『大人にはわからない日本文学史』）

（勝小吉は）二十何歳かになるまで無筆だったという放蕩無頼の御家人で、「なんにも文字のむづかしい事はよめぬ」という「無学」な人物であったために、『夢酔独言』というこの風変りな回想録を、我流の言文一致体で書くほかなかった。したがってそれは（略）当時に支配的だったいかなる文学的表現にも拘束されていず、しかも奇妙に躍動して「活《い》」きている。

（中略）

……逍遙・二葉亭のころにも、こういう言葉はあったし、こういう文章は存在し得たのである。しかし、彼らはここにうがち入れず、「無学」無筆の小吉はここに苦もなくうがち入れた。小吉にはものが見えていたのだろうか？　そうかも知れない。彼は「文字のむづかしい事」は知らなかったかも知れないが、すぐれた認識者であり、あの名づけようもないものに、素手で直面しようとしていたのかも知れない。

（「リアリズムの源流──写生文と他者の問題」）

江藤淳はこれに続けて「そのようなとき、人間になし得る認識の行為はひとつしかない。すなわち肉眼をもって見、肉声をもってそれについて語ることである」と述べているが、同じく「高橋さん」も、円朝の作品と較べて「わたしたちが通常、「文学」として受け止めているそれ以降の作品の実質をなしているものは、古びやすい性質を持っている」と言い、「ひとりの作家が、世界をとらえようとして、自分の周囲にあった、世界に関する、その当時流行《はや》っていることばを集める。そのことばの多くは別の小説の中のことばであったり、当時流行しているイデオロギーの切れ端であったりするのかもしれません。そんなことばによってできあがった伽藍《がらん》である小説の世界は、その材料である思想や観念が古びるとともに、朽ちていくのです」と述べてから、江藤淳言うところの「名づけようもないもの」への漸近のアプローチである「肉眼と肉声による認識の行為」とも通ずる、一葉作品の「五感」のフル活用ぶり（それがつまり「「リアル」は肉体の中に存在する」ということだ）を紹介した直後、先にも書いたように綿矢りさを登場させるのだが、しかしながらその前に、率直に言って、たとえば以下のような記述は、少しばかりナイーブではないだろうか。

たとえば聴覚です。耳は古びません。触覚、触れた感覚、あるいは視覚、そういったものも古びることはありません。なぜなら、それらは、社会の慣習や言語と関係を取り結ばなくても存在することができるからです。

（『大人にはわからない日本文学史』）

音は、あるいは、人間の五感は、通常のリアリズムの言語では再現することは不可能です。逆にいうなら、音、あるいは、五感は、通常のリアリズムの言語では再現することが不可能なものも再現することができるのかもしれません。その可能性をうち捨てて日本文学は遠くへ旅立ちました。けれど、彼らが失ったもの、忘れていったものを、文学史はいま、もしかしたら百年たって思い出しつつあるのかもしれません。（同前）

しかし「聴覚」にしたって、それが「社会の慣習や言語と関係を取り結ばなくても存在することができる」などということはあり得ない。私たちが聴いている／聞いている「音」は、常に既に何らかの（複数の、無数の）コンテクスト（文脈）によって規定されており、そこから逃れ出ることは絶対に不可能である。われわれの「耳」は不可避的に「社会の慣習」とさまざまな関係を結んでいるし、ヒトである以上はどうしたって或る程度は「言語」によって構造化されている。「聴覚」は決して純粋ではない。「耳」だって構成主義やラカニズムによる汚染は免れないのだから。また聴取という体験が「通常のリアリズムの言語では再現することが不可能」であることを認めたとしても、それをそのまま「「音」には「通常のリアリズムの言語では再現することが不可能なものも再現することができる」」と反転させ、たとえば一葉がそれを為し得ているのだとするのは、いささか論理的にトリッキーではないかとも思える。そしてこの微妙な違和感は、続く綿矢りさの評価にも繋がっていく。

『インストール』からの長い引用に続いて、綿矢りさを他の作家たちとは決定的に違える重要な点は、何かをダイレクトに「感じる」さまを示す記述の盛んな導入にあると高橋源一郎は述べている。それはいうなれば、直截な「実感」を現す直截な文章、とでも呼べるような、つまり「真実=現実」という意味での「リアル」な文章ということだろう。そして「高橋さん」は『インストール』を最初に読んだとき、樋口一葉とともに国木田独歩の『武蔵野』を思い出したと述べる。

『武蔵野』にはたしかに武蔵野の明確で新鮮な描写があります。「確かにその世界があった」という記述があります。なぜ、そんな記述が存在したのでしょう。それは、そこに作者がいたからです。作者がいなければ記述の対象となるべき武蔵野も存在せず、私たちは生涯その風景を、ことばを通して見ることはできなかったのです。こんな時、働きかけられる対象とそれに働きかけようとする主体はいつも同時に発見されます。そして、こういった作品は数多くはないのです。(同前)

これはどういう意味なのだろうか。先の「感じる」すなわち直截な「実感＝文章」と繋がっている話だとするなら、つまり「私はここにいる」という「リアル」な事実性がまずはじめにあって、それが事後的／遡及的に「私はそこにいた」を示す「リアル」な言葉を生み出すことになり、そしてそれが「「そこ」は在った（し「私」も在った）」という「リアル」な出来事の質（クオリア？）を喚起する、というようなことだろうか。わかるけれどわからない、というか今ひとつ納得し切れない。

高橋源一郎が追求している「リアル」とは、単に「五感」の旺盛な援用によって可能になるということだけではなくて、もっと大きなレベルの話なのだということは理解できるのだが、しかしそれが「私は―ここにいる―そこにいた」という端的な事実性を必須とするというのなら、それは当事者性と目撃者性をやみくもに特権化する退屈なセルフ・ドキュメンタリー的発想と似たようなことになってしまうし、かといって「明確で新鮮な描写」という点にあまりにも寄り掛かり過ぎると、往事の「自然主義的リアリズム」と特に変わってないことになってしまうだろう。では、そういうことではなくて、言葉が表現する「確かにその世界があった」が、あの「名づけようもないもの」への漸近と本当に同義になるためには、どうすればよいというのだろうか。

そこで高橋源一郎は『インストール』に続けて、綿矢のごく短い作品「You can keep it.」を取り上げる。「この短編で日本の近代文学は息の根を止められたね」という保坂和志の評言に深く同意しつつ、「You can keep it.」から幾つかの文章を引用してから、「高橋さん」は、そこに共通して現れている特徴は「比喩的表現が、ある限界のところまで達している」ことだと述べている。それはたとえば、次のような文章だ。

「大学の風景の中に自然に彼女は溶け込んでいたのに、城島には彼女の身体の縁《ふち》が浮かび上がっているように見えた」

「その時綾香の耳の上にがんと高速のボールがぶつかってきて、さらさらの髪が一瞬くらげのように上へ浮かび上がり、開いた口から歯のかみ合わせがずれたのが見えた」

「たんこぶは太陽を集めて元気の象徴のように膨《ふく》らんでいて一瞬見とれた」

(いずれも「You can keep it.」)

「浮かび上がっているように」「くらげのように」「元気の象徴のように」、たとえばこれらの「ように」を高橋源一郎は「過剰であると同時に絶妙」な「日本語の文章がたどり着いた、比喩の極点」として挙げている。

小説による言語表現の一つは、比喩を描くことです。詩における比喩とはいささか事情を別にして、小説的な比喩は、基本的にはリアリズムにのっとっています。そして、リアリズムとは、というか、近代文学におけるリアリズムとは、自然主義的リアリズムであり、「目に見えるように書く」ことなのです。

(『大人にはわからない日本文学史』)

確かに綿矢りさの文章には「ように」が頻出し、しかもその喩えは「くらげのように」のように、一見、いささか突飛（場合によっては陳腐？）な感じがする場合も多く、それゆえに現今の他の「文学」とは感触の異なった独特の新鮮さを湛えている。この比喩の多用は、誰もが思い当たるだろうが、明らかに村上春樹に似ている。言うまでもなく村上春樹は、現代日本文学において例外的と言っていいほど膨大な比喩を駆使する作家である。そしてそれは「リアリズム」の要請というよりは、語り手自身の「リアル」の描出のために援用されている。何々の「ように」のありようは、もっぱら「僕」の気分や心象の補完物として（それらにさまざまなフィルタリングやモーフィング等を被せながら）成立している。この点において、綿矢りさは村上春樹的比喩の筆頭継承者だと言っていい。

が、同時に私が思ったことは「なんとなくJ-POPの歌詞みたいだな」ということだった。「高橋さん」は「詩における比喩」と「小説的な比喩」の別を述べているが、それら以外に、たとえば「曲の歌詞的な比喩」というものが存在している。とりわけ九〇年代後半からゼロ年代にかけてのJ-POP（J-RAPも含む）には、ベタな意味での文学的表現と類似する表現が多用されている曲が結構ある。もちろん綿矢りさの音楽的趣味を私は知らないし、彼女の小説が何らかのJ-POPからストレートに影響を受けていると言いたいわけでもなくて（おそらく受けているだろうとは思うが）、綿矢りさの登場を「文学史」の内側には留めず、もっと広い範囲での日本語の言語環境のなかに置いてみた時、明らかに或る種のJ-POPとの同時代性が認められる、ということを言いたいのだ（これはやや別の形で金原ひとみや川上未映子についても言えることではないかと思う）。むろん「J-POP的」だからといって「文学」を貶めることにはならないのは言うまでもない。
高橋源一郎は、この点に気づいている節もある。「You can keep it.」の「南の国の美味《おい》しい果物や世の中の楽しいことを全部集めてから木陰で昼寝を始めたような、幸福なレモン色」という文章に関して、こう述べているからである。

一見、リアリズムの王道にそった表現でありながら、それを突き詰めてしまった結果、空虚なものに、しかし空虚でありながら同時に意味を持ったなにかに、入りこんでいるように見えるのです。（同前）

「空虚でありながら同時に意味を持っ」ているように思えることこそ、ゼロ年代以降の「J-POP」の「言葉」の最大の特徴である。それは或る水準では疑いようもなく陳腐でナンセンスなのだが、おそらくそうであるからこそ、いわばリアルに「リアル」たり得ている。ところで「高橋さん」が「You can keep it.」を高く評価するのは、比喩的表現のせいばかりではない。先に引用したひとつ目の文章にも書かれているように、綿矢りさの言葉には、人物に「輪郭」をどう与えるか、という重要案件があり、比喩はあくまでもそこに挑むための方策のひとつであって、他にもいろんな方策が縦横に試みられている。「輪郭のあやふやなものに、いかにして明確な輪郭を与えるかということは、あらゆる言語に、言語芸術に共通の課題なのです」。それはたとえば、先の二個目の引用文のなかで起こっている「スローモーション」である。

いや、ほんとうのところ、こんな光景が目に見えるでしょうか？　確かに、わたしたちは、こんな光景を「見る」ことはできます。つまり、「スローモーション」の映像によってです。「綾香」という、平成に生まれた一人の若い女子大学生の輪郭を書こうとして、この作品は、比喩においては限度を超え、またリアリズムにおいても通常のリアリズムの速度を超えることになったのです。「スローモーション」の映像は、その印象とは逆に、きわめて「高速度」の撮影を行うことによって可能となります。そして、もちろん、そんなことは、人間の「自然」の能力では不可能なのです。いや、そんなことも、つまり、「自然」の状態より、遥かに高速で、人間の感覚が作動することもあるのです。（同前）

たとえば、それは「死」の危機に直面したときに起こる、と「高橋さん」は続けているのだが、申し訳ないけれど、私はこの指摘はちょっと間違っているのではないかと思う。しかもその間違いは、複数の次元にまたがっている。まず第一に「スローモーションの映像」＝「高速度の撮影」という喩えは、映画やビデオなどのムービー・カメラのメカニズムから来ているわけだが、人間の視覚とムービー・カメラを等置すること自体がおかしいと思う。人間の目は動画のようにアクションをスティル（静止画像）の連続再生として把握しているわけではない。高速とかスローといった言い方が意味を持つのは、ここに描かれた光景自体が（目で直に見られたのではなく）機械的に映し撮られた映像であり、そしてそれを文章にしようとしている場合のみである。しかし、ここでの評価の仕方だと、人間は機械ではないという言わずもがなの事実を前提にしつつ、にもかかわらずここでやれていることは機械みたいだと評して、人間が機械みたいなことをやれている（一種の「超人」？）のがスゴい、という格好になっており、少々無理筋なのではないかと思ってしまう。

第二に、そもそも私たちは、「こんな光景」を「スローモーション」によってしか見られないわけではない。私たちが見ている光景は常に一定の時間的推移の中で動き続けているわけだが、かといって見ていることをその場で同時に書いているのではない以上、その光景はいったん記憶に入力された上で、事後的に自在に巻き戻されたり一時停止されたり早回しされたり、スローモーションで再生されたりしつつ書かれているのである。だからむしろ、起こった光景を現実そのままの「速度」で書くことのほうが、よっぽど難しいのではないだろうか（というかそれは絶対に無理だし、そもそもどういうことをすればそういうことになるのかもわからない）。

そして第三に、これがもっともクリティカルな点なのだが、そもそもこの一文は「目に見えるように書く」＝「見られたものを書く」＝「視覚的リアリズムによる再現」という範疇で考えるべきものなのだろうか。「見えるように書く」と「見たものを書く」の連結にかかわる問題もあるのだが、もっと重要なことは、次のような主張は本当に正しいのだろうか、という点である。

目に見えないものを目に見えるように書くこと、これがリアリズムの根本であり、それを採用した日本の小説は、目には見えにくいもの、見えないものを、いかに明確な輪郭で描くかということに、すべての努力を傾注してきたのです。（同前）

私の考えでは、ここには非常に複雑でややこしい問題が幾つも横たわっており、それらは「新しい小説」を考えていく上できわめて重大なポイントだと思える。しかし、とりあえず先に進むことにしよう。「高橋さん」は「You can keep it.」からの最後の引用として、次の一文を挙げる。

「汗が流れ落ちて薄灰色のコンクリートに腕の形の黒い染《し》みができ始めた」

「この小説の作者がとった戦略は、自然主義的リアリズムの徹底でした。／自然主義的リアリズムは、あるものを別のあるものから区別して描き出すための優れた方法です」といま一度説明した上で、しかしこの一文の「描写」には、それを超える要素が紛れ込んでいる、と高橋源一郎は述べている。それは、この文章の「視点」、より精確にいえば「視界」が、ロングショットとクローズアップを意識的に混在させていること、そして「腕の形の黒い染み」という比喩的な表現に現れている。つまり、一葉─独歩─りさ的な「確かにその世界があった」とは、その「世界」はこうこうこんなでした、という「こうこうこんな」の客観的な精度によって測られるのではなく、むしろそのような「客観性＝リアリズム」には収まりきらないような遠近法的倒錯と、それを内側から喰い破ってしまうような、いわばイデアリスティックな「言葉」の変異によってこそ齎されるのだ、ということだ。詰まるところ「高橋さん」が綿矢りさに見出す「新しさ」とは、次のようなことである。

それらの表現は、どれも自然主義的リアリズムの手法で描かれていながら、実際には、非リアリズムの世界を、わたしたちに指し示すのです。そしてそれだけが完全なオリジナルであり、完全なオリジナルである可能性はそこにしかない――そのように作者は感じているのではないでしょうか。（同前）

さて、この指摘は、ふたたび四十年前の江藤淳の論考を思い起こさせる。『リアリズムの源流』の先に引用した部分に続けて、しかし勝小吉のような「活《い》」きた文章が「文学」に登場するには、漱石の『坊っちゃん』まで待たなければならなかったのだと言い、では『坊っちゃん』はどこからやってきたのかといえば、それは正岡子規・高浜虚子らが「ホトトギス」で行った「写生文」の運動であったと江藤は述べている。そして虚子の『浅草寺のくさ〴〵』の一節を引用してから、こう書く。

> これは文語体で書かれているが、一見して逍遥・二葉亭・（山田）美妙らの文章と異質であることがわかる。つまり、文章を文章としてのみ自己運動させていた「漢文崩し」や「擬古文体」の枠がはずれて、文章が直接対象にしなやかに取りつき、今日の意味でいう描写が適確におこなわれている。虚子が「手帖と鉛筆を携へて浅草へ出かけて、その手帖に写生して帰つたものを文章にした」というのも、さてこそと思われる。
>
> （「リアリズムの源流――写生文と他者の問題」）

「ここに作用しているのは、ものをとらえようとする熾烈な関心である」と江藤は述べた後、続いて子規の『小園の記』からの引用を挟んで、次のように論じていく。

虚子の『浅草寺のくさぐ〳〵』を俳文体というなら、この子規の『小園の記』はいわば雅文体に近い文語文であるが、やはりあの枠がはずれた自由さを感じさせるところが二葉亭や美妙の文体とはまったく異質である。しかもこの写生は、単に外面的な庭の描写にとどまらず、夢の描写、つまり幻想に飛翔して行く。一羽の黄色い蝶が垣根に舞うさまを外側から描いているだけではなく、この対象が喚起する幻想を内在的に写生しているという点で、この文章は、期せずしてリアリズムの二面性をよく包括し得ているといえるかも知れない。すなわち二葉亭のいわゆる「摸写といへることは実相を仮りて虚相を写し出すといふことなり」（傍点引用者）の実現である。だがなによりも重要なことは、この文章がまず「活《い》」きているという一点であるのはいうまでもない。（同前）

書かれた時期も取り上げる対象も違っているが、江藤淳の論旨が高橋源一郎と通じ合っていることは明らかだろう。「文章が直接対象にしなやかに取りつき」、更には「対象が喚起する幻想を内在的に写生」することが「活《い》」きた文章を生み出し、それによってこそ、あの「名づけようもないもの」に迫ることができるのだ、という江藤淳の主張は、「自然主義的リアリズム」が「完全なオリジナルである可能性」を全うするためには「非リアリズム」へと突き抜けるしかなく、そのことによってこそ「リアル」に至ることができるのだという高橋源一郎の主張と同型である。これはつまり、逍遥や二葉亭や美妙にとって、その存在を「感じ」られはしても、はっきりとは見えなかった「もの」を摑み取るためには、いわゆる「言文一致」だけでは不十分だったか、あるいは、そもそもそういうトライアルと「言文一致」とは、実のところは無関係だった、ということである。むしろ「言文一致」を最大の発明とする「自然主義的リアリズム」が「あるものを別のあるものから区別して描き出す」ことをベーシックな機能として発展していった歴史的過程の中で、あの「名づけようもないもの」すなわち「リアル」は、いつしか見失われ忘れ去られていったのではなかったか、そしてそれが他ならぬ綿矢りさの出現によって、遂に／やっと、その長らく隠されていた鮮やかな表情をふと顕わしてみせた、というのが「高橋さん」の意見である。

自然主義的リアリズムによってなにを表現できるのか——近代文学の黎明期を担うことになった、主として男性作家たちは、自然主義的リアリズムによって、わたしたちの「真実」を、すなわち人間の「内面」の「奥底」を描き出せると考えました。
しかし、ほんらい、「目に見えるもの」を「目に見えるように」描く自然主義的リアリズムで、「目に見えない」「内面」や「真実」を描き出すことなど可能なのでしょうか。

（『大人にはわからない日本文学史』）

果たしてこの「意見」は正しいのだろうか？　いや、正しいか正しくないかは別にどうでもいい。問題は、江藤淳が「もの」と呼び、高橋源一郎が「リアル」と呼ぶ何かを滲出せしめる言葉のありようが、実際のところ「自然主義的リアリズム」と、どこがどのように違っているのか、ということ——それはそのまま、そもそも「自然主義的リアリズム」とは、一体なんなのか？という問いを今更ながらに喚起することでもあるだろう——そして、それは「綿矢りさ以後」の「新しい小説」において、どのように継承されていっているのか（いないのか？）ということである。「もの＝リアル」が、単なる事実性の強弁や五感の活用によってのみ表象されるわけではないのだとして、ならばそれはいかにして実現し得るというのだろう。というか、正直言って、それはほんとうに可能なのか？

というわけで、真に新しい「新しい小説」と遭遇《であ》うことを何よりも希求する私たちは、更に「リアル」なるものの行方を追ってみたいと思うのだが、しかしその前に、また少しまわり道をしなくてはならない。それは他でもない、『新しい小説のために』という題名を持った、一冊の古い書物に記された、ひとりのフランス人作家による「新しい小説」の擁護の再検討である。なぜならば、そこで問われていたものこそまさに、「目に見える／見えない」という区別と、「リアリズム／リアル」の二項対立をめぐる論議だったのだから。

## 第二章　『新しい小説のために』のために

　これらの文章は、いささかも小説の理論を構成するものではない。ただ私からみて、現代文学にあって根本的と思われる、若干の進化の方向を明らかにしようと試みているだけである。かなり多くの個所で、このんで《ヌーヴォー・ロマン》〔新しい小説〕ということばを使っているが、なにもそれは、ひとつの流派を指すのではなく、さらにはまたおなじ方向にむかって仕事をしている作家たちで構成された、明確な集団を指すわけでもない。それはただ、人間と世界との新しい関係を表現（ないし創造）することができるような、新しい小説形式を探究するすべての作家、小説を創出すること、つまり人間を創出することを決意したすべての作家たちを、ひとまとめにして呼ぶ便利な呼称にしかすぎないのである。

――『新しい小説のために』アラン・ロブ＝グリエ／平岡篤頼訳――

### 1．「新しい小説」は、どこが新しかったのか？（1967年（1956年＋1958年＋1961年）／1959年（1957年））

アラン・ロブ＝グリエの評論集『新しい小説のために』は、一九六七年に平岡篤頼の訳によって新潮社より刊行された。原著が出たのは一九六三年のことである。とはいえ、収録されているテキストの核心部分は、五〇年代後半に書かれているので、日本語で読めるようになるまでのタイムラグは、おおよそ十年に及ぶと言っていい。

この時点でロブ＝グリエの小説は何冊か翻訳されていた。『消しゴム』(原著一九五三年／翻訳一九五九年)、『覗くひと』(原著一九五五年／翻訳一九六六年)、『嫉妬』(原著一九五七年／翻訳一九五九年)。また日本版の『新しい小説のために』には、一九六二年に原著が出ている掌編集『スナップ・ショット』が丸ごと併録されている。

『新しい小説のために』は、原題“POUR UN NOUVEAU ROMAN”の直訳である。言わずもがなのことではあるが、いちおう述べておくと、「ヌーヴォー・ロマン」とは、ロブ＝グリエ自身を筆頭に、ミシェル・ビュトール、クロード・シモン、ナタリー・サロート、ロベール・パンジェ、マルグリット・デュラス、等々といった一群のフランスの小説家たちに与えられた呼称であり、五〇年代から六〇年代にかけて、仏文壇に一大ムーヴメント（と少なからぬアレルギー反応）を惹き起こした。そのインパクトは日本にも飛び火し、右に挙げた作家たちの日本語訳が続々と刊行（ただしパンジェを除く。このいまだ日本では未知の作家については江中直紀の『ヌーヴォー・ロマンと日本文学』を参照のこと）されていった、と書くとやや大袈裟かもしれないが、少なくとも理論書というよりかなりポレミカルな色彩の強い『ヌーヴォー・ロマンのために』が翻訳されるぐらいには、日本の文学系読者に関心を持たれていたと言っていいのではないかと思う。

つい『ヌーヴォー・ロマンのために』と記してしまったが、実際のところ、この本における「新しい小説」とはイコール「ヌーヴォー・ロマン」のことなのであり、ロブ＝グリエはあくまでも自分自身がカテゴライズされた「ヌーヴォー・ロマン」の理論的立場の擁立と、多々寄せられた批判への対処のために、そこに収められた一連の論考を執筆したのである。だから日本語題名も『ヌーヴォー・ロマンのために』でよかったのかもしれないが、それだと流石にあまりにも摑みがよろしくないのでは？という懸念と配慮が何処かで生じたのか、ならばいっそ「ヌーヴォー・ロマン」を「新しい小説」と逐語的に置き換えることで、より一般的なイメージを醸し出すことが狙われた、ということだったのではないかと推測される。

と同時に、やはりそればかりではなく、訳者の平岡篤頼の詳細な解説にもあるように「現代小説が遭遇する諸問題を、あくまで文学的な手段で解決しようとして模索するかぎり、結局、なんらかのかたちの《ヌーヴォー・ロマン》に行き着かざるをえない」ということ、すなわち「ヌーヴォー・ロマン」自体が、フランス文学の一潮流ということに留まらず、よりグローバルな意味での小説乃至文学の問題であるのだという主張が、この邦題には暗に込められている。「ヌーヴォー＝新しい」という形容詞が持つ暴力的な機能とは、それによって、それ以前が相対的に（或いは絶対的に）「古い」とされてしまう、ということである。

実際、既存の「ロマン＝小説」に鋭く対立し、それらを乗り越えようとするという意味で、「ヌーヴォー・ロマン」は「アンチ・ロマン」と呼ばれることもあった。つまり、それは単に「新しい」だけではなく、決定的に「新しい」ものでなくてはならなかったのだ。平岡篤頼も、ロブ＝グリエ自身も、或るエコールの通称であった「ヌーヴォー・ロマン」が、そのような概念としての「新しい小説」の、めざましい実践例であるという自覚と矜持を持っていたのだと思われる。

ここで付言しておきたいのは、「ヌーヴォー・ロマン」と、ほぼ同時期にフランスで起こっていた「ヌーヴェル・ヴァーグ」との関係である。「ヌーヴェル・ヴァーグ」とは、言わずもがなではあるがいちおう述べておくと、ジャン＝リュック・ゴダール、フランソワ・トリュフォー、クロード・シャブロル、エリック・ロメール、ジャック・リヴェット、アラン・レネ、等々といった一群の映画作家たちに与えられた呼称であり、五〇年代から六〇年代にかけて、仏映画界に一大旋風を巻き起こした。「ヌーヴェル・ヴァーグ」の監督たちと「ヌーヴォー・ロマン」の作家たちは、その多くが非常に近い時期にデビュー作もしくは出世作を発表しており、後で見るように幾つかの興味深い共同作業を行なってもいる。

相次いで台頭した「新しい小説」と「（映画の）新しい波」は、当時のフランスの思想・文化における大スターであったジャン＝ポール・サルトルからの影響という点でも繋がっている。よく知られているようにサルトルは『テレーズ・デスケルー』等で知られる大物作家フランソワ・モーリヤックを痛烈に批判した（「フランソワ・モーリヤック氏と自由」一九三九年）が、『新しい小説のために』所収の論文「自然・ヒューマニズム・悲劇」（一九五八年）は、主としてモーリヤックがロブ＝グリエに向けた批判への応接として書かれたものであり、当然そこにはサルトルへの言及も含まれている。そして「ヌーヴェル・ヴァーグのために」ともいうべきフランソワ・トリュフォーによる評論「フランス映画のある種の傾向」（一九五四年）もやはり「サルトル／モーリヤック」という対立軸を踏まえて書かれている。そこで表明されているのは旧態依然とした「フランス映画」に対する「新しい波」による変革の意志である。つまり「ヌーヴォー・ロマン」と同様、敢て「ヌーヴェル」を標榜してみせることによって、既に在るものの「古さ」を否応無しに際立たせることが企図されていたわけである。そしてトリュフォーもロブ＝グリエも、おおむねそれに成功したのだった。「ヌーヴォー・ロマン」と同じく「ヌーヴェル・ヴァーグ」も、ほぼオンタイムで日本に積極的に紹介されることになり、六〇年代前半には、大島渚、篠田正浩、吉田喜重といった松竹映画出身の若き監督たちが「松竹ヌーヴェル・ヴァーグ」と呼ばれたりもした。

さて、ならば「ヌーヴォー・ロマン」の、どこがどのように「ヌーヴォー」だったのだろうか？　ロブ＝グリエの「ヌーヴォー・ロマン宣言」ともいうべき「未来の小説への道」（一九五六年）は、希望に満ちたタイトルに反して、こんな風に書き出される。

> 一見したところ、完全に新しい文学がいつの日か——たとえば今——可能であると考えることはほとんど理に反しているように思われる。物語形式をそのわだちから引きずり出そうとして、三十年以上も前から相ついで行われた数多くの試みも、せいぜいいくつかの孤立した作品を生んだだけだった。そして——くりかえしていわれることだが——そうした作品はたとえどんなに興味あるものであれ、どれひとつとして、ブルジョア小説の読者数に匹敵するだけの読者の賛同をかち得たことがない。実際、今日通用している唯一の小説概念は、バルザックのいだいていた小説概念である。
>
> （「未来の小説への道」）

とまあこのようにロブ＝グリエはいささか弱気ぶってみせるのだが、だがそれはすぐさま開始される雄叫びの前のちょっとした深呼吸に過ぎないのだった。けれども、先にも述べておいたように、基本的に『新しい小説のために』に収められている論文の多くは、論争的な構えを持っており、現実に成された、或いはあり得る論難に先回りして応えようとしている傾向が強い。なるほど「完全に新しい文学がいつの日か――たとえば今――可能であると考えること」は、当時もかなりナンセンスだと思われたかもしれない。そもそも今更「なぜ、おどろく必要があるのか、とひとはいう」だろう。別に無理して新しくあろうとしなくても、新しがらなくても、新しぶらなくても、一向に構わないではないか。だいたい「新しさ」などというものに、それほど価値があるのか。だって「すべてはいいつくされ、われわれはおそく生れすぎたのだ」から……どこかで聞いたような、あからさまにポストモダン的な、至極もっともに思える託宣だ。けれどもロブ＝グリエは、続いてこう言ってのける。

そんな新しい文学が、たんに今後可能であるばかりでなく、すでに日の目を見つつあり、それは――完成されてゆくにつれ――かつて、ロマン主義や自然主義を生んだ革命以上に、もっと徹底的な革命となろうとしているのだ、などといったりしたら、上のような暴言の危険はますます増大することであろう。

そのような確約には、必然的にある滑稽さがともなう。「いまこそすべてが変ろうとしているのだ！」。では、どういうふうにして変るというのか。なにに向かって変るというのか。そしてとくに、なぜ、いま変るというのか。

しかしながら現在の小説芸術にたいする倦怠は――すべての批評家によって記録され、注釈をつけられ――、あまりにもはなはだしいので、この芸術がなんらかの根本的な変化なしに、なおながく生きのびるであろうとは想像しにくい。多くの人間の頭に浮かぶ結論は、簡単である。そんな変化は不可能であり、小説芸術はほろびつつあるのだ、と。そうとばかりはきまっていないのである。今後何十年かたてば、現在記録されているさまざまの変動が、断末魔の兆候なのか、それとも復活の兆候か、歴史がおのずから明らかにするであろう。(同前)

この文章が書かれてから五十年以上が過ぎた現在、このエクスクラメーション・マーク付きの「いまこそすべてが変ろうとしているのだ!」が果たして正しかったのか否か、ロブ゠グリエが打ち出してみせた「新しい文学」が断末魔と復活のどちらの兆しであったのかは、意見の分かれるところだとは思うが、ともあれ、ここでいう「現在記録されているさまざまの変動」のアウトラインを描き出すことが、「未来の小説への道」という文章の、さしあたりの目標であったわけである。その「変動」は手っ取り早く言えば「心理」と「描写」にかかわっている。そしてそれは二項の各々だけでなく、両者が組み合わさった「心理の描写」と「描写に潜む心理」にかんする「変動」でもあった。

サルトルがモーリヤックを撃ったのは、従来の大方の小説においては、作者は全知全能の神のごとき存在として現に/暗に振る舞っており、そうであるがゆえに、物語内のひとりの人物にフォーカスしている場合であっても、その人物の視点を通した外界と、彼或いは彼女の心理を実況もしくは追想する内面のそれぞれの描写は、神゠作者の視点から語られている場合と実のところは何ら変らず、ただ作者が見せたいものを見せたいように見せているのに過ぎない。要するにそこに立ち上げられ、描かれようとする世界は、どこまでいっても、ほんとうはたかだか一個の人間に過ぎない造物主＝作者にとっての、今時の用語でいうならばセカイでしかなく、現実にわれわれの目の前にある、そう、他ならぬ「この世界」とは、まるきり別ものなのだ。

セカイは、とにかくやたらと「意味」に満ちている。そこで描写されるあらゆるものに、たとえ明示はされていなくとも、何らかの意味が込められている。三人称であれ一人称であれ、或る特定の語りや視点を媒介にして、セカイの神であるところの作者の心理＝内面が滲出しているのである。それに、たとえそこにいかなる意味も見出せないように思われたとしても、今や（というのは五〇年代半ばあたりということだが）そんな事態に実に都合のよい「不条理」という言葉さえ存在している。それは無意味の意味、意味の欠乏の意味として、空疎で荒涼とした意味なき時代の空気を描出している、とされるのだ。ところが、とロブ＝グリエは言う。

ところが、世界は意味もなければ不条理でもない。ただたんに、そこに《ある》だけである。なにはともあれ、これこそ、世界がもっているもっともいちじるしい特徴である。そして不意に、この明白な事実が、もはやわれわれの手ではどうすることもできない力で、われわれを打つ。一挙にして、すばらしい構築物の全体が崩壊する。うっかり目を開いたがために、われわれは、いままでわれわれが克服したふりを装っていたあの執拗な現実の衝撃を、またしても身に感じるのである。われわれをとりまき、われわれの精神主原論的ないし家政的形容詞の群れをものともせずに、事物が《厳として存在している》のである。それらの表面は鮮明で、つるつるしていて、無傷で、いかがわしい光沢もなければ透きとおってもいない。われわれの文学のすべてをもってしても、まだそのもっとも小さな片隅に傷をつけることにも、そのもっとも小さな曲線の角度をにぶくすることにも成功してはいない。（同前）

この一節に述べられた「世界」が《ある》《厳として存在している》という認識こそが、ロブ＝グリエを旗頭とする「新しい小説」たちと、それ以前の「古い小説」とを敢然と分つものである。少なくともここでの論旨は、そのように読める。言葉によって描かれるべき世界を、セカイすなわち作者の制作物／所有物としてではなく、ただ、今ここに厳然と現前する「この世界」として捉えること。つまり、これは「リアリズム」の問題だったのである。

したがって、この《意味》（心理的・社会的・機能的）の世界の代りに、もっと堅固で、もっと直接的な世界を構築しようとつとめなければならないであろう。ものや動作はまず第一に、その現前性によってこそ訴えかけるべきであり、さらにその後も、感傷的、社会学的、フロイド的、形而上学的その他、なんらかの参照体系のうちにそれらを閉じこめようと試みる、いっさいの説明的理論をのり越えて、この現前性が支配しつづけるべきなのである。（同前）

「未来の小説的構築にあっては、動作やものは、なにものかである前にまず厳然として存在するのである」。ここで示された理念は、この二年後に書かれた「自然・ヒューマニズム・悲劇」において、おそらく『新しい小説のために』中の最も有名な一文へと言い換えられることになる。

すなわち「人間は世界を見つめるが、世界は彼に視線を返しはしない」。

この時点でロブ゠グリエは、小説家として、また小説の理論家として、多くの批判と賞讃に晒されていた。この文章は、それらへの応接として書かれた色彩が強い。先の殺し文句に先立つ部分で、彼は秀抜な喩えを用いて、自らの考えを説明している。

空に一頭の馬のすがたを見るという、その程度ならまだ、ただの描写のうちにはいり、たいして重大な結果は生まない。だが、雲が《ギャロップ》しているとか、《たてがみをふりみだしている》とかいう段になれば、すでにそれはもう、完全に罪がないとばかりはいえない。なぜならば、もし雲が（あるいは波が、あるいは岡が）たてがみをもっているとし、そのもっと先のほうで、一頭の種馬のたてがみが《矢を放つ》とし、その矢が……といった具合になっているとすれば、そのようなイメージを読む読者は、形体の世界から出て意味づけの世界に投げこまれてしまう。彼は、波と馬との間に、奔放とか、気位とか、逞しさとか、粗暴さとかといった、ある共通の深層を考えるように仕向けられる。本性の観念はまちがいなく、あらゆるものに共通の本性、つまり《高位の》本性へとみちびいてゆく。内在性の観念はいつでも、超越という観念と直通しているのである。

（「自然・ヒューマニズム・悲劇」）

単なる外界の描写であった筈が、いつのまにか心理的な意味合いを帯び、やがて大仰な観念へと離陸していってしまうこと。自然から人間（性）へ。言いかえれば表層から深層への通底。ロブ゠グリエは、このような回路が、当時の仏文学で支配的だった「心理小説」（その代表がモーリヤックである）の「描写」のありようにあらかじめ仕込まれていたのだと考える。
ならば、このような認識に立ったロブ＝グリエの小説は、いかなるものだったか？　ちょうど「未来の小説への道」と「自然・ヒューマニズム・悲劇」に挟まれた時期に発表された彼の長編第三作『嫉妬』は、こんな風に始まる。

屋根の南西部の角を支えている柱の影が、いま、露台《テラス》の同位角を二つの等しい部分にわけている。この露台は屋根のある広い廻廊《かいろう》で、家を三方からとり囲んでいる。中央の部分も両翼も広さは変らないので、柱によってつくられる影の線は、正確に、家の角に達している。だが影は、それ以上に伸びない。太陽はまだ空高く、露台の敷石だけを照しているからだ。家の木の壁、つまり正面及び西翼の切妻は、まだ屋根によって光線がさえぎられている。（この屋根は、いわゆる母屋と露台とに共通のものなのだ。）それでいま、屋根の末端の縁の影は、母屋の角の鉛直の二面と露台とがつくりだしている直角の線に、正確に一致している。
（『嫉妬』白井浩司訳）

ちなみに訳者の白井浩司は、サルトルの『嘔吐』の翻訳も手掛けている。読まれる通り最初の段落は、人間抜きの、徹底的に視覚的で客観的に思える描写のみとなっている。この「柱の影」を、読者はこの小説を読み進めながら、以後何度となく見る／読むことになるだろう。次の段落になってようやく、人物が現れる。

いま、Aは、中央の廊下に面した内扉から寝室にはいった。彼女はいっぱいに開かれた窓の方を見ない。その窓を通して、扉を開けたときから、露台のあの隅を見ることができるだろう。彼女はいま、扉の方をふりむいてそれを閉める。彼女は、相変らず明るい色のドレスを着ている。昼食のときに着ていた、とても身体《からだ》にぴったりとしている立襟のドレスだ。クリスチアーヌは一度ならずAに、身体にぴったりあわない服の方が暑さをしのぎ易いことを思いださせた。だがAは、笑ってとりあわなかった。暑さに苦労したことがないのだ。たとえばアフリカなどで、もっとずっと暑い気候を体験したけれども、たいへん元気にやってゆけたのである。暑さもそうだが寒さにも平気で、どこに行っても気楽に暮せるのだ。彼女がふりむくと、黒い髪の巻毛がしなやかに、両肩や背にふりかかる。（同前）

Aとクリスチアーヌと呼ばれる人物が叙述に登場した。二人は女性である。もう少し先で、フランクと呼ばれる男も召喚される。そして『嫉妬』の主要登場人物は、この三人だけである。どこの国とも明示されない熱帯地方のバナナ栽培場を舞台に、ひたすら冒頭のごとき情景描写と三人の行動が、淡々とした機械的な筆致で記録されてゆく。だが（ここからはネタバレになってしまうのだが）ほどなく読者は、この小説に潜む、或る仕掛けに気づかされることになる。これら一連の全ての描写と叙述は、実は「客観」ではない。小説の最初から最後まで一度として姿を見せることはないが、ここには常に四人目の人間が居るのである。それはAの夫、バナナ栽培場を経営する人物である。そして『嫉妬』の記述は、けっして一人称を露わにすることはないが、終始「彼」の視点（と、もっと踏み込んで言えば「彼」の内面）から為されているのだ。

次第に判明してくるのは、Aとその夫、クリスチアーヌとフランクという二組の夫婦が居り、そしてAとフランクが不倫の関係にあるらしい、ということである。しかしその事実は、はっきりと描かれるわけではない。それはあくまでも推測／暗示に留められている（ので真実はわからない）。確かなことは、妻と友人の仲を疑っている「彼」が、二人を延々と目撃／凝視し続けているということだけである。何故ならば、それゆえにわれわれはこれを読んでいる（読めている）のだから。しかし「彼」は「私」とは一度も言わないし、この小説の描写と叙述に「Aの夫」は一度も表立って姿を現すことはない。原題“LA JALOUSIE”には「嫉妬」と共に「ブラインド（日除け）」という意味がある。絶妙なネーミングというべきだろう。つまりこの小説では、事物（＝日除け）の裏に感情（＝嫉妬）が隠されているのだ。

こう説明すると、おそらくミステリ読みは、ははんその手か、とか言いそうである。確かにこの趣向は、いわゆる「叙述トリック」によく似ている、というかほとんど同じである。三人称の仮面を被った一人称というのは、話法の次元に読者への罠を仕掛ける特殊なタイプのミステリに同様の作例が幾つもある。ただ違うのは、ミステリの叙述トリックは結末のサプライズに奉仕するために要請されているが、ロブ＝グリエの狙いはそれとは全然別にある、ということである。

実際、かなり早い時点で、この小説の仕掛けは多くの読者にとって了解事項となる。むしろ『嫉妬』という小説の読みどころは、そのことがわかって以降の、客観を装った主観描写の中に、その視点である者の異常と呼んでよかろう静かにざわめくエモーションが、じわじわと立ち昇ってくるさまにこそあるのだ（ところで、叙述トリックとの類似はもう一点ある。それは「彼」が他の登場人物と具体的にかかわる場面も必ず存在している筈なのに、それらが意図的に全て書き落とされているということである。こちらもミステリに数多くの類例がある。思えば『嫉妬』に限らずロブ＝グリエの作品にはミステリ的な題材を扱ったものが多い。だがとりあえずそれは別の話題である)。

話を戻すと、このような形で示される「客観／主観」の二項対立もしくは二重性の問題は、この時期のロブ＝グリエにとって、おそらく最重要課題だった。しかし既に明らかだとは思うが、それは単純な意味での「主観」から「客観」への転回ではない。たとえ一見「客観的文学」を実践してみせているように思えたとしても、実際に『嫉妬』を読んでみれば一目瞭然なように、そこで起こっていたのは、それとはむしろ真逆の事態なのである。「未来の小説への道」にも、次のような一節がある。

すでに、どんなに偏見に規制されることの少ない観察者でさえ、彼をとりまく世界を自由な目で見ることはできないのである。すぐにことわっておきたいが、ここでいっているのは、なにも素朴な客観性にたいする配慮のことではなく、それなら魂(主観的な)の分析者たちが微笑を浮かべるのも当然至極である。通常の意味での客観性——視線の完全な没個性——というものが、幻影であることはあまりにも明白である。

(「未来の小説への道」)

この点は、先の二編に続く「新しい小説」の第三のマニフェストというべき「新しい小説・新しい人間」(一九六一年)においても、とりわけ強調されている。この文章は「ヌーヴォー・ロマン」に向けられた誤解を箇条書きで挙げておいて、ひとつずつ片付けてゆくという構成を取っているが、その中に「ヌーヴォー・ロマンは完璧な客観性を目ざす」というものがある。ロブ＝グリエは、決然とこう答える。「ヌーヴォー・ロマンは、まったくの主観性しか目ざさない」。

　われわれの作品のなかでは、おびただしい対象が描写されており、またそれらには、どことなく突飛な点が見出されたので、それらに関してはじめ若干の批評家たちによって、客体のほうを向いた、というきわめて特別な意味をもって口にされた《客観性》ということばが、たちまちのうちに大いにもてはやされるようになった。（中略）たとえば私の小説のなかで、あらゆるものを描写するのはたんにひとりの人間であるばかりでなく、およそもっとも中性的でない、もっとも公平でない人間、その反対にいつでも、もっともうるさく脳裡につきまとう情念の冒険《アヴァンチユール》にまきこまれている人間なのであって、それはしばしば、彼の見たイメージを歪め、彼のうちに、錯乱にちかい想像力のはたらきを生じさせるくらいである。
　したがって私の小説が——すべての私の友人たちの小説と同様——たとえば、バルザックの小説以上にさえ主観的であることを、証明するのは容易である。

（「新しい小説・新しい人間」）

ロブ＝グリエの主張はきわめて一貫している。「客観的であることを誇りうるのは、神だけである」と彼は言う。「われわれの作品のなかでは、逆にひとりの人間、空間と時間のなかに状況づけられ、彼の情念によって規制された人間、あなたや私とおなじような人間が、見たり、感じたり、想像したりするのである」。「神」から「人間」へ。「人間性」ではなく「ひとりの人間」へ。真の「転回」とは、こちらの方だったのだ。

現在の読者からすれば、このようなロブ゠グリエによる「新しい小説」の理論は、さほど過激なものとは映らないかもしれない。というよりも、ごくごく真っ当な姿勢であるように思われもするだろう。だが、当時は相当に紛糾したのだ。多くの論客がこの騒動に参画した。有名なものとして、ロラン・バルトによる一連のコミットメントがある。バルトの初期評論を纏めた『エッセ・クリティック』(原著一九六四年)には、ロブ゠グリエと「ヌーヴォー・ロマン」を論じた複数の文章が収められている。その最初の一編は「対物的《オブジエクティフ》文学」と題されている。objectif に「対物的」というやや耳慣れない訳語が充てられているが、これは「客観的文学」と同じである。バルトは、ロブ゠グリエの小説で、ごくありふれた、視界の内にあっても普段はほとんど意識されることのない、既存の小説家が無視乃至軽視してきた様々な「対象」が、異様に精密に描写されていることに注目する。

　こうした対象のすべては、無意味ではないまでも、すくなくとも純粋に機能的なそれらの性格とは外見的にはほとんど不釣合に注意深く描かれている。ロブ゠グリエにあっては、描写はつねに詞華集的である。描写は対象をまるで鏡のなかでのように把まえるし、われわれの前にスペクタクルのように打ち建てる。言いかえれば、物語《レシ》の弁証法がこの無遠慮な対象に投げかけるかも知れないもろもろの請求など気にもかけずに、ひとはこの対象にわれわれの時間をとりあげる権利をあたえる。その対象はそこにある、その対象はバルザックの筆になる肖像画と同じ陳列の自由をもちながら、それなのに同じほど心理的必然性をもってはいない。この描写法のもうひとつ別の性格は、それがけっして暗示的であることがなく、一切を語り、各行と内容との総体にわたって、対象の性質全体を経済的にしるす《シニフィエ》任を荷なったしかじかの属詞を求めない点にある。ロブ＝グリエのエクリチュールはアリバイなしのもの、厚みも深みもないものである。それは、対象の表面にとどまり、同様にこの対象を巡るが、対象のもつ特質のうちのしかじかのものに特権をあたえることはない。

（「対物的《オブジェクティフ》文学」篠田浩一郎訳、一部省略した）

「したがってこれは、詩的エクリチュールの正反対のものである」とバルトは言う。それは、視覚的であり客観的であり、そしてすこぶる表面的／表層的なエクリチュールである。見えていない「物」の文字通りの無視、深層の拒絶とうわっつらの重視が、ロブ＝グリエの言語の最大の特徴である、と。「ロブ＝グリエの対象は機能も実体ももたない。あるいは、もっと正確に言えば、両者はともに対象の光学的性質のうちに吸収されてしまっている」。

　ではロブ＝グリエが破壊しようとしたものとは何か、それは「形容詞」だ、とバルトは続ける。メタファー、メトニミー、アナロジー等といった「喩」の機能の一切が捨て去られ、ただ「光」だけが残される。バルトは静物画→現代絵画→映画という表象芸術の歴史を援用して、これを説明している。「古典的描写の場合、一幅の絵はかならず一個の光景であり、永遠性によって固定された、不動の場である」が「現代の油絵《カンバス》は壁から出る、見物人の方にやってくる、挑戦的な空間で見物人を圧迫する。一幅の絵はもはや《眺め》 *prospect* ではなく、《突出》 *project*

（と言えよう）なのである」。

これこそはまさしく、ロブ＝グリエの描写の効果なのである。なぜなら、彼の描写は空間的に分離され、対象は元の位置からはずされ、しかもそれにもかかわらず最初に占めていた位置の痕跡を失うことがない。対象は深みをもつようになるが、それにもかかわらず平面であることをやめない。ここには、映画が映像の反射作用のうちに達成したものと同じ革命を認めることができる。（同前）

言うまでもなく、projectionには「映写」という意味もある。バルトの分析は説得的であり、先に見たロブ＝グリエ自身の主張ともおおむね合致する（ちなみに「対物的《オブジェクティフ》文学」は一九五四年に発表されており、既に参照したロブ＝グリエの一連のテキストに先行している。従って対象とされているのは『嫉妬』以前に出た長編第一作『消しゴム』や『スナップ・ショット』の「三つの反射的映像」などである）。この文章の結論は「ロブ＝グリエの企ては、表面を扱う小説を基礎づけることをねらっている」というものであり、まさしく「表面」こそが「新しい小説」の核心であるということが、あらためて強調されている。そしてこの「表面」という問題設定は、ロブ＝グリエの長編第二作である『覗くひと』を論じた、やはり『エッセ・クリティック』に収録されている「字義どおりの文学」（原題を直訳すれば「リテラルなリテラリチュール」）や、後で触れるアラン・レネ監督との共同作業による映画／シネ＝ロマン『去年マリエンバートで』を主に扱った「ロブ＝グリエについての計算書」に引き継がれてゆく。

まずはバルトの言い分に頷いておいて、だがとりあえず一点留保をつけておかねばならない。それは必ずしも「視覚」と「光学」だけの問題ではないのではないか。バルトは「対物的《オブジェクティフ》文学」で、次のように述べている。

いまやわれわれは、ロブ＝グリエがなぜつねに純粋に光学的なやり方で対象を復元してきたか、その深い理由を理解することができる。視覚は、連続が、微小だが全体的である領域の総計でありうる唯一の感覚であるからだ。空間は、達成されたヴァリエーションしか受け入れない。人間は視覚をつうじては、下位化の内的過程に参与することはけっしてない。たとえ極度に分割された場合にも、人間がこれについて見うるのは、やはりその結果だけなのだ。（同前）

しかし、それを言うなら「聴覚」だってそうなのではあるまいか。光学的ということだけでなく、音響的であることにもまた、ロブ＝グリエは意識的に取り組んでいると思える。たとえば『嫉妬』には、次のようなくだりがある。

Aは、この地方でつくられる肱掛椅子に谷間の方をむいて腰を下ろし、昨夜借りた小説を読む。昼食の際に、彼らはすでにその小説について語り合った。彼女は、暗くてよく見えなくなるまで、眼を離さずに読みつづける。それから、顔をあげ、その本を低いテーブルの上の手近かに置き、正面をじっと見つめる。格子の手すりや、もう一方の斜面のバナナの樹は、やがて夕闇のなかに見えなくなる。彼女は、あらゆるところからたちのぼる、くぼ地にむらがった無数のこおろぎの鳴声に耳を傾けているようだ。しかしその声は、耳をろうするばかりの、なんの変化もない連続的な音であって、聞くといったものではない。（『嫉妬』）

ここでは、視覚的な描写に聴覚的な描写がオーバーラップされている。そして、この「こおろぎの鳴声」も、やはり意味性を露骨に剝奪された、あくまでも「表面」的な対象として捉えられていることがわかる。或いは夜に「肉食獣」たちの声が聞こえてくるという、こんな場面。

時折、その叫び声は、もっと低くなったり、あるいは長くなったりする。おそらくいろんな種類の獣がいるのだろう。だが、叫び声はすべて似かよっている。それらが容易にそれとわかる共通の性格を持っているのではなく、むしろ、それには共通の性格の欠除があるというべきだろう。それらは獰猛な、あるいは苦痛の、あるいは強迫的な、あるいはまた愛の、叫び声のようにはききとれない。いわば、はっきりした理由もなく発せられた、機械的な叫び声のようなもので、なんの意味も表わさず、ただ、夜の旅路の標尺となるべき、それぞれの動物の存在や、位置や相互の移動を示しているにすぎないのだ。（同前）

これはほとんど、これまでに述べてきたロブ＝グリエの「見えるものと見えないもの」に対するスタンスを、そのまま「聞こえるものと聞こえないもの」に置き換えた一節ではないだろうか。どこまでも表面的でリテラルな「光」と「音」は、共に等しく彼の小説の構成要素なのである。なにしろ『嫉妬』の最後の一文は「黒い夜と、こおろぎの耳をろうする声とが、いま、ふたたび、庭や露台の上に、家の周り一面に拡がって行く」なのだ。「新しい小説」は、すぐれてオーディオ＝ヴィジュアルな性質を有しているのである。

ところで、だとしたらそれは、ますます「映画」に似ているのではないか？……と書くと思わず納得してしまいそうになるが、だがしかし、いったい「小説」と「映画」が似ているとは、つまりはどういうことなのか？　それに、両者が似るなどということが、ほんとうにあり得るのだろうか？

## 2.「新しい小説」と「新しい映画」（1960年／1963年／1956年／1963年）

ロブ＝グリエは一九六〇年に「ヌーヴェル・ヴァーグ」の一員である監督アラン・レネに依頼され、翌年製作の映画『去年マリエンバートで』のシナリオを執筆する。レネは前作にして彼の長編劇映画第一作でもある『二十四時間の情事』（一九五九年）ではマルグリット・デュラスを脚本の共同執筆者に迎えており、「新しい小説家」とのコラボレーションに積極的な映画作家だった。ロブ＝グリエはこれをきっかけに映画製作へと足を踏み入れ、一九六三年には『不滅の女』で監督デビュー、以後は小説と並行して映画も発表してゆくようになる。それゆえ当然のごとく彼の「小説」は「映画」との類似性をもって語られるようになるのだが、ロブ＝グリエ本人はけっして両者を無前提にイコールとして考えているわけではない。彼の「小説」が「新しい」のは、しばしばそう論じられていたように（先のバルトの評論にもそのニュアンスが感じられる）それが「映画」のようだから、ではない。ロブ＝グリエにとっては「映画」も「新しい小説」と同様に「新しい映画」でなくてはならなかった。『新しい小説のために』所収の「今日の小説における時間と描写」（一九六三年）で、彼は「こうした書き方は写真を目標としているとか、映画的イメージを目標としているとかいうことが、どれだけ間違いか」と述べている。

だが映画的創造が、多くの新しい小説家たちを惹きつけるたしかな魅力の原因は、もっとべつのところに探さなければならない。彼らを夢中にさせるのは、映画カメラの客観性ではなくて、主観的なもの、想像的なものの領域におけるその可能性なのである。彼らは、映画を表現手段としてではなく、探究の手段として理解し、いちばん彼らの注意を惹くのは、当然のことだが、もっとも文学の手に負えないものである。すなわち、映像というよりはむしろ録音テープ──人間の声、雑音、雰囲気音、音楽──であり、ことに目と耳という、二つの感覚に同時にはたらきかけるという可能性である。つまり、映像にしろ音にしろ、およそもっとも異論の余地のない客観性という外観のもとに、実際には夢もしくは思い出、一言にしていえば想像力にしかすぎないものを提出できるという可能性だ。

（「今日の小説における時間と描写」）

まさにオーディオ＝ヴィジュアルである。「観客が耳にする音、彼が目にする映像には、ひとつの根本的な性質がある。それが厳然としてそこにある、現在そこにあるのだという」。この主張は、確かに先に「小説」で「描写」される「世界」について見たものと完全に同じである。ロブ＝グリエは更に言う。「こうした新しい映画構造、こうした映像と音との運動を、先入主のない観客は、直接感じとれるものであるということが明らかになった。多くの観客にとっては、こうしたものの作用力は、文学のそれより無限に強力でさえあるようだ」。現前性の芸術として、ここでは「文学／小説」よりも「映画」が優位に置かれている。それは当然のことではある。そもそも「映画」とは「世界」の切片である「現実」の断片を素材とする構成物である。つまりそれは「現前」の「再現＝表象」という機構を有している。これに対して「小説」は、煎じ詰めれば「世界」を言葉の連鎖によって描出すること、いや、そうしようとすることしか出来ない（何故ならそれは成功するかどうかわからないし、そもそも何をもって「成功」と呼び得るのかも明確ではないのだから）。そこには「素材」を提供する「現実」も、何らかの処理を待っている「現実」の「素材」も、たとえあったとしても「映画」と同じ具体的／即物的な次元には存在していない。だから身も蓋もない言い方をしてしまえば、もとより「小説」が「映画」を擬すということ自体、無理筋の試みなのである。

　ところで、このような認識にロブ＝グリエは『去年マリエンバートで』と『不滅の女』での自身の映画経験を経て、ようやく達したのではなかった。前には触れなかったが、実は「未来の小説への道」に、既に同様のことが記されているのだ。

　映画も、やはり、心理主義的で自然主義的な伝統の継承者なので、たいていの場合、物語をイメージに転位することしか目的としていない。すなわち、本の読者にたいしては文章がゆっくり解説を加えた意味を、手際よく選んだいくつかの場面を媒介として、観客に押しつけることだけを目ざしているのである。ところがいつなんどきでも、映画化された物語が、いきなりわれわれを内的な居心地の良さから引きずり出し、小説にしろシナリオにしろ、紙に書かれたものとのテキストには探しても見つからないような激烈さで、そうした差出された世界に突き当らせるということが起る。

（「未来の小説への道」）

ここには「映画」が「現実／世界」を相手取る以前のプロセスが述べられている。原作であれシナリオであれ粗筋であれ、あらかじめ設定された「物語」のようなものがあり、それを「イメージに転位する」に際して、メカニズム／テクノロジーとしての「映画」は「世界／現実」を利用する。しかしその「素材」が「物語」に叛乱を起こすことがあるのである。これが「映画」が原理的に有している逆説であり、映画史において「ヌーヴェル・ヴァーグ」に先立つ、ロベルト・ロッセリーニを核とするイタリアの「ネオ・レアリズモ」が問題にしたことでもあった。それはともかくとして、続く部分は極めて重要である。

映画的物語が知らず知らずのうちに、われわれに引渡さざるを得ない、なまの現実のそうした断片が、それほどまでにわれわれを打つということは、他方では日常生活で、おなじような場面がわれわれを、われわれの盲目状態から引き出すちからがないだけに、奇異な現象と見えるかもしれない。じっさい、すべてはまるで写真術のもろもろの約束ごと（二次元空間、黒と白、画面構成、カットごとの尺度の相違）が、われわれを、われわれ自身の約束ごとから解放するのに貢献するかのごとくなのである。この再現された世界のいくぶん見慣れない様相が、同時に、われわれをとりかこむ世界の見慣れない性格を啓示してくれる。われわれの理解の習慣と、われわれの秩序とに、順応することを拒むかぎりにおいて、われわれの世界もやはり、見慣れない世界だからである。（同前）

このくだりは、ロブ＝グリエが実際に映画にかかわるよりも前から、事の本質を分かっていたということを証明している。つまりはなんと始めから結論（？）は出されていたのである。これは「リアリズム」という仕組みと技術の「小説」と「映画」それぞれの（そして共通の）話というよりも、まずもって、そうした腑分けを越えた、リアルな「世界」の認識の問題だったのだ。

さて、では、ようやく駒も揃ってきたようなので、ここで話を少し整理しておくことにしよう。ロブ＝グリエによれば、「新しい小説」とは「主観」から「客観」への転回ではない。一見そう思われたとしても、そこで成されるあたかも「客観的」であるかのような「描写」は、実のところは「主観的」なものである。だが、その「主観」は、従来の「古い小説」が採用してきたそれとは決定的に異なっている。それは「神＝造物主＝作者」の視点でもなければ「人間一般」の視点でもなく、ただ一個の「ただの人間」の視点なのであり、そしてその向かい側には、厳然と「現前」する、見慣れない「世界」が在る。「新しい小説」は、この「視点」と「世界」の対峙を、言語によって定立しようとする。そして同様のことを「新しい映画」は、映像と音響によって行なおうとする。ここでも「古い映画」との対立軸が前提とされている。つまり、単に「小説」が「映画」のふりを出来れば、それでいいというわけではない。というか、それは端的に不可能なことである。むしろ重要なのは、「新しい小説」と「新しい映画」が共に向き合っているのが、同じ「世界」なのだ、ということである。それはいわば「リアル」な「世界」である。「リアル」を摑まえるためにこそ、「小説」も「映画」も、新しくならなければならなかったのだ。

そして「新しい小説」は、より精確に言うとアラン・ロブ゠グリエによって提出されたそれは、幾つかの点でトライアルにおいて先行していた（とロブ゠グリエには思われた）「新しい映画」への共振と漸近を試みる。たとえば、あたかも「客観」と見紛う描写のありようは、その要請によって成されたものだったのだ。

「描写」の「視点」とは、「映画」においてはカメラでありマイクである。「新しい小説」は、それらを言葉で代替しようとする。そうすると、当然ながら次の疑問が生じるだろう。そんなこと出来るのか。たとえば、カミュが絶賛したという『トンネル』（一九四八年）や、『英雄たちと墓』（一九六一年）で知られるアルゼンチンの作家エルネスト・サバトは、評論集『作家とその亡霊たち』（原著一九六三年）に収められた、その名も「ロブ・グリエのもくろみ」というテクストの中で、この点を激しく追及している。「作者――もはやこの言葉も他の言葉に置き換えねばなるまいが――が独自の視点から口を挟まず、何の意見も述べない小説は壮大な、というよりも世界全体の描写という形を取らざるを得まい」。これに続くサバトの物言いは、それ自体かなりユニークな文章なので、やや長くなるが引いてみる。

自分の提起した理論を厳密に適応するなら、ロブ・グリエに書ける作品はただ一つ、馬、物知り、コガネムシ、木々、セールスマン、庇、路面電車、石斧、ベルリン大学教授、鉄柵、テレビ、落ち目の女優、爪、ジープ、カセロス刑務所の囚人、などなど、すべてを際限なく取り込んだ塊のようなものだろう。もちろんそれだけで十分というわけではない。同じように冷淡に、そしてとりわけ根気よく、木の枝がどうなっているか、路面電車の色は何色か、様々な物体が幾何学的にどういう形をしているか（規則性の有無、蛇行するのか、単なる落書きのようなのか、真っ直ぐか反っているか、回転双曲線型か犀型か）、さらにこれほど悪夢のように込み入った事物がどんな臭いを発しているか（むかつくようなのか興味深いのか、強いのかほとんど気づかれないぐらいなのか、不快か繊細か、フランス香水の系統か沼のような泥臭さか）、指とか、バイクの運転手とか、たまたまその時現れたシェフの横に偶然ちらりと見えた紳士などが、どんな大きさで、どんな色調なのか、すべて描写しなくてはいけない。もちろんそれでもまだ不十分だ。シェフや紳士や師範がどれぐらいの角度でどの方向から腕を動かしているか、練り歯磨きチューブの右に見える垂直の電柱に対して右腕が四十七度傾いている一方で、左腕は秒速何センチで動いているのかも伝えてくれなければいけない。（中略）ミリ定規とコンパス、分度器に視距測定器があれば距離と角度を測って完全な構図が出来上がる。もちろん、毎秒ごと、いやいや、ちょっと待て。なぜ秒という特別な単位だけを選り好みするのだ？　読者と世界の間に何とおぞましい科学的偏見が介入することか。十分の一秒、百分の一秒、一億分の一秒ごとでないといけない。

（『作家とその亡霊たち』寺尾隆吉訳）

とまあしつこく述べた後、サバトは「厳密に適応すればこういう結果になる指針自体にすべての原因があるのだから、悪いのはそれを提起したロブ・グリエであって私ではない」と嘯くのだが、この批判は人工知能（ＡＩ）におけるいわゆる「フレーム問題」を思い出させる。ごく簡潔に述べると、「フレーム問題」とは、ＡＩに何らかの行動をさせようとしても、指示された動きに辿り着くまでに、選択排除すべきパラメータがあまりにも多過ぎて、いつまで経っても動かなかったり、悪くするとクラッシュしてしまう、という問題である。つまり認識と判断の「フレーム」を適切に設定し選別することが、人間には出来てもＡＩには出来ないというものだが、サバトが言っていることは、このＡＩの暴走に似ている。書き方はほとんどギャグみたいだが、この批判にはそれなりに傾聴すべき部分がある。単純に言って、たとえば固定されたカメラとマイクによって十分間、或る風景を記録したとして、そうして得られた映像＝音響を、それとまったく同じように言葉で描き出すことは、どうしたって不可能に決まっている。それはサバトが述べているように、ほとんど無限にも近い、終わりなき作業になってしまうことだろう。

　だが、もちろん、ここで述べておかねばならないのは、サバトには申し訳ないのだが、ロブ＝グリエはそんなことはぜんぜん言っていない、ということである。『嫉妬』や『スナップ・ショット』で読まれる、非常に細密な「物」の描写は、そこに或る「世界」の全容を封じ込めようとするものではない。『新しい小説のために』所収の「写実主義《レアリスム》から現実《レアリテ》へ」（起草一九五五年／脱稿一九六三年）で、彼は次のように述べている。

> 　それゆえこの新しいレアリスムにあっては、もはや真実主義《ヴェリスム》はまったく問題にならない。世界を眺めるにあたっても文学にあっても、《真実らしく見せる》こまかい細部は、もはや小説家の注意を引きとめはしない。彼をはっとさせるのは——またさまざまの経緯をへて、彼の

書くもののなかにふたたび見出されるのは――逆にそれ以上に、にせものらしく見せるこまかい細部なのである。

（「写実主義《レアリスム》から現実《レアリテ》へ」）

先ほど「映画」の「十分間」を「小説」は再現出来ない、と述べておいたが、確かに映像と音響は、一定の持続する時間を記録することが出来る。だがしかし、それはたかだか「十分間」でしかない。無論「百分間」になろうと「百時間」になろうと、それはあくまでも断片でしかなく、そこに厳然として在る「世界」と「現実」の全容からは、どこまでいっても敢然と隔てられたままだ。したがって「映画」がしているのは、けっして「世界」の「再現」などではない。映像だけを取っても、実際にはフレーミングやカメラワークや編集やポストプロダクション等々といった作業によって、ありのままの「世界」とは別の、或る人工的な「世界＝映画」が構築されているのに過ぎない。過ぎないというよりも、要するに「映画」とは、それをするものなのである。

そして「小説」もまた「映画」とは異なる条件の下で、同様のアプローチをしている。それゆえに「真実」ではなく「にせもの」なのである。つまり「今日の小説における時間と描写」で「映画」にかんして述べられていた「およそもっとも異論の余地のない客観性という外観のもとに、実際には夢もしくは思い出、一言にしていえば想像力にしかすぎないものを提出できるという可能性」を、「小説」においても追究することが求められている。そう、これは「リアリズム」の問題であると同時に「想像力」の問題でもあるのだ。いや、もっと言えば「リアリズム」とはすなわち「想像力」の問題なのである。

こうしたことを、流石にジル・ドゥルーズはよくわかっている。『シネマ2＊時間イメージ』（原著一九八五年）で、ドゥルーズはこう述べている。

すでにロブ＝グリエは偉大な描写の理論を作り出したとき、伝統的な「リアリズム的」描写を次のように定義していた。それは対象の独立性を前提とし、それゆえ現実的なものと想像的なものとの識別可能性を仮定していると（二つが混同されることはありうるにしても、それらは理念上区別されたままである）。ヌーヴォー・ロマンのネオ・リアリズム的描写はこれとまったく異なっている。この描写は一方でそれに固有の対象にとってかわり、対象の現実を破壊して想像的なものの中に移行させ、他方でそれは、想像的なものあるいは心的なものが言葉と視覚によって創造する現実の全体を、対象から出現させるのである。想像的なものと現実的なものは識別不可能になる。ロブ＝グリエは、彼のヌーヴォー・ロマンと映画についての考察において、まさにこのことをますます強く意識するようになる。最も客観主義的な諸規定も、それらが全面的な主観性を完成することを妨げることがない。

（『シネマ2＊時間イメージ』宇野邦一訳）

最後の一文を言い換えるなら、むしろ客観主義的な規定こそが、何よりも全面的な主観性を完成することに貢献しているのである。つまりここでは一種の逆転が起こっている。ロブ＝グリエにあっては「新しい小説」が「新しい映画」に近づいていくだけではなく、彼は「新しい映画」に「新しい小説」が目指すのと同じベクトルを見出したのだ。それが「想像的なものと現実的なものは識別不可能になる」ということである。想像される現実と現実における想像があるのではない、現実＝想像そして想像＝現実なのだ。この二重の等式を「リアルな世界」と如何にして調停させるか。

ロブ＝グリエは『去年マリエンバートで』『不滅の女』の二本の映画の「シネ＝ロマン」を発表しており、一九六九年には二冊を併せた邦訳が出版されている。「シネ＝ロマン」とはおそらくロブ＝グリエによる造語であり、通常の映画シナリオとは違い、カメラの動きや情景描写がかなり細かく書き込まれているのが特徴である。それはまるで完成した映画を見ながら文字に再構成したかのようにも思えるのだが、ロブ＝グリエによると、いずれも撮影前に書かれていたのだという。この事実自体が、先の「想像力」と深くかかわっていると思われる。

『去年マリエンバートで』の「シネ＝ロマン」の「序」の中でロブ＝グリエはこう述べている。「映像の本質的な特性はその現在性である。文学が文法上の時制《テンス》を全体にわたって使用し、そのおかげで諸事件を他のできごととの関係にもとづいて配置することができるのに対して、映像にあっては、動詞がつねに現在時におかれている（中略）。明らかに、スクリーンの上にわたしたちの見るものはまさに継起しつつあるのであり、提供されているのは動きそれ自体であって、動きについてのレポートではない」（天沢退二郎訳）。撮影と、（一本の作品としての）編成に続く、「映画」の第三の段階である「上映」は、常に必ず現在形である。観客がスクリーンを見据えている最中、他のあらゆる時と同じく、時間は持続的かつ不可逆的に流れている。映画は複数の過去の時間のパッチワークから成っている。だがそれでも、それが体験されるのは「今、ここ」である。このこともまた「映画」の本質であり、原理的に「小説」とは異なる部分だろう（言うまでもなくデジタル技術によって右の事情はやや違ってきているが、それでも基本的な性質には変わりない)。ところでロブ＝グリエは、こう続ける。「結局のところ、これらの映像はすべて、何であろうか？　それは想像されたものである。想像されたものは、充分に生き生きしているかぎり、つねに現在時にある」。

こうしてみると、ロブ＝グリエが「ヌーヴェル・ヴァーグ」の映画監督たちの中でも、どうしてアラン・レネと組んだのかがよくわかる。「現実」を活写するというスタンスだけならば、他のたとえばゴダールやトリュフォーの方が、より適していたと言えるかもしれない(もちろん二人とも素朴な意味でのリアリストではなかったのだが、とりあえずそれは措く)。レネはむしろ「記憶」と「妄想」の作家である。それは他でもない『去年マリエンバートで』を見れば、立ちどころに了解される筈だ。そこではひと組の男女が、去年マリエンバートで会ったのかどうかが何度となく繰り返し問い返され、にもかかわらず事実はいつまでも明らかにされない。過去の出来事は宙吊りにされ、現在はそんな過去の不確定性を確認するためだけに存在しているかのようだ。しかしそれらはすべて、最終的には映写という現在形の内に起こるのである。そしてこれに続いてロブ＝グリエ自身がメガホンを取った数本の映画、監督第一作『不滅の女』から『ヨーロッパ横断特急』(一九六六年)、『快楽の漸進的横滑り』(一九七四年)、『危険な戯れ』(一九七五年)、『囚われの美女』(一九八三年)等を経て、遺作となった『グラディーヴァ――マラケシュの裸婦』(二〇〇六年)へと至るフィルモグラフィを通して只管描かれていたのは、一言でいうなら「にせもの」のファンタズムだった。そして彼の「小説」も『嫉妬』の次作に当たる『迷路のなかで』(原著一九五九年／翻訳一九六五年)、『快楽の館』(原著一九六五年／翻訳一九六九年)と、急激に幻想味

（＝にせものっぽさ）を増してゆくことになる。だが、それらを検討することは、本論の目的ではない。

### 3．「新しい小説」から、「より新しい小説」へ（1967年／2009年／2013年）

「写実主義《レアリスム》から現実《レアリテ》へ」の中で、ロブ＝グリエは、こう述べている。「《ヌーヴォー・ロマン》に関するはなはだ月なみな考え方のひとつは――それも、《ヌーヴォー・ロマン》を論じた評論が書かれだした時以来だが――、これもいずれは《すたれる流行》なのだという考え方である」。そして今から振り返ってみるなら、確かに「ヌーヴォー・ロマン」は、半世紀以上前のフランス文学の一時代と、二〇〇八年に亡くなったロブ＝グリエを始めとして、そのほとんどが既に物故した何名かの作家たちを名指す用語として、もはや歴然と過去のものになっている。なにしろ『嫉妬』も『新しい小説のために』も、ロブ＝グリエの他の何冊かも、「ヌーヴォー・ロマン」の幾つかの重要な作品も、とっくの昔に絶版になってしまっているのだ。だが、ロブ＝グリエは、こうも言っていたことを忘れてはならない。「ところが、小説形式は推移する、ということこそまさしく、ヌーヴォー・ロマンの唱えるところなのである」。

こうしたたぐいの言辞――流行はいずれすたれるとか、反逆児たちもそのうちおとなしくなるとか、健全な伝統に復帰せよとか、そのほかのたわごと――のなかに見るべきなのは、どんなことがあってもひるむことなく、必死になって、「結局のところ、なにも変りなどしない」とか、「天日のもと、新しきものなど決してない」とかということを、証明しようとするあの昔ながらのりっぱな試みにほかならず、ところが事実は、すべてがたえず変化するのであり、いつでも新しいものが存在するのである。

（「写実主義《レアリスム》から現実《レアリテ》へ」）

つまりは、そういうことである。「ヌーヴォー・ロマン」は過去のものになったのかもしれないが、しかし「新しい小説」は、その後も、今も、これからも、ある。だって、すべてがたえず変化するのであり、いつでも新しいものが存在するのだから。

というわけで、私たちは第一章の始まりと終わりにふたたび戻ってきた。前章の最後に、高橋源一郎の『大人にはわからない日本文学史』から、次の部分を引いておいたことを思い出していただきたい。

自然主義的リアリズムによってなにを表現できるのか――近代文学の黎明期を担うことになった、主として男性作家たちは、自然主義的リアリズムによって、わたしたちの「真実」を、すなわち人間の「内面」の「奥底」を描き出せると考えました。

　しかし、ほんらい、「目に見えるもの」を「目に見えるように」描く自然主義的リアリズムで、「目に見えない」「内面」や「真実」を描き出すことなど可能なのでしょうか。

（『大人にはわからない日本文学史』）

ここで発されている問いを、ここまで辿り直してきたアラン・ロブ゠グリエによる「新しい小説」の理論と、あらためて接続してみるならば、向かうべき理路はより鮮明になるだろう。

ごく大雑把に述べておくならば、日本における「自然主義的リアリズム」の発生が、おおよそ「百年」前のことであったとしたら、何度も触れておいたように、「ヌーヴォー・ロマン」は、だいたい「五十年」前のことである。それは現在から遡って、ちょうど半分辺りに位置している。もちろんこのこと自体には何の意味もありはしない。だが、一世紀昔に日本の文学が直面した難題が、半世紀後（にして今から見ると半世紀前）にフランスの新しい小説家によって――無論かなり異なるコンテクストにおいてではあるが――反復されたと考えてみることは可能である。どちらも「小説」が新しくあるとはどういうことなのか、それから「リアル」であるとは如何なることなのか、が問われていたのだから。

そこで、さしあたり二つの課題がある。第一に、カメラやマイク等といったテクノロジーがしていることと、言語゠言葉がなし得ることの間には、どんな関係があるのか。第二に、たとえば「映画」とはまた別の芸術形態が「小説」と何らかの共振を起こすということはあるのだろうか？　あるとしたらそれは何か？

# 第三章　近代文学vs近代絵画

小説の美術たる由《よし》を明《あき》らめまくせば、まづ美術の何たるをば知らざる可《べか》らず。さはあれ美術の何たるを明らめまくほりせば、世の謬説《びゆうせつ》を排斥して、美術の本義を定むるをば、まづ第一に必要なりとす。

――『小説神髄』坪内逍遥――

## 1.「新しい小説論」の古典を読み返す（1980年（1975年～1977年（1907年（1900年～1903年））））

あまりにも高名な書物なので、いまさら取り上げるのも少々というか、かなり気が引けるのだけれど、『日本近代文学の起源』の柄谷行人は、そこでの「近代文学」なるものの再検討・再定立にあたって、明らかに意図的に、小説とは異なるジャンル／芸術形態を引き合いに出している。すなわち第一章「風景の発見」では「絵画」、第二章「内面の発見」では「演劇」が、「文学」と対置されるかたちで招集されている。

『日本近代文学の起源』は、もともとは六章立てだったが、のちに一章が追加された。各章は一九七八年から八〇年にかけて「季刊藝術」および「群像」に掲載されたものだが、それぞれ独立した論文として読むことも出来る。だが、私見によれば（おそらく衆目も一致しているものと思われるが）、最初の二章こそが同書の核心である。柄谷は、この二つの批評テクストで、日本の「近代文学」が抱える原理的かつ歴史的な諸問題を、しかし「文学」の範疇には留まらない、きわめて広い視野から論じた。そしてそうすることによって、逆説的に「日本─近代─文学」の特殊性を露わにしてみせた。「絵画」と「演劇」という他の芸術ジャンルは、そのためにこそ召喚されたのだと言っていい。

というわけで、今回はまず「風景の発見」の議論を復習するところから始めたいと思う。なお、知られる通り『日本近代文学の起源』には、一九八〇年の初版以降、各国語版を含めて幾つものヴァージョンがあるが、本論では「定本　柄谷行人集」の第一巻として二〇〇四年に刊行されたものを底本にした岩波現代文庫版（二〇〇八年）を基本参照することにする。

まさしく「新しい小説論」として、日本の文学研究／文芸評論に決定的な影響を与えることになった『日本近代文学の起源』の劈頭を飾る論文「風景の発見」は、夏目漱石『文学論』の話から語り起こされる。周知のように漱石は一九〇〇年に赴いた英国留学中に神経を病み、一九〇三年に急遽帰国したが、一九〇七年に刊行された『文学論』は、ロンドンで構想された巨大な計画を元に行なわれた東京帝大での講義の一部を纏めたものである。

柄谷はまず『文学論』に附された漱石の序文が、異様に形式的な、無機質きわまりない本文とは違い、「きわめて私的に書かれている」ことに着目し、次のように述べている。「漱石の序文は、『文学論』が当時の読者にとって唐突で奇妙なものにうつらざるをえないことを意識している。事実、漱石にとって個人的な必然性はあったとしても、このような書物が書かれるべき必然性は日本には（西洋においても）なかったといわねばならない。それは突然に咲いた花であり、したがって、種を残すこともなかったのである」。ここで柄谷は、それから約七十年後に、漱石が残せなかった幻の「種」を、この自分が発芽させようとするのだと暗に宣言しているわけである。なにしろ『日本近代文学の起源』が構想されたのは、「一九七五年から七七年にかけて、イェール大学で明治文学について教えていたときであった。そのような場所でなければ、こんなことは考えられなかっただろう」（「定本版への序文」）というのだから。明らかに柄谷は、漱石と自らの運命の相似性／反復性を、そして蒔かれなかった種子から花を咲かせるという不可能への挑戦を、強く意識していた筈である。

漱石は、「文学とは如何なるものぞと云へる問題」を問題にした。実は、このことこそ、彼の企てと情熱を私的なものに、つまり他者と共有しがたいものにした理由である。漱石が疑ったのは、一九世紀のイギリスあるいはフランスにおいて形成された文学の「趣味判断」であり、文学史の通念である。それは漱石がロンドンに留学した明治三三年には日本でもすでに通念となっていた。それが同時代の文学を形成しただけではない。近代以前の文学をそこから解釈し意味づけた文学史の観念もまた形成されていたのである。漱石が疑ったのはそのような近代文学の前提であった。

（「風景の発見」）

だが、だからといって『文学論』の漱石が「文学を心理学的あるいは社会史的に解明しようとしたと思うなら誤解である」。柄谷は、漱石はむしろすぐれてフォルマリスト的であったのだと指摘する。「漱石は言語表現の根底にメタフォアとシミリーを見出しているが、その二要素がロマン主義と自然主義としてあらわれている。ロマン・ヤコブソンは、メタフォアとメトニミーを対比的な二要素として、その要素の度合によって、文学作品の傾向性をみる視点を提起したが、漱石はそれをはるかに先がけている。彼らが共通してくるのは、いずれも西欧のなかの異邦人として西洋の「文学」をみようとしたからである」。もちろんこの「西欧のなかの異邦人」が、柄谷自身にも妥当していることは言うまでもない。

付言しておくならば、柄谷が『日本近代文学の起源』を構想―執筆した七〇年代の中期〜後期は、日本の知的風土に、ヨーロッパ出自の構造主義や記号学／記号論、言語学、ロシア・フォルマリズム等々が本格的に導入・認知されていった時期に当たっている。クロード・レヴィ＝ストロースの『構造人類学』『野生の思考』といった主要著作がこの頃に相次いで日本語になっているし、ロラン・バルトの理論的著作も続々と邦訳が進んでいた。ヤコブソンの『一般言語学』の翻訳が出たのも一九七三年である。柄谷の立論も、基本的には、この時代の「構造／記号／形式ブーム」の影響下にあると言っていい。更に付言しておくなら、この現象はアメリカのアカデミズムでもほぼ同様だった（当時のイェール大学にはポール・ド・マン等が居て云々）。

ところでしかし、次のようなことがある。なるほど確かに「異邦人」の、すなわち外部からの視線を持っているからこそ、その世界の内部にある者にはもはや自然／自明なものとしか映らない「構造」や「形式」を見出すことが出来る。けれどもそのようにして抽出された「構造／形式」は、どうしても静態的なものになってしまう。そうでなければ、そもそもそれらを取り出すことは出来ないから。そのようなアプローチは不可避的に、或る集合体（共同体）に漲るダイナミズムを抑圧し、運動性にストップをかける。しかるに、すこぶる論理的かつ必然的に、更に次なる段階になると、いったん安定的に取り出された「構造／形式」に、どうにかしてふたたび運動性を送り込むこと（あるいは前とは違う仕方で運動性を見出すこと）が求められることになる。簡単に言えば、これが「構造主義」から「ポスト構造主義」へのプログラムである。

別の次元から言い換えると、方法論としての「構造／形式」は、生の「歴史」を捨象もしくは抽象する。そうすることによって、われわれは「歴史」をモデル（型）として扱うことが可能になる。ところが、そうやって析出された「歴史＝構造」は、結果として「歴史」の偶然性を消去し、まさに型に嵌まった「そうなるべくしてそうなった」ものとして、つまりは必然性として安定してしまう。これでは古き悪しきヘーゲル主義（「理性の狡智」）と、ほとんど違わないではないか。とすれば、見出される「構造／形式」それ自体を可変化・多数化しなくてはならない。

漱石が拒絶したのは、西欧の自己同一性《アイデンティティ》であった。彼の考えでは、そこには「とりかえ」可能な、組みかえ可能な構造がある。たまたま選びとられた一つの構造が「普遍的なもの」とみなされたとき、歴史は必然的で線的なものにならざるをえない。漱石は西洋文学に対して日本文学を立て、その差異や相対性を主張しているのではない。彼にとっては、日本の文学の自己同一性もまた疑わしい。それは別のものになりえた可能性をもっている。しかし、このように組みかえ可能な構造を見出すことは、漱石の場合、なぜ歴史はこうであってああではないのか、私はなぜここにいてあそこにはいないのか（パスカル）という疑いをよびおこす。フォルマリズム・構造主義の理論家にはそのような問いがぬけているのである。（同前）

明らかに、ここでも柄谷は、同時に彼自身の問題を語っている。言うまでもなく、このくだりを読んで誰もが思い出すのは、小林秀雄のあの有名な一節だろう。

人は様々な可能性を抱いてこの世に生れて来る。彼は科学者にもなれたらう、軍人にもなれたらう、小説家にもなれたらう、然し彼は彼以外のものにはなれなかつた。これは驚く可き事実である。（「様々なる意匠」）

柄谷行人という批評家は、たとえ直接的に言及されていない場合でも、そのデビュー時から現在に至るまで、終始一貫して、只管この問題に、ほとんどそれのみにこだわり続けている。夏目漱石論にも、マクベス論にも、マルクス論にも、『探究』にも、『トランスクリティーク』にも、近年の『世界史の構造』や『哲学の起源』にも、常にこの「然し彼は彼以外のものにはなれなかつた。これは驚く可き事実である」「なぜ歴史はこうであってああではないのか、私はなぜここにいてあそこにはいないのか」が、通奏低音のように、呪文のように鳴り響いている。

言うなれば、柄谷行人の思想とは、運命の非情な駆動を認めた上での「運命論」批判、繰り返し繰り返し、不屈の精神で「この現実」へとフィードバックしようと試みる、或る特異な「実践的可能世界論」（もちろんこれを「革命の思想」と言い換えてもよい）である。そこでは実存主義と構造主義とポスト構造主義がワンセットになっている。それはそのまま彼が背負った時代の条件であると言ってもいいかもしれない。日本においては、この三つの連鎖する西洋思想が、本来のプロセスよりも時間的に圧縮され、ほとんど縒り重ね合わされるようなかたちで導入されたのだから。

「意味」「形式」「交通」といった柄谷行人の七〇年代～八〇年代の主要な批評ターム＝概念は、けっして断続しているのではない。いわばレイヤーになっている。そしてそれらは常に「彼は彼以外のものにはなれなかった」へと戻ってくるのだ。なお、この点にかんしては、以前に別の場所（『ニッポンの思想』）でも論じたことがある。そこでも言及した福田和也の「柄谷行人氏と日本の批評」（『甘美な人生』所収）は、柄谷の勘所にして急所ともいうべき、この問題に鋭く迫った刺激的な論文である。

話が逸れたようだが（本当はそうでもないのかもしれないが）、ここまでが「復習」の前提なのだった。柄谷は、夏目漱石が、当時隆盛を極めていた「ロマン主義」と「自然主義」のいずれにも属さず（いずれからも排除され）、それればかりか、そのような二項対立、もしくは二項共存への根本的な批判であるような存在であったのだと述べ、そもそも本当にこの二項は別々の二つなのか、と問うていくのだが、それはそのまま「近代文学」の自己同一性を疑うことになっていく。「彼が考えたのは、近代文学がたどったような道をたどる必然はないのではないか、すなわち、別の文学が可能なのではないか、ということであった。したがって、それは英文学と漢文学、西洋文学と日本文学というような対比とは関係がない」。漱石は「ロマン主義と自然主義のいずれもが共有する基盤、つまり「近代文学」そのものを疑っていた」のである。

ありえたかもしれない／ありうるかもしれない、オルタナティヴな「文学」の無数の可能態は、現にここにこのようにして在る（とされる）「日本近代文学」の姿によって、巧妙に視界から隠し去られてしまっている。しかしだからといって、それは「近代文学」に対して「古典文学」を立てることによって相対化されたりもしない。なぜならば、「中世や古代の文学あるいは漢文学はすでに近代文学の視点によって再構成されたもの」であり、従って「それらはすでに近代文学に属しているのだ。そのことを知らないならば、どうしてそこから出ることができようか」。つまり現在から逆向きに辿り直される或るスパンの時間的経緯＝歴史は、常に既に他ならぬ「現在」によって侵襲されている。だからこそ「近代文学＝史」ではなく、その成立の条件を、「文学とは如何なるものぞと云へる問題」を、すなわち「起源」を問わなければならないのだ。漱石は、そのことに気づいていた。ならば『文学論』の途絶された播種を再開し、ふたたび芽吹かせるためには、果たしてどうすればいいのだろうか。

そこで「絵画」が登場する。柄谷は、「われわれが「山水画」と呼んでいるものがすでに近代西洋の風景画を通して見いだされたものである」と述べ、宇佐見圭司の文章を引く。この「山水画」というタームは、そもそも明治時代にフェノロサによって命名されたものである。「とすれば、山水画という規定自体は、西洋近代的な意識と、日本文化とのズレによって出現したということになる」（宇佐見）。

つまり、山水画という名は、まるでそれが西洋の風景画と同様に風景を描いたかのように思わせる。西洋において風景画は幾何学的遠近法とともに生まれたといってよい。それまでの絵画において、風景は宗教的な物語や歴史的な物語を描いた絵の背景としてあったにすぎない。ところが、幾何学的遠近法は一点から見た透視図法であるため、物語的な時間をふくむ対象を処理することが難しかった。そこに、物語をもたない、たんなる風景としての風景が描かれる必然があったのである。

　ところが、そのような風景画から見ると、山水画ではまさに風景としての風景が描かれているようにみえる。ゆえにそれらは山水画と名づけられた。しかし、山水画における風景は、むしろ西洋における宗教的な絵画に近いというべきなのだ。中国において山水は宗教的対象であったがゆえに、執拗に描かれたのである。

（中略）

　中世ヨーロッパの宗教画と中国の山水画は、対象をまったく異にするにもかかわらず、対象を見る形態において共通していたのである。山水画家が松を描くとき、いわば松という概念を描くのであり、それは一定の視点と時空間で見られた松林ではない。「風景」とは「固定的な視点を持つ一人の人間から、統一的に把握される」（宇佐見圭司――引用者注）対象にほかならない。山水画の遠近法は幾何学的ではない。ゆえに、風景しかないように見える山水画に「風景」は存在しなかったのである。

（「風景の発見」）

そして柄谷は、すぐさま「文学に関しても同じことがいえる」と続ける。「たとえば、松尾芭蕉は「風景」を見たのではない。彼らにとって、風景は言葉であり過去の文学にほかならなかった」。「『奥の細道』には「描写」は一行もない。「描写」とみえるものも「描写」ではない」。同様に、井原西鶴も、時としてそう呼ばれるような「リアリスト」ではない。それは「山水画」に「風景」などぜんぜん描かれてはいないこと、一見そう見えるとしても、そこにあるのは具体的現実的な視覚の像というよりも、実のところは何らかの観念や概念、あるいは象徴などと呼ばれるものなのだということと同じである。

「山水画」における「風景」の不在、いや非在と同じ事態を、柄谷行人は「日本近代文学」にも見出してゆく。しかしこれは単なる類推による強弁ではない。エルヴィン・パノフスキーは、遠近法を解析するに当たって、エルンスト・カッシーラーから「象徴形式」というカント由来の概念を援用した。それはつまり「遠近法も広い意味で言語の問題であり、逆にいえば、文学の問題においても遠近法が別のかたちであらわれた」ということである。そしてそれこそが「三人称客観描写」であると柄谷は言う。

絵画から文学を見ると、近代文学を特徴づける主観性や自己表現という考えが、世界が「固定的な視点をもつ一人の人間」によって見られたものであるという事態に対応していることがわかる。幾何学的遠近法は、客観のみならず主観をも作り出す装置なのである。しかるに、山水画家が描く対象は一つの主観によって統一的に把握されたものではない。そこには一つの（超越論的）自己がない。文学におきかえていえば、そのことは、透視図法のような話法が成立しないならば、近代的な「自己表現」という見方が成立しないということを意味する。（同

前）

だが、この「風景の発見」というテクストのラディカリズムは、これに続く理路において、「山水画」について指摘した「風景（＝三人称客観描写）」の非在を「風景画」全般にまで敷衍してしまう点にある。そもそも「絵画」においては、通常そう思われているような意味での「風景＝客観」は成立し得ないというのである。何一つとして「表現」されておらず、ただある時ある場所である人（画家）の視界にたまたま映った「風景」を、そのまま精確に「描写」しただけのように思える「絵画」にさえ、いやむしろそのような像にこそ、否応なしに主観的な「自己表現」が漏れ出すがごとく宿ってしまうのだと。そして「幾何学的遠近法は、客観のみならず主観をも作り出す装置」ということは、要するに「絵画」には本来「主客」の腑分け自体が存在していなかったのだが、「幾何学的遠近法（＝透視図法）」という「装置」の発明によって、事後的に「客観（客体）」と「主観（主体）」という二対の境位が生成されてきたのだということである。もちろん、これもそのまま「文学」へと変換される。

近代文学の起源に関して、一方では、内面性や自我という観点から、他方では、対象の写実という観点から論じられている。しかし、これらは別々のものではない。重要なのは、このような主観や客観が歴史的に出現したということ、いいかえれば、それらの基底に新たな「象徴形式」（カッシーラー）が存在するということである。そして、それは確立されるやいなやその起源が忘却されてしまうような装置である。（同前）

次いで柄谷は、国木田独歩の「忘れえぬ人々」を例に挙げ、そこで「描写」されるごくありふれた「風景」が、主人公である「大津」という「固定的な視点を持つ一人の人間」によって見られたものであるからには、常に必ず主観的な様相、つまり「内面」によって汚染されていることを示してみせる。同じく独歩の「武蔵野」と共に「日本の小説で風景としての風景が自覚的に描かれたのは、これらの作品が始めてであった」のにもかかわらず、それはすでにして純然たる「風景としての風景」ではなかったのである。

しかし同時に、そのような逆接的な回路を通して、はじめて「風景としての風景」という認識/ヴィジョンが出現したのだった。『忘れえぬ人々』は、そのような「風景」がある内的な転倒によってしかありえなかったということを如実に示している」。ところで私は以前から、実を言うとここのところに少しばかりの引っかかりを感じているのだが、まずは先に進んでおくことにする。

続いて柄谷は、ポール・ヴァレリーの「風景画」にかんする文章を持ち出す。ヴァレリーはそこで「西洋の絵画史を風景画が浸透し支配する過程」として記している。孫引きになってしまうが、この文章こそが、柄谷行人に「風景の発見」という論文を発想させたスイッチだったのではないかとも思われるので、次に引用しておく。

《私が絵画について述べたことは、全く驚くべき的確さを以て文学にも当嵌まるのである。すなわち文学の、描写というものによる侵略は、絵の風景画による侵略とほとんど同時に行わ

れ、同じ方向を取り、同じ結果をもたらした》

（『ドガ・ダンス・デッサン』吉田健一訳）

柄谷は「しかし、風景画の侵略あるいは描写の侵略は、たんに対象の側にだけ生じた出来事ではない。それは主観の側に生じたことと切り離すことはできないのである」と述べる。ヴァレリーは「風景画」に否定的だった。なぜなら、それは「芸術の理智的内容の減少」を招き、結果として「人間的に完全な者の行為であること」が見失われてしまうからだ。だがヴァレリーが「人間的に完全な者」とするレオナルド・ダ・ヴィンチにおいてこそ「風景画」の浸透の萌芽が認められるのだと柄谷はファン・デン・ベルクを踏まえて指摘する。「しかし、ヴァレリーがダ・ヴィンチについて述べたことはまちがっていない。すなわち、彼は風景を描いた一方で風景の浸透を拒否したのである。別の観点からいえば、それは、彼が透視図法を受け入れると同時にそれを決定的なものとみなさなかったということを意味する」。

なんだかややこしいが、これは最初に夏目漱石について言われていたことと同型である（とともに先ほど柄谷行人自身について言ったこととも同型である）。そして「風景画が浸透するのは、むしろその起源が忘れられるときである」ということは「文学」に「描写」が浸透するのも「その起源が忘れられるとき」であることになるだろう。このようにして柄谷は、「西洋近代絵画史」において進行していった過程――「描写（風景）」による侵略と浸透と支配、そしてその「起源」の忘却――を「日本近代文学史」に、そのまま当て嵌めてゆく。

このあたりで「風景の発見」の主張はほぼ出揃っているのだが、もう少しだけ続けよう。

ロシア・フォルマリズムの理論家シクロフスキーは、リアリズムの本質は非親和化にあるといっている。つまり、見なれているために実は見ていないものを見させることである。したがって、リアリズムに一定の方法はない。それは、親和的なものをつねに非親和化しつづけるたえまない過程にほかならない。この意味では、いわゆる反リアリズム、たとえばカフカの作品もリアリズムに属する。リアリズムとは、たんに風景を描くのではなく、つねに風景を創出しなければならない。それまで事実としてあったにもかかわらず、だれもみていなかった風景を存在させるのだ。

（「風景の発見」）

こうして「自然主義＝客観＝リアリズム」と「ロマン主義＝主観＝反リアリズム」は、突き詰めてゆけばゆくほどに、ぱたんぱたんと互いに転倒を繰り返し、最終的にはほとんど一緒くたになってしまう。だからこそ「それらをともに派生させた根源に遡行しなければならない」のだと柄谷は言う。

「風景の発見」の末尾で、柄谷は、いささか唐突に（だがそれを言うなら、この論文は唐突さの連続なのだが）、小林秀雄に触れている。「小林秀雄の批評は「ロマン派のディレンマ」を全面的に示している」。「ロマン派のディレンマ」とは、「反ロマン派的であること自体がロマン派的であるということであり、しかもそれは「リアリズムのディレンマ」でもある。「なぜなら、リアリズムはたえまない非親和化の運動であり、反リアリズムこそリアリズムの一環にほかならないから」である。

小林は、その批評活動を通じて、「客観的なもの」ではなく「客観」に至ろうと奮闘した。言い換えると、小林は「リアリズム」でなく「リアル」に至ろうとした。なぜなら「リアリズムとは、たんに風景を描くのではなく、つねに風景を創出しなければならない」ものだから。そして「われわれが「現実」とよぶものは、すでに内的な風景にほかならないのであり、結局は「自意識」なのである」。この「風景＝自意識」から脱さなくてはならない。

だが同時に、小林はその不可能性をも自覚していたと柄谷は述べる。われわれは皆、客観のように見えても実のところはとことん主観的な「風景」に永遠に閉じ込められているのである。逆転すれば、ほんとうは主観なのに、あたかも客観であるかのような、「風景」と呼ばれる何かが、あるとき生まれたのだ。それが「絵画」においては「幾何学的遠近法」であり、「文学」においては「三人称客観描写」である。それらはいずれも歴史的な存在であり、したがって「起源」を問うことが出来る。

だが、ここには思いも寄らぬ困難が立ちはだかってもいるのではないだろうか。「幾何学的遠近法」が「客観のみならず主観をも作り出す装置」であるという真理は、当然ながら「起源」に遡行しようとするアプローチそれ自体にも妥当してしまう。そのような試みもまたひとつの「固定的な視点」から遠望を透視するパースペクティヴによって為されていることは間違いないのだから。

こうして「風景の発見」というテクストは、別名「風景の創出」でもあり、更には別名「風景の起源の発見」であり、と同時に「風景の起源の創出」でもあることになる。そしてこの「創出」という言葉は、「捏造」と置き換えても、おそらく然程の違いは生じないものと思われる。

## 2. 百年以上昔の「新しい小説」について（1898年）

あらためて読み直してみると、私が言うまでもないことだが、確かに今なお「風景の発見」は鋭い明察に満ちた刺激的な論考である。とはいえ、発表以来三十余年の経過のなかで、多少ともアップデートの余地が生じていないわけではないとも思う。いや、もちろんすでに数多の論者たちが、『日本近代文学の起源』を何らかのかたちで更新しようといろいろ試みてきたし、私もまたその末席に連なろうとしているのに過ぎないのだが、せっかく今更やろうとするのだから、僅かなりとも新奇さを狙いたいところではあるのだ。そしてそれはまずもって、他ならぬ「絵画」という問題にかかわっている。

だが。そこに向かう前に、先ほどもちらりと触れておいた、少しばかりの「引っかかり」を、やはり書いておきたいと思う。国木田独歩の「忘れえぬ人々」についてである。まず確認しておくと、柄谷が「風景の発見」で引用／検討している「小説」は、なんとこれ一作のみなのである。その重要度が窺い知れるというものだろう。しかし、にもかかわらず、この論文における「忘れえぬ人々」の扱いには、いささか奇妙なところがあると私には思える。

柄谷の説明を借りると、この小説は「無名の文学者である大津という人物が、多摩川沿いの宿でたまたま知り合った秋山という人物に、「忘れえぬ人々」について語るという仕掛けになっている。大津は「忘れ得ぬ人は必ずしも忘れて叶ふまじき人にあらず」という書き出しの自作の原稿を示して、それについて説明する」。「大津」は「秋山」に、大阪から汽船で瀬戸内海をわたった際に島陰に見つけた「一人の人」のことを語る。それはたまたまこちらから一方的に見留めただけの、目が合ったわけでさえない、そして二度と再び見かけることもなかった、まるっきりの他人である。だが「大津」は「その後今日が日まで殆ど十年の間、僕は何度此島かげの顔も知らない此人を憶《おも》ひ起こしたらう」とまで言う。彼の言う「忘れ得ぬ人々」とは、皆そのような、いわば「風景としての人間」である。それは「朋友知己其ほか自分の世話になつた教師先輩」のような「忘れて叶ふまじき人」とは違う。だが、ある意味で「大津」にとって、もっと重要な存在のようである。

この小説の結末は、それから二年後、名も知らぬ「風景としての人間」はずっと忘れ得ぬままの「大津」が、宿で親しく語り合い、書きかけの「忘れ得ぬ人々」の原稿を見せさえした「秋山」のことは、綺麗さっぱり忘れてしまったか、そうでなくとも「忘れ得ぬ人々」にも「忘れて叶ふまじき人」にも全然ならなかったらしい、ということがわかる、というものである。

柄谷行人は、この「どうでもよいような他人に対して「我もなければ他もない」ような一体性を感じるが、逆にいえば、眼の前にいる他者に対しては冷淡そのものである」という「大津」のキャラクターを「倒錯」と呼ぶ。そして次のように述べる。「「風景」はこのような倒錯においてこそ見出されるのだということである。すでにいったように、風景はたんに外にあるのではない。風景が出現するためには、いわば知覚の様態が変わらなければならないのであり、そのためには、ある逆転が必要なのだ」。この論理はすでに何度も見たものである。「大津」が示しているのは、いわば他者とのかかわりにおける「遠近法的倒錯」だと言っていい。

このように「忘れえぬ人々」の「大津」という人物は、一見するところ、柄谷の「風景」論の明快な例証となっている。「周囲の外的なものに無関心であるような「内的人間」inner man においで、はじめて風景が見出される。風景は、むしろ「外」をみない人間によって見出されたのである」。「内的人間」というタームに柄谷の「実存主義」的傾向／残滓が刻印されているというべきかもしれない。だが、忘れてはならないことは、これがあくまでも作中人物である「大津」に属する「倒錯」なのだということである。そして「風景としての人間」は、物語中の虚構の人物によって、もうひとりの人物に向けて語られたものであって、しかもそれは小説内小説に書かれているとされているのだ。つまり、これは一種のメタフィクション仕立て（独歩の時代にはこんな言葉はなかったが）の作品なのである。

このあからさまにメタフィクショナルな趣向への言及を、「風景の発見」の柄谷行人は、ほぼ完全にスルーしている。私の「引っかかり」とは、このことである。この小説の後半（というか大半）は、「大津」と「秋山」の対話、精確には「大津」が「秋山」に自らの体験／小説の内容を語り聞かせる場面が続くのだが、その開始部分を引用してみる。


秋山は半紙十枚ばかりの原稿らしいものを取り上げた。その表紙には『忘れ得ぬ人々』と書いてある。

『それはほんとにだめですよ。つまり君の方でいうと鉛筆で書いたスケッチと同じことで他人《ひと》にはわからないのだから。』

といっても大津は秋山の手からその原稿を取ろうとはしなかった。秋山は一枚二枚開《あ》けて見てところどころ読んで見て、

『スケッチにはスケッチだけのおもしろ味があるから少し拝見したいねエ。』

『まアちょっと借して見たまえ。』

と大津は秋山の手から原稿を取って、ところどころあけて見ていたが、二人はしばらく無言であった。戸外《そと》の風雨の声がこの時今さらのように二人の耳に入った。大津は自分の書いた原稿を見つめたままじっと耳を傾けて夢心地になった。

『こんな晩は君の領分だねエ。』

秋山の声は大津の耳に入《い》らないらしい。返事もしないでいる。風雨の音を聞いているのか、原稿を見ているのか、はた遠く百里のかなたの人を憶《おも》っているのか、秋山は心のうちで、大津の今の顔、今の目元はわが領分だなと思った。


（「忘れえぬ人々」）


そして「大津」が「君がこれを読むよりか、僕がこの題で話した方がよさそうだ。どうです、君は聴きますか。この原稿はほんの大要《あらまし》を書き止めて置いたのだから読んだってわからないからねエ」と「秋山」に告げて、「忘れ得ぬ人々」の思い出話が開陳されるわけである。以上のやりとりからも知れるように、語り手の「大津」は「無名の文学者」であり、「秋山」の方は「無名の画家」である。

「忘れえぬ人々」という作品は一八九八年に発表されている。周知のごとく国木田独歩は、その

直前に「今の武蔵野」（単行本収録時に「武蔵野」と改題）を発表している。二葉亭四迷によるツルゲーネフの日本語翻訳文体の影響の下に、「「武蔵野の俤《おもかげ》は今わずかに入間《いるま》郡に残れり」と自分は文政年間にできた地図で見た事がある」と書き起こされるこの作品では「自分」という一人称が採用されている。第一章で引いたように、高橋源一郎が「「確かにその世界があった」という記述」と激賞した、その文章の魅力はもとより、まずもってそれはいわば「私小説以前の私小説」だった。このことについてはまた追って触れるが、兎も角も日本文学史上のこの時点では、作者自身が「自分」とか名乗って何事かを書いていくということには、少なくとも能動的に「メタ」な意味合いは、まだほとんどなかった。むしろ三人称の方が、はるかに不自然な、人工的な行ないだったのであり、独歩の「忘れえぬ人々」は、そのごく初期の挑戦／実験のひとつだったと言っていい。

「三人称客観描写」で書かれているこの小説の「風景としての人間」の「描写」は、いずれもカッコ閉じの会話の中で「大津」によって語られるものであり、地の文ではない。柄谷の「風景の発見」には同作からの比較的長い引用があるが（島陰の「一人の人」のエピソード）、これも本来は会話文の一部である。このことを無視するわけにはいかない。そもそも「大津」は、自身の体験（らしきもの）を「小説」にしようとしており、その内容をゆきずりの他人である「秋山」に語っているのだ。これは結構油断ならないのではないか。

　もちろん私は、いわゆる「信用ならない語り手」として「大津」を捉えよう、などと言っているわけではない。それは幾らなんでも無理筋というものである。ただ、それが作中でなされる「語り」であり、尚かつ「小説内小説」の存在が記されているからには、彼の話を純粋な「描写」

とすることは困難なのではなかろうか。「武蔵野」のように一人称で書かれていたり、「三人称客観描写」の地の文での「描写」ならばわかるのだが、そうではないのだ。何よりも「大津」による「描写」が「内面」に侵されていることは、このような設定上、歴然としているのではないか。この小説は「大津」という一個の「内的人間」の他者認識と記憶にかかるバイアス（倒錯）をテーマにしており、自分の中の「忘れ得ぬ人々」の「風景」が「内面」によって汚染されていることを「大津」は知らない（ことになっている）が、もちろん独歩はそれを狙って書いているのだ。

「大津」は虚構の人物なのだから、当然のことではあるが、実際には作者である独歩が「大津」にそのように見させ／語らせているだけである。ということは、柄谷の言う「「外」をみない人間（＝内的人間）によって見出された」風景を、作者独歩は企図して提示していることになる。だが、もしも独歩がすべてをわかって書いているのだとしたら、柄谷が抽出してみせる「風景」をめぐる「転倒」のパラドックスは、少なくともこの小説についてはストレートには成立し難くなってしまうのではないだろうか。

こう考えてみるなら、「忘れえぬ人々」という小説は、「風景画」よりも「山水画」に近いものと言うべきではないか。西洋の視線からすると、「山水画」は「風景画」と同一視されるが、それは実は「宗教画」に近いものだった。ならば当の山水画家自身は、どう思っていたのか。彼が自らが描く「風景」を、単なる「描写」ではなく、何らかの意味で自身の「内面」と関係していること、関係せざるを得ないことを最初から意識しているのなら、あるいはもっと積極的に、自ら関係づけようとさえしているのなら、そこには「転倒」や「倒錯」は存在しない。そうではなくて、たとえばひとりの画家が、あるいはひとりの小説家が、自分としては純粋に客観的な「風景」を描いたと思っているのにもかかわらず、そこに描かれた「風景」が、否応なしに彼の「内面」に侵食されているということが問題なのだ。しかし、一編の「小説＝虚構」内の存在による言動である限り、たとえどれほど「倒錯」的であろうとも、それはただ、そのように造型された登場人物であるから、という至極もっともな納得を免れ得ない。

「風景の発見」における柄谷の「忘れえぬ人々」にかんする分析は、虚構と創作と実人生の三重の水準を自由に往来することで為されているように思われる。そこでは作中人物の「大津」の水準と、作者である「国木田独歩」の水準が、おそらく半ば意図的に通底されており、それは同時に近代以降の「人間（性）」＝「内的人間」の洞察になっている。「大津」は自分が「忘れ得ぬ人々」のことを書く／語ることには意味／意義があると思っているが、そこに潜む矛盾にはどこまでも無自覚であり、だからこそ、それは「倒錯」と呼ばれるのである。ここで「倒錯」しているのはあくまでも「大津」であって、「忘れえぬ人々」という小説自体でもなければ、国木田独歩自身でもない。

では、なぜ柄谷は、この作品を「風景の発見」の論証に使ったのだろうか。ひとつにはそれは、続く第二論文「内面の発見」でも「言文一致」に絡んで国木田独歩がフィーチャーされることになるからだろう（同論には「武蔵野」と「空知川の岸辺」からの引用がある）。もうひとつは、ほとんどフィニッシング・ストロークともいうべき、ラスト一行の鮮やかな「転倒」ゆえだったのかもしれない。しかし「絵画」とのアナロジーに沿って言えば、ここに記されている事態は、「客観」であるかのように見えて「主観」でもある／でしかない「風景画」というより、そのような「倒錯」した「風景画家」の「肖像画」というべきである。そして柄谷が敢てこの小説を用いた最大の理由も、実はこの点にあったのではないか。

つまり、ここにはひとりの「内的人間」が描かれているからである。「風景の発見」という論文の最大の主張、今なお新しい主張に従うならば、おそらく別に、より適当な作品があった筈である。しかし、そうならなかったのは、この時点での柄谷行人が、未だ（これも「今なお」と言うべきかもしれないが）「文学」と同時に「人間」を論じようとしていたからではないかと私には思われる。

## 3.「新しい小説」のための「新しい絵画」（1879年～1880年）

柄谷行人の「風景の発見」の論旨を端的に纏めてしまうなら、こと「（近代）文学」に限らず、おおよそ「芸術」において「三人称客観描写」なるものは一種のフィクション、それも歴史的なフィクションである、ということになるだろう。発見＝創出＝捏造される「起源」をめぐるパラドックスはとりあえず措くとして、そこではまず「客観」と「主観」が、煎じ詰めれば弁別し得ないものなのだということが主張されていた。

より精確に述べれば、誰であれ「人間」であるからには、例外なく「主観／内面」から脱し得ないのであって（むしろ脱したと思った時にこそ「内面」は強く作動している）、だからごく当然のように「客観／外界」だと思われている「風景」は、ほんとうは常に内的な「風景」であるか、せいぜいが「内面」から透かし見られた外の「風景」に過ぎない。そしてもっと重要なことは、そこからこそ「客観」という虚構が生まれてくるのだということである。

無数の「主観的な風景」から絶対的に隔てられた真の「客観的な風景」があるのではない。そんなものはない。いやあるのだとしても「人間」にはそれに触れることが出来ない。むしろ「主観」たちの底支えによって「客観」という幻想が成立していると考えるべきなのだ、と。これは哲学でいうところの「実在論」と「反実在論」の対立によく似ている。デカルトからデネットまで延々と変奏されてきた、おそらくは正答のない難問。

まあそれはそれとして、柄谷はその論証の強力な道具として「風景画」を援用する。確かに画家の瞳はレンズではないし、彼の脳はフィルムでもハードディスクでもない。身も蓋もなく言ってしまえば、そもそも画家という存在は（「人間」は）もともと「主観」しか持っていない。だが「（近代）絵画」の技法としての「幾何学的遠近法」が、逆説的に「風景としての風景（客観）」という歴史的虚構を生んだ。そこまではいい。だが、ここには一種の盲点というか、おそらくは敢て見過ごされている余白がある。言うまでもなく、他でもない「カメラ＝写真機」というテクノロジーの関与の問題である。なぜなら「カメラ」こそは、機械的／客観的／直接的に、目の前にある「風景」を「描写」ではなくそのまま「記録」してしまう装置なのだから。

もちろん柄谷は「写真」のことなど一言も書いていない。彼が論じたのは「絵画」である。しかし「風景の発見」のロジックに、歴史的には「風景画＝近代絵画」の後で登場した、まずもって非人間的なテクノロジーである「写真」という装置を突き合わせてみることは、満更無駄ではないように思われる。それに「写真」は「絵画」に重大な影響を及ぼしている。言うまでもなく

「写真」が発明されて以後の画家は、眼前の「風景」ではなく、しばしば「写真」を見ながら描いているからである。

敢てざっくりと形式化して述べると、「絵画」における「描写」の始まりには、二つのベクトルがあった。ひとつは、かつて見たものを再現しようとすること。もうひとつは、今まさに見ているものを写し取ろうとすること。前者は記憶にかかわっており、後者は記録にかかわっている。後者は「写生」とも言い換えられるだろう。しかしここには紛れもない困難、ほとんど不可能性と呼んでもいいほどの困難が立ちはだかっている。なぜなら時間が流れているからだ。前者には忘却や記憶の誤差や改変がどうしたって作用することになるし、後者の場合は、まさに今見ているものが刻々と変化していってしまう。平面でしかないカンバスに「写生」を行なうことに潜む決定的なアポリアとは、これである。もちろん静物であれば、その変化はかなり縮減される。ことによったらほぼゼロにまで漸近するだろうが、それでも画家が一時間でそれを描いたならば、そこにはちょうど六十分間の時間が流れているのであり、その経過と推移をキャンセルしたところで初めて、目の前にある何かはカンバスへと写し取られることになるのだ。簡単に言えば「印象派」のアポリアとはこのようなものである。印象派の画家は「風景」や「静物」を描いていたのではない。彼らは「時間」を描こうとしたのだった。

ところでカメラというテクノロジー、すなわち「写真」の誕生は、このアポリアを些か特殊な方法で解決してしまう。「写真」には瞬間しかない、いや、そこには「時間」が存在していないからである。誰も一枚の写真のように何かを見てはいない（見ることは出来ない）。だが正常な視覚を有している限り、誰もが写真を見ることは出来る。こうして「写真」は、今まさに目の前にある何かをそのまま生け捕ることを可能にした。しかもそれは「主観」や「内面」といったものには汚染されていない。ならば「写真」を見ながら描けば、柄谷行人が「風景の発見」で示してみせたような「倒錯」は回避されることになるのではないか。

その極端な例として、ハイパーリアリズムとよばれる手法がある。写真をエアブラシなどによって精確無比な筆致で模写／転写するもので、それゆえフォトリアリズムとも呼ばれる。ハイパーリアリズムの作品を「風景の発見」の論理で語ることが出来るだろうか。そこに見出し得る画家の「内面」は、せいぜい写真撮影の対象となった「風景」の選択ぐらいであり、それすらも写真の撮影者が画家と別人であったならば怪しくなってくる（もちろんそれでも「他人が撮った写真の選択」に潜む「内面」はありうるわけだが）。そこには言葉通りの意味での「描写＝写生」しか存在していない。無論これは「写真」が生の「現実」ではなく、非人間的で無時間的な「記録」であることに依って可能となっている。そこにあるのは二次元にフレーミングされ、人間がけっしてフィックス出来ない瞬間に固定＝フリーズされた「風景」の転写以外の何ものでもない。それは人間によって描かれたものであるにもかかわらず、くだんの「倒錯」に陥ってはいない。つまり「写真」の登場によって、「近代絵画」が孕んでいた「主観（内面）」と「客観（実在）」をめぐるパラドックスは、少なくとも一部では乗り越えられてしまったことになる。

更に付け加えておくならば、では反転して、ハイパーリアリズム的なスタイルで、だが実は現実には存在していない架空の「風景」を描いた絵についてはどうだろうか。画家による完全な空想という意味では、そこには明らかに「内面」しか描かれていない。では、そこに描かれた「風景」が現実なのか空想なのかを知らされていない鑑賞者は、一枚のハイパーリアリズムの絵を、果たしてどちらの次元で理解すればいいのだろうか。

更に更に脱線すれば、カメラを使わなくとも、世の中には時々、いわゆる「映像記憶」を持つ者が居る。これは文字通り記憶を映像として定着し保持出来る能力であり、彼らは自分の目に映った風景を、意識せずして精確にそのまま覚えてしまい、中にはその後相当な時間が経ってから絵に描いて再現出来る人も存在する。映像記憶を有する者にとっては、いわば主観ニアイコール客観であり、彼ら自体がカメラのようなものだと言える。このような能力を持った者が描いた絵は、実質的にハイパーリアリズムとほとんど同じである。しかし当然、映像記憶を持つ者に「内面」がないわけではない。

なんだか言いがかりの揚げ足取りをしているみたいだが、そうではない。私が言いたいことのひとつは、このように「写真」によってテクノロジカルに更新された「描写」の問題に対峙＝対決しようとした「小説」が、たとえばアラン・ロブ＝グリエなどのヌーヴォー・ロマンだったのだ、ということである。前章で詳しく見たように、ロブ＝グリエが実際に提示してみせたのは、「言語」による「描写」には「客観」などあり得ないということ（「ヌーヴォー・ロマンは、まったくの主観性しか目ざさない」）、しかしだからといって、人間的な、あまりにも人間的な「主観（内面）」に安住しているだけでは、けっして「新しい小説」は生まれてこないということ、だからむしろテクノロジカルなオーディオ＝ヴィジュアルの位相を「言語＝小説」に積極的に導入することで、そこに生じる摩擦や干渉や変異、いわばその無理によってこそ、「リアル」へと迫ることが出来るのだ、ということだった。そこでロブ＝グリエが参照したのは「映画」、それも「新しい映画」だったのだが、その前段階には、もちろん「写真」が存在している（彼の掌編集の題名が『スナップ・ショット（"INSTANTANÉS"）』であったことを思い出そう）。つまりロブ＝グリエは、ある意味で、「風景の発見」における柄谷行人の問題提起をアップデートしつつ反復していることになる。

「写真」や「映画」に出来ることが「小説」には出来ない。そして「写真」と「映画」にはやれることが「絵画」だとうまくいかない。だとすれば、ことによると「写真」と「映画」によって代替されることのない「絵画」の特殊性に、それから、テクノロジーの関与からフィードバックされる「絵画」の独自性に、私たちの「新しい小説」に使える何かが潜在しているのではないだろうか？

平倉圭は、ポール・セザンヌについて、興味深い分析を行なっている。

セザンヌは時に写真を使って描いた。晩年のセザンヌと会話したエミール・ベルナールは、それを知って驚いている。「たいへん驚いたことには、セザンヌは、画家が写真を利用することに反対しなかった。セザンヌにとっては、自然を翻訳するように、この正確な複製を翻訳すべきであった。セザンヌはこの方法で何枚かの絵を描いており、それを私に示した」。私も驚いてしまう。写真に基づく絵画は、直接的に経験された自然がもたらす「感覚《サンサシオン》」を完全に「実現《レアリゼ》」するという、ベルナールとジョアシャン・ガスケが伝える晩年のセザンヌの基本的アイディアに反するように思えるからだ。

（「多重周期構造──セザンヌのクラスター・ストローク」、「ユリイカ」二〇一二年四月号所収）

平倉は、セザンヌの「写真絵画」を論じたリチャード・シフに従って、《フォンテーヌブローの雪解け》（一八七九年―一八八〇年）を、その基になった写真と比較対照する。シフは、この作品におけるセザンヌのストロークが、「紙焼き写真の解像度の高い「粒子」と、筆で塗られた解像度の低い「粒子」との間のずれ」を調停するものだとして、空間的解像度のずれによって生み出される「ケバ（fuzz）」と、時間的運動のずれによって生み出される「ブレ（blur）」という二種類の概念を導入する。これを踏まえて平倉は、より精密に絵画と写真を比較している。

写真を使って描いているにもかかわらず、出来上がったセザンヌの絵画はオリジナルの「風景写真」を相当に圧縮変形している。この作品が描かれたのは「それまで主として性的妄想に満ちた人物群像に使用されていた「斜めに傾く平行矩形ストローク」、いわゆるセザンヌの「構築的ストローク」（シオドア・レフ）が、現実の風景描写に転用され始める時期」にあたる。平倉は「この「写真絵画」は、当時セザンヌが開発しつつあった風景画の技法が、現実の、直に踏み込める世界から独立してどのように作動するかをある程度教えている」と述べている。実際に《フォンテーヌブローの雪解け》とオリジナルの「風景写真」を見較べてみると、確かに同じ場所、同じ時、同じ構図の「風景」であることはわかるが、その印象はずいぶん異なっている。「風景」はそこで、粗いストロークの粒子を通して選択的かつ圧縮的に「翻訳」されている」。だがこの二枚は、同一の「風景」を「写真」と「絵画」で別々に写し取ったわけではない。セザンヌは「写真」を見ながら描いたのだ。

平倉はこのプロセスを、コーディングというコンピュータ用語によって記述している。「この翻訳は可逆的ではない。つまり解像度の粗いストローク群による風景の圧縮的な「エンコード」はあるが、それを一意に「デコード」＝解凍することはできない」。ネット上のオークションサイトに出品されている《フォンテーヌブローの雪解け》のレプリカは、セザンヌの絵画とは似ても似つかないものになってしまっているという。見てみると、実に不思議なことに、それはセザンヌと元の写真の中間くらいに見える。だがレプリカの描き手は、当然のことながら《フォンテーヌブローの雪解け》を見ながら描いた筈なのだ。「セザンヌは絵画における「真実」に疑義をもたらす。端的に言って、セザンヌの絵画はデコードの困難な絵画である」。天才画家と複製画家の才能や技量の歴然たる差と言ってしまえばそれまでだが、ここには「風景の発見」をアップデートさせるためのヒントが潜んでいるように思われる。

平倉圭の論文は、実のところ「写真」→「絵画」という表象の連鎖にはさほどフォーカスしていない。平倉が示すのは、「写真」を使ってもセザンヌがセザンヌであった、むしろより強度にセザンヌであったという事実である。「セザンヌの絵画は記述的ではない（枝・葉・地面・空という異なる事物＝概念が、ストロークの内部で圧縮されている）。セザンヌの絵画は、世界とは異なる論理によって構造化されており、つまり世界に対して「閉鎖」されている」。しかし重要なのは、むしろ次の点である。

セザンヌの絵画は世界から閉鎖されている。それは「技法」に自覚的なセザンヌ絵画の必然的な帰結である。だがその閉鎖性にもかかわらず、以降の風景画には、たしかに光と風とざわめきがあるように感じられる。とりわけ後期セザンヌの風景画を見るとき私は、輝く風景の真只中に巻き込まれて風景とともに震動し、あるいは炸裂するかのような強い感覚を覚える。世界から閉鎖されると同時に、何らかの仕方で見る者を強く世界へと巻き込むこと。それがおそらく、後期セザンヌの風景画における最大の謎である。（同前）

ここには「リアル」と「リアリズム」の乗り越え不可能という、あの小林秀雄的アポリアに立ち向かう方途が見え隠れしていると私には思われる。なるほど「リアリズムとは、たんに風景を描くのではなく、つねに風景を創出しなければならない」（柄谷行人）。だから「リアル」にはどうしたって到達出来ない、ということではなく、そしてカメラのように「描写」を機械的に極めればどうにかなるということでもなく、セザンヌのように、何かこれまでとはまったく違った仕方で、新しく「風景」を「描写＝創出」することによって、まさに「光と風とざわめきがあるように感じられる」という事態が出来するのである。平倉はこうも書いている。

> 後期セザンヌの風景画は、世界の記録ではない。絵画は世界に対して閉鎖されている。にもかかわらずセザンヌが、これこそが「感覚」なのだ、ここに「感覚」が「実現」されているのだと言う時、そこでは次のことが意味されていると考えることができる。デコードされるべきは描かれた諸々の対象の形姿や運動ではない。デコードされなければならないのは、むしろ私たちのこの身体である。（同前）

そう、問題は「自意識」や「内面」ではなく（もちろんそれらが消え去ったわけではないが）

「身体」なのだ。しかしこのことを、いわゆる「身体論」的な観念性において解してはならない（身体論ほど観念的なものはない）。既に見たように、ここには非常に複雑なプロセスが働いている。「写真」を使ってさえセザンヌの「絵画」が「世界から閉鎖されると同時に、何らかの仕方で見る者を強く世界へと巻き込む」のだというよりも、「写真」というフィルター／プロセッサーを経由することによって、セザンヌの「絵画」は「世界」との新たな関係を発見したのだと、私としては考えたい。そうでなくては、平倉圭が明晰に記述する「後期セザンヌ」のおそるべき転回が説明出来ない。

さて、話が随分遠くまで行ってしまったようだが（本当はそうでもないが）、少し纏めておくと、「風景の発見」の柄谷行人は、「絵画」とのアナロジーで「近代文学」を論じることによって、そこに「風景＝外界＝客観」と「風景＝内面＝主観」の「記号論的な布置の転倒」を、そして「描写」という行為に潜在するパラドックスを剔出した。これはもちろん今もって有効な認識である。だが、そこに「絵画」の後で登場してきた表象芸術、たとえば「写真」を嚙ませることによって、柄谷が見出した問題意識は、いわばテクノロジカルに更新される。「写真」ばかりではない。「映画」もまた然り。

だがそれは、必ずしも「写真」としての小説、あるいは「映画」としての小説といった試みを意味しているのではない。というよりも、そのようなものはあり得ない。そうではなくて、柄谷行人が「文学」と「絵画」についてしたような「認識」の貫通と、セザンヌが「絵画」と「写真」についてしたような「身体」の変換を体現する「小説」が必要とされているのだ。では、それはたとえば、どのようなものなのだろうか？

## 4.「新しい絵画」と「新しい小説」（1958年）

それがどのような「小説」なのかを述べる前に、ふたたび廻り道的に、小林秀雄の絵画論に少しだけ触れておきたい。『近代絵画』（一九五八年）は、如何にも小林らしい、ぱっと見ノンシャランな述懐で始まる。

近頃の絵は解らない、といふ言葉を、実によく聞く。どうも馬鈴薯らしいと思つて、下の題名を見ると、或る男の顔と書いてある。極端に言へば、まあさういふ次第で、さて解らないといふ事になる。絵は何かを描いたものでなくてはならない。そして、この何かは、絵を見ない前から私達が承知してゐるものでなければならない。まことに当り前な考へ方であつて、実際画家達は、長い間、この当り前な考へに従つて絵を描いて来たのである。

（「ボードレール」）

先にも述べておいたように、「風景の発見」の末尾で、柄谷行人は小林に言及している。「『近代絵画』は風景画論であり、さらにそこにある「遠近法」から脱しようとするはてしない認識的格闘の叙述である。だが、小林秀雄だけでなく、『近代絵画』の画家たちもまた「風景」から出られなかったのであり、日本の浮世絵やアフリカのプリミティヴな芸術に彼らが注目したことすら「風景」のなかでの出来事なのである」。繰り返すが、この指摘は正しい。だが、柄谷の言う小林秀雄の、そして小林が叙述する『近代絵画』の画家たちの「認識的格闘」は、こう言って切り捨ててしまうには如何にも惜しい輝きを持っている。それどころか、そこには私たちがここまで辿ってきた理路に先んじていたとさえ思えるような言葉が数多く存在している。

その最たるものが、セザンヌにかんする章だろう。画家の晩年の年若い友人だった詩人ギャスケ（ガスケとも）による伝記から、小林は印象的なエピソードを引き写す。


或る日、セザンヌは、ギャスケの前で、モチフを摑んだと言つて両手を握り合はせた。モチフとは、つまり、これだ、と言ふ。ギャスケが、腑に落ちぬ顔をしてゐると、セザンヌは、両手を離し、両方の指を拡げて見せ、又、これを、静かに、静かに近附けて、握り合はせ、一本一本の指を、しつかり組み合はせた。さういふ動作を繰返しながら、彼は、こんな風に説明したさうだ、――「かういふ具合にモチフを捕へる。かうならなくてはいけないのだ。上に出し過ぎても、下に出し過ぎても、何も彼もめちやめちやになる。少しでも繫ぎが緩んだり、隙間が出来たりすれば、感動も、光も、真理も逃げて了ふだらう。解るかね。私は、自分のカンヴァスを同時に進行させる。何処も彼処《かしこ》も一緒に進行させる。ばらばらになつてゐるものを、取り集めて、凡て、同じ精神の中に、同じ信念の中に、ぶち込むのだ。私達の見るものは、皆ちりぢりになる。消えて行く。さうではないか。自然は常に同じだ。併し、何一つ残りはしない、眼に這入つて来るものは何一つ残りはしない。自然はその様々な要素とその変化する外観とともに持続してゐる。その持続を輝やかすこと、これがわれわれの芸だ。（……）

（「セザンヌ」）

まだセザンヌは喋っているが、長くなるのでここで一旦切る。ここに居るのは、間違いなく、平倉圭が鮮やかに提出してみせたセザンヌである。彼は「風景」を「描写」しようとしているのではない。現にある「世界」を、間断なく流れ続けている「時間」を、すなわち「リアル」を、カンバスに封じ込めようと、いや、ぶち込もうとしている。セザンヌにとって「絵画」とは、そのような不可能に挑むこと以外の何ものでもなかった。いうなればそれは、カメラになること、それも長時間露光のカメラになること、あるいは「映画」のような「写真」のような「絵画」になることだと言ってもいい。そして、それは絶対に成功することはない。だが、だからこそセザンヌは、繰り返し挑戦した。

（……）人々に、自然を永遠に味はせなければならぬ。その下に何があるか。何もないかも知れない。或は何も彼もあるかも知れない。解るかね。こんな具合に、私は、迷つてゐる両手を組み合はす。私は、左から、右から、此処から、彼処から、何処からでも、色調や色彩や影を持つて来る、そしてこいつを固定する。一緒にする。すると、線が出来る。物になる。岩になる。樹になる。さうしようと考へているわけではないのだがね。そいつ等が、自ら量感《ヴォリユム》を装ふ、明度《ヴァルール》を手に入れる。さういふ私のカンヴァスの上の、量感とか明度とかが、私の眼前にある面《プラン》とか色の斑点とかに照応するなら、しめたものだ。私のカンヴァスは両手を握り合はせた事になる。ぐらつかない。上にも下にも行き過ぎない。真実であり、充実してゐる。だが、もし、少しでも気が散つたり、気が弱くなつたり、特に、或る日写し過ぎたと思へば、今日は昨日と反対な理論に引きずられたり、描き乍ら考へ込んだり、要するに私といふものが干渉すると、凡ては台無しになつて了ふ。何故だらう」。（同前）

そう、詰まるところ「絵画の中の真実」（セザンヌ）は、「私といふものが干渉すると、凡ては台無しになつて」しまうのだ。何故だろう。小林はまず、極めて明確にこう述べる。「セザンヌが摑みたかつたのは、自然の瞬間の印象ではない、自然といふ持続する存在であつた」。「瞬間」であれば「写真」によって摑むことが出来る。現にセザンヌはそうした。だがしかし、そうして描かれたのは当の写真の転写ではなかった。彼は「瞬間」の固定としての「写真」から「持続」を引き出した。いや、それは「写真」自体を「持続」の累乗として捉えることを意味している。どうしてそのようなことが可能なのか。小林は言う。

画家とは、言はば視覚といふ急所を自然の強い手でおさへられてゐる人間なのだ。自然を見るとは、自然に捉へられる事であり、雲も海も、眼から侵入して、画家の生存を、烈しい強度で、充たすのである。セザンヌは客観主義の画家と言はれるが、大事なのは、さういふ言葉の意味なのであつて、当時の芸術に非常に大きく影響した科学的客観主義の意味を、彼ほどはつきり見抜いてゐた画家はない様に思はれる。（同前）

ここで言う「科学的客観主義」が、カメラというテクノロジーと「写真」に繋がっている。「自然」の客体としての「人間＝画家」の肖像。これは単なる人間主義ではないし、ロマン主義でもない。「自然」とは「リアル」の別名である。

自然とは感覚の事だ、と彼は言ふ。そして感覚とは、彼にその実現を迫つて止まぬものなのである。彼は絵のモチフを捜しに行くといふが、彼は自分の方に、何んの用意も先入主も規準もない事をよく知つてゐる。自然と出会ふといふ事は、さういふものがすつかり無意味になつて了ふ経験だ、と彼ははつきり知つてゐた。むき出しの彼の視覚が、自然に捕へられるのである。彼はそれを待つてゐるだけだ。その強度に耐へられぬと感ずる処に立ちどまるだけだ。自然は画題に関する画家の選択や好悪などには全く無頓着に、到る処で生きてゐる。彼は自然の方に向つて自分を投げ出す。それが、自然は感覚だ、といふ意味なのであり、自然の方が人間の意識の中に解消されるなどとは露ほども考へてゐない。大事なのは、自然を見るといふより、寧ろ自然に見られる事だ。彼は、自然に強迫されてゐる生存といふものだけを信じてゐた様に見える。自然の像を実現する困難を語る、彼の様子には、自然が彼の生存の構造と化してゐるといふ様な趣が見える。（同前）

「画家にとつて、自然とは、これと全く異る絵画といふ一秩序を創り出す様に促す機縁、素材の統一ない累積なのである。徹底的に考へれば、自然のうちには線も色もない。線も色も画家が創り出すものだ」（「ボードレール」）。小林はこうも述べている。そうだ。そもそもの最初から誰もが知っているように、自然は、現実は、現在は、リアルは、常に既に、その時その場限りにしか存在していない。しかし芸術は、絵画は、写真は、映画は、小説は、それに限りなく似ようと何度でも繰り返し試みる。たとえそれが無理だとわかったとしても、今度は、似ていないままで同じになるにはどうしたらよいのかと、自らに問いかけるのである。そしてそのために、たとえば画家は「線」や「色」を創り出す。それからその「線」と「色」によって、「自然」とは決定的に異なるが、しかし或る特別な仕方で通底している何かを創り出す。

小林秀雄のセザンヌ論は、『近代絵画』は、このように一種の「絵画原論（芸術原論）」の様相を帯びている。なるほどそれは「自然」を無条件に前提してしまっているがゆえに、やはり「風景」から、つまり「遠近法的倒錯」から逃れ得てはいないのかもしれない。しかし、柄谷行人の「風景の発見」の卓見を経てもなお、ここには傾聴すべき事柄が残されているように思われる。柄谷が「芸術の成立要件」（の少なくともひとつ）を抽出してみせたのだとしたら、小林秀雄はいわば「芸術の存在理由」（の少なくともひとつ）に触れている。誤解を畏れずに言っておくならば、それはいささかも観念的な、文学的なものではなく、平倉圭がセザンヌについて述べたような意味で、「身体」に直截にかかわっている。そしてこの「身体」には、たとえば「テクノロジー」とルビを振ってもいい。

## 5．百年以上後の「新しい小説」について（2009年）

磯﨑憲一郎の短編小説「絵画」は、次のように始まる。

川は崖のように急な斜面を切り取った、坂道を降りた、そのいちばん奥底を流れていた。葉桜が濃い影をつくる遊歩道にはここ、あそこ、その先、もうひとつ先と、途切れながらツツジの植え込みが続き、花の朱色と枝葉《えだは》の黄緑色のまだら模様のあいだに埋《うず》まるようにして小さな木製のベンチが置かれている。いまはそこには誰も座っていない。ゴム製のサッカーボールがひとつ、ベンチの座板と赤土の地面のあいだに窮屈に、変形してもう二度と元の姿には戻らないほどに無理やり押し込まれている。

（「絵画」）

この小説は二〇〇九年に「群像」に発表され、現在は単行本『世紀の発見』に併録されている。厳密にいうと、磯﨑の小説には「一人称主観描写」と「三人称客観描写」の区別が（はじめから、そして今やますますもって）存在していない。実に驚くべきことに、それらはまったく同じことであるのだが、そのことには今は触れない。とりあえず、このごく短い作品には、「私」やそれに類する語は登場しないとだけ述べておく。

やがて（といっても読み出して数頁が過ぎてからだが）一人の老画家が見出される。彼は橋の中ほどにいて、川面を覗き込んでいる。小説は彼のとりとめのない心境を語っていく。そこに、中年の夫婦らしき男女が現れる。女の方が橋の上を歩くと、それだけで橋が大きく揺れる。画家と夫婦は同じ時間、同じ場所に居合わせているが、まったくの他人であり、会話を交わすわけではない。そこに二台の自転車に乗った親子がやってくる。また激しく揺れるかと画家は身構えるが、何故か橋は揺れることはなく、親子はそのまま走り去ってゆく。だが、すぐさま次の危機が訪れる。

橋がまた大きく、こんどは上下だけではなく左右にも揺れた。「この橋、揺れるのね」中年夫婦の妻の方がにやにやしていた。「ああ、やだやだ。私たちの足もとがこんなに不安定だなんて」などといいながら、面白がって子供のようにぴょんぴょん跳びはねている。画家の目の前の視界ぜんたいが、手すりも、川も、小石の中州も、コイの群れも、孤独なカメも、タンポポの岸も、緑の遊歩道も、銀色の雲も、光と熱をもたらす太陽も、この空間が何度も回転するほどに激しく乱れた。(同前)

「何度も回転するほどに激しく乱れ」ているのは、あくまでも画家の視界である。だがまるで、この「空間」ぜんたいが、いや、この「世界」ぜんたいが回転しているかのようだ。ところで、川の中ほどに中州があり、一羽の白サギがいる。「しばらく前からほとんど位置は変わっていなかったが、すると一度伸びをするようにして、その身の丈の倍ほどもある両羽を内側に高く掲げるようにしてから、それからゆったりと、外側の遠くへ投げ出すようにして大きく広げた。その羽の白さで周囲を同じ色に染め上げるかのような、この場の時間を巻き戻すかのような、神々しい動きだった」。そしてこの白サギの動きをスイッチ・ポイントにして、画家はこの小説からあっけなく退場してしまい、替わって「三十メートルほど下流に架けられた幹線道路の橋の上で、信号待ちで留まっていた路線バスのいちばん後部座席」にいる女子高生へと視点が転移する。この小説の白眉というべき「描写」が到来するのは、この直後である。

女子高生は川の中州で羽を広げる白サギを見ていた。膝の上には一冊の参考書がページを開いたままに置かれていたが、それを読んでいたわけではなかった。中州の向こうには錆びた緑色の鉄骨とコンクリートの橋げたの頼りなげな細い橋が架かっている。遊歩道には犬を連れて散歩をしたり、川面を覗き込んだりしている人たちがいる。空に浮かぶ太陽は切り抜いた紙を銀色の背景に貼り付けたように、不思議に平面的に見えた。するとその同じ平面上に、視界のすべてのものがもう一度改めてちりばめられて、配置し直されて、みな似たような白と黄色の中間の、明るい柔らかな色を帯びてしまった。（同前）

この小説が「絵画」と題されているのは、間違いなくこの一節に由来している。実際のところ、ここで起きていること、ここに書かれてあることは、セザンヌがしていたこと、小林秀雄によって、平倉圭によって摑み出された、あのカンバスにおいて生じていた出来事と、精確に同じことである。この画家にはモデルがいて、それは磯﨑憲一郎がこの作品から四年後に発表した連作小説の装丁を行なった人物と同一人物なのだが、彼は同時に、この世界にこれまでに生存した、ありとあらゆる本物の画家と同じ人物でもある。

たとえばこれが、私たちの「新しい小説」、少なくともそのひとつのかたちなのだと、躊躇なく述べておこう。ここには「自然」が、すなわち「リアル」が、「平面」へと、一枚の「絵画」へと収束するさまが、目覚ましい筆致で描かれている。「視界のすべてのものがもう一度改めてちりばめられて、配置し直され」るのと、まったく同じことが、まったく違ったやり方で成されているのが、この「絵画」という小説なのである。これは紛れもない「風景描写」であり、しかも唐突に出現する「女子高生」の視界に映ったそれである。だが、にもかかわらず、それは最早「主観」でも「客観」でもない。ここには何者の「内面」も滲み出てはいない。ここには「遠近法」は存在せず、したがって「倒錯」も存在しない。

国木田独歩の「忘れえぬ人々」から百年余り後、「小説」は、このようなものとしてある。もちろん、これだけではない（「風景の発見」に倣って私も「小説」の引用／検討は一作のみに留めることにしたのだ）。私たちは追って、もっと幾つかの「新しい小説」を読むことになるだろう。

『日本近代文学の起源』の第一章「風景の発見」から遠く離れて、私たちはとりあえずここまで来た。だが次回はふたたび立ち戻って、同書の第二章「内面の発見」を復習する。そこでは「絵画」に代わって「演劇」が召喚されている。たとえば、舞台上の現前と、発話される台詞という「演劇」に（ほぼ）不可欠な二大要素は、どのように「小説」とかかわってくるのだろうか?

# 第四章　「小説」の上演

小説の演劇に優ること已《すで》にかくの如しといへども、唯々《ただただ》人心を感ぜしむる力に至りては演劇の力に及ぶべうもあらず。蓋し想像と目撃とはその感触の度《ど》元来《もとより》おなじからざればなり。この故《ゆえ》をもて小説を貶《おと》さむとするは、猶《な》ほ些瑕《さか》あるをもて美玉《びぎょく》を瓦礫《がれき》の下に列せむとするがごとし。豈《あ》にあげつらふに及ぶことならむや。

——『小説神髄』坪内逍遥——

## 1．「新しい小説論」の古典を読み返す、その二（1980年（1975年〜1977年（1898年／1866年／1886年））

「風景」に続いて「内面」が発見される。「絵画」に続いて「演劇」が召喚される。だが本題に入る前に、やはり多少の復習をしておかねばなるまい。『日本近代文学の起源』の第二論文「内面の発見」は、前章「風景の発見」でも参照されていた、柄谷行人にとって同書の論議の足掛かりの一つであっただろう中村光夫『明治文学史』の引用から開始される。中村は「明治十年代が一種の疾風怒濤時代とすれば、二十年代は統制と安定の時期といえます」と記している。だが、その結果、動乱を生きてきた文学者たちは、逆に不安定に晒されることになった。たとえば夏目漱石も例外ではなかった。柄谷は述べる。「漱石は、正岡子規、二葉亭四迷、北村透谷、西田幾多郎といった同時代者と同様に、明治国家が強いる近代化とは異なる未来への理想を抱き且つその敗北を味わっていた」。

それは要するに紛れもない「政治的挫折」であった。他の者らとは違って、漱石には「英文学」という逃げ場所（？）があるにはあったが、基本的には同じことである。いや、そこには或る屈折があった。そのことについては追って触れよう。

そこで「内面」という語が登場する。

明治二十年代の「内面性」がそのような政治的な挫折から来ているということは明瞭である。実際、そのような視点に立った研究や批評は無数にある。そして、文学はきまって、内面性によって制度に対抗するというイメージで語られる。しかし、私がここでそのような見方をあえて避けてきたのは、その前に、内面性がある種の装置（制度）の中で可能になるということをいいたかったからである。そのような制度が不問に付されるかぎり、「政治的挫折から内面＝文学へ」というパターンが不毛にくりかえされるだけである。明治二十年代が重要なのは、憲法や議会のような制度が確立されただけでなく、制度とは見えないような制度——内面や風景——が確立されたからである。

（「内面の発見」）

文学史のおさらいが目的ではないのでさっさと進めよう。ここからこの論文は、一気に核心に入っていく。「近代文学を扱う文学史家は、まるで「近代的自己」なるものが頭のなかで成立するかのように考えている。自己あるいは内面性が存在するには、もっとべつの条件が必要なのだ」。そこで柄谷は「内面化」の説明としてフロイトを持ち出す。「フロイトの考えでは、それまで内部も外界もなく、外界が内部の投射であった状態において、外傷をこうむりリビドーが内向化したとき、内面が内面として、外界が外界として存在しはじめて、フロイトは、その際に「言語」という要素を重要視していた。「《抽象的思考言語がつくりあげられてはじめて、言語表象の感覚的残滓は内的事象と結びつくことになり、それによって、内的事象そのものが、しだいに知覚されるようになったのである》(『トーテムとタブー』西田越郎訳、「フロイト著作集」第三巻、人文書院)」。そこで、すこぶるロジカルに、だが柄谷行人の真骨頂である大胆きわまる批評的跳躍を伴って、次のような省察が導き出される。

フロイト流にいえば、政治小説または自由民権運動にふりむけられていたリビドーがその対象をうしなって内向したとき、「内面」や「風景」が出現したといってもよい。しかし、ここで重要なのは、「内部」(したがって外界としての外界)が存在しはじめるのは、「抽象的思考言語がつくりあげられてはじめて」可能だということである。われわれの文脈において、「抽象的思考言語」とはなにか。おそらく「言文一致」がそれだといってよい。(同前)

「「言文一致」は、明治二〇年前後の近代的諸制度の確立が言語のレベルであらわれたものである。いうまでもないが、言文一致は、言を文に一致させることでもなければ、文を言に一致させることでもなく、新たな言＝文の創出なのである」。言文一致！　嗚呼、言文一致！　一体どれほど数多くの批評的言説が、これ以後、この四文字に拘ってきたことだろうか。その豊饒かつ雑多な系譜を僅かなりとも繙こうとするだけで、激しい目眩がしてくるほどだ。だが繰り返すが本論は歴史のおさらいが目的ではない。そんなことは今更やることでも私に出来ることでもない。けれども誰もが知っていることだからといって、ただすっ飛ばすわけにもいかない。なのでごくごく簡略に述べておくと、「日本―近代―文学」におけるいわゆる「言文一致」運動の最も初期の作品は、言うまでもないが二葉亭四迷の『浮雲』（一八八七年（明治二十年）～一八八九年（明治二十二年））である。しかし二葉亭は作品の出来映えにも世間の評価にも満足せず（むしろ当時の文壇の趨勢は鷗外や一葉など一種の揺り戻し的な文語体の側にあった）、その後の長きにわたって小説を書くことを止めてしまう。だが、周知のごとく二葉亭はツルゲーネフの『あひゞき』や『めぐりあひ』の日本語訳も手掛けており、『浮雲』自体というよりも、その翻訳文体における「言文一致」的な試みに感化されて、国木田独歩が「武蔵野」（一八九八年（明治三十一年））を書くことになる。

国木田独歩にとって、内面とは言（声）であり、表現とはその声を外化することであった。このとき、実は「自己表現」という考えがはじめて存在しえたのである。それ以前の文学について、「自己表現」として論ずることはできない。「自己表現」は、言＝文という一致によって存在しえたのだ。だが、独歩が二葉亭のような苦痛を感じなかったのは、「言文一致」が制度であることが意識されていなかったということである。そこでは、すでに「内面」そのものの歴史性・制度性が忘れさられている。（同前）

言うまでもないが、この指摘は、前章で辿った「風景の発見」の論述と完全に同型である。「制度＝起源」の忘却＝消去。それを齎す遠近法的倒錯。続いて柄谷は、幕末まで遡り、前島密による「言文一致」運動の創始に言及する。それは「小説の改良」や、それ以前の「詩の改良」、そして「演劇の改良」といった芸術諸分野の「改良」運動のすべてに先立つ、近代国家としての「日本」の定立のための、いわば「言語の改良」であり、具体的には「文字改革」すなわち「文字（漢字）表記」にかんする過激な提言であった。

周知のように、前島密は「漢字御廃止」を唱え、平仮名のみの使用を主張した。それは前島が「音声的文字のもつ経済性・直接性・民主性」を高く評価し、「西欧の優位はその音声的文字にあると」感じ、「したがって音声的文字を日本語において実現することが緊急の課題」だと考えたからである。これについて柄谷は「『漢字御廃止』の提言に明瞭にうかがわれるのは、文字は音声に仕えなければならないという思想である。このことは、必然的に話し言葉への注目となる。いったんそうなれば、漢字が実際に廃止されようとされまいと、実は同じである」と述べる。前島密によって開示された「音声」による「文字」の征圧／抑圧というベクトル、その延長線上に「小説の改良」としての「言文一致」というプログラムが現れる。それは「話し言葉（口語）」の「書き言葉（文字）」への塗り重ねという形を取った。つまりそれは、英語に代表される西欧の

「音声的文字」の、「文字的（漢字的）文字」としての「日本語」における一種の特殊代替物として要請されたのだった。

この意味で、国木田独歩が本格的な「言文一致」に取り組むに当たって、二葉亭四迷の創作よりも翻訳から、より強く影響を受けたのは、非常に示唆的だと言える。「日本文学」が体験した、史上もっともインテンシヴな転回というべき「言文一致」には、いったん「日本語の外部」を経由することが必要だったのだ。

そして、この点にこそ、夏目漱石が体験／体現した「屈折」が存している。「内面の発見」のはじめ、漱石に触れた箇所で、柄谷は次のように述べている。「漱石が「生涯を挙げて之を学ぶも、あながちに悔ゆることなかるべし」と思った「漢文学」とは、近代的な諸制度が確立する前の雰囲気だといってよい。そして、漱石のいう「英文学に欺かれたるが如き」感は、成立した制度が欺瞞でしかなかったことに対応するといえる」。つまり漱石もまた「漢（文字）」から「英（音声）」への迂回、いや、旋回を経たうえで、むしろ経たからこそ「日本語」の「小説家」に成ったのだ。

さて、ここでようやっと、いささか唐突にではあるのだが、柄谷は「演劇」の話を持ち出す。

重要なのは、この提言が根本的に「文」（漢字）の優位を否定していることである。「文」の優位ということはさまざまなコンテクストで考えることができる。だからまた、一見無関係な相異なる領域で生じた変化は、広い意味で「言文一致」の展開としてみられることができるのである。たとえば、それは演劇において生じている。実際、明治の文学史を小説に偏した眼で

みないならば、「演劇の改良」こそ最も重要な事件であるといってよい。（同前）

柄谷は、伊藤整の『日本文壇史』第一巻から、明治十年代の新富座の市川団十郎（九代目）にかんする記述を引いている。曰く「市川団十郎が当時大根役者と言われたのは、その演技が新しかったからである。彼は古風な誇張的な科白をやめて、日常会話の形を生かした」「明治時代の新しい知識階級者は、団十郎のこの写実的でかつ人間的な迫力のある演技に次第に慣れ、彼を認めて当代第一の役者と見なすに至った」。すぐさま柄谷は、ここでの「写実的」とは、すなわち「言文一致」的ということだと述べる。「もともと歌舞伎は人形浄瑠璃にもとづいており、人形のかわりに人間を使ったものである。（中略）歌舞伎役者の、厚化粧で隈取られた顔は「仮面」にほかならない。市川団十郎がもたらし、のちの新劇によっていっそう明瞭に見出されたのは、いわば「素顔」だといえる」。

だが無論のこと、人形浄瑠璃から歌舞伎へと連なる（もちろんそれらに先立つ能や狂言も含まれる）古典芸能としての舞台表現から脱して、のちの新劇を準備することになる「演劇の改良」が、このような「人形＝仮面」から「人間＝素顔」へという転換を成し得たことを、そのまま「演劇」における「リアリズム」の誕生などと呼ぶとしたら、それは単純過ぎるだろう。むしろ「それまでの人々は化粧によって隈取られた顔にこそリアリティを感じていた」のだと柄谷は言う。したがって実際には、市川団十郎という「素顔」の役者の登場によって、「写実的＝言文一致的」な、以前とはまったく異なる新しい「リアリティ」が、いわば「発明」されたのだ、と言った方が正しい。

そして繰り返しになるが、この理路は、前にみた「風景の発見」での「山水画」と「風景画」の関係と、ほとんど同じである。だが、ここで前論文の「風景」の位置に置かれているのは、「内面」ではなく「素顔」である。レヴィ＝ストロースを参照しつつ、柄谷はこう述べる。「顔は、もともと形象として、いわば「漢字」のようなものとしてあった。顔としての顔は「風景としての風景」（ファン・デン・ベルク）と同様に、ある転倒のなかではじめて見えるようになるのだ」。「顔としての顔」は「発見」される。前章に倣えば、この「発見」は「創出」でもあり、また「捏造」でもある。

> 風景が以前からあるように、素顔ももとからある。しかし、それがたんにそのようなものとしてみえるようになるのは視覚の問題ではない。そのためには、概念（意味されるもの）としての風景や顔が優位にある「場」が転倒されなければならない。そのときはじめて、素顔や素顔としての風景が「意味するもの」となる。それまで無意味と思われたものが意味深くみえはじめたのである。それこそ私が「風景の発見」と呼んだ事柄である。
> 伊藤整は、市川団十郎が「精神的な印象を客に伝へる表現を作り出すのに苦心した」というのだが、実際は、ありふれた（写実的な）素顔が何かを意味するものとしてあらわれたのであり、「内面」こそその何かなのだ。「内面」ははじめからあったのではない。それは記号論的な布置の転倒のなかでようやくあらわれたものにすぎない。だが、いったん「内面」が存立するやいなや、素顔はそれを「表現」するものとなるだろう。演技の意味はここで逆転する。（同前）

「日本―近代―文学」における歴史的＝制度的な「記号論的な布置の転倒」を、幾つかの鍵概念を通して「発見」し、それをふたたび「転倒」してみせること。これこそが『日本近代文学の起源』を貫くモチーフであり、方法的野心である。しかし「風景の発見」と「内面の発見」では、「布置」のあり方が、入れ子状というか段階的になっている。前章で私は「風景の発見」の論旨を次のように纏めてみた。「誰であれ「人間」であるからには、例外なく「主観／内面」から脱し得ないのであって（中略）、だからごく当然のように「客観／外界」だと思われている「風景」は、ほんとうは常に内的な「風景」であるか、せいぜいが「内面」から透かし見られた外の「風景」に過ぎない。そしてもっと重要なことは、そこからこそ「客観」という虚構が生まれてくるのだということである」。そして続く第二論文では、柄谷は「内面」そのものを俎上に載せているわけである。

「風景の発見」では、「描写（「文学」ではとりわけ「三人称客観描写」）」という操作／作業のパラドックスを「絵画」を経由することで摘出し、「内面の発見」においては、「自己表現」という行為／現象の虚構性を「言文一致（的なるもの）」に見出す過程で「演劇」が照覧されている。「絵画」も「演劇」も、より大きな枠組としての「芸術」の営み／試みの中で「文学」を相対化しつつも、その特殊性を切り出すために招集されている。「三人称客観描写」や「言文一致」は、如何にして、そして何ゆえに、成立し得たのか。これらの問題を根底的に考えてみるために、柄谷は他のジャンルを導入しているのだ。

ところで、論文「内面の発見」は全六節から成っているのだが、実は「演劇」のことが述べられているのは、二番目の節のみに過ぎない。そして、そこで主張されていることは、ここまでのおさらいでも知れるように、言ってしまえば初期ジャック・デリダによる「音声（パロール）中心主義」批判と「アルシ＝エクリチュール」論の圏内にあり、いわばその「日本（語）」からのアプローチ／ヴァージョンだと言っていい。柄谷もデリダの名を記している（デリダ『根源の彼方に——グラマトロジーについて』の足立和浩訳による初版は一九七二年に刊行されている。またガヤトリ・C・スピヴァクによる英訳は、柄谷がイェール大学に在籍していた、すなわち『日本近代文学の起源』が構想された一九七六年に出版されている）。この節の末尾は次のようなものである。

漢字においては、形象が直接に意味としてある。それは、形象としての顔が直接に意味であるのと同じだ。しかし、表音主義になると、たとえ漢字をもちいても、それは音声に従属するものでしかない。同様に、「顔」はいまや素顔という一種の音声的文字となる。それはそこに写される（表現される）べき内的な音声＝意味を存在させる。「言文一致」としての表音主義は「写実」や「内面」の発見と根源的に連関しているのである。（同前）

さて、ここから私たちは、前章と同様、柄谷行人の議論をスプリング・ボードにして、いま現在問われるべき「新しい小説」の可能性を探っていきたいと思う。まだ「内面の発見」は、途中どころか全体の半分にも至っていないが、続きはこの後にも出てくる。ともあれ、まず書きたいのは「演劇」の話だ。それも、柄谷行人が触れていない（或いは、敢て看過した）幾つかの論点にかんしてである。何故なら「演劇」についてあらためて考えてみることが、他でもない「写実」や「内面」といった問題系を媒介して、ふたたび「小説」へと繋がってくるのではないかと考えているからである。

## 2.「新しい演劇」の理論の復習とその応用（1995年）

劇団、青年団を主宰する劇作家、演出家の平田オリザは、一九九五年に『東京ノート』によって第39回岸田國士戯曲賞を受賞して以来、日本の演劇シーンにおいて、名実ともに最重要人物のひとりであり続けている。九〇年代に注目された「静かな演劇」と呼ばれた潮流を、宮沢章夫や岩松了、松田正隆などと担った彼は、実作や劇団運営だけでなく、自らの方法を理論化することに非常に熱心であり、一連の演劇論集を発表している。

平田は彼の理論を「現代口語演劇理論」と呼ぶ。『東京ノート』の受賞と同年に、評論やエッセイを集成した『現代口語演劇のために』、一九九七年にその続編『都市に祝祭はいらない』が「平田オリザの仕事」として相次いで上梓され、その二冊のエッセンスを凝縮した形で、一九九八年に新書『演劇入門』が書き下ろされた。また、その続編『演技と演出』も二〇〇四年に刊行されている。更に近年は「現代口語演劇理論」を敷衍展開して、ジャンルとしての「演劇」の範疇には留まらない、教育論や人生論、コミュニケーション論など、数多くの著書がある。

では「現代口語演劇理論」とは、どのようなものなのか。私はかつて平田の理論をかなり詳細に辿り直してみたことがある（『即興の解体／懐胎』）。以下、過去の自分の記述を参考にしつつ、いま一度纏め直してみよう。

「現代口語演劇」とは、当然のことながら、何よりもまず「現代口語」なるものを話す「演劇」のことである。では「現代口語」とは何か。私は以前、それを「従来の多少とも〝劇的〟な様相を帯びた演技＝発話とは根本的に異なる、より私たちの日常生活におけるリアルで平凡な会話に近い言葉遣いを有した台詞とその発話」と定義してみた。つまり「現代口語」とは、私たちが普段話している「日常語」のことである。家族が、親子が、恋人同士が、上司と部下が、同僚が、教師と生徒が、ごく普通に交わしている、なにげない、淡々とした会話。例として、戯曲『東京ノート』から、開始まもなくの台詞を引き写してみる。尚、簡略化するために役名をアルファベットに変え、台本に附された出捌け等の記号は省いてある。

A　休んでく？
B　え、いいでしょ、別に。
A　あ、そう、
B　うん。
　　・・・
A　そいで、どうなったの、さっきの話？
B　いや、別に、
A　別にって？

B　別に、それだけ、
A　それだけってことはないでしょう。
B　本当だって、
A　信じらんない。
B　本当なんだもん。
A　信じない。
B　うそじゃないよ。

続いて別の二人組による会話。

C　お、
D　行こ。
C　うん。
D　何、飲んだの?
C　コーヒー。
D　喫茶店で飲めばよかったのに。
C　え、あ、そうか・・・ごめん。
D　いいけどさ。
C　ごめん。

（『東京ノート』ハヤカワ演劇文庫版）

およそ「劇」のはじまりにはふさわしからぬ雰囲気ではないだろうか。「静かな演劇」と呼ばれた所以である。しかしそれは「台詞」の次元には留まらない。平田オリザのいう「現代口語演劇理論」とは、より広範かつ原理的な意味での「演劇」における「ナチュラリズム」の探究の理論である。「リアリズム」とは少し違う。そこがポイントである。ここでいう「ナチュラリズム」とは、文字通りの意味での「自然らしさ」ということである。「現代口語」とは、日常っぽい、いかにも「自然」な会話のことであり、その全面展開である「現代口語演劇」とは、リアルな、というよりも、ナチュラルな「演劇」のことだ。

多くの場合、舞台上で、俳優たちによって、あらかじめ書かれた戯曲に沿って演じられる「演劇」という芸術形態は、私たちが「現実」と呼んでいるものに対して、いわば二重に分裂したあり方をしている。すなわち、観客の眼前に展開されるのは、あきらかに何らかのレヴェルでの「劇＝虚構」であるわけだが、それと同時に、たとえば映画などとは違って、そこにあるのは、紛れもない生身の、いきなり舞台に昇って手を伸ばせばすぐにも触れられる身体であり、そこで起きていることは、大抵は反復可能であり実際に反復されてもいるドラマとか物語とか呼ばれるものであるとともに、現に今、ここで／そこで、一度きりの出来事として起きていることでもある。つまり、そこで物語られているのは、大昔の異国の誰だかの悲劇であり、そこに居る俳優は、日本語で台詞を喋りながら自分はハムレットだと言い張っているのだが、観客は彼が何某という名前の日本人の役者であることは最初からわかり切っていながら、しかしやはり彼のことを

「ハムレット」だと思ってもおり、その悲劇に耽溺したりするのである。こんな風に書くと馬鹿みたいだが、しかし私が思うに、何よりも「演劇」の不可思議さとその魅力は、この虚構と現実の露骨な重ね合わせと、強度の現在形と現前性に存している。

だから「演劇」において「リアリズム」を問うのは、そもそも大変パラドキシカルなことである。「演劇」は、ある意味では「リアル」でなどあり得ず、ある意味では「リアル」でしかあり得ない。言いかえればそれは、ある意味では「フィクション」でしかなく、ある意味では「フィクション」にはなり切れない、ということである。だからこそ従来の「演劇」の「演技─演出」においては、俳優が劇中の人物に成り切り、物語を我が事のように迫真の演技で生きてみせる、というのが善しとされてきた。

だがしかし、存在してもいない何者かに「成り切る」とか、どう考えても虚構でしかない物語を「生きる」とは、果たしてどういうことなのだろうか。結局、こと「演劇」においては、先に述べた二重性が、どこまでいっても解消されるわけがないことを誰もが百も承知の上で、あたかも舞台と客席のあいだで黙契が交わされてでもいるかのように、いわば嘘をほんとうである「かのように」演じてみせ、それを観ながら何故か感動したりしている、ということになるのではないか。身も蓋もなく言ってしまえば、そうなる。そしてそれはそれでいいのであり、要するに「演劇」とは、そういうものなのである。

けれども、こう考えてみると、一挙に露見してしまうことは、成り切ったり生きたりするような、いわゆる迫真の演技なるものは、要するにそうした暗黙の契約ありきのものでしかなく、つまりそれは、フィクションの自明性（と歴然たるリアル）に乗っかりつつ、自己暗示／催眠的にその事実を忘却した上でのリアリズム（とフィクショナリズム）に他ならない、ということである。

なので舞台を造り上げる者たちは、観客が「これは現実の中で演じられている虚構である」という言わずもがなの事柄を一時だけでも都合良く忘れられるような作業に腐心することになる。そしてそれは往々にして、現実には滅多に見られないような熱のこもった発話や大ぶりの挙動に結果する。それは「これは現実ではない」の増幅により「これは虚構である」を失念させようとすること、いわば「写実」から意図的に遠ざかることで「迫真」に至ろうとすることである。

考えてみればこれは、かなり奇妙なことではないだろうか。いや、それはそれでよい。そうして「演劇」の歴史は、豊かな財産を築き上げてきたのだから。だが、「演劇」において「リアル」であろうとするなら「写実」を捨てて「迫真」を選ぶしかないのだろうか。それとはまったく違うやり方だってあり得るのではないか。現実離れした、大仰な、つまり劇的な芝居ではなくて、日常と寸分違わぬ、いかにも現実らしい、ごくごく自然な芝居によって生じる「リアル」だってある、いやむしろ、どう考えてもそちらの方がありなのではないか。

それが「ナチュラリズム」である。実は平田オリザはこの言葉を用いてはいないのだが、今や明らかにいささか困った多義性を有してしまっていると思える「リアリズム」と区別して、いわゆる「迫真」とは異なる方向性での「リアル」の追求を、ここでは「ナチュラリズム」と呼んでおくことにする。「現代口語演劇」における「現代口語＝日常語」の導入と顕揚は、この意味での「ナチュラリズム」の方策／戦略のひとつだと言っていい。

平田オリザは、こう述べている。

「その役になりきる」とか、「役が憑き物のように乗り移る」という言葉を演劇界ではよく使うが、それは演技の本質をついた言葉ではない。自分のコンテクストを完全に離れて、他者になりきることなど不可能である。俳優は、少しずつ自分のコンテクストを押し広げ、その役柄に近づいていくのだ。

（『演劇入門』）

ここでいう「コンテクスト」は、平田理論の重要なキーワードである。それは「一人ひとりの言語の内容、一人ひとりが使う言語の範囲」のことであり、「私たちは、個人のコンテクスト、言語の差異を起点に、家族、会社、学校、地域などさまざまな社会の単位で共通のコンテクストを創り上げ、言語による円滑なコミュニケーションを可能にしている」。注目すべきは、平田が「コンテクスト」を、第一に「言語」の問題として考えているということである。この認識は明らかに柄谷行人がフロイトから引き出した、あの「抽象的思考言語」と通じている。平田は、こう続ける。「それぞれの文化、それぞれの言語に独自のコンテクストがあるように、あるいは、ある地方、ある方言に、独自のコンテクストがあるように、一人ひとりの使う言葉にも独自のコンテクストがある。同じ母国語、同じ方言を共有する人々にも、微細なコンテクストのずれはある」。

では、このような意味での「コンテクスト」は、どのように「演劇」とかかわってくるのだろうか。

もちろんそれは、本来、日常生活をおくる上では顕在化してこないものだし、そういった「ずれ」はあまりないという前提で、私たちは、家族や会社や学校といった共同体を成り立たせている。

だが、演劇を創っていく上では、この個々人のコンテクストのずれが、重要な位置を占める。なぜなら、俳優というものを言語の側面から定義するならば、俳優とは「他人が書いた言葉（＝台詞）を、あたかも自分が話すがごとく話さなければならない職業」だからである。

個々の俳優が、何かの役を演じたいと思ったとき、いちいち、そのコンテクストに合わせた言語を獲得していたのでは、とても面倒なことになる。そこで、ある程度、自在にコンテクストをさまざまな方向に広げていけるような方法が求められる。およそ演劇の様式と呼ばれるものはすべて、このようなコンテクストの広がりの獲得のためにあるのだと私は考えている。

（いずれも同前）

ならば、このとき演出家は何をするのか。平田は「言語のコンテクスト」に加えて「身体のコンテクスト」があるのだと述べ、「言語のコンテクストと同様に、身体のコンテクストの拡張も、俳優にとっての大きな課題となる。現実には、身体と言語は切り離せない関係にあり、それらはたいていの場合、同時に拡張が目指される」と続ける。そして「演ずるということは、つまるところ、自分のコンテクストと、演ずべき対象のコンテクストを摺り合わせること」だと述べている。つまり「言語」と「身体」という、さしあたり二つの「コンテクスト」の「摺り合わせ」としての「演技」を如何にして可能たらしめるかが「演出」の眼目ということになる。

これは「演出家による俳優へのコンテクストの押しつけ」とはまったく異なっている。また、それとは裏表の「俳優による演出家のコンテクストへの馴致」とも違う。両者のあいだの「コンテクストのずれ」を明確に意識し、冷静に把握した上で、演出家と俳優は「言語」と「身体」の二つの相から成る、いわば「メタ・コンテクスト」を共に「摺り合わせ」てゆくのである。

では「演出」と「演技」の前段階に位置している劇作家とは、どのような存在なのか。ここでも平田の考えは実に原理的、かつラディカルである。

戯曲家は、およそ言葉によって語りえるものは、すべて語り尽くさなければならない。例えば、役者の立つ位置、動き、表情など、およそ言葉にできる範囲のものは、すべて戯曲におさめるべきだと私は考える。従来の戯曲のト書は、たいへんに中途半端で、たいていの場合それを補う役割を演出家が果たしてきた。しかし、ダンスでいうところの「振り付け」にあたるこの作業は、戯曲によってなされるべきだ。私の考える戯曲とは、世界そのものを写す設計図だからである。

一方、役者は、その設計図に従って存在すればいい。他の、「言葉にできる一切のもの」を捨象していかなければならない。こうして役者は、まずこの世界に存在する。そして役者はこの世界で、「語りえない事柄」「曖昧で答えの出ない範疇」のみを演じることになる。私が考える役者は、戯曲家の設計図の中で生きる存在だからだ。

そして演出家の仕事は、役者の想像力を刺激すること、その結果としての作品を点検し責任を負うこと、この二つに他ならない。

（『現代口語演劇のために』）

平田は、自分自身を演出家であるよりも前に、おそらくはそれ以上に、戯曲家＝劇作家であると位置付けている。実際、ここで主張されていることは、ほとんど「戯曲至上主義」と呼んでいいものである。「演出家や役者は戯曲を解釈したり、分析したりする必要はない。（中略）それは戯曲家が戯曲の内部ですでに完了していなければならない作業である。すでにある世界を分析したり解釈したりする必要はない。役者にとって、世界は無前提に存在する。この構図は、私の仕事が世界をダイレクトに描写するものであることと相似形をなしている」。しかし、平田の「戯曲」に「描写」された「世界」は、「ダイレクト」であるとはいっても、そのままでは、あくまでも書かれた「言葉」に過ぎない。それを現実の、実際の「世界」に変換するためには、特定の時間と空間における、具体的な「上演」という行為と出来事が必要であり、それには生身の「俳優」の存在が不可欠となる。

そこで「俳優」は、或る「役柄」を演じることになる。だが平田の考えでは、彼ら彼女らは与えられた「役柄」を「生きる」のではなくて、それぞれの「役柄」として、ただ単に「存在」するのである。しかもそれは「戯曲」に書かれた台詞を、演出家の指示に従って精確に発声し、ト書き通りの立ち居振る舞いを過たず行ないさえすれば、それだけで実現する。

> たとえば「悲しい」という感情について考えてみる。悲しいという感情は、「カナシイ」という言葉で表せる以上、それはすでに戯曲の中に折り込まれているはずの事柄である。役者はそれをこれ以上「悲しく」演技し表現する必要は、まったくない。
> 逆にいえば、大前提として、まず戯曲家は、役者がどのように演技しても悲しく見える戯曲を書かなくてはならない。戯曲家は、そのように確かさを持った戯曲を書かなければならない。このことによって、役者は悲しさを表現するといった義務から解放される。戯曲の描く世界が完璧に近ければ近いほど、役者は単純な喜怒哀楽を表現する必要がなくなるわけだ。（同前）

平田にとって「演技力」とは、「俳優」による「役柄」への同一化の技術ではない。そもそも、そのような「同一化」が何によって根拠づけられ、どのように正当化されているのか、まったく定かではないからだ。そうではなくて、「演技」とは、要するに身体の運動、振り付け、もっとシンプルな言葉を使うなら、要するに「作動」なのである。「戯曲」に書かれた通りに「作動」さえ出来れば「俳優」は「役柄」として「存在」し始める。言い換えるとそれは、徹底的に「外面」だけが問題にされている、ということである。こうして、平田の（悪）名高い断言のひとつである「俳優に内面は要らない」が登場することになる。

もちろん「内面」のない人間などおそらく存在しない。だが「俳優」の「内面」は、それがどのようなものとしてあるのだとしても、結局のところ「外面」からは遮蔽されている。いや、それは別に「俳優」には限らない。チャーマーズの「哲学的ゾンビ」の論議を持ち出すまでもなく、私たちは、他人に心があるということを、絶対に確証することは出来ない。これはもはや常識に属することである。

だが、それでも私たちは人生や日常において、実際に「内面」において悲しい場合に、他者の目からも悲しく見えるような「外面」を表出することがある。逆に言うと、泣いているひとは悲しみを感じており、その理由があるものだと、多くの場合は思われる。もちろん例外もあるわけだが、しかしこのような、ごく普通の「外面」と「内面」の一致は「演劇」には妥当しない。なのに舞台上で泣き顔を目にすると、あたかも「外面」のみならず「内面」にも「悲しみ」のような何かがあるかのように受け取ってしまう。このとき観客は「内面」を透かし見ているように思っているが、実は自ら生成しているのだ。

これは人間の「虚構」に対する傾向性、いわば弱点のひとつであり、と同時に何故、人間が「虚構」を好んで造り出し、またそれを悦んで享受するのか、という理由ともかかわっている。共感=感情移入は「虚構=フィクション=ドラマ」の受容に貢献するものだが、「演劇」の観客は、自らの「登場人物」への「感情移入」を、どういうわけか「役者」の「役柄」へのそれと同一視したがる。平田の洞察は、ここにある曖昧な錯覚、そして紛れもない詐術を鋭く突くものであると同時に、そのような「詐術」を逆説的に利用することで、「演劇」をアップデートしようとするものだと言える。

繰り返すが、平田オリザの「現代口語演劇」は「俳優」に「役柄」への「内面」的な一致を一切求めない。それは、そのようなことが難儀だからではなく、それが曖昧な「錯覚」であり、そうすることが「詐術」でしかないからである。逆に言うと、完璧に「外面」さえ整えれば、「俳優」の「役柄」への転移、すなわち「演技」は十分に成立するのだと平田は考える。それゆえに彼は「俳優に内面は要らない」と挑発的に言ってのけるわけである。

そしてそのためには、ともかくも緻密で精確無比な「作動」が必要となる。そうすることで複数の「コンテクスト」が「摺り合わせ」られ、観客の脳内に登場人物たちの「内面」が俄に生成されて、遂には「リアル」な「世界＝現実」の「ダイレクト」な表象が立ち現れることになる。

私たちは、他者の知覚を知覚することはできない。近未来を舞台にしたSF映画などでは、よく他人の脳と自分の脳を電極でつないで、他人が見ている世界を覗き見るなどという話があるが、現在の科学は残念ながら、まだその水準には至っていない。

だが、芸術は、他者の知覚を疑似体験することができる。優れた芸術作品は、創り手の知覚の束が具現化した形だと言ってもいい。その知覚の束に触れたとき、鑑賞者の側にも、当然コンテクストの組み替えが起こるだろう。

「このような世界の見え方があったのか」

「たしかに私は、このように世界を見た瞬間があった」

という覚醒は、受け取り手の側の知覚を刺激し、新しい世界の見方の模索を促すからだ。

そのとき生まれる新しいコンテクストは、決して表現者である私のものでもなければ、鑑賞者だけのものでもない。そこに、コンテクストの共有、新しいコンテクストの生成が起こるはずなのだ。

そして私は、そこから生まれてくる感覚を、リアルと呼ぶ。

その新しく生成されたリアルは、さらにまた、他者との接触を通じて、異なったコンテクストの組み替えを要求するだろう。
演劇とは、リアルに向かっての無限の反復なのだ。その無限の反復の中で、ゆっくりと世界の形が鮮明になっていく。この混沌とした世界を、解りやすく省略した形で示すのではなく、混沌を混沌のままで、ただ解像度だけを上げていく作業が、いま求められている。

（『演劇入門』）

ここでは少なくとも三段階の「世界」が設定されている。まず、この（というのは「この」ということ）「世界1」がある。次いで、それを「ダイレクト」に「描写」したとされる戯曲に書かれた「世界1」がある。そして「戯曲＝世界2」を実現／実演した「演劇＝世界3」がある。もちろん「世界2」「世界3」はすぐさま「世界1」の一部となるわけだが、両者は「世界2」という回路＝プロセッサーによって分けられ／繋がれている。このことは重要である。平田オリザの芝居においては、ひとりの役者が、本名とパーソナリティを持った実際の人物としての「素顔」を舞台上で覗かせることはけっしてない。彼あるいは彼女は、あくまでも「虚構」の一要素として「リアルに向かっての無限の反復」を志向／試行する。
この点で、平田オリザと青年団の作品は、しばしば「世界2」の関与なくして「世界3」を「世界1」にそのまま直結させようとする、いわゆる「ドキュメンタリー演劇」や「ポストドラマ演劇」とは決定的に違っている。それはある意味では古典的であり、保守的だとさえ言ってもいいかもしれない。だが、そこには「この」現実の現実性を前提として、常にそこに回帰する／

せざるを得ない凡百の「ドキュメンタリー演劇」では到底達し得ないような「リアル」が実現されている。

何よりも興味深いのは、平田が「世界2」としての「戯曲」すなわち書かれた「言葉」を、そのリアライゼーションである「上演」としての「世界3」よりも重要視しているように見えることである。そしてこの点に、平田が切り拓いた「新しい演劇」としての「現代口語演劇」と、私たちの「新しい小説」が交錯するポイントが覗いているのではないかと思われる。

ここで特筆すべきは、平田オリザが、彼以前の、そして彼以外の同時代の「演劇」の作り手たちよりも、はるかに「観客」の「想像力」に信頼を置いていることである。


眼前の観客は、制約の根元でもあるが、演劇の武器でもある。

生身の観客がそこにいるということは、逆に観客の側から観れば、生身の俳優がそこにいるということだ。この生身の俳優が観る者の想像力を喚起する力は、映像の比ではない。

映像では、フレームから出ていった登場人物は、いったんその物語から関係なくなるという暗黙のルールがある。なぜなら、もし必要ならカメラのフレームはその人物を追うだろうから。小説ならば、なおさらだろう。文章上で触れられなくなった人物について、読者がいつまでも気になるということは、まずありえない。

だが、演劇の場合には、戯曲と演出と俳優の能力が重なり合えば、観客の想像力を喚起して、意識の流れを誘導し、その場にいなくなった人間についての物語も、あるいは前後の時間や、舞台の外側の空間についても、容易に観客に想像させることができるのだ。すなわち、ある限られた空間、ある限られた時間を描くだけで、世界全体をうつし出すことができるのだ。
（同前）

実際、青年団の作品では、開場した時から舞台上に俳優＝登場人物たちが居て、戯曲に書かれた最初の台詞が発されるよりも前から、何ごとかが演じられている（いわゆる「板付き」）。また、ほとんどの場合、それは「一幕もの」であり、劇の中で流れる時間と実際の時間の進み行きは一見したところシンクロしている。ナチュラルな「現代口語＝日常語」の使用に加えて、このように時間と空間をフレーミングすることにより、平田オリザは観客の「想像力」を刺激し（それはつまり「コンテクストの拡張」のことである）、「世界3」→「世界2」→「世界1」への貫通を成し遂げようとするのである。

そしてこの方法にとっては、殊更な「内面」への拘泥は却って邪魔になる。ありうべき「想像力」を発動するための極めて具体的な諸条件の設定、つまり「外面」さえ整えられるなら、もはや「内面」など考慮しなくても構わない。いや、より繊細にいえば、観客それぞれの「想像力」の内部で、現実には存在していない「内面」らしきものが醸造されれば、それでいいのである。つまり平田オリザにとって（も）「内面」とは「発見」されるものではなく「創出／捏造」されるものなのだ。「ナチュラリズム」＝自然らしさとは、その字義に反して、人工的な「内面性」のテクノロジーのことなのである。

……私の方法論は、曖昧な世界（カオス）を曖昧なままで表現するものです。そして、その解釈、判断は観客に委ねられます。
ここでは、内面を決定することは、邪魔にすらなります。内面を決定して、一つの感情や心理状態を観客に伝えることが私の望む演技ではなく、観客の想像力に対して開かれている状態が、この場面において私が要請する「演技」だからです。

（『演技と演出』）

かくして平田オリザの「現代口語演劇」における「演技／演出」は、すこぶる人工的な、外挿的なアプローチになる。それはたとえば、台詞の語と語の間をもう一秒半空けるとか、右側にもう十五度体を傾ける、などといった、まさに「振り付け」的な指示になる。俳優たちに求められるのは、このように厳密に計測され、ほぼ数値化された演出家の指示に即応し、しかもそれを精確に反復してみせることである。そこでは徹頭徹尾「外面」のみが問題にされている。岸田賞受賞作『東京ノート』を始めとする青年団の名作の数々は、こうして産み出された（野暮を承知で付け加えておくならば、それらはどれもこれも極めて感動的な作品群である）。そしてこの方法論は、半ば必然的に、本当に「内面」を持たない「俳優」による「演劇」へと向かうことになった。

近年、平田オリザは「現代口語演劇」の発展形として「ロボット演劇／アンドロイド演劇」に取り組んでいる。それは文字通り、種々の用途のために開発されたロボットやアンドロイドを「俳優」として起用した「演劇」である。もちろん彼ら彼女らには「内面」はかけらも存在していない。にもかかわらず、その「演技」は「感動」的なのだ。平田は自らの理論を、ほとんどS

F的と呼んでもいいようなアイデアによって、果敢に証明してみせているのである。「ロボット演劇／アンドロイド演劇」における平田オリザのパートナーであるロボット学者の石黒浩は、平田との対談で、次のように話している。

心って何かわからないけれども、ロボットを動かしていると、みんな私が作るロボットは感情をもっているというんです。でも、いっさい心なんて入れてないし、感情なんて入れてないし、見かけだけなんです。役者もまったく見かけだけ。だから、そういう点はすごく共通しています。だからといって人間に心がないとか言っているわけじゃないですよ。ある瞬間を見たときに、心を感じるというのは、本当にその中に心があろうがなかろうが関係なく、感じることができるということです。

（『ロボット演劇』）

長々と述べてきたが、平田オリザの「現代口語演劇」が、これまでの議論に絡まってくるのは、すでにしてお分かりのように、まずもって「内面」にかかわる問題意識においてである。柄谷行人は「内面の発見」の市川団十郎に触れた部分で、次のように述べている。

それまでの観客は、役者の「人形」的な身ぶりのなかに、「仮面」的な顔に、いいかえれば形象としての顔に、活きた意味を感じとっていた。ところが、いまやありふれた身ぶりや顔の〝背後〟に意味されるものを探らなければならなくなる。団十郎たちの「改良」はけっしてラディカルなものではなかったが、そこには坪内逍遥をしてやがて「小説改良」の企てに至らしめるだけの実質があった。

（「内面の発見」）

「このような演劇改良の本質が「言文一致」と同一であることはすでに明らかだろう」と柄谷は続ける。そしてデリダ的「音声中心主義」批判になり、前節の最後の引用へと連なる。平田オリザが『日本近代文学の起源』を読んでいるのかどうかはわからないが（だが私は読んだと確信している）、平田による「内面（性）」の仮構の理論は、柄谷の「演劇改良」にかんする記述を、より大がかりにアップデートしたものと捉えることが出来るだろう。

だがアップデートであるからには違っているところもある。むしろ「ロボット演劇／アンドロイド演劇」によって、平田は市川団十郎以前に遡行しているとも言えるかもしれない。だが重要なことは次の点である。柄谷は、団十郎が提示した「素顔」とは「音声的文字」であり、そこに表現されるべき「内面」を（ある意味ではじめて）存在させたのだと述べていた。対して「改良」以前の「演劇」における「仮面／人形」とは、いわば「漢字（文字的文字）」のようなものだった。そして「言文一致」とは、前者による後者への重ね合わせと、その結果として生じる変形である。これを「現代口語演劇」に当て嵌めるならば、「素顔＝ナチュラリズム」こそが「内面」を生み出す、そして一旦そうなってしまったならば、たとえ「人形＝ロボット」を用いたとしても、そこには「内面」があたかも存在する「かのように」思われるのだ、ということになるだろう。

だが「内面」の評価については、柄谷と平田は、ほとんど対照的である。「内面」なるものが、人工的な構成物であるという認識と、にもかかわらず、そこから「リアル」が産出されてくるという卓見では同じだが、柄谷はそれを歴史的な「制度」として撃ち、いっぽう平田は仮構／操作し得る「スクリーン／イメージ」のごときものと考えている。或いはこう言ってもいいかもしれない。その昔、柄谷行人が喝破した「内面」という「制度」の上で、その虚構性を逆／再利用することによって、平田オリザは自らの「演劇」を紡いでみせているのだと。

この違いは、なぜ生じるのか。もちろん柄谷行人と平田オリザのさまざまな意味での違いや、『日本近代文学の起源』と「現代口語演劇」のあいだに流れた十数年の時間が作用していることは確かである。だが、より本質的にいえば、たとえ同じ「内面」を相手取っていても、芸術表現としてのあり方からして、「小説」と「演劇」は決定的に異ならざるを得ないからだ、ということだと思われる。

「内面の発見」の柄谷は「演劇改良」に言及していたが、彼が見（え）なかったものがあった。いくぶん比喩的に述べるなら、それは「音」としての「声」である。柄谷は伊藤整『日本文壇史』第一巻の市川団十郎にかんする記述から、もっぱら「素顔」という問題系を引き出してみせたが、そこには「(団十郎は）古風な誇張的な科白をやめて、日常会話の形を生かした」という一節もあったのだ。これはまさに「現代口語演劇」そのものではないか。「言文一致」的にも、明らかにこっちの方が重要だと思えるのに、柄谷が「素顔」にばかりこだわって「科白―日常会話」には論を進めなかったのは、もしかしたら「音声中心主義」批判の文脈にかかわってのことだったのかもしれない。

というか、実はそもそも「演劇」は「音声中心主義」批判の道具にはそぐわない。なぜなら、そこでは（無言劇などの特殊な例外を除いて）常に「音＝声」は存在してしまうからである。また、それればかりか「演劇」は実のところ「内面性」批判にも必ずしも適してはいない。なぜなら舞台上ではもっぱら俳優が発する「声＝音」が、その心中の「描写」として機能しており、その意味では最初から最後まで「外面」的であるしかないからだ。それゆえに柄谷は、「演劇の改良」のもっとも革新的な様相であった筈の「台詞の発話の改良」を半ばスルーしてしまったのではないだろうか。

こう考えてみるならば、むしろこの点にこそ、私たちが向かうべき方角がほの見えているのではあるまいか。つまり、いったん「音＝声」を、つまり「言文一致」の「言」を、舞台の上で生々しく発される「科白／台詞」の方へと思い切って投げてみて、それからブーメランのようにふたたび「文」へと引き戻してみるなら、どうなるか。すなわち「新しい演劇」から「新しい小説」への架橋。だがそのためには、平田オリザによる「現代口語演劇」から十年後に登場した、より新たな「新しい演劇」について触れなくてはならない。

## 3．新しい「新しい演劇」の戯曲と、その小説版と、その次に書かれた小説を読み返す（2004年／2005年／2006年）

演劇ユニット、チェルフィッチュを主宰する劇作家、演出家の岡田利規は、二〇〇五年に『三月の5日間』によって第49回岸田國士戯曲賞を受賞して以来、日本の演劇シーンにおいて、名実ともに最重要人物のひとりであり続けている。岡田の受賞は平田オリザ『東京ノート』の、きっかり十年後のことである。その当時、岡田の作風は「超口語演劇」などと呼ばれた。明らかに「現代口語演劇」を踏まえたネーミングである。だが自ら命名した平田の場合とは違って、岡田のそれは、単に誰かが勝手に名付けたものであり、特に定着することもなかった。しかし肝心なことは、少なくとも『三月の5日間』の時点でのチェルフィッチュのスタイルが、幾つもの点で「現代口語演劇」を継承・更新しようとするものであったことである。それは平田オリザ以後にようやく現れた、更なる「新しい演劇」だった。

では岡田利規の「新しい演劇」は、どのようなものだったのか。私はかつて彼の作品群をかなり詳細に辿り直してみたことがある（『即興の解体／懐胎』）。以下、そこでの論述をかいつまみつつ、ここまでの話に繋いでみたい。

まず、戯曲『三月の5日間』は、次のように始まる。やや長くなるが、最初のト書きからしばらく引いてみよう。

舞台セットは要らない。
男優1と男優2、登場。並んで立つ。

男優1　（観客に）それじゃ『三月の5日間』ってのをはじめようって思うんですけど、第一日目は、まずこれは去年の三月の話っていう設定でこれからやってこうって思ってるんですけど、朝起きたら、なんか、ミノベって男の話なんですけど、ホテルだったんですよ朝起きたら、なんでホテルにいるんだ俺とか思って、しかも隣にいる女が誰だよこいつ知らねえっていうのがいて、なんか寝てるよとか思って、っていう、でもすぐ思い出したんだけど「あ、昨日《きのう》の夜そういえば」っていう、「あ、そうだ昨日の夜なんかすげえ酔っぱらって、ここ渋谷のラブホだ、思い出した」ってすぐ思い出してきたんですね、

**男優1**　それでほんとの第一日目はっていう話をこれからしようと思うんですけど、「あ、昨日の夜、六本木にいたんだ」って、えっと、六本木で、まだ六本木ヒルズとかって去年の三月ってまだできる前の、だからこれは話で、ってところから始めようと思ってるんですけど、すごい今って六本木の駅って地面に地下鉄から降りて上がって、それで上がったら麻布のほうに行こうとか思って坂下《くだ》るほう行くじゃないですか、そしたらちょうどヒルズ出来たあたりの辺って今はなんか歩道橋じゃないけどなんて言うかあれ、一回昇って降りてってしないと、その先、西麻布の交差点方面もう行けないようになっちゃったけど今は、でもまだ普通に一年前とかはただ普通にすごい真っ直ぐストレートに歩いて行けたじゃないですか、っていう頃の話に今からしようと思っている話は、なるんですけど、そっちのほうになんかライブハウスみたいのがあって、そこにライブを見に行って、っていうのから話のスタートは始めようと思ってるんですけど、それで、それがすごいいいライブだったんだけど、っていうこととかを話そうと、あとは、あとはとか言って、ライブのあとでそこで知り合った女のコがいて、その日はだからなんかそのあとその女と、いきなりなんか即マンとか勢いで、しかもナマでヤっちゃったみたいな話とかもこれからしようと思ってるんですけど、その前にっていうかまずそのライブ

ハウスに行ったのが、だから三月の5日間の一日目なんだけど、二人で、その日は男男《おとこおとこ》で見に行ったんですね（このとき、自身と男優2を示すしぐさをそれとなくする）、ライブをその、えっと、六本木に行こうってことになって、っていう男が二人いたんですね、その男二人からのことから始めようとまずは話を、

**男優1**　西麻布のほうに行く道の、坂の下《くだ》る感じが、傾斜まだそんなに本格的にぐっとそれほど角度つくまだ前のあたりの辺のとこに、大通りに一応、面しているところにあるライブハウスがあって、なんかカナダから来た、かなーりマイナーなバンドのその日はあれがあって、よ何故《なんで》でもそんなの見に行ってたのかって言うと、っていうのはすっごい、でもそのライブ、よかったんですよすごい、よかったなーっていう、すごいいいライブで、って、そう、二人のうちちの一人のほうの男のほうだけは——なんですけど実は、でも——そう思ってて、すっごいほんと感動して、正直別に期待そんなすごいしてたわけじゃなかったんだけど、特になんてことないと思って油断してたら、ほんっと意外にそのライブすごいよくて、かなりまじですごい感動して、っていう、そのときはビール飲んでたんですけど、そこのライブハウスがっていうかその日のライブ、ワンドリンク制になってて、だからビール飲んでて、っていうかもうライブがそのときは終わったあとで、まったりタイムになってて、もうワンドリンク目はだから飲んじゃったから、ツードリンク目を——ツードリンク目も、ビール飲んだんですけど、

**男優1**　（男優2に）でもそのライブたぶん、

**男優2**　うん、

（戯曲『三月の5日間』）

「男優2」が出てきたところまでで切ろうと思ったら、やっぱりこんなに長くなってしまった。断わっておくが、これは公演の聞き取りテクストではない、れっきとした戯曲なのである。だが、通常の戯曲のあり方からすると、どう考えても特異なものだと言えるだろう。私は『三月の5日間』を何度か観劇しており、また同作はDVD化されているのでたやすく確認することが可能だが、実際に俳優は、ほぼ精確に、こう喋っている。「超口語」と呼ばれた所以は、もちろんこのダラダラしていて妙に切れの悪い口調から来ている。それに「男優1」が四度連続するというのは、戯曲の作法としてはかなり異様なことではあるだろう（岡田は、この点について「会話時において、一方の人物が一区切りつくところまで話したあと、その次に話すのが必ず他方の人物かと言えば、必ずしもそうではなく、話しつづけていたほうの人物がまた話し出すことだってある。そういったニュアンスを残すためにこのような書き方をしている」と語っている）。

だが、もっと異様なのは、実際に舞台を目にすればすぐに分かるのだが、この芝居では、俳優と役柄が、一対一対応に、ほとんどなっていない。どういうことかというと、たとえばここで「男優1」は「ミノベって男の話」を始めるわけだが、話している内に、いつのまにか「ミノベ」その人になってしまう。そして「ミノベ」としてとつぜん「男優2」に話し掛ける。だがこのあとで、また「男優1」として「観客」に語りもする。これだけでなく、この作品においては、誰かが誰かのことを語っているうちに（それは直接聞いた話だったり、伝聞であったりもする）誰かと誰かの区別がつかなくなり、しかもそれが更に違う誰かに転移していったりする。つまり複数の「演じる者」と「演じられる者」そして「語る者」と「語られる者」が分離されて、交換されたり移動したりを繰り返してゆくのである。

　こう書くとややこしいし、実際にもややこしいのだが、不思議なほど自然に見られてしまう。岡田利規の「発明」(もちろん彼以前に類例がないわけではないが) のひとつは、このようなユニーク極まりない「語り」の実験にある。『三月の5日間』以後の作品群において、更に追究されてゆくその実験は、先んじて述べておくなら、舞台上の人物が「アクター」「ナレーター」「キャラクター」の三つの位相を自在に行き来することによって遂行されている。このことは後で、もっと詳しく述べることにする。

「超口語」とも呼ばれた、かくのごときダラダラ喋りは、「演劇」の「台詞」としては奇妙だったかもしれないが、現実の日常生活では、ごくごく「リアル」なものだと言える。実際に私たちはしばしば、あんな風な話し方をしている。岡田が平田の「現代口語演劇」を継承・更新しているというのは、第一にこの点である。時代や社会や世代と密接な関係を結ぶ「現代口語」の「演劇」における更新を、岡田は平田に続いてやってのけたのだ。

　岡田はこのような、チェルフィッチュの(或る時期までの) トレードマークともなったスタイルを、インタビューの文字起こしアルバイトの経験から思いついたと語っている。確かにこれはまるで本物の喋りを、そのまま写したかに思える。だがしかし、実際に行なわれたのは「文字起こし」とは真逆のプロセスなのである。「口語」を「文字」へと転写するのが「起こし」であるわけだが、岡田の「台詞」は、あらかじめすべてが「文字」として台本に書かれており、俳優はそれを発話しているのに過ぎない。つまりこれは、普通の「演劇」で行なわれている行為と特に変わらない。どれほどそう見えるとしても、当然ながら、たとえば「男優1」は、私たちが日常的によくそうしているように、その場で思いついたことを、ただ適当に喋っているわけではない。彼はちゃんと「台詞」を覚えており、しっかりと演じているのだ。

だからむしろ、このやり方は、俳優たちに従来よりもはるかに過大な負担を強いることになるだろう。先のような異様にノイジーな、冗長性の高い台詞を、その字面のまま丸ごと記憶して精確に発話することは、同じ内容を、もっと整理された形で述べている台詞でそうするよりも、明らかに比較にならないほど面倒であるだろうからだ（この意味でも、少なくともこの時点での岡田利規は、平田オリザ的な「作動」の更なる過激化を行なっていたと言える）。

平田オリザがそうしていたように、或いは、あらゆる劇作家がそうしてきたように、岡田利規もまた、喋っているわけではなく書いているのであり、喋ったことを書いているのではなく書いたことを喋らせている。言うまでもなく「戯曲」とは、「演劇」とは、そういうものである。そして「観客」となる私たちはしかし、それを読むのではなく聞くのである。これも言うまでもないことだ。では、ならば、現実に舞台上で「声＝音」として発され、聴取されることによって
（のみ）使命を完遂する「書き言葉」である「台詞」が、その「話し言葉＝口語」としての「ナチュラリズム」を不断にアップデートしつつ精度＝解像度を上げてゆくプロセスから翻って、聞かれるのではなく読まれるものとしての「書き言葉＝小説」に変換されたとしたら？

岡田利規は、岸田賞受賞と同じ二〇〇五年に『三月の5日間』の小説版を発表している。そして続いて書かれたオリジナルの中編「わたしの場所の複数」を併録した小説集『わたしたちに許された特別な時間の終わり』によって、第2回大江健三郎賞を受賞している。では、小説『三月の5日間』は、どのように始まっていたか？

まだ二〇〇三年三月には六本木ヒルズは開業していなかったから、彼らは六本木の駅からだと西麻布方向の、緩い勾配の道沿いにある、スーパーデラックスという名のライブハウスに向かうとき、その左側の歩道をただ行くだけでよかった。彼らは六人でひとかたまりとなって歩いていた。絶えず話をしていて、日比谷線の中にいるときから、たたみかける調子で大声を上げていた。周りの静かな乗客たちの耳に厭でもそれは入ってきた。彼らの多くはしかしそれで不快になるというより、単に、どうすればいいか分からなくなり、その困惑に、時間と貴重な孤独とを、大人しく奪われていくままになっていた。六人は最後尾の車両に陣取っていて、その一番後ろの壁、車掌のいるブースとの仕切りになっている壁に背を預け、あるいはその壁に床と平行に取り付けられた手摺りと自分の背骨とをこすりつけるようにしながら、叫んだり、その叫び声を聞いたりしていた。彼らの大声は、車両の外で少し遠巻きすぎるように思われる聞こえかたで響いている走行音の軋みをさらに遠ざけたがっているように、思われなくもなかった。ただしそう思おうとしている誰かが特にいるというわけではなかった。同じ車両に居合わせてしまった彼らのことを見るでもなく観察していた人々のうち、ある者は電話の画面や広告に集中しながらそうしていた。ある者はあやふやに彼らの足元へ、視線をしかし執拗に投げ続けていた。みな大人しかった。ある者は、連中はどうせ六本木で降りるだろうからそれまで辛抱すればいいのだろうと考えていた。それは正しかった。

（小説『三月の5日間』）

まだ最初の段落さえ終わっていないのだが、とりあえずここで切ろう。全体に漂うダラダラ感はよく似ているものの、当然のことかもしれないが、やはり戯曲と小説のはじまりは、ずいぶんと違っている。そもそも「戯曲＝演劇」には日比谷線の車内のエピソード自体が存在しない。だが読み進んでいけば、これが基本的に同じ「物語」であることは了解されるだろう。それは「二〇〇三年三月、アメリカによるイラク爆撃が続いている最中に、六本木のライブハウスでたまたま出会った男女が、渋谷のラブホテルで四泊五日を過ごし、名前も連絡先も互いに知らぬまま別れる」というものである。だが、平田オリザの『東京ノート』の場合と同じく（あちらはあらすじさえ記さなかったが）、ここでは「物語」と「テーマ」については特に述べない。問題は、舞台『三月の5日間』を小説化するにあたって、岡田利規は何をしたのか、ということである。

まず、はっきりと特徴的なのは、この小説では発話／会話を示すカギカッコが一切使用されていないということである。口にされた言葉は全て地の文にカッコ抜きで嵌め込まれている。もう少し後で「六人」は「ミノベ」「鈴木」「東」「ユキオ」「安井」「石原」（おわかりのように、彼らの名前は歴代の東京都知事から採られている）と名付けられる。戯曲では彼らの名前は（他の人物も同様）台詞の中にだけ登場し、通常なら役名が記されている箇所には「男優1」「女優1」などといった表記のみがある。もちろん小説には「男優」も「女優」も出てくることはない。登場人物たちが喋ったことや思ったことは、いわゆる「自由間接話法」によって文章に溶け込んでいる。それらは最初は三人称で語られている。だが、しばらく読み進むと「僕」や「私」といった一人称も出てくる。だが「僕」も「私」も一人ではない。複数の「僕」と複数の「私」による複数の「語り」が、交互に現れ、連鎖し、更には三人称にまた戻ったりもしながら『三月の5日間』の「物語」を語ってゆくことになる。
すでに述べたように、この小説を含む『わたしたちに許された特別な時間の終わり』で岡田は大江健三郎賞を受賞したのだが、いみじくも「ここに良質の（新しい）小説がある」と題された大江健三郎による選評には、次のように書かれている。「さてこの中篇小説が、物語も人物たちもまったく単純に選ばれているのに、小説としての進行が内包するものはじつに豊かであるのは、作者がじつにスムーズに転換する、語りの主体が多様であるからです」。

はじめそれはパフォーマンスの行なわれる場所にザワザワしながら向かう若者たちのグループであり、続いて若者と娘のカップルができ上ると、まず若者の僕が語り始め、続いて娘の私が話者となります。ただセックスだけを行なっていた五日間の後、一度ホテルを出た若者と娘の、日常的な生活感覚がホテル代の支払いをめぐって浮上するシーンがあり、そしてホテルに戻ってから二人が別れるまで、描写は僕から男、私から娘と三人称になります。これらの話者の（それこそ演劇的な演出というべきにちがいない円滑な）転換にしたがって、文章の質、トーンがその時どきの話者にふさわしいものになってゆく、その技術も、小説家としての技術が並大抵でないのを示しています。

（「ここに良質の（新しい）小説がある」）

まったくその通りだと思うのだが、ここで如何にも興味深いのは、大江健三郎が岡田が駆使した「話者の転換」を「演劇的な演出」と呼んでいることである。確かに一人称の「話者」は舞台上の「俳優」に似ているし、それらが次々と移り変わってゆくさまは「演劇的」と称することが出来るかもしれない。けれどもやはり、現実の「演劇」の上演と「小説」の「語り」は多くの意味で異なっている。

だからむしろ「演劇的な小説」と「小説的な演劇」があるのだと考えてみてはどうだろうか。そして戯曲＝演劇の「三月の5日間」は後者であり、その小説版は前者なのだ。岡田利規はそもそもが「小説的な演劇」を更に「小説」に変換＝翻訳しようと試みた。その結果、それは大江健三郎に「演劇的」と呼ばれるような作品になったのである。

小説版『三月の5日間』を、戯曲（およびその上演）と突き合わせてみるとわかることは、岡田利規が「演劇」と「小説」という二つの表現様式の違いを、よくよく考え抜いた上で、ノベライズに取り組んでいるということである。最初に六本木のライブハウスに行ったのは、舞台版では男二人だったが、小説では六人に増えている。また、演劇では「カナダのバンド」のライブだったのが、小説だと「演劇のパフォーマンス」になっている。人数の増加は、小説版で新たに据えられた冒頭の日比谷線の場面を賑やかにするためだろうし（明らかに作者はこの小説をがやがやと始めようとしている）、演劇の中で演劇の話をするのはいささかちょっとアレなのでライブに変えたものの（というのも私は、これが岡田利規の実体験に基づいており、もともとは「カナダの演劇」であったことを知っているからだ。むろん「実体験」にラブホテル連泊は含まれていない、念のため）、小説ならば演劇＝パフォーマンスに戻した方が色々と都合がいいかも、とか考えたのかもしれない。

私は岡田利規ではないので実際のところはわからないが、そうした細かい道具立ての変更のみならず、もっと根本的な意味で、小説は戯曲＝上演と似ているようでいて実はものすごく違っているのだし、違わざるを得ない。むしろ「小説」で「演劇」と同じことをやろうとした結果、両者のあいだの越え難い壁が露わにされている、と言った方がいいかもしれない。しかも『三月の5日間』の場合、舞台版がそもそも「小説的な演劇」と呼べるようなものだったので、事態はより厄介なものになっている。

そこで、これから考えるべきことは二段階になる。まず「演劇」を「小説」に変換する作業が、一般的／原理的に抱える諸問題について述べる必要がある。そしてそれから、岡田利規が直面したであろう「小説的な演劇」を「（演劇的な？）小説」にトランスフォームしようとした際に生じる困難と、そこに結果として開かれることになった「新しい小説」の可能性へと向かう。そもそも「小説的な演劇」とは、どういうものなのか、ということも当然語らなくてはならないだろう。だが、その前に、少しばかり寄り道をしておきたい。

岡田利規のみならず、劇作家／演出家が小説を書き、注目されるケースは、近年ますます増えているように見える。もちろん過去に遡るなら、唐十郎が「佐川君からの手紙」（一九八二年）で芥川賞を受賞して話題になったし、唐の前後にも多くの演劇人が小説家としても活動していた。九〇年代には柳美里が「家族シネマ」（一九九六年）で芥川賞を受賞、宮沢章夫が「サーチエンジン・システムクラッシュ」（一九九九年）で芥川賞候補になっている。

だが、この傾向が強まったのは、明らかにゼロ年代の半ば過ぎからだろう。まず松尾スズキが「クワイエットルームにようこそ」（二〇〇五年）で芥川賞候補、のちに「老人賭博」（二〇〇九年）でも候補に挙げられている。前田司郎は「グレート生活アドベンチャー」（二〇〇七年）で芥川賞候補。二度の候補を経て『夏の水の半魚人』（二〇〇九年）で三島由紀夫賞受賞。本谷有希子は「生きてるだけで、愛。」（二〇〇六年）と「あの子の考えることは変」（二〇〇九年）と「ぬるい毒」（二〇一一年）が芥川賞候補、三島賞候補にも度々挙げられているが受賞には至らず、「ぬるい毒」で野間文芸新人賞、『嵐のピクニック』（二〇一二年）で大江健三郎賞を受賞している。戌井昭人は「まずいスープ」（二〇〇九年）、「ぴんぞろ」（二〇一一年）、「ひっ」（二〇一二年）、「すっぽん心中」（二〇一三年）と四度も芥川賞候補になっており、「すっぽん心中」で川端康成文学賞を受賞した。山下澄人は「ギッちょん」（二〇一二年）、「砂漠ダンス」（二〇一三年）、「コルバトントリ」（二〇一三年）が芥川賞候補になったが、その前に最初の小説『緑のさる』（二〇一二年）で野間文芸新人賞を受賞している（付記：本谷有希子は「異類婚姻譚」（二〇一五年）で、山下澄人は「しんせかい」（二〇一六年）で、それぞれ芥川賞を受賞した）。

とまあ、こう並べてみただけでも、如何に近年、演劇人たちが「小説」の分野で（も）活躍しているかがわかるだろう。これはもはや一種のトレンドと言ってもよい。賞候補にはなっていなくても、松井周や柴幸男や神里雄大や藤田貴大などなど、小説に手を染めつつある劇作家／演出家はまだ他にも大勢いるし、今後も続々出てくることが予想される。平田オリザも初めての長編小説『幕が上がる』を二〇一二年に発表している。

では何故、これほどまでに演劇人の「小説」への進出が起きているのだろうか。もちろん「演劇」だからといって、ひとまとめに語ることは粗雑に過ぎるし、また「演劇」だけではなく、映画監督とかミュージシャンとか人気異業種への「小説」側からの秋波が、九〇年代後半ぐらいから盛んに送られるようになってきていたという背景もありはするのだが、ともかくも言えることは、文学賞への候補／受賞歴が如実に示しているように、現在の「演劇」の世界の才人たちが、かなり高い確率で、小説家としても即戦力であるということだろう。

それには幾つかのポイントが考えられるが、本論に関係する点に限って少し述べておくなら、まずは劇作家が当然ながら基本的に「台詞＝会話」を書く術に長けているということがある。リアルでユニークな口語体を紡ぐ日々の研鑽は、ほぼそのまま「語り」の技法へと敷衍され得る。興味深いのは、演劇人＝小説家が、一人称の語りのみならず、三人称においても、その個性と才能を発揮することが多いという事実である。ざっくりと言えば一人称は「台詞」の延長線上にあると考えられるし、一人称の作品も確かに多いのだが、彼らは、三人称も往々にして巧みにやってのける。これは後の話ともかかわるのだが、彼らの多くが劇作家であると同時に演出家でもあるので、「台詞」として自然で魅力的な口語を書く経験値とともに、それが具体的現実的に発話される状況を稽古や本番において客観的に判断する視座が確保されていることによるのではなかろうか。つまり「演出」という作業が「三人称的なるもの」への架橋になっているのではないか。

もうひとつのポイントは、演劇人はリアルなフィクションを立ち上げるのが抜群に上手いということである。やや雑駁な言い方だが、「演劇」の作り手は、現実の非現実感と、非現実の現実感の、両方を常に気に懸けている。日常の非日常感と、非日常の日常感、と言い換えてもよいだろう。「演劇」は現実と現在に立ち現れるものである。それは「今ここ」に固く繋ぎ止められている。だが、それは「物語」であり「虚構」でもある。「今ここ」に「いつかどこかで」を重ね合わせること。ここに居る誰かが、ここには居ない誰かを、居ることにすること。「この現実」

に「或る虚構」をスーパーインポーズすること。この二重性、この裏腹さこそが「演劇」の核心であり、その創造と生成に幾度となく立ち会うことによって蓄えられたセンスとノウハウは、また別のかたちの「フィクション」である「小説」にもポジティヴに適用／応用可能なのだ。ところでしかし、そうして「小説」を書くようになった「演劇」の作り手が、自らの舞台をそのままノベライズした例は、実はさほど多くはない。それは彼ら彼女らが「演劇」と「小説」の差異に、むしろ敏感であるからだろう。自身が「演劇」で培った技術や認識を「小説」に導入しはしても、もともと「演劇」として作られた作品を「小説」にすることには、かなり慎重なのだ。だが岡田利規は『三月の5日間』で、敢てそれに挑んだ。

大江健三郎が「演劇的な演出」と呼んだ「語りの主体」の「転換」が、小説『三月の5日間』で最初に起こる箇所を見てみよう。先に述べておいたように、冒頭からしばらくは三人称（なのかどうかも実はちょっと（というか実はかなり）怪しいのだが）で書かれている。酔っぱらった若者たちがスーパーデラックスに到着し、騒がしく席に着くまでを数頁を費やしてダラダラと描写したところで、一行の空白を置いて、まず最初の一人称の「僕」が登場する。

スーパーデラックスではこの夜演劇のパフォーマンスが上演されるのだった。しかし六人のうち五人は、そんなことを知らず、酔っぱらうままかたまりの流れに同調してここまで来ていた。だから当然、これからここで演劇、というかパフォーマンスみたいなものが上演されることも、自分たちがこれからそれを見るのだということも、それがどんな類いのパフォーマンスなのかということも、さらにはここがライブハウスなのだということも何も知らなかった。そういったことをすべて分かっていたのは、六人の中で東だけだった。彼はこの日のパフォーマンスのことを人づてに聞いて知っていたのだったが、それはおととい映画館で出会った若い女から聞いたのだった。彼女は自分のことを十九歳だと言っていた。映画館は数年前に渋谷にできた、新しい、小さなところで、シートの布地はまだ、衣料店のような匂いをさせていた。

確かに若く見えた。肌がそうだったのだ。でも顔はだめだった。彼女の若さは、彼女の顔をフォローするのでなしに、自分の顔の程度は何より自分が一番分かっているのだということが引き起こすあの卑屈さが行う顔への侵食を、むしろ助長していた。形も尊厳も押し潰されてしまっていて、見るに堪えなかった。いつもそうだったが、映画館はその日も客はまばらで、しかしそれにもかかわらず、僕と彼女は隣り合った席で映画を見ていた。

（小説『三月の5日間』）

この「僕」の一字を目にして、はじめて読者は、いつの間にかこの小説が、三人称（らしきもの）から一人称へと移り変わっていたことに、ふと、或いはようやく、気づくことになる。このあと物語られるのは、ここでの「僕」こと「東」と、自分を「ミッフィー」と呼んでくれなどと宣う如何にもイタい「彼女」が、まったくの他人同士なのに、ひょんなことから映画館で並んで映画を観ることになるという、いきなり本筋（がラブホの話であるとして）から逸れたエピソードで、舞台では最初の見せ場ともいうべき抱腹絶倒の名場面である。小説ではその顛末が、まず「僕」によって語り出され、また一行分空けて、今度は「彼女」が「私」という一人称で話を続ける。ひとしきり「私」が語った後、ふたたび三人称に戻り、時間も「おととい」から二日後に戻って、スーパーデラックスでの「パフォーマンス」の模様が描写され、そしてやっと、二番目の「僕」ことラブホテルにこもった男の一人称が始まる。

では、この最初のところは戯曲＝上演ではどうなっていたのかといえば、「男優1」が「男優2」に、「ミノベ」がライブで知り合った女の子とラブホテルに行った話をひとまず語った後、いきなり退場して、代わりにいつの間にか登場していた「男優3」が、おもむろに話し始める。

**男優3**　でもアズマくんは実はライブハウスにもしかしたらっていうか、ひそかにアズマくん、このときアズマくん、実はそこにライブハウス来るかもしれない女の子がいて、そのコともしかしたらアレっていうチャンスがもしかしたらアズマくんあったらしいんですよ、でも、そのコは来なかったんですけど結局、

**男優2**　（男優3に）や、

**男優3**　（観客に）ライブ終わって、「あ、ミノベくんも行っちゃったなあ」ってことで、「あ、終電も終わってるし朝までこれから一人でどうするんだ、僕」みたいにアズマくん思ってた、っていうところからそれじゃいこうと思うんですけど、「とりあえず出るか、ここ」ってことでライブハウス出たんですけど、出つつも、「あー、あの女の子の人、来なかったなあ」って、アタマにあれがありながら、名残り、夜の六本木寒いんだけど、とか思いながら歩いてたんですけど、でもアズマくんはそういう女の子がもしかしたら来るかもしれなくて、とかはミノベくんには特に言わないどいたんですね、でも僕にはすごいそれ話したんで、だから僕、聞いて

知ってるんで、今話してるんですけど、僕、そのライブのあった次の日の夕方くらいにアズマくんと会ってて、ちょっと僕、アズマくんにお金借りてたの返すっていう用事があって、会ってそのときに今からやるみたいにアズマくんのその話聞いたんですけど、ってのを今からやります、

男優2　（男優3に）や、違うんだよほんとに、

男優3　（男優2に）あ、うん、

男優2　や、っていうか、その人はちょっと、や、ほんと最初に断っとくわこれ、っていうのが、まあ確かに女性の、まあまあ女の子、なのはね、

男優3　うん、

男優2　や、でもほんと、別にその人をなんか、来るかなあ、って思ってたっていうのはほんと、全然なんていうか、こういう（胸がときめくことを表わしているらしいしぐさ）トキメキ系の感情とかじゃ全然ないのよね、逆、逆っていうか、

男優3　逆、

男優2　逆、逆、逆とかでも別にないかもしれないんだけど、その人、（観客に）あの、ライブありましたでしょ、その二日くらい前にほんとちょっと映画館で会っただけで、なんかちょっと話したりもなぜかしたんだけど、もう、でも、（男優3に）そのちょっと話しただけでほんと「うわー」っていう、もうホント悪いんだけど勘弁してくださいっていうか、なんて言えばいいのかね、

（戯曲『三月の5日間』）

冗長さを意図的に狙っている台詞なので、こうやって引き写すとどうしても異様に長くなってしまい恐縮至極だが、そうこうしている間に「女優1」が舞台に出て来ていて、「男優2」が彼女を指して「この女の子の人ですね、ひそかにもしかしたら来るんじゃないかって思ってた人ってのは僕が、この人のことだったんですけどね」と言って観客に紹介し、やがて「女優1」が露骨にきょどりながら彼の話に相づちを打ち始め、二日前の映画館での出来事を「男優2」と「女優1」が回想しつつ再現する、という展開となる。しかし「男優2」は話の途中で、「男優1」と同様に、やはり唐突に退場してしまい、あとは舞台にひとり残った「女優1」が、観客に向かって延々と語り続ける。そしてその後で、ようやく「ミノベ」と渋谷のラブホに5日間こもったゆきずりの女性であるところの「ユッキーさん」が話題に上げられるのである。そこで「女優2」が登場するのだが、彼女も最初は当人ではなくて「ユッキーさん」の噂話をする人として語り始める。だが「女優1」に「ユッキーさん」の体験を話しながら、いつしか「女優2」は「ユッキーさん」になってしまっているのだ。実にややこしい！

ややこしいが、前にも述べておいたように、実際の舞台では、さほどややこしくは感じられないし、大変愉しく観れてしまう。それは取りも直さず、生身の俳優が目の前で話している、という確固たるリアリティによるものと言えるだろう。観客としては、誰が「誰」として語っているのか、などといった「語りの主体」の問題よりも、「誰」のことが語られているのか、「何」が語られているのか、そして何よりもまず「誰か」が「何か」を語っている、という事実の方が、はるかに重要なのである。語り方や語り口が、多少ややこしかったとしても、とりあえず舞台上に役者が出て来て、何事かを喋り、そこから何らかの物語らしきものを把握出来さえすれば、何とかなってしまうものなのだ。

ところが、この実はそれほどややこしくはないややこしさを、そのまま「小説」に移植しようとすると、思いも寄らぬ困難が生じることになる。『三月の5日間』の戯曲＝上演の次元で試みられていたことを、言葉＝文章のみに落とし込もうとするのは、端的に言ってしまえば、ほとんど不可能に近いのだ。言うまでもなくそれは、ややこしさがややこしくなかったのと同じ理由による。「小説」には、俳優の実在と現前という「演劇」ではごく当たり前の条件が、あからさまに欠落しているからである。

もう少し精密に述べると、小説『三月の5日間』には、舞台『三月の5日間』の話法を構成する三つの位相「アクター」「ナレーター」「キャラクター」の内、もっとも微妙で特殊な役割を担っている「アクター」が、少なくともそれそのままの姿では存在していない。実のところ、小説版の「話者の転換」すなわち複数の人称の駆使は、この問題を何とかクリアするための、かろうじての一策であるに過ぎない。しかし小説『三月の5日間』の真の過激さは、ほんとうはその先にあるのだ。

だが早まってはいけない。やや廻り道になるが、もう少し突っ込んで説明してみよう。「演劇」で使用される言葉の要素は大きく三種類ある。「台詞」「ナレーション」「字幕」である。とはいえ後の二つは特に使われないことも多い。つまり「演劇」の観客は、おおむね「台詞」からのみ、言語的な情報を受け取っている。物語の進行も、出来事の意味も、登場人物たちの感情的な変化などなども、すべては基本的に「台詞」によって直接間接に語られるか、あるいは類推するためのデータを与えられる（こう書くと「表情」や「無言」だってあるじゃないか、といった物言いがつきそうだが、ここではそれらも「台詞」の一種だと考えている）。

言いかえればこれは、俳優によって発話されないことは（観客には）わからない、ということである。平田オリザの「現代口語演劇」は、この事実を逆手に取って、観客の「想像力」を巧みに刺激し、自在に操作することによって、そこで明示されている以上／以外の背景とかニュアンス、すなわち「内面」を仮構しようとした。平田の立場は一種の「戯曲至上主義」だが、しかしそれは何もかもを「台詞」が説明し尽くすということではなく、むしろ全く正反対に、意図的に「台詞」の情報量を縮減し、意味作用を緩め、仄めかしのレヴェルに留めることで、観客の「想像力」が豊かに稼働する余地を造り出そうとするものである。このとき平田の「台詞」のモデルとなったのは、私たちの日常生活におけるごく普通の会話だった。「現代口語演劇」とは、ひとつには人工的なナチュラリズム（自然らしさ）による日常言語のシミュレーションのことである。しかしそれは厳密な演出と精確な演技（発話＋挙動）によってリアライズされることで初めて達成される。したがって「戯曲至上主義」とはいっても、平田オリザの書く「台詞」は、最終的には必ず発話されなければならない。誤解を恐れずに述べるなら、ただ戯曲を字面で読んだだけでは、平田の「現代口語演劇理論」は、半分も理解したことにはならないのだ。

岡田利規のチェルフィッチュは、口調だけ取れば明らかに「現代口語演劇」のアップデート版だと言えるが、そこには平田オリザの「理論」にはなかった（少なくとも顕在化してはいなかった）新たな方法意識が加わっている。一言でいうと、それは「話法＝ナラティヴ」の問題である。岡田が舞台『三月の5日間』でやってのけたのは、まず第一に、従来は分かち難く（そして特に疑問に附されることもなく）結びついていた「アクター（＝俳優）」と「キャラクター（＝登場人物）」を切り離し、組み替え可能にしたこと、そして第二に「アクター」に「ナレーター（＝話者）」という機能を付与したこと、もしくは「アクター」にあらかじめ潜在していた「ナレーター」としての属性を切り出して増幅してみせたこと、である。

平田オリザの青年団の舞台で、俳優が観客に語りかけてくることはあり得ない。だが『三月の5日間』では、そうしたことが頻繁に、ほとんどしつこいほどに繰り広げられる。なにしろ最初の台詞から「それじゃ『三月の5日間』ってのをはじめようって思うんですけど」なのだから。「アクター」が「ナレーター」でもあることは、のっけから露骨に明示されている。そんな「アクター＝ナレーター」の「台詞」の中に何人かの「キャラクター」が登場してくる。「アクター」たちは「ナレーター」と「キャラクター」を自在に往復しながら、『三月の5日間』という「演劇」の内で『三月の5日間』という「物語」を語ってゆく。

実際、複数の俳優が入れ替わり立ち替わり「誰かの話を語る私」と「私の話を語る誰か」をややこしく（だがややこしくはなく）循環／交換しながら展開してゆく『三月の5日間』は、演じられている、というよりも、物語られている、といった方が、実態に近い。「誰かの話を語る私」「私の話を語る誰か」から「誰か」と「私」を抜くことで得られる「〜の話を語る」という文型の行為こそ、そこで為されていることである。すなわち「ナラティヴ」の前景化。

岡田利規はナチュラリズムとしては平田オリザの正統かつ強力な後継者だが、リアリズムの次元では「現代口語演劇」を大きく逸脱している。いや、岡田のやっていることは、普通に言うような意味での「リアリズム」ではない。それは「メタフィクション」、或いは「メタ・リアリズム」と呼ばれるべきかもしれない。舞台『三月の5日間』は、そこで物語られている「フィクション」に対して「メタ」の位置にあり続けると共に、それが物語られている「リアル」に対しても絶えず「メタ」であろうとする。『三月の5日間』を「小説的」というのは、この意味においてである。「〜の話を語る」の意識化（或いは無意識的な前面化）は、他の如何なるジャンル／表現様式よりも「小説」が得意とする技であるからだ。

だが、考えてみれば、岡田の試行は「演劇」の「原理」とも深くかかわっていると言える。自分自身ではない誰か、他人／別人、この世界に存在したことさえない虚構の人物を「演じる」ということは、その居もしない「誰か」の存在を前提／必須とする「物語」に、その「誰か」として代入されることに他ならないからである。この意味で「演じる」と「物語る」は、常に既に重なり合っている。「ハムレットを演じる」ことは、同時に「『ハムレット』という物語内でハムレットとして振る舞う」ことでもある。そもそも「ハムレットになる」ということが「『ハムレット』という物語」抜きにどうして可能だというのか。ハムレットはシェイクスピアの著した『ハムレット』という作品の中にしか存在しないのだから。

平田オリザが俳優による役柄への「内面」的同一化を批判したのも、おそらくはこの点に存している。存在していない者に同一化することは出来ない。可能なのは、ほんとうは居るわけではない誰かを、その都度、何らかの方途によって存在する／させることだけである。そして「存在する／させる」とは、虚構の人物が「存在」する「物語」を語る行為と、結局同じことではないのか。

なるほど確かに『ハムレット』の「上演」を観ることは、シェイクスピアの戯曲を読むのとは違う。だが、俳優が舞台上でハムレットの台詞「A」を発話する時、そこには必ず「ハムレットは「A」と言った（とシェイクスピアは書いた）」という、発話されることのない二重の文が隠されている。つまりあらゆる「アクター」は、常に必ず幾分かは「ナレーター」でもあるのであって、ただ普段は、その厳然たる事実が、なんとなく省略／忘却されているのに過ぎない。『三月の5日間』は、このことを独特な仕方で曝け出してみせたのである。

以上を整理してみると、たとえば、こんな具合である。

（1）ハムレット「生きるべきか死すべきか、それが問題だ」
（2）「生きるべきか死すべきか、それが問題だ」とハムレットは言った。
（3）「生きるべきか死すべきか、それが問題だ」とハムレットは言った、とシェイクスピアは書いた。
（4）「生きるべきか死すべきか、それが問題だ」

（1）は「戯曲」の記述である。だが、俳優によって発話される時、それは常に（2）を潜在させている。（2）は「小説」の文体といってもいいだろう。そしてそれは同時に（3）でもある。だが実際の舞台で発され／聞かれるのは（4）だけである。『三月の5日間』がやっているのは、いうなれば（4）に（そして（1）に）（2）を（更には（3）を）、それとわかるような形で導入することである。しかし岡田は、ただ単に「メタ」な仕掛けを施せば、すなわち「それじゃ『三月の5日間』ってのをはじめようって思うんですけど」的な「台詞」を矢鱈と言わせれば、それでうまくいくわけではないということも、よくわかっていた。それだけでは、あっという間に（2）も（3）も、（1）に回収されていってしまう。あらかじめ準備された「メタ」は、いわばベタに過ぎない。メタな台詞とメタそのものは違うのだ。「ハムレット」と「ハムレットという話」を、『三月の5日間』と「『三月の5日間』っての」を同時に語るためには、「〜の話を語る」という営み／試みを、より複雑かつ繊細に行う必要がある。

そこで『三月の5日間』の発明である「アクター」と「キャラクター」の分離と交換および「アクター」と「ナレーター」の接続と並存が導出されてきたのだ。この二つの方法は、あくまでもワンセットであり、どちらか一方だけでは機能しない。重要なことは、いったん成立したかに見えた「アクター」＝「ナレーター」や「アクター」＝「キャラクター」という等号が、いつでも解除／再結線可能である点にこそあるからだ。「男優1（＝アクター）」と「ミノベ（＝キャラクター）」と「ミノベの話を語る誰か（＝ナレーター）」は、劇の進行の中で、一致することもあれば、別々になることもありうる。「男優1」の台詞は「ミノベという男の話」にもなれば「ミノベ自身の話」にもなる。それらを発話する者が「男優1」である必然性／必要性もない。誰かが発話しさえすればよいのだが、しかしこれは必ず誰かによって発話されなくてはならないということでもある。

こうして、岡田利規にとっても「俳優」という存在は、すこぶる重要な意味を持つことになる。だがそれは、全ての「演劇」（「現代口語演劇」を含む）においてそうであったような、虚構のリアリティを担保する実在／現前ということから一歩、いや数歩踏み出している。舞台『三月の5日間』の「アクター」は、複数の「ナレーター」と複数の「キャラクター」を自在に代入可能な、だがそれ自体としては空っぽの容器のごときものである。それはいわば「〜の話を語る」という行為遂行文そのもののような存在なのだ。だが同時に、もちろん彼ら彼女らは生身の俳優=人間であり、その発話と挙動は現前性と一回性を強く帯びてもいる。こうして舞台『三月の5日間』は、「『三月の5日間』という物語」を語る試みと完全に一体化しつつ、紛れも無いリアリティを発揮することになる。

岡田利規が編み出した、この特異な方法論は、しばしば指摘されることだが、ちょっと落語に似ていなくもない。或いはもっと遡って、人形浄瑠璃=文楽に似ているとも言えるかもしれない。噺家や太夫は「ナレーター」兼「アクター」として、複数の「キャラクター」を演じ分けながらストーリーを物語ってゆく。『三月の5日間』においては、この役割を俳優のほぼ全員が分担している。そうすることでややこしいナラティヴが成立しているのだが、にもかかわらず観客が物語を見失うことはない。それは落語や文楽を鑑賞する者が、そこに居るのが「〇〇という噺家」「●●という太夫」であるというリアルな前提を当然知っており、その上に「語り」と「演技」が乗っかっているわけなので、それがどれだけ煩雑になったとしても、いつでも眼前の「現実」である「〇〇や●●が話している」に立ち返ることが出来るのと同様に、チェルフィッチュの芝居においても、現に目の前に居る俳優が「アクター」と「ナレーター」と「キャラクター」をどうやら兼ね備えているらしいということが、はじめは多少戸惑ったとしても、やがてごく自然に観客に受け入れられてゆくことに依っている。

とはいうものの、もちろんここには無視出来ない違いがある。落語や文楽において「ナレーター」は当然一人ずつだが、『三月の5日間』には何人も居る。間違えてはならないのは、これは

「演劇」に「キャラクター」が何人か出てくるのとは、まったく別のことだということである。何であれ「物語」に複数の「登場人物」が存在するのは、ごく当たり前のことである。そうではなくて、噺家が何人も並んでいて代わる代わる喋る高座、太夫が複数居る文楽というものを想像してみればよい。或いは噺家の権利、太夫の役割を持った者が、ひとりではない（が必ずしも全員がそれを行使するとは限らない）舞台を想像してみればよい。それがどれだけ奇妙で異様であるか、すぐにわかるだろう。つまり「ナレーター」の存在というよりも、その複数性がポイントなのである。これはまったくもって変なことなのだ。ことほど左様に、舞台『三月の5日間』では、すごくおかしなことが、じつに自然に起こっていたのだった。

さて、繰り返すが「小説」には「アクター」の項がない。そこには「ナレーター」と「キャラクター」しか存在していない。「小説」における「ナレーター」は、三人称であれば文字通りの「ナレーター」としての「ナレーター」ということであり、一人称であれば「キャラクター」の一員でもある「ナレーター」であるが、いずれにせよ、普通の意味では実在も現前もしていない。これも当たり前のことだが、舞台『三月の5日間』の「小説」化を試みた岡田利規にとって、このことはまず決定的だったのだと思われる。

「台詞」を具体的／現実的に発話する俳優は、「戯曲」と「上演」との間の、「作者」と「観客」との間の、一種の「変換器＝インターフェース」である。この意味での「アクター」が「小説」には居らず、また特に必要でもない。『三月の5日間』という舞台は、通常の「演劇」では抑圧／隠蔽されている「〜の話を語る」という次元、ナラティヴの次元を、卓抜なアイデアで前景化することによって、すこぶるユニークな「演劇」になっていた。繰り返すがそれは「小説的」ということでもある。そこでは俳優たちが、本来の役割である「キャラクター」を演じるということ以上に、複数の「ナレーター」という特殊で重要な機能を果たしていた。

　ところが「小説」では「ナレーター」の存在は、ごく普通のことである。というよりも「小説」の「語り」は「ナレーター」という項を、あらかじめ含んでいる。つまり小説『三月の5日間』の「話者の転換」は、ただそれだけのことならば、複数の登場人物が出てくる「演劇」をそのまま「小説」にしようとすれば、自ずと導き出されてくる方法に過ぎない。何人かの「僕」や「私」が入れ替わり立ち替わりあれこれ喋ることで「語り」が進行してゆくのが、そもそも「演劇」なのだから。複数の人称の混在は、もともとが「演劇」だった「小説」の場合、とりたてて特別なことではなく、むしろごく当然の結果なのである。そこでは、不在の「アクター」の代わりに、幾つかの人称が駆使されているのだ。

　こうして小説『三月の5日間』は、大江健三郎言うところの「演劇的な小説」になったのだが、少なくともそこでの「話者＝人称」の「転換」には、舞台『三月の5日間』の「小説的な演劇」性は、じつはほとんど反映されていない。そこに窺えるのは、もっと一般的な意味での「演劇」性でしかない。小説『三月の5日間』が、舞台版と同じくらいラディカルであるのだとしたら、その理由は「話者の転換」とは別のところにある。だが、そのことを述べるためには、『わたしたちに許された特別な時間の終わり』に収録された、もうひとつの小説「わたしの場所の複数」を読んでみる必要がある。これは『三月の5日間』のような「演劇」の原作を持たない、岡田利規にとってはじめての、オリジナルの「小説」である。

岡田利規の「わたしの場所の複数」は、次のように始まる。

携帯が、布団の上で考え事をしながら横向きになってずっと体を折り曲げた姿勢で寝ているわたしの、ちょうど腹部と大腿部とに包まれているように見える位置でころがっていたので、そのときのわたしの姿は、一つの卵を温めているみたいだった。頭の中にこのときは、今聞いているわけではないけれど、よく聞いている音楽の、その曲の中のごく一部のミニマルなフレーズが浮かんでいた。それは、再生を止めるきっかけが特にあるわけではないこともあって、さっきからずっと繰り返されていた。今日は普通に金曜日だった。でも、わたしはバイトを休みにしていた。なにもしたくなかったからだった。

（「わたしの場所の複数」）

この小説は、ほぼ（という留保の意味は後で説明する）全編が「わたし」という一人の女性の一人称で書かれている。すなわち、ここでは小説版『三月の5日間』のような「話者の転換」が弄されているわけではない。だが、それとは別に、この小説を読み進んでゆくと、やがてかなりおかしなことが起こる。先回りして言ってしまうと、それは「一人称の限界」という問題にかかわっている。

通常、一人称の話者、たとえば「わたし」は、当然のように「わたし」が知っていることしか語らないし、「わたし」が覚えていることしか思い出さないし、「わたし」に見えているもの／見えていたものしか描写することはない。つまり一人称の叙述や描写は、その「話者＝主体」の認識やら記憶やら視点やらによって、あらかじめ／どこまでも拘束／制限されている。ところが「わたしの場所の複数」の語り手である「わたし」は、そのリミテーションを、ふと、あっさりと踏み越えてしまうのだ。

時間は朝である。「わたし」はもう目は覚めているものの、まだ寝床でごろごろしながら、夫のことを考えている。

> 夫は今日は、朝の、確か六時くらいまで、深夜のファミレスの調理のバイトをしていた。だから今は、その仕事は終わってて、十時か十一時に始まる次のバイトまで、どこかでぶらぶらしたりしているかもしれない時間だった。食事をしているかもしれないし、仮眠をとっているかもしれなかった。夫にメールをしてみようかと、わたしは思った。（同前）

まだ、特に不自然なところはないように読める。「わたし」はこの時は、夫にメールを送るのはやめて、そのままぼんやりと、あれこれ思い出したり、考えたりしている。「わたし」は昨夜、ネットで偶然見つけた、「armyofme」というハンドルネーム（ちなみにビョークの曲名である）の、派遣社員でコールセンターのオペレーターをしているらしき女性のブログを読み耽っていたら、朝になってしまったのだった。「わたし」は、そのブログのことを考えたり、夫のことや、これまでの夫と自分のことを、思ったり思い出したりしながら、やっぱり思い直して夫に携帯メールを送ってみる。そうしていると、不意に、次の文章が現れる。

夫は、飯田橋のＪＲの駅のすぐ脇にあるベッカーズの二階の、禁煙エリアのカウンターの左端の、壁のすぐそばの席で、コーヒーを飲み終わって、今は突っ伏した姿勢で、次のバイトまでの空き時間なので、仮眠をとっているところだった。わたしが送ったメールが夫の携帯を短く振動させたことに、だから夫は、このときリアルタイムでは気付かなかった。（同前）

ここで、この小説の「わたし」という一人称は、普通は越え（られ）ないと思われている境界を踏み越えている。しかしそれはあまりにも自然なので、読んでいる方もいったい何が起こったのか、しばらくは気付かないほどだ。実際、格別に異常な事態が生じているといった雰囲気は、まるで皆無のまま、そのまま「わたし」の語りは続いてゆく。これまでの一見とりとめのない述懐に、いまの「わたし」に見えている筈のない、夫の現在の具体的な描写が混ざってきて、だがそのことの不自然さについてはまったく説明がなされないまま、「わたし」は昔、夫と大喧嘩したときのことを回想したり、「armyofme」さんのブログを反芻したりする（ここで「armyofme」が「わたし」として書いているブログの文面が、地の一人称に、そのまま入り込んでくる。また、ブログに出てくるクレーマーの「僕」や、職場のグループリーダーの「僕」の声＝発話も同様に入ってくる。前に「ほぼ」と言っておいたのは、このことである）。

やがて「わたし」は、夫以外の人物に目を留める。「夫の突っ伏しているベッカーズのカウンター席から、空のスツールを一つ挟んだ右隣の席に、薄いグレーのスーツを着ている、ショートヘアの若い女の子が座っていた。彼女は、ずっと前からそこにいて、眠っている夫のほうをぼんやりと見たり、ちょうど今そこにとても長い文章を書きつけている最中の、自分の左手の中の携帯の画面を見たりしていた」。繰り返すが、もちろん「わたし」はずっと自宅にいる。だが彼女が描写するベッカーズの光景は、きわめて明瞭であり、まるで今、目の前にあるとしか思えない。或いはそれは、映像を見ているようでもある。「わたしがメールして、夫の携帯が振動し始めたとき、女の子は、そのことに割合敏感に反応して、携帯のそばで親指を宙で一、二度、あたかもなにか書きあぐねていることがあるようにくるくるとさせてから、自分の携帯の画面から目を離して、視線をわたしの夫のほうの携帯の画面に移した」。

「わたし」は夫と女の子を見続けている。見ていない筈なのだが見ている。やがて夫が眠りから覚めて、そして「メガネをかけて、それから、並びのカウンターの、右側で、薄いグレーのスーツを着ている若い女の子が携帯のメールを打っているのに、夫は気が付いて、彼女のことを見た」。そしてこのあと、この小説が終わりに向かうところで、まったくもって大いに驚くべき、と言っていいだろう、ひとつの真相（？）が、「わたし」によって語られる。

彼女のような、大きめでがっしりした体つきや、カエルみたいに目が離れている顔の感じは、きっと彼のタイプのはずだと、わたしは思う。なぜなら、彼女はわたしで、それは今よりも短い髪型にしていた、飯田橋にある小さな広告のデザインの会社に就職して、半年だけそこで働いていたころの、駅前のベッカーズで、出勤前によく朝食を摂っていたわたしだからだ。彼女は、長々とその前に書き付けていた書きかけのメールに目を戻す。そこに書かれている長い言葉が、何と書かれているのか、わたしにはその文字を読むことはできない。でも、何が書かれているのかは知っていて、そこには、わたしが夫に、さっき短くて素っ気ないのしか書けなかったメールの、もっとちゃんと長く書かれていて、しかもただ長いだけではなくて、そこにはわたしが夫に対して持っている、いたわりや、愛情が、わたしの体がぐったりしていることなどをはじめとする、いろいろなヘンな障害に阻まれることなしに、メールという形で、十全に反映されている、そういうメールの下書きが、書かれているのだ。（同前）

「でも、わたしは、そこに書いている文章、文字を、読むことはできない」と「わたし」は続ける。題名の「わたしの場所の複数」とは、つまり文字通りの意味だったのだ。「わたし」は更に「わたしである彼女」の描写を続ける。

彼女は、夫のことをぼんやり見たりしていて、時間が少し空いてしまったせいで、その続きを書くつもりがすっかりなくなってしまっていることに気が付いた。彼女はそれを全部消去してしまった。彼女は、スツールから降りて、横に倒れていた靴を直してから、もぞもぞとそれを履いた。席を立った。彼女の大きな尻を、夫は振り返って一瞥した。彼女は階段を降りていく。夫は、携帯をいじりだす。なにかメールを書いている。

それで、わたしの携帯が振動する。でも、もちろんそれも錯覚だった。（同前）

まだもう少しだけ、この小説は続くが、最も奇怪なことは、ここまで辿ってきた「わたし」による「現在の夫」と「過去のわたし」の幻視である。しかもこの二つは明らかに齟齬を来している。このような常識的には絶対にありえない描写と叙述を、どのように納得すればいいのだろうか。もっとも合理的な解釈は、これらは全て「わたし」の想像もしくは妄想に過ぎない、というものだろう。確かに、こればかりでなく「わたし」の語りの調子は、かなりニューロティックな、いわば離人感覚的な雰囲気を色濃く纏っており（それは冒頭から明らかだ）、ちょっと精神的にヤバいことになりかかっている、もうさほど若くはないが、かといってまだ中年とは呼べない女性が、夫は今どこでどうしているのだろうか、などと考えていたのがいつしかリアルなイメージを生み出し、そのまま果てしなく暴走していった、という風に考えれば、一応の理解は可能なようではある。だが、これは如何にもつまらない。もう少し発想を飛躍させて、実は「わたし」は一種の超能力者（！）であり、現に「夫」がそうしている姿を透視しているのだ、とか考えてみたとしても、それは「彼女＝わたし」という思いがけない等号によって、思い切り雲散霧消することになってしまう。では、前半は想像だったが後半は回想というのはどうだろうか。これはなんとかいけなくもないかもしれないが、しかし何故に想像と記憶がシームレスに合体しているのか、という疑問は残る。とまあ、いろいろと考えてみはするが、結局のところは、これはただ単に、そう書いてあるのだからそうなのだ、とまるっと受け取っておくしかないことのようにも思えてくる。そして実際、「わたしの場所の複数」の読者の多くは、明らかに当惑し驚愕し混乱しながらも、読み終えたときには、この小説で起こる「異常事態」を、なんとなく受け入れてしまっているのだ。

ところで、正直に言うと、なんと「彼女」は「わたし」だった、というのは、確かにとんでもないサプライズではあっても、いささか仕掛けが勝ち過ぎるのではないかとも、個人的には思うのである。これによって小説が盛り上がりはするのだが、ほんとうに驚くべきは、やはり第一段階の、「わたし」が「わたし」のリミットを越え出ていくことなのではないか。それはいわば、私たちがよく知っていた筈の「一人称」が、あっけなくそれとは異なる何ものか、限りなく「三人称」に似たものへと変質してしまう瞬間なのだから。

ここで話は、小説『三月の5日間』に戻る。実は「わたしの場所の複数」の「わたし」と似たようなことが、この作品の中でも起こっていたのである。それは「ミッフィー」である「私」の一人称の終わりがけに出てくる。「私」はチケットを売ってくれた「彼」にいきなりキュンとしてしまった。映画が終わった後、出演者の一人が所属しているパフォーマンス集団の公演が、あさって六本木のライブハウスであるのだと言うと、彼は「そうなんだ、行こうかな」などと答えるが、はなから行く気などないことは「私」にもわかっている（実際には「彼」が行って「彼女」は行かないのだが）。思い切って「それじゃここはひとつ行きますか一緒に」と言って「彼」を誘うように見つめてみたりもするが、はかばかしい反応は得られない。彼女はいたたまれなくなってくる。映画館のロビーの壁に、いま見た映画にかんする雑誌の切抜きが貼ってある。そして、次の描写が現れる。「彼からは、その記事の場所は、私の頭が邪魔でほとんど見ることができなかったが、特に見たいというわけでもなかった、彼は早くここから出たいと思っていた」。「わたしの場所の複数」の「わたし」は空間（時間？）を越えたが、この「私」は他人の心（＝内面）の壁を越える。それから、こう続く。ちなみに言えば、次の引用をもって「ミッフィー」である「私」は話者としての役割を終えて退場し、二度とこの小説には出てこない。

彼が私に向かって何か言っていた。何を言っているのか理解するなどという、高度なことをする力はこのときの私にはなかった。とは言っても、要はもう帰るというニュアンスのことを彼が言ってるのだ、というのは分かって、案の定彼はそのあと少しだけ申し訳なさそうな様子を私に見せたもののその直後にもう、さようならと言って私から離れて、スタスタと映画館を出た。完全に私のことが見えなくなってから歩を緩め、一度振り向いて、私が追っかけてきていないことを確かめた。それから、当初一緒に映画を見るはずだった彼女に電話して、今日見た映画はクソだった、半分以上寝た、と言った。ほかにもいろいろ話しているうち、これから会うことになって、自分の家に帰るために乗るのとは別の地下鉄に乗った。

（小説『三月の5日間』）

ここで「私」が越えてしまうのは、他者の「内面」の壁だけではない。この一人称は、はっきりと、してはならないことをしている。ここでは、あってはならないことが起きている。いや、むしろここでは「私」の方が、叙述から置き去りにされていると言った方がいいのかもしれない。『わたしたちに許された特別な時間の終わり』に収められた二つの小説の決定的な「新しさ」とは、だから実のところ「話者の転換」によるものではない。それよりも、そこかしこで「一人称の限界」が大胆不敵に踏み越えられているということ、つまり、ここに「新しい一人称」が立ち現れていることこそが、新しいのだ。

ということで、ずいぶんと長くなってしまったが、ここで本節は、ようやく閉じられる。

## 4. 新しい（新しくない？）「人称」の問題（2007年／1980年（1975年～1977年（1890年／1887年～1889年／1906年）2006年）

岡田利規の最初の小説集『わたしたちに許された特別な時間の終わり』は、大江健三郎のみならず、多くの小説家たちに新鮮なインパクトを及ぼした。中でも、高橋源一郎が『さよなら、ニッポン（ニッポンの小説2）』で、保坂和志が『小説、世界の奏でる音楽』で、それぞれ非常に詳細に論じている。両者のアプローチはかなり異なっているが、ここでは保坂による岡田論を参照してみたい。「ここにある小説の希望」という章が、ほぼ丸ごと『わたしたちに許された特別な時間の終わり』の分析に充てられている。

> 岡田利規の小説にはヌーヴォーロマンの先駆としてのベケットに通じる若々しさがある。言葉との周到かつ初々しい関係があり、しかし同時に私たちが生きているこの現代の空気が全篇を通じて吹き込んでいる。ということは、作者は小説を作品として完成させることだけに汲々としているわけではなくて、どこかにほつれを作って（あるいは、ほつれをそのままにして）小説を外に向かって開いているということだと思うのだが、そのほつれは、私にはいまのところわかっていない。
>
> （『小説、世界の奏でる音楽』）

いつものように保坂和志は、ひたすらリアルタイムで考え続けながら、岡田利規の小説を読み、まさに「ほつれ」の在処を探り出すように、文章を書いている。保坂は小説『三月の5日間』の冒頭部分を引用して、そこでの「話者の転換」ならぬ「人称の転換」、より精確に言えば「人称の混在」に言及する。「この小説は三人称小説としてはじまっているが、最初のブロックが終わると一人称の語りになる。で、その一人称は一人の人物に固定されていず、しばらくしゃべると次の人へと移っていく。で、そうしているうちにまた三人称になって情景が語られている、と思ったらそれはもしかしたら一人称の語りの一部なのかもしれない、というかたぶんそうなのだが、それが三人称として語られたものなのか、一人称の語りの一部として語られたものなのか、という区別を気にしても意味がないことで、小説とはそのようにして一人称の語りと三人称の語りを混在させても書けるということだ」。ここには極めて重要なことが述べられている。だが、ひとまず続きを読もう。当然、保坂和志も、岡田利規と「演劇」との関係性において、この「混在」を理解しようとする。

作者岡田利規の中で、おそらくそのヒントは舞台の上で誰か一人の役者がしゃべっている光景から来たのだろう。舞台の上で役者がしゃべっているかぎり、一人称の語りから逃れることはできないけれど（ただしそれはまったく無理ではなくて、黒子のような進行役のようなナレーターのような役割の人間だったら、舞台上でしゃべってもその語りは一人称の語りでなく三人称の語りになりうる）、小説として紙の上に書かれた文字だけでは、一人称の語りなのか三人称の語りなのか決定させずに進めることができる。

しかし思えば、同じ役者がしゃべるのでも進行役のような内容だったら三人称の語りと位置づけられうるというのも変な話で、私とか自我とかというものはもっとフレキシブルなものと考えうるということをこれは示唆しているのではないか。（同前）

と、ここからしばらく「自我」の話になっていくのだが、それはとりあえずよくて、私たちにとって、ここでのポイントが「小説として紙の上に書かれた文字だけでは、一人称の語りなのか三人称の語りなのか決定させずに進めることができる」という指摘であることは言うまでもない。舞台で俳優が喋っている場合は、キャラクターとしての発話であれば一人称だし、ナレーターとしてであれば一見、三人称のように思える（が、それはむしろ「三人称を演じる一人称」と考える方がおそらくは正しい、ということもここでは触れられている）。だが小説では、一人称と三人称の区別がつき難いことがある。とりわけ人称代名詞＝主語を省略（隠蔽）したままでも一人称の記述が可能な日本語においては、そうである。実際、ミステリのジャンルでは、三人称だとばかり思って読んでいたら実は一人称だった！という、いわゆる「叙述トリック」は、幾つも作例がある。

続いて保坂は「わたしの場所の複数」へと進み、例のさりげなくも衝撃的な「踏み越え」の箇所などを引用し、ではそれがどう書かれていたら不自然ではなかったのかを検討した上で、「大事なことは、こういう書き方をしても小説として——おかしな感じによるある効果を出しつつ——成立しているということであり、もっと大事なことはふつう小説ではこういう書き方をしないことになっているということだ」と述べる。そして／しかし、岡田利規は「こういう書き方」を、敢てなのか自然になのかはともかくも、あっけらかんとやってのけ、その結果、彼の小説は或る紛れもない「新しさ」を身に纏うことになったのである。保坂は「わたしの場所の複数」の不自然な描写と叙述について「一人称小説としてはおかしいけれど、三人称小説だったらおかしくはない。しかし、それを書く作者にしてみれば、この情景を思い描きながら書いているときに、一人称小説と三人称小説ではっきりと違った演算を頭の中でしているわけではない」と言う。つまり、こういうことである。

小説ではふつう本筋として書きたい事件とか登場人物の心の変化があって、無用な混乱を避けるために、一人称小説でも三人称小説でも、私の行動、Aさんの行動、Aさんが見たこと、私に見えなかったこと、Aさんが感じたこと、Aさんの感じていることがBさんにはわからなかったということ……etc.という風に仕分けして書いていくことになっているけれど、もともとそれらはすべて作者一人の頭の中で想像されたことだ。（同前）

たとえ一人称と三人称の「仕分け」を無視した叙述や描写をしたとしても、「もともとそれらはすべて作者一人の頭の中で想像されたこと」なのだから、ありといえばありなのだ、と保坂は述べているように見える。そしてそれはまさにその通りなのだが、がしかし、これだけではやはり何故、わざわざ「無用な混乱」が生じる危険を冒してまでそんなことをしなくてはならないのか、という理由と動機が、いまいちクリアではないようにも思える。それが単に「おかしな感じによるある効果」を狙っただけのこと、ただの奇抜さの披瀝でしかないのであれば、岡田利規の小説は、浅薄な前衛、凡百の実験の誇りを免れないだろう。

　だからここでは「小説家の権利」以上に「小説の原理」が問題にされているのだと考えるべきである。すなわち、小説『三月の5日間』と「わたしの場所の複数」における「人称」の変容は、岡田利規という書き手の試行を通して、何ごとかが「小説」自身に起きていることを意味しているのだ。保坂和志は次のように述べる。「文学史などで俯瞰するようなものとしてでなく内的な変遷として、小説がどのような変遷を辿っていまのような形になったか私には全然わからないが、とにかくいまでは小説はある標準的な形を持っていて、一人称小説だったらこういう風な書き方をして、三人称小説だったらこういう風な書き方をする、ということに落ち着いている」。岡田利規が開示したのは「新しい一人称」、そして「新しい三人称」である。そう、そこでは三人称もまた、明らかにおかしなことになっているのだ。

　思い返してみよう。小説版『三月の5日間』の冒頭部分には、次のような箇所があった。

> 　彼らの大声は、車両の外で少し遠巻きすぎるように思われる聞こえかたで響いている走行音の軋みをさらに遠ざけたがっているように、思われなくもなかった。ただしそう思おうとしている誰かが特にいるというわけではなかった。
>
> （小説『三月の5日間』）

「そう思おうとしている誰か」が居なかったのに「思われなくもなかった」と書かれている。ならば、いったい誰が、そう「思われなくもなかった」と思っているのかといえば、それはやっぱり、今、この文章を綴っている者＝作者ということになるのではないか。そしてその少し先には、こんな文章も読まれる。「ある者は、連中はどうせ六本木で降りるだろうからそれまで辛抱すればいいのだろうと考えていた」。これは、いわゆる三人称のように読める。先に、小説には主語を書き落とすことによって三人称のふりをする一人称があると言っておいたが、それ以前に、作者による（人称代名詞を省いた）一人称と、客観的な三人称との区別は、付け難いというよりも、端的に付かない。というか、両者は煎じ詰めれば同じものである。保坂和志が「すべて作者一人の頭の中で想像されたこと」だというのは、そういうことだ。要するに、三人称とは作者の（明言されない）一人称のことなのである。

だが、三人称小説として読まれている多くの作品において、作者の一人称性は限りなく抑制／隠蔽されており、ことによると、ほとんど抹消に近い状態にされている。右の引用が奇妙な印象を与えるとしたら、それがほんとうは（作者による）一人称であるからというよりも、そこに「三人称の一人称性」が、いささか不安定な、だがそれゆえに魅力的な形で露出してしまっているからに他ならない。

岡田利規の小説では、一人称は三人称へと向かい、三人称は一人称へと向かう、そもそも自らの内に潜在させていたベクトルが顕在化し、強化されている。そこでは一人称／三人称の境界自体が、限りなく曖昧にされている。だがこの曖昧さは、すこぶる意識的かつ野心的なものである。「わたし」や「私」は、「わたし」や「私」が知り得ない／語り得ない筈の外部へと俄に滲み出し、反対に、「わたし」や「私」が存在していない筈の世界に、「わたし」や「私」的なるものが、忽然と顔を出す。つまり「人称」という機構自体が、そこでは突然変異を起こしているのだ。
いや、だが、しかしそれは、ほんとうに「突然変異」なのだろうか。むしろそれは、一種の「先祖返り」ではないのか。ここに現れた「新しい人称」は、いわば新しく蘇った「古い人称」でもあるのではないだろうか。

さて、まさかと思われるかもしれないが、そのまさか。ここで柄谷行人の『日本近代文学の起源』の第二論文「内面の発見」に、久方ぶりに立ち戻ることにしよう。柄谷は次のように述べる。「二葉亭四迷や山田美妙が言文一致を試みていたとき、森鷗外は『舞姫』(明治二三年)を擬古文で書いた。そして後者が好評を博したため、小説の言文一致の試みはたちきえてしまった」。そして二葉亭の『浮雲』と鷗外の『舞姫』の冒頭を並べて引用し、『舞姫』は「雅文であるのに〝写実的〟」であり、対する『浮雲』は「〝写実的〟でない」と断じる。柄谷によれば「この違いは、絵画との類推でいえば、『舞姫』には幾何学的遠近法があるが、『浮雲』にはそれがないということだ。それは小説において、話法 **narration** の問題にかかわっている」。

ここで「〝写実的〟でない」とされているのは『浮雲』第一編についてである。なぜなら、そこでは「物語の語り手が目だって存在」しているからだ。それは地の文に「一所に這入ツて見やう」などといった読者への呼びかけが記されていることに現れている。柄谷は野口武彦の論考を援用しつつ、それが「江戸戯作中の滑稽本寄りのスタイル」をお手本にしたものだと述べる。孫引きになってしまうが、野口は次のように論じている。

ここで支配的なのは、歪んだレンズにもたとえられそうな誇張的な主観性をとおした対象の現前である。この主観性は、作中人物を卑小化し、滑稽化し、戯画化せずにはいられない。人間たちはただ笑われるためにしか作中世界に登場しない。再現される会話の口語性と「地の文」の口語文性が与える見せかけにもかかわらず、ここにはそうした主観性と一体化した一人称話法が潜在的に遍満している。もし望むなら、これを量質ともに極度に切りつめられた一人称性と呼んでみてもよい。概していって近代以前の日本文学は、このように屈伸自在な一人称性の埒外に出ることはなかった。つまり、近代のいわゆる三人称客観描写なるものを知らなかった。

（『近代小説の言語空間』）

ところが『浮雲』の「第一編ではもっぱら外側から主人公を観察するのみであった作者は、第二編、第三編ではしだいに有形の語り手としての姿を消し、そのかわりに主人公の内面深く入り込んでいくのである」と野口武彦は言っている。そして、

ここに、ようやく「三人称客観描写」に近いものが実現される。『浮雲』が日本最初の近代小説と呼ばれるのは、そのためである。しかし、二葉亭四迷はそれを好んでいたわけではない。彼はその続きを書くことを放棄したし、晩年に『平凡』を書いたときには、「語り手」を前面に出しまさに「対象滑稽化」をもたらす戯作的話法をとったのである。

（「内面の発見」）

柄谷は、のちに『平凡』(一九〇七年)で敢て「戯作的話法」を採った際、二葉亭が反撥していたのは、たとえば島崎藤村の『破戒』(一九〇六年)だったと述べ、同作の一部を引用する。また も孫引きになるが、そのまま写す。

丑松は大急ぎで下宿へ帰った。月給を受け取って来て妙に気強いやうな心地になった。昨日は湯にも入らず、煙草《たばこ》も買はず、早く蓮華寺へ、と思ひあせるばかりで、暗い一日を過したのである。実際、懐中に一文の小使《こづかい》もなくて、笑ふといふ気には誰がならう。悉皆《しっかい》下宿の払ひを済まし、車さへ来れば直《ただち》に出掛けられるばかりに用意して、さて巻煙草に火を点けた時は、言ふに言はれぬ愉快を感ずるのであった。

(『破戒』)

「これが「三人称客観」である。ここでは、語り手が主人公の内部に入り込んでいる、というより、語り手は主人公を通して世界を視ている。その結果、読者はこれが語られているのだということ、つまり語り手がいるのだということを忘れてしまう」と柄谷は述べる。だが、私たちにとって、いかにも興味深いのは、このあとである。

たとえば、「懐中に一文の小使もなくて、笑ふといふ気には誰がならう」というのは、語り手の考えである。しかし、それが主人公の気持と別だということが目立たない。そのために、ここでは、語り手は、明らかに存在しながらしかも存在しないようにみえる。
（「内面の発見」）

「語り手の中性化とは、語り手と主人公のこうした暗黙の共犯関係を意味する」と柄谷は続けるのだが、この分析を、先の小説『三月の5日間』の「彼らの大声は、車両の外で少し遠巻きすぎるように思われる聞こえかたで響いている走行音の軋みをさらに遠ざけたがっているように、思われなくもなかった。ただしそう思おうとしている誰かが特にいるというわけではなかった」と突き合わせてみれば、岡田利規の書き方が、柄谷が言う「語り手の中性化」を独特な仕方で、いわば台無しにしてしまっていることがわかる。それは一見すると『破戒』が体現する「三人称客観」以前に回帰しているようにさえ思えるが、かといって「語り手」も「作者」も殊更に前景化されているわけではない。その存在感は如何にも曖昧であり、中途半端なのだ。

……「三人称客観」という話法が容易にできると考えてはならない。たとえ西洋の小説をよく読み知っていたとしても、日本語ではそれができないのである。三人称でやるとすると、二葉亭四迷の『浮雲』第一編が示すように、たちまち語り手が出てきてしまうからである。一八世紀イギリスの小説では、デフォーは『ロビンソン・クルーソー』を一人称で書いた。一人称が旧来の物語と異なる〝真実性〟を付与したのである。三人称を使うと、物語になり写実的でなくなってしまう。（同前）

日本語においては、三人称でやろうとするとむしろ逆に「語り手」が出て来てしまう。そこで柄谷は言う。「そのようにみると、森鷗外の『舞姫』が一人称で書かれたことは不可避的であったといえる。そこでは語り手が主人公である、いいかえれば、語り手が消去（中性化）されている。もちろん、それは「三人称客観描写」ではないが、そこに至るために通過せねばならない道であった。他方、二葉亭は『浮雲』を従来の物語の話法で書いたため、語り手を中性化できなかったのである。それゆえに、近代小説という意味では『浮雲』よりも『舞姫』が大きな影響を与えたということは不思議ではない。『舞姫』には、現在の「余」から回顧された過去に対してパースペクティヴ（遠近法）が確立されている。そこで、鷗外は多くの過去を指示する文末詞を使い分けた。鷗外が言文一致を避けたのはそのためであったといってもよい。つまり、俗語には「た」という文末詞しかなかったからである」。

今まで敢えて触れてこなかったが、柄谷が「内面の発見」において問題化した最重要論点のひとつは、この「語尾」の問題である。「言文一致は新たな文語の創出であるが、それは事実上語尾の問題に帰着する。しかし、語尾の問題が重大なのは、日本語では、それが主語の問題と直結しているからである」と柄谷は述べている。たとえば『源氏物語』のような古典文学では、必ずしも人称が明記されていないが、語尾の違いで関係性がわかるようになっている。だが「語尾が「だ」に統一されると、主語としての人称が不可欠」になる。ところが「言文一致」の「口語においては、文末詞が「た」しかない」。けれども、語尾が「た」しか使えないと、遠近法が成立し難くなってしまう。かくして『舞姫』における「雅文（非＝言文一致）の一人称」という選択は、きわめて論理的なものだった。

言い換えると、森鷗外の『舞姫』の（そして二葉亭四迷の『浮雲』の）段階では、「写実的」であることは、「言文一致」とも「三人称」とも、未だ折り合いが悪かったということである。もちろん、柄谷はこうも述べている。「しかし、俗語によってはこうした遠近法が不可能だというわけではない。肝心なのは、ある一点から過去を回顧するような遠近法を可能にする話法なのである」。そして、それはたとえば島崎藤村『破戒』の「三人称客観描写」によって、一応の完成を見ることになったわけである（ちなみに、本論ではこれ以上「語尾問題」には触れないが、ここで柄谷が提起した論点を敷衍発展させた論考として、野口武彦『三人称の発見まで』（一九九四年）や絓秀実『日本近代文学の〈誕生〉』（一九九五年）等がある）。

リアリズム小説をもたらすのは、語り手がいるのにまるでそれがいないかのように見せる話法の工夫である。たえず動くような語り手があると、固定した一点がなく時間的遠近法がなく、それゆえ、「現前性」あるいは「奥行」がなくなる。リアリズムの話法の完成された形態が「三人称客観描写」である。（同前）

『破戒』からちょうど百年後に、岡田利規は「わたしの場所の複数」を発表した。『浮雲』から『破戒』のあいだに世紀が跨がれている。『浮雲』の第一編では、まだ「物語の語り手が目だって存在」していたが、第二、第三編で、それは「有形の語り手としての姿を消し、そのかわりに主人公の内面深く入り込んで」いった。そして『破戒』になると、もはや「リアリズムの話法」は、ほぼ完成されている。このプロセスの中で、まず「作者」とほぼイコールの「語り手」が、刻々と生成されてゆく「三人称客観描写」の内にもぐりこんで、その姿を次第に隠していき、そしてそれとパラレルに「作中人物」による「一人称主観描写」も確立されていった、と考えられる。つまり、この時期に「三人称」と「一人称」は「仕分け」されたのである。

ということはつまり、この「仕分け」がとりあえず完遂されるまでは、両者の境界は不分明だったということだ。岡田利規の二編の小説は、このいわば「人称の未分」を、百年後の未来に、或る独特なやり方で取り戻したと言ってもいいのではあるまいか。その紛れもない「新しさ」は、いわば「日本―近代―文学」が定立されんとするダイナミズムの反復／恢復なのである。

## 5.「新しい演劇」から「新しい小説」へ（2008年）

『わたしたちに許された特別な時間の終わり』の二編に続く、岡田利規の小説第三作は、短編「楽観的な方のケース」である。この作品は戯曲「フリータイム」と共に「新潮」の二〇〇八年六月号に掲載された。前二作に劣らぬ傑作と言うべきこの小説で、岡田の「新しい（けれどすごく古いものでもある）人称」は、更に磨きがかかっている。「私」として語る女性の一人称小説である。それは、こう始まる。

海岸のそれなりに近くにある私のアパートの目と鼻の先に、パン屋が開店しました。半年ほどのあいだ空き店舗物件となっていた場所が、そうなる前は、洋菓子屋でした。シュークリームが税込み百円で売られていた、というだけのことが、おそらくは理由で、人気があったのですが、それは私にとっても例外ではなくて、少なく見積もっても、一日おきには食べていました。食べ飽きませんでした。

（「楽観的な方のケース」）

「わたしの場所の複数」の「わたし」と較べてみても、この「私」はごく普通に思える。パン屋の名前は「コティディアン」という。一人称の「踏み越え」は、「私」が二度目に「コティディアン」でパンを買って、店のおばあさんと会話を交わした後に起こる。「レジのそばの籐の籠に、自由に持って行っていいようにパンの耳が入っていたのを、私はひと袋もらって、店を出て行きました。レジを打つための位置から見えるガラス越しの風景の領域の外に私が消えて行き、すると次の来客までは、しばらく間が空きました。おばあさんが、笑顔を休んで、あくびをしました」。小説『三月の5日間』で「ミッフィー」の「私」に起こっていたことに似ているが、ここで不意に三人称化した一人称の描写／叙述は、このまま続けられる。

十分以上、誰も来ない時間があったあとで、小さな男の子をつれた女性が入ってきました。男の子が背伸びをして、パンをつかむためのトングを、それが何本も細い金属のハンガーに並んで引っ掛けられているところからひとつ取ろうとして、摑むなり、床に落としました。レジでおばあさんに歳を尋ねられて、男の子は右手の指を四本にしました。それを見て、おいおいまだ三歳だろう、と女性が言いました。

でも、男の子は、小指を親指で引っ掛けるのに失敗してしまっただけなのでした。自分が三歳なのは、分かっていました。（同前）

「私はすでにアパートに戻っていて、さっそく食パンを袋から出しており、ひと欠片ちぎったばかりのものを口に含んでいました」と、ふたたび「私」が登場して、何事もなかったかのように、小説は一人称へと戻る。「私」はこのあと、恋人を作る。当然のように「私」の一人称は、彼女の居ない時と場所での彼の行動や、彼の「内面」を、自分自身のそれを語っているのと変わらぬ自由気儘さで描写／叙述する。やがて「私」は、ホームベーカリーでパンを焼くようになり、一時はとても頻繁だった「コティディアン」通いが激減するのだが、彼の方は「私」には言わずに「コティディアン」でパンを買い、海岸まで出向いて一人で食べるのが習慣となる。そして、この小説の中で最も美しい一節が記される。

あるとき、手にしていたコロッケパンが、トンビに目を付けられました。トンビは、勘づかれないように彼の後方から飛んできて、それを見事に掠め取りました。トンビの爪が、彼の手の甲に軽く触れて、彼は、切り口の鈍くて、しかし長い引っ掻き傷を負いました。
彼が傷の痛みと、手の甲の情けなくなってしまった見た目に気を取られて消沈しているうちに、トンビは、早ばやとコロッケパンを食べ終えたのか、それとも海の中にでも落としてしまったのか、今や気流を拾って上昇していました。それよりも遥かに上空を飛んでいるジェット機から、タンカーが海面に付けた航跡が見下ろせました。その航跡の形状が、彼の手の甲に今

できたばかりの傷と、似通っています。（同前）

　このような「一人称」を、私たちはかつて読んだことがあっただろうか。あまりにも歴然としたこの奇妙さは、しかし実は、ひとつの解決法を持っている。「私」という一文字を、丸ごと全部「彼女」もしくは女性の固有名詞に変換してしまえば、この小説は特に何の変哲もない「三人称小説」になってしまうのである。前作「わたしの場所の複数」は、もっぱら後半の仕掛けのせいで、この全変換だけではうまくいかないのだが、こちらは大丈夫。奇妙なところ、不自然さは、あっという間に雲散霧消する。

　だが、それでは駄目なのだ。この小説が一人称で書かれていることは、生半可な実験や趣向などではない。岡田利規にとって、これはどうしても「私」でなければならなかった。何故なら、それこそが（そしてもしかすると、それだけが？）「小説」に、本来は存在し得ない「アクター」を導入すること、少なくともそれに限りなく近づいた試みであるからだ。

　こんにちの三人称小説では、ここでは作者の別名である「語り手＝ナレーター」の存在の濃度はまちまちであっても、その語り（描写／叙述）の内部に、一人もしくは複数の「登場人物＝キャラクター」の視点（より精確に言えば感覚器官）を通した世界のありさまと、彼ら彼女らの「内面」のありようを、自在に配置することが可能である。要するに、そこでは一人の「ナレーター」が複数の「キャラクター」を、物語ることによって存在させている。そして「ナレーター」の濃度が高ければ「作者の一人称としての三人称」になるし、ほとんど居ないかに思われるほど低ければ、それは「三人称客観」と呼ばれるのである。一人称小説とは、この「キャラクター」の一人に「ナレーター」としての権限を与えることに他ならない。だが、言うまでもないことだが、実際にはこのとき、真の「ナレーター」は変わらず温存されており、見方によっては三人称よりも更に巧みに（狡猾に?）、その姿を隠している。一人称の「私」は、いわば「ナレーター」という「キャラクター」を、真の「ナレーター」によって演じさせられているのに過ぎない。その証拠に「私」の「語り」には限界がある。「私」は「私」に閉じ込められており、そこから出ることは出来ない。

岡田利規が、その一人称小説で行なっているのは、他ならぬこの「私」に、真の「ナレーター」とほとんど同じ能力を与えること、言い替えれば、たかだか一人の「キャラクター」でしかない存在に、三人称的な「ナレーター」を演じさせること、なのである。もちろん、そうしたからといって、真の「ナレーター」を「キャラクター」の位置に引き摺り下ろすことにはならない。真の「ナレーター」とは、煎じ詰めれば「岡田利規」のことなのだから、彼は常に「私」の背後に隠れていると同時に、最初から読者の目の前に堂々と立っている。

だが、この「私」は、単なる一人称の「ナレーター」とも違っている。「私」は「私」が嘗ては知り得なかったがゆえに語り得なかった筈の沢山の事どもを、今やあっけらかんと語っているのだから。だとすれば、この「私」は、従来の一人称における「ナレーター」を演じているキャラクター」よりも、むしろ「キャラクターを演じているナレーター」に近いのではないか。そして、もうおわかりだと思うが、この「私」の様態は、舞台『三月の5日間』の「アクター」たちに、とてもよく似ているのである。

チェルフィッチュの「新しい演劇」では、複数の「アクター」が、複数の「ナレーター」として、複数の「キャラクター」を、物語ることによって存在させていた。そして／しかし、このプロセスは、何よりも「アクター＝ナレーター」の現前によって成立し、担保されていた。これをそのまま「小説」でやることは不可能である。

　だが、その代わりに岡田利規は「人称」という「小説」にはあるが「演劇」にはないもの（結局のところ「演劇」には「一人称」しかない。それは「人称」という問題がないのと同じことである）に着目し、それを歴史的な「仕分け」以前の状態にまで半ば強引に引き戻すことで、そこでの「一人称」と「三人称」の相互浸透に、いわば現前しない「アクター」としての機能を付与し、彼の「新しい演劇」を「新しい小説」に通底させる可能性を見出したのだった。「小説」は、こうして「上演」されたのである。

# 第二部　新・私小説論

私小説は亡びたが、人々は「私」を征服したらうか。

――『私小説論』小林秀雄――

# 第一章　「私の小説」と「一人称の小説」

## 1．あらためて「新しい小説のために」？

　表題が変わっているが、本論は連作批評『新しい小説のために』の続きである。当初はその時点では「私（秘）小説論」と題し、前章からほどなく発表するつもりだったのだが、以下に述べる幾つかの出来事によって執筆の遅延が生じて思いのほか長い時間が過ぎてしまったこと（三回分載だった「「小説」の上演」が完結したのが「群像」二〇一四年七月号なので、一年三ヵ月が経っている）、そしてその間にあれこれと考え続けた結果、最初の構想から多少の軌道変更を余儀なくされたことなどもあって、この際、タイトルを変えて新たにスタートを切ろうということになったのである。

　従って最終的には、本論は『新しい小説のために』の一章、どうやらかなり長くなりそうではあるが、ほぼ結論部分に位置付けられる予定である。とはいえ、これまでの各章もそうであったように、独立した論考として読まれることに何ら問題はない。だがまずは、このブランクの理由について少し詳しく述べておきたいと思う。

そもそも私は、前章「「小説」の上演」の次に、いわゆる「私小説」を論じることは予め決めていた。予め、というのは『新しい小説のために』を構想した段階で、ということである。そして自分の「私小説」論、いや「私の小説」論の、おおよその見取り図も出来ていた。そこでどのような小説家を召喚することになるのかも、既に決めていた。起筆の遅延を結果した第一の出来事とは他でもない、その内のひとりである柴崎友香が『春の庭』で芥川賞を受賞したことである。同賞が決まったのは二〇一四年七月だったので、「「小説」の上演」の最終回が載った雑誌の発売から約一ヵ月後のことであり、私としては『春の庭』評を来るべき自分の文章に組み込むことを当然ながら考えた。

それからもうひとつは、やはり中心的に論じる予定でいた（いる）山下澄人が、次々と新作を発表していった（いる）ことである。「ルンタ」は「「小説」の上演」最終回と同じ「群像」に掲載、「アートマン」は「文學界」二〇一四年八月号掲載、「鳥の会議」は「文藝」二〇一五年春号掲載、「はふり」は「文學界」二〇一五年二月号掲載、「鳥の会議」の続編「鳥のらくご」は「文藝」二〇一五年秋号掲載、そして「アンデル」で初の長編『壁抜けの谷』を連載と、コンスタントに書き続けており、それらはいずれも私の「私の小説論」に少なからぬ刺激と示唆を与えてくれた。となると尚更に、どの時点で山下を論じるべきであるかは悩みどころとなってしまう。実は今もまだ、この作家が柴崎友香以上に決定的な変化を遂げた小説を書いてしまうのではないかと、どきどきしているのだ。

第三の理由は、私事で恐縮ではあるが、二〇一四年九月に『あなたは今、この文章を読んでいる。』（以下適宜『あな読ん』と略す）という些か奇抜な題名の書物を出したことである。副題を「パラフィクションの誕生」という同書は、もともとは月刊誌「ＳＦマガジン」に連載された長編評論で、俗に「メタフィクション」と呼ばれる虚構の形式が孕み持つ諸問題、その可能性と限界を大摑みに述べた後、メタの次にやってくるものとして「パラ」フィクションなる新たなジャンル／様態を定立する、という試みであった。この「パラフィクション」にかんしては先々で詳しく説明するつもりだが、差し当たって私としては、同書の問題意識と、同時期に進めていた『新しい小説のために』は、並行してはいるが別々の仕事であるという認識でいたのだった。だが、どうもそういうわけにはいかない、という気持ちになってきたのである。

簡単に言うと「パラフィクション」とは、従来の小説が暗黙に基盤を置いてきた「作者」が「書くこと」という位相に対して、その向こう側に想定される「読者」が「読むこと」という位相に重心を移動して書かれる小説、ということになる。その最もシンプルな形態が、書名とした「あなたは今、この文章を読んでいる。」という一文であることは言うまでもない。「あなたは今、この文章を読んでいる。」という文章を、あなたは今、間違いなく読んでいるのだからだ。

連載媒体のせいもあって、同書で論じたのは広義のサイエンスフィクションに属する作家が多くなった。中でも筒井康隆、神林長平、円城塔、伊藤計劃についてはかなりの頁数を割いているが、他にも辻原登、舞城王太郎、藤野可織などの作品に言及している。そして私は同書刊行後、次第に、これはやはり『新しい小説のために』の問題意識と接続／合流して考えてゆくべきことなのではないかと思うようになったのである。だが、それがどのようにして可能になるのかは、さほど明白ではなかった（そして今も完全に明白ではない）。

私は、これまでも全部そうだが、あくまでも具体的な作品体験から自分の論を組み上げていくタイプの批評家である。それゆえ「新しい小説」が「パラフィクション」と如何にして交叉し得るかも、誰かが何かを書いてくれなければ始まらない。私は待った。待つ甲斐はあるし、しかもそれほど待たなくてもいいのではないかという目算もあったのだ。私は待った。待ち続けた。待ったあげくに、待つのは止めて兎に角始めてみることにしたのである。そうすることにした理由は、本論の核心とかかわっているので、おいおい触れてゆくことになろうが、ひとつ創作とはまた別のかたちで、背中を強く押される契機があったことは記しておかねばならない。ああやっぱりねという声が聞こえてきそうだが、渡部直己による論考「移人称小説論――今日の「純粋小説」について」がそれである。

同論は「新潮」の二〇一四年十月号に掲載され（初出時の題名は「今日の「純粋小説」――『日本小説技術史』補遺」）、追って単行本『小説技術論』に収録された。『あな読ん』の刊行記念イベントのひとつとして、私は渡部氏と公開対談をさせていただいた。拙著で氏の往時の筒井康隆論と『日本小説技術史』を参照しているのが第一の理由だったが、ちょうどその依頼のEメールの返事に、快諾に添えて今、久々に現代の作家たちを論じた長めの評論を執筆中であり、その中に『新しい小説のために』の拙論、とりわけ「「小説」の上演」への言及があることが記されてあったのである。無論それが「今日の「純粋小説」」だったわけだが、対談の日までに同論は「新潮」に掲載されており、当然、私も読了済みだった。従って対談は『あな読ん』をめぐる内容のみならず、渡部氏の「移人称小説論」への応答の意味合いも色濃く帯びることになったのである。当該対談は「新潮」二〇一五年一月号に採録の後、やはり『小説技術論』に収められた。同書は先の六月に刊行された。かくして私はさすがにそろそろ、私の「私小説論」を書き出さなくてはならないという気持ちになったのだった。

そういうわけで、少なくともある部分において、本論は渡部直己氏への長い返信と呼ぶべきものになるだろう。だが同時に、繰り返しになるが、これは『新しい小説のために』の続きであり、また『あな読ん』の続きでもある。私はこれから、これらのこと全部であるものとして、新しい「私」を探り当てようとする試みを始める。そう、問題は「私」なのだ。私は、私が「新しい小説」の書き手だと考えている幾人かの作家たちは、かつての「私」とは著しく異なった「新しい私」を発見／発明し、駆使しているのだと考えている。ならば「新しい私」とは、どんな「私」だと言うのか。包み隠さずに言うが、それはまだ私にも精確なところはわかっていない。では自分でもよくわからない「新しい私」なるものを「ほとんど見切り発車的に無理矢理立ち上げようとしているのか、と問われたら、半分は当たりだと正直に認めよう。だがもう半分は、こうして始めるのだから勿論のこと、私にだって或る程度の勝算はあるのだ」（『あなたは今、この文章を読んでいる。』）。

## 2.「移人称」という問題

渡部直己「移人称小説論」で問題にされているのは、もちろん「人称」である。一編の小説のなかで、一人称が三人称に、或いは三人称が一人称に、特に断わりもないまま「移」動することが、最近の日本の(「文学」の専門誌である文芸誌で主に作品を発表している)小説家たちによって、むやみと行なわれているようである、というのが論の出発点であり、同様の流行現象(?)に気づいているのは渡部のみではないにせよ、その理由を、歴史と理論の双方において鮮やかに喝破してみせたところに、この文章の醍醐味がある。そこで取り上げられている「移人称」の小説家は、記述の濃淡はあるが、名前のみまず挙げておくと、小野正嗣、岡田利規、藤野可織、柴崎友香、奥泉光、保坂和志、大江健三郎、山下澄人、松田青子、青木淳悟、滝口悠生といったところである。

私は本書第一部第四章「「小説」の上演」において、岡田利規の小説における人称移動について、幾らかの推論を述べておいた。岡田も俎上に載せている渡部は「移人称小説論」の註で、私の説を「「キャラクター」と「ナレーター」とを同時に演じ分ける「アクター」。岡田の演劇作品にみる俳優たちの特性をそう定義する佐々木によれば、その小説の移人称性は、『小説』に、本来は存在しない『アクター』を導入すること、少なくともそれに限りなく近づいた試み」の結果となる」と簡潔にまとめた上で、「傾聴にあたいする」としつつも「移人称小説一般に妥当するかどうか?」と疑問を付している。

実は私も妥当するとは考えていない。岡田利規にかんしては、彼が「演劇」の作り手として取り組んできた実験が、表現形態の違いを超えて、なかば強引に「小説」へと転用/導入された結果、あの「わたしの場所の複数」の驚くべき人称移動が惹き起こされたのであり(そもそも岡田の最初の小説は、彼が作演出したチェルフィッチュの舞台『三月の5日間』のノベライゼーションだったのだし)、そのことと、彼以外の作家が同様の試みを行なっていることは、時期的にはパラレルであっても、やはり別のメカニズムを考えてみなくてはならない。更にそれら全ての背後にあるものが、おそらくはひとつの同じ何かであるにせよ、である。

「移人称小説論」が大著『日本小説技術史』の「補遺」とされているのは、同書の最終章が横光利一の『純粋小説論』への論及、とりわけ同論で横光が提唱する「四人称」への批判をもってほぼ結ばれており、『純粋小説論』の八十年後に書かれ、『日本小説技術史』とは違って専ら同時代作家を扱った「移人称小説論」が、横光の「四人称」と『純粋小説論』が書かれるきっかけになったと思しき長編小説『紋章』を、二〇〇〇年代後半あたりから日本現代文学に起きてきた「移人称現象」のひとつの起源として置いているからである。言いかえれば、渡部は「移人称現象」、少なくともその一部を、横光的「四人称」への無意識的な先祖返りとして措定している。

ここで、横光利一の『純粋小説論』の主張と、それに対する『日本小説技術史』における渡部直己の批判をざっくりと確認しておこう。

もし文芸復興といふべきことがあるものなら、純文学にして通俗小説、このこと以外に、文芸復興は絶対に有り得ない、と今も私は思つてゐる。

（『純粋小説論』）

『純粋小説論』は、この一文から始まる。渡部も指摘しているが、横光の唱える「純粋小説」なるものは、同じ言葉で言われるアンドレ・ジッドの『贋金つかい』のそれとはまるで異なっている。ジッドの「純粋」が、小説から小説以外の要素＝夾雑物を可能な限り取り除こうとする、文字通りの純化のことであるとすれば、横光の「純粋」とは、文字とは裏腹に、むしろ小説の不純化=俗化のことであるからだ。

そこで横光が「通俗小説」から「純文学」に持ち込むべきと主張する二大要素が「感傷」と「偶然」である。やや話が逸れるが、私は以前、本論とは全く別の動機の下に書かれた『未知との遭遇』という本の中で、横光の『純粋小説論』に言及したことがある（「2日目 タイムマシンにお願い A面：偶然について」）。そこでは人生と芸術における「偶然」の効用をあれこれと論じているのだが、その中でも引用した『純粋小説論』の「偶然」にかんする説明は、次のようなものである。

ドストエフスキイの『罪と罰』といふ小説を、今私は読みつつあるところだが、この小説には、通俗小説の概念の根柢をなすところの、偶然（一時性）といふことが、実に最初から多いのである。思はぬ人物がその小説の中で、どうしても是非その場合に出現しなければ、役に立たぬと思ふときあつらへ向きに、ひよつこり現れ、しかも、不意に唐突なことばかりをやるといふ風の、一見世人の妥当な理智の批判に耐へ得ぬやうな、いはゆる感傷性を備へた現れ方をして、われわれ読者を喜ばす。先づどこから云つても、通俗小説の二大要素である偶然と感情性とを多分に含んでゐる。さうであるにもかかはらず、これこそ純文学よりも一層高級な、純粋小説の範とも云はるべき優れた作品であると、何人にも思はせるのである。また同じ作者の『悪霊』にしてもさうであり、トルストイの『戦争と平和』にしても、スタンダール、バルザック、これらの大作家の作品にも、偶然性がなかなかに多い。それなら、これらはみな通俗小説ではないかと云へば実は、その通り私は通俗小説だと思ふ。しかし、それが単に通俗小説であるばかりではなく、純文学にして、しかも純粋小説であるといふ定評のある原因は、それらの作品に一般妥当とされる理智の批判に耐へ得て来た思想性と、それに適当したリアリティがあるからだ。(同前)

これに続けて『未知との遭遇』で私が述べたことを以下にパラフレーズしてみる。確かに「大衆小説/通俗小説」では物語の展開にとって都合のいい「偶然」がよく起こる。それは「御都合主義」とも呼ばれ、文字通り「通俗性」の極みとされているのだが、横光は世界の大文学者の作品の中でも都合のいい「偶然」は山ほど起こっているではないか、と言っている。九鬼周造は『純粋小説論』と同じ一九三五年に出版された『偶然性の問題』において「偶然」を次のように定義した。「偶然性とは必然性の否定である」。つまりリアリズムの軸足を「必然」に置くか、それとも「偶然」に置くのかという問題が、ここでは問われている。

だが、注意しなくてはならないのは、小説家が造物主の権能を駆使して御都合主義的偶然を連発するメロドラマ的エンターテインメントを、横光は奨励しているわけではないということである。そうではなくて、彼が言いたいことは、「文学」が描くべきリアルな現実の内にこそ、そのような「偶然」がしばしば生じているのだ、ということなのだ。

いつたい純粋小説に於ける偶然(一時性もしくは特殊性)といふものは、その小説の構造の大部分であるところの、日常性(必然性もしくは普遍性)の集中から、当然起つて来るある特殊な運動の奇形部であるか、あるいは、その偶然の起る可能性が、その偶然の起つたがために、一層それまでの日常性を強度にするかどちらかである。この二つの中の一つを脱れて偶然が作中に現れるなら、そこに現れた偶然はたちまち感傷に変化してしまふ。このため、偶然の持つリアリティといふものほど表現するに困難なものはない。しかも、日常生活に於ける感動といふものは、この偶然に一番多くあるのである。（同前）

つまり横光が言っているのは、まるで虚構の出来事のような思いがけない偶然は、むしろ「日常生活」の中で起こるのであり、そこに強度のリアリティ、いわば現実の現実性が存している。だとすれば「小説」は、そのような「偶然」をこそ描くべきなのではないか。だがしかし、それを実際にやってのけるのは甚だ困難である、というようなことだろう。言い換えれば、とつぜん何が起こるのかわからないのが人生だ、ということである。世界や現実がそもそものような偶然に満ちたものとしてあり、しかもますますそうなっているのだから、小説や文学も、それに対応して変わっていかなくてはならない。だからこれは単純素朴な絵空事、虚構性や人工性の顕揚とは違っている。その正反対の、ある種のリアリズムの更新だと考えることもできるのではあるまいか。

だが困ったことは、実際に横光利一がこの時期に発表した多数の小説――この頃の彼は押しも押されもせぬ流行作家になっていた――は、かくのごとき「リアリズムの更新」というよりも、端的に「御都合主義」と呼ぶしかないような仕上がりの作品が多数を占めており、結果として「純粋小説」ではなく、ただの「通俗小説」になってしまっているということである。それは『純粋小説論』の執筆動機が、それに向けられた（あとで触れる小林秀雄等からの）批判への応答という意味合いが濃かったとされる『紋章』についても同じである。
さて、肝心の「四人称」だが、渡部は次のように述べている。

> 「自意識」の介入を受けた、三人称＋一人称＝四人称!? なるほど、作家の親炙したというドストエフスキー『悪霊』にひとしく、一人称の語り手が三人称多元視界に移行するという焦点化技術を示す『紋章』に徴すれば、「純粋小説」における「四人称」とは、ひとつには、この単純な加算から着想されたかにみえる。
>
> （『日本小説技術史』）

言い添えておくと、この「三人称＋一人称＝四人称」は渡部による推論であって、横光はこのような加算は特に記していない。というよりも、『純粋小説論』における「四人称」という造語の定義そのものが極めて曖昧、いや、ほぼ定義されていないに等しく、渡部にしてみれば、そうとでも考えるしかない、といったことであったろうと思われる。

ともあれ、ここで重要なのは、もちろん『紋章』にかんする「一人称の語り手が三人称多元視界に移行するという焦点化技術」という指摘である。「移人称小説論」は「一人称↓三人称」の移動を越境系、逆の「三人称↓一人称」を狭窄系と名付けているが、つまり『紋章』は越境系の移人称によって語られており、それを含むここでの横光の試みの理論的な（なかば後付けの？）説明として『純粋小説論』が書かれ、その中で「四人称」という奇怪な新語が持ち出された、というのが実際のプロセスであったことになる。それゆえ横光の真意はどうあれ、渡部の「一＋三

＝四」という数式は一面、疑いもなく正しい。横光的四人称とは移人称の別称なのである。

『日本小説技術史』のエンディングが感動的なのは、近代小説を「技術」の一点から只管に読み解いてきた著者が、こと結語に至って、むろん既に幾度も書き付けられてきた語であるとはいえ、あらためておもむろに「人生」という言葉を「小説」に対峙させてみせるがゆえである。

現に、その奏効はともあれ、横光利一に〈一＋三＝四〉という加算を熱心に要請させたのは、「作者が、おのれひとり物事を考へてゐると思つて生活してゐる」ごとき「純文学」への反撥である以上に、彼のいう「世間の事実」として人生に犇めく無数の視点と、小説を中心化する一視点とのあいだの、容易には和解しがたい齟齬の刺戟にほかなるまい。（同前）

齟齬、ではなく、齟齬の刺戟、と渡部は書いている。「人生」によって「小説」を断じることの容易さも、「小説」を「人生」へと短絡させる安直さも、「人生」と「小説」を断絶させて済まそうとする愚かさも、一様に退けて、ここではいわば「世界」を構成する二つのおおきな集合として「小説」と「人生」が並び置かれている。両者のあいだでは相互浸透も其処此処で生じてはいるが、それ以上に互いに乗り越え難い障壁が張り巡らされている。つまりそこには紛うかたなき齟齬がある。だが齟齬こそがそれぞれの壁の向こう側にあるものを刺戟し、いまだそこにはないものを呼び寄せ、交換とは異なる仕方で、少しずつではあれ各々が何か新たな姿へと変わってゆくことを可能にするのだ。文芸批評家としての登場以来、書かれたものを生きることから厳しく切り離すテクスト論者を以て任じてきた渡部直己が書き記す「人生」の一語は、すこぶる感慨深い。

それはそうと、横光利一言うところの「四人称」改め渡部直己命名による「移人称」は、私の考える「新しい私」の、ひとつの重要な特徴である（が、これだけではない）。「移人称小説論」の具体的な論述にかんしては、後でも折々触れていくことにするが、私としては、まずここで、或る指摘をしてから次節に進みたいと思う。

渡部直己は当然のごとく触れていないが、横光利一が『純粋小説論』を世に問うたのと同じ一九三五年（昭和十年）に、それに負けず劣らず人口に膾炙した、いや、現在から見ればより甚大な反響と影響を巻き起こしたと言ってよい一本の文芸評論が発表されていた。それは他でもない、小林秀雄の『私小説論』である。『純粋小説論』が掲載されたのが「改造」一九三五年四月号、小林が「経済往来」で『私小説論』の四回連載を開始したのが同年五月号からだから、二つの論は相次いで書かれ／読まれたことになる。

先にも記しておいたが、小林はこれに先立ち、文芸時評で『紋章』を酷評している。『純粋小説論』が載るのと同じ「改造」の一九三四年十月号に発表された「「紋章」と「風雨強かるべし」とを読む」がそれである。


「紋章」は、作家が自分の観念を長篇中の人物として意識的に人間化しようとした、恐らくわが国で最初の企てである。だがかういふ仕事のなかで「紋章」に出て来る様な「私」といふ架空な人物を必要とする限り、氏の発明は完成しないであらう。

（「「紋章」と「風雨強かるべし」とを読む」）

観念の人間化としての登場人物、そして「「私」といふ架空な人物」という言葉遣いの内に、既に『私小説論』の萌芽が垣間見える。ともあれ、差し当たりここで言っておきたいことは、今日の「移人称小説」のひとつのルーツというべき横光利一の『純粋小説論』と同時期に、小林秀雄が「私小説」なるものをめぐる論（実質的には「私小説批判」）を書いていたという事実である。

何故、このことが重要なのか。私は、移動という現象に限らぬ日本語小説における「人称」が抱える問題と、いわゆる「私小説」と呼ばれるジャンルが孕み持つ問題は、関係ないようでいて実は大いに関係があるのではないか、と考えているからである。関係ないようで関係ある、とは胡乱な言い方だが、差し当たりはこう書くしかない。小林秀雄が「私小説」に引導を渡そうと目論んで著した論と、移人称という一見奇怪（？）な現象の或るルーツが、偶々同じ年に産み出されていたという事実を、敢えて深読みすること。まずはそこから私は私の「私小説論」を開始したいと思うのである。

## 3．「私を語る小説」と「私が語る小説」

誰もが知っているように、いわゆる「私小説」は、そう呼ばれているからといって、どれもこれも「私」やそれに類する「僕」や「俺」や「あたし」や「余」などといった一人称で書かれているわけではない。というよりも「私小説」の歴史において、一人称と三人称の比率は前者が過半を占めてきたとさえ言い難いのではないだろうか。いずれにせよ三人称で書かれた「私小説」は山程存在している。もちろん「私小説」の「私」とは「人称」ではなく「作家自身＝自己＝私」という意味なのだから、それは当然ではある。だが逆に言えば、これも当然のことながら一人称で書かれた「私小説」だって数多く存在している。

そもそもの「私小説」の定義の問題もあるわけだが、それはとりあえず後回しにするとして、では「人称」の側から見ると、一人称で書かれた小説がイコール「私小説」というわけではない。これも当たり前のことだが、しかしここには明らかに或る種の曖昧さが宿っている。それが一人称で書かれてあるがゆえに、読者が「語り手イコールニアイコール作者」すなわち広義の「私小説」だと誤解してしまうような（場合によってはこの誤解を誘発するように仕向け／仕掛けられた）小説が、この世には少なからず存在しているからだ。

むろんこのような誤解は三人称で書かれた非「私小説」でも起こり得るわけだが、一人称小説の場合は、三人称小説とは異なり、そこでの「私」なり「僕」なり「俺」なり「あたし」なり「余」なりが、如何なる根拠、理由、権利でそれを語っているのか、という問いが常に潜在している。そして私には真に驚くべきことだと思えるのだが、その根拠が一切示されないまま始まって終わる一人称小説も数多書かれてきたし、今も書かれている。そして読者の多くはそのことを特に問題にすることはない。小説とは、物語とは、そういうものだと思っているからだし、それはその通りなのである。

だが、深く考えてみるまでもなく、やはりこれはあからさまに変なことなのだ。一体、誰に頼まれて、誰に向かって、何のために、一人称小説の語り手は、いきなり延々と自分の話や自分が知り得た話を語り出し、語り続け、語り終えるのか。むろん、手記や告白や自伝などといった形で、その根拠が示されている場合もあるが、むしろそれらの方が特殊なケースなのであって、多くの一人称の語り手は、ただ語っている、語りたいから語っている、語っているから語れている、というナンセンスな、それゆえに強固極まりない、ほとんど無敵のトートロジーによって支えられている。少なくとも私には、そう見える。そしてそれはそれで全く構わないのだ。

だがここで、性別や人種、時代区分などの歴然とした違いが明示されている場合は別にして、この一人称の語り手は実はこれを書いた小説家自身なのである、と思い込みさえすれば、無根拠としか思われなかった語りはたちどころにナンセンスの空虚を埋められ、読者は何故今この人の話を聞かされ／読まされているのかという根本的な疑問を解消することが出来る。単なる一人称小説が「私小説」と誤解されてしまいがちな理由のひとつは、おそらくこのあたりにあるだろう。

また、逆のことも言える。西村賢太の登場と活躍を契機として、一時期「私小説」の復権が取り沙汰された。「私小説」がなぜうけるのかと言えば、小説としての構え自体に「これは本当のことである」「これは事実である」というコノテーションがあるからである。私小説作家はその書きものを通して「この私を見よ、これが私である」というメッセージを不断に発している。そもそも「歴史小説」の根強い人気から「ケータイ小説」のブームに至るまで、多くの読者は何故かフィクションに（さえ）事実としての裏打ちを求める傾向がある。しかし「私小説」の「私」

こそフィクショナルなのではないだろうか。そこでは「これは紛れもない事実である」という言外のメッセージが盛んに機能しているが、それが虚偽ではないという保証はどこにもない。むしろ「私」こそが捏造された「登場人物」なのかもしれない。

「一人称小説」と「私小説」の集合をそれぞれ考えてみる。二つの集合には重なり合う部分があり、それは「一人称私小説」である。そこを除くと各々残るのは「一人称非私小説」と「非一人称（↓三人称）私小説」ということになるが、もちろん「三人称非私小説」もあるので、ひとまず厄介な二人称の問題は脇に除けておくとすれば、「一人称小説＝「私」が語る小説」と「私小説＝「私」を語る小説」の関係性のセットは、計四つということになる。

では、ここに移人称という問題を嚙ませてみると、どうなるか。

ひとまず渡部直己のターミノロジーに則すなら、越境系は、「一人称私小説」↓「三人称私小説」、「一人称私小説」↓「三人称非私小説」↓「三人称私小説」、「一人称非私小説」↓「三人称非私小説」の四種類、狭窄系はその逆なのでやはり四つ、差し当たり実現可能性にはこだわらないとすると、全部で八種類の「移動」が機械的に導き出される。わかりやすくするためにアルファベットを振っておこう。

越境系

（A）「一人称私小説」↓「三人称私小説」

（B）「一人称私小説」↓「三人称非私小説」

（C）「一人称非私小説」↓「三人称私小説」

（D）「一人称非私小説」→「三人称非私小説」

狭窄系

（A）「三人称私小説」→「一人称私小説」

（B）「三人称非私小説」→「一人称私小説」

（C）「三人称私小説」→「一人称非私小説」

（D）「三人称非私小説」→「一人称非私小説」

徒にややこしくて何だか馬鹿馬鹿しい気もしてくるが、ここで再度強調しておかねばならないのは、先に触れた「私小説」の不安定性というか不信頼性である。「私小説」が「私小説」であるということは、究極的には、テクストの外部によってしか証明され得ない。身も蓋もない言い方になるけれども、作家がこれは「私小説」ですと標榜しさえすれば、或いは、その作家が「私小説作家」とされていれば、それは基本的に「私小説」として読まれるのだし、そうでない場合も、既に述べたように、読者はしばしば、作中人物と作家自身の何らかの類似や共通項を意識的／無意識的な証左として、実際には「私小説」ではない小説も、実にかんたんに「私小説」として読んでしまう。従って右の分類は現実には非常に恣意的なものでしかない。けれども、それでも私がこの整理に多少とも意味があると思っているのは、ひとつには、以下の理由による。「移人称小説論」の、先ほど引いた註の後半、渡部直己は、次のように書いている。

同連載（『新しい小説のために』のこと）にタイトルを与えたロブ＝グリエおよび「ヌーヴォー・ロマン」の描写にかんしても、その産出性（こう書くゆえに、世界はこう生まれる）ではなく、「ヌーヴォー・ロマン」の初期に残存した再現論（世界がこう見えるから、こう書く）へと議論を後退させて、佐々木は、現代日本小説の「新しさ」を語っている。あるいは、その方が現在の作品水準にはふさわしいといった判断のなせるわざか？

（「移人称小説論」、『小説技術論』）

ここで言われているのは、主にアラン・ロブ＝グリエの評論と小説を再検討した『新しい小説のために』の第二章「『新しい小説のために』のために」のことである。この点にかんしては、その後の渡部氏との対談でも少々の応酬があった。やや長くなるが、そこでの私の発言から、のちの議論のために重要と思われる部分を抜き出してみる。

**佐々木**（……）たとえば円城塔は、自分の作品について、無限の読みを誘発し、読むたびに異なるものとして生成するとは考えていないと思います。むしろ反対に、彼はたとえば「見たままを書いている」というんですね。これは言い換えれば、こうとしか見えない（からこうとしか書けない）ということであるわけです。これは視覚や描写だけのことではなくて、たとえば円城作品において、一見ランダムと思えるようなブロックが幾つか並べられているとしても、彼のなかでは理由のある連接であったり、そのような形になっていることに強い必然性があったりする。しかし、その必然性は、従来の意味での作者の操作性とは似て非なるものというか、ある意味ではもっとナイーヴな、こうであるしかない、こうでしかない、というものとしてあるわけです。だから円城塔の小説は、一種の迷宮ではあるかもしれないけれど、パズルではない。もちろんそこには計算や構成がないわけではない。むしろ他の作家よりもはるかにあるのだけれど、それは自らの小説を全的にコントロールして、何らかの狙いをもって読者を操るためではなく、いわば「見たままを書く」ためにこそ要請されているわけです。これは円城塔に限らず、他には柴崎友香や山下澄人についても、ぼくは同じような見方をとっていて、かれらの小説の奇妙さは、選び取られた手法というより、言ってしまえば自分の書きたいように書いているだけというか、こうとしか書けないという書き方を追い詰めていくと、ああいうことになってくるのだと思うのです。

**佐々木**　(……)ぼくはむしろ再現＝描写自体が何らかの変化を起こしているのではないかと考えているんですね。渡部さんのご指摘は、ぼくの「新しい小説のために」におけるヌーヴォー・ロマンの再検討が、円城塔の言う「見たままを書いている」に結びついてしまうとしたら、それは理論的にナイーヴなのではないかということだと思うのです。

**渡部**　そうですね。あそこはちょっと譲れないなあ。

**佐々木**　実際ナイーヴなのかもしれません。ただ、ぼくは「見たままを書いている」の「見たまま」自体の変化があると思っているんですね。映画を介在させるとわかりやすくなります。映画はカメラが写した世界を映像として直截的に映すことができるけれど、それを言葉で描写しようとすると、当たり前のことですが、カメラのようにはいかない。この制約、このパラドックスを小説にある意味で無理矢理にフィードバックさせたところに、ヌーヴォー・ロマンの一部の作品、少なくともロブ＝グリエの初期の作品の面白さがあるとぼくには思えます。ロブ＝グリエはのちに映画監督もやりますが、そうすると、彼が小説でやっていた無理が簡単にやれてしまう。それ以後の彼の小説が次第にロマン的な次元に回帰するのは、そのせいです。簡単に言ってしまえば、そこにかんしては、小説で無理をする必要がなくなったわけです。もちろんカメラ＝映画を通した世界は世界そのものではない。かつてゴダールは、映画とは現実の反映ではなく、反映の現実だと言いました。ロブ＝グリエは自分の目ではなく映画的な反映の現実を、つまりカメラが「見たまま」のように書こうとしたのです。大袈裟にいえば、それは小説にテクノロジーが介入した歴史的に重大な事件だった。

そこで、円城塔の話に戻ると、彼の「見たままを書いている」は確かにトリッキーな言い方で、一種のブラフなのかもしれないんだけれども、彼はもともと自然科学の人だから、物理的な実在世界というものを一方では措定している。ところがその物理的な実在こそが複雑系だったわけで、となると、そこで記述＝描写されるべき世界は、映画カメラが捉えたどころの話ではない。もっと極度に解像度を上げないと相対し得ないし、その結果、ロブ＝グリエとは次元の異なる無理が要請されることになる。だから、ある意味では問題は、再現か産出かという二項対立ではないと思うんです。リアリズムという言葉によって意味されるもの自体に変化が起きている。

（「「脱構築」vs「複雑系」──今日のフィクションを読む」）

要するに、渡部直己と私の対立の軸は「産出性＝こう書くゆえに、世界はこう生まれる」と「再現論＝世界がこう見えるから、こう書く」のいずれに軍配を上げるか、ということになるのだが、私は依然として、むしろ今や（今こそ）重要なのは後者、つまり「世界がこう見えるから、こう書く」「見たままを書いている」の方なのだと考えており、そこはちょっと譲れないのである。

対談の発言を繰り返すなら、要するに「見たまま」ということ自体が変化しているのだ。そして「見たままを書いている」とは、すなわち「私が見たままを書いている」ということである。とすれば、この「私」もまた変化しているのではあるまいか。私が『新しい小説のために』で論じてきた「描写」や「人称」に続いて「私小説」を問題にしなくてはならないと思い至ったのは、これが理由である。

「私小説」と呼ばれてきたジャンルが特異なのは、それが「事実」や「現実」などといった、テクストの外部の要件に常に既にかかわっている／からまっている（とされている）からである。「私が見たままを書いている」という言明は、「私」と「見たまま」と「書く」という三項に弁別される。円城塔がこんな言葉を宣った本当の理由を私は知るべくもないが、ひとつ確実に言えることは、ここでの「私」とは、少なくとも円城塔にとっては「円城塔」という生身の人間以外の何者でもないのであって、従って「見たまま」も「円城塔」が見たそのままを指している。だがしかし、だからといってそれは、ただ単に「自分にはこう見えるのだからこう書いている」というような素朴で幼稚な「加藤典洋的な実感論」（渡部）とは、どこかが決定的に違っているということなのである。

　そもそも「見たまま」とは何か。「写生」や「描写」と呼ばれる技術が蓄えてきたやり口が、実際の「見たまま」を精確に写し取ることの絶対的な困難と、確かに写し取ったと思った筈の風景が「見たまま」とは致命的に異なるものでしかないという残酷な事実に、はじめから裏打ちされていたとするなら、それはもとより「再現」ではなく「産出」でしかあり得ない。ひとは、いま目の前に歴然とひろがっている光景を、そのまま言葉で活写することなどどうしたって出来ないし、記憶の中のイメージであれば、尚更のことである。またひとは、いま自分自身も巻き込まれているかたちで生じている一連の出来事を、リアルタイムで逐一報告することは出来ない、いや無理をすればもちろん出来なくはないだろうが、それは紛れもない不自然さを知りつつ無視を決め込むか、何らかの言い訳を用意しておくしかない。だから問題はむしろ、小説はもともと「再現」などけっして出来はしない。ただ「産出」することしか出来ないのにもかかわらず、それでも何故に「見たまま」を「書く」などという滅法な無理をしようとするのか、ということになるのではないか。

　今、まさにこの私の目に映っている「現実」、私自身がその一部として在るしかない「事実」の断片を「再現」しようとすることと、事実でもなければ現実でさえない、私の頭の中から、私の筆の内から立ち上がってくる「虚構」を「産出」することのあいだには、実のところ、如何程の違いもありはしない。何故なら「産出」される「世界」も、「再現」され損ねる「世界」も、それが「書く」という不可解な行為によって出現したものであることに変わりはないからだ。だからおそらく、問うべきなのは「再現」か「産出」か、ということではない。この二項対立は贋の問題なのだ。そうではなくて、真に考えてみなくてはならないのは、「現実」と「虚構」の区別を超えた「見られたもの」と「書かれたもの」が、どのように繋がっている（いない）のか、ということなのである。だとすれば、やはり問題は「私」なのだ。何故なら、そこにあるのは「私が見た」ものを「私が書く」こと以外ではあり得ないのだから。

だが今や、この「私」は、「再現」の不可能性と「産出」の可能性とが、共に極まった後の時代に現れた「私」なのである。いわゆる「物理的な実在世界」の描像は、現在も刻々と変化している。しかしそれは、当の「物理的な実在」が変わったのではなく、その「見たまま」が変わっていっているのである。観察や分析の技術／テクノロジーの進展によって、その都度「世界の見たまま」は像を一変させてきた。その絶えざる更新は、それを何とかして描き／書こうと試みる「私」のありようをも変化させているのではないか。つまり、テクニカル／テクノロジカルなアップデートは、必然的に「私」と「世界」の関係性をアップデートさせているのである。この意味で、八十年前の「私」と、今の「私」は、もはや同じ「私」ではない。当たり前のことのようだが、この当たり前にこそ、愚直に、繊細に向き合ってみなくてはならない。

本論の最終的な目標のひとつは、従来「私小説」と呼ばれてきた小説のありさま、それ自体の更新である。「私」が「見たまま」を「書く」という、ナイーブとも思える営み／試みの現在形から、新しい小説のために、僅かであれ意味を持ち得ることを抽出してみたいと思うのである。

とまれ、まずはゆっくりやろう。では、小林秀雄の『私小説論』という文章には、いったいどんなことが書かれてあったのか？

# 第二章　『私小説論』論

## 1．『私小説論』のあとさき

小林秀雄は『私小説論』に先立って、幾度か「私小説」を槍玉に上げている。たとえば「文藝春秋」一九三四年一月号の文芸時評「文学界の混乱」は、二つのパートから成っているが、その後半は「私小説に就いて」と題されている。

私小説の先祖は恐らくジャン・ジャック・ルッソオであらう。少くとも彼は私小説の問題を明瞭に意識して文学に導き入れた最初の人物であつた。「懺悔録」（『告白』のこと――引用者注）に語られてゐる不幸は英雄の不幸ではない、凡人の不幸である。併し読者はこの不幸を及び難い不幸と観ずる。言ひかへれば、作者が自分の不幸な実生活を救助した強い精神力を感ずる。この力が私を語つて私以上のものに引きあげる。作者は自伝を書いて文学作品となしてゐるのだ。又言ひかへれば「懺悔録」の客観性は、彼が己れを忌憚なく語るといふ当時前代未聞の企図を信じた事による。何故信じたか。社会が自分にとつて問題ならば、自分といふ男は社会にとつて問題である筈だ、と信じられたが為である。

（「文学界の混乱」）

ジャン＝ジャック・ルソーの『告白』を「私小説」の嚆矢とする見方はここに始まる。「自伝を書いて文学作品となしてゐる」と「己れを忌憚なく語るといふ当時前代未聞の企図」という言い分は、続く文章で更に明確化される。曰く「彼の戦術は簡単明瞭であつた、己れを征服する為には、己れを出来るだけ正直に語る事。恐らく「懺悔録」の壮大な劇は私小説の問題に就いて思ひ惑つてゐる様な僕達にとつては、ちと簡明すぎるだらう、素朴すぎるだらう。しかし私小説問題の大道は、結局ルッソオに始りルッソオに終るのではないかとも考へられる」。

では、そのルソーの「懺悔録＝告白＝自伝＝私小説」は、どのように始まっていたか？　周知のように『私小説論』の頭には小林秀雄自身による訳文が掲げられているが、ここでは桑原武夫訳を引用する。

一、わたしはかつて例のなかった、そして今後も模倣するものはないと思う、仕事をくわだてる。自分とおなじ人間仲間に、ひとりの人間をその自然のままの真実において見せてやりたい。そして、その人間というのは、わたしである。

（『告白』第一部第一巻／桑原武夫訳）

ルソーは「今後も模倣するものはない」と言っているが、実際には、一七七〇年とされる『告白』の完成から一世紀半も過ぎた東洋の島国で、「私小説」という、「わたし」と名乗る者が「わたし」と呼ばれる人間を語る小説ジャンルが芽吹くことになったわけである。

ところで、ルソーが『告白』の始まりから、さりげなくも露骨に表明しているのは、「わたし」にとって「わたし」が、誰にも増して語るに足る存在であるということである。

二、わたしひとり。わたしは自分の心を感じている。そして人々を知っている。わたしは自分の見た人々の誰ともおなじようには作られていない。現在のいかなる人ともおなじように作られていないとあえて信じている。わたしのほうがすぐれてはいないにしても、少なくとも別の人間である。自然がわたしをそのなかへ投げこんで作った鋳型をこわしてしまったのが、よかったかわるかったか、それはこれを読んだ後でなければ判断できぬことだ。(同前)

「わたし」が「現在のいかなる人ともおなじように作られていない」ということ、つまり「少なくとも別の人間である」ということ、このルソーの述懐に、小林秀雄「様々なる意匠」のあのあまりにも有名な一節、すなわち「人は様々な可能性を抱いてこの世に生れて来る。彼は科学者にもなれたらう、軍人にもなれたらう、小説家にもなれたらう、然し彼は彼以外のものにはなれなかつた。これは驚く可き事実である」への響きを聴き取るのは間違いではないだろう。『告白』冒頭のブロックは次の「三」でリセットされ、再び「一」に戻って実質的な本文が始まる。つまり最初の三節はイントロダクションの役割を果たしている(『告白』全体の序文が更にその前に置かれているが)。

三、最後の審判のラッパはいつでも鳴るがいい。わたしはこの書物を手にして最高の審判者の前に出て行こう。高らかにこう言うつもりだ——これがわたしのしたこと、わたしの考えたこと、わたしのありのままの姿です。よいこともわるいことも、おなじように率直にいいました。何一つわるいことをかくさず、よいことを加えもしなかった。(略)真実でありうると考えた場合のみ真実として仮定したけれど、偽りと知ってそうしたことは決してない。自分のありのままの姿を示しました。わたしが事実そうであった場合には軽蔑すべきもの、卑しいものとして、また事実そうであった場合には善良な、高貴なものとして書きました。あなた御自身見られたとおりに、わたしの内部を開いて見せたのです。永遠の存在よ、わたしのまわりに、数かぎりないわたしと同じ人間を集めてください。わたしの告白を彼らが聞くがいいのです。わたしの下劣さに腹をたて、わたしのみじめさに顔を赤くするなら、それもいい。彼らのひとりひとりが、またあなたの足下にきて、おのれの心を、わたしとおなじ率直さをもって開いてみせるがよろしい。そして、「わたしはこの男よりもいい人間だった」といえるものなら、一人でもいってもらいたいのです。(同前)

ここまで読むと、ルソーが日本の私小説作家の遠い先祖であるという説にもおおいに頷ける気がしてくる。この自尊と自虐の複雑な混じり具合は、まさしく「私小説」のひとつの特徴を表している。特に最後の一文など、思わず笑みが零れてしまう。人間とはおしなべて下劣で惨めで卑小なものであり、違いといえばそれに自ら気づいているかどうかくらいでしかなく、他ならぬ「わたし」は気づいているのだが、たとえ気づいたとしてもどうなるものでもないので、ただ何もかもを包み隠さず記すばかりである、という決然と開き直った態度表明は、露悪趣味的なバイアスのかかった私小説を支える哲学とさえ言えるだろう。

ルソーの「私」にかんしては、追ってまた触れることにするが、今は小林秀雄に戻ろう。先の文章の先で、小林は次のように述べている。

だが僕は私小説を読んで、作者の実生活と作者自身との距離といふものを直覚する。問題はあらはれた作者の心境の深さといふものより、寧ろこの距離の遠さといふものにある。心境の深さといふ処に眼をつければ、問題は忽ち人間化し、複雑化する。（略）だが、距離の遠さといふ方向から問題を作家化すれば、幾分私小説問題といふ抽象的問題を簡明にする事は出来やしないかと考へる。

（「文学界の混乱」）

「だが」が何に逆接しているのかといえば、二ヵ所の引用のあいだには、河上徹太郎による「私小説の生れる二つの事情」への言及が置かれており、「私小説」は作家が「自分自身から離脱しやうといふ」と「自分の個人的な明確な心象に憑かれてゐる」という二重の動機に駆動されているのだが、「従来の私小説観は単に後者の事情のみに基いて来た」とする河上に対して、小林は一応首肯しつつも、これらは対立項というよりは「自己惑溺によつて表現しようとする作家の心に必至な両面」なのであり、従って後者の内にもこの二つを見出すことが出来るだろう、と論じた上での「だが」である。
小林は、河上徹太郎に倣って「私小説」を「人間化」と「作家化」という二つのベクトルに類別し、後者を採ることで見えてくるものがあるのではないかと述べる。言うまでもなく、この「作者の実生活と作者自身との距離」という問題には、後で取り上げるように、平野謙が『芸術と実生活』で真っ向から取り組むことになるだろう。だがもちろん、そこに向かうのはまだ早い。兎も角「人間化」ならぬ「作家化」という着眼は、ほぼそのまま『私小説論』に繋がっている。
『私小説論』の連載終了直後、小林は「文藝春秋」一九三五年九月号に「新人Xへ」という文章を発表している。当然というべきか、その中には書き終えた（読み終えられた）ばかりの『私小説論』にかかわるくだりがある。

最近の「私小説論」の結末で、僕はかう書いた。「私小説は亡びたが、私小説は又新しい形で現れて来るだらう。フロオベルの『マダム・ボヴァリイは私だ』といふ有名な図式が亡びないかぎりは」と。無論理窟ではさうに違ひないと思つたからさう書いたのだ。だが元来論文の結論ぐらゐつまらないものはない。私小説が亡んだと言つても又新しい形で起るだらうと言つても、君の実際味つてゐる苦痛と何んな関係があるか。

（「新人Xへ」）

この文章は題名通り「新人作家」への薫陶というか物言いというべき内容だが、小林の舌鋒は容赦ない。「まさか私小説は亡んだよとも答へられまい。君は私小説に興味を失つたのではない、書かうにも書けないのだ。つまり君は表現するに足るだけの青春を実際に持つてゐないのだ」。そして今度は「新しい解釈」と「新しい生活」という二項を立てて、どうやら「君」は前者を自分の武器だと思い込んでいるようだが、肝心の後者が存在していないのだ、と喝破する。生活の刷新をせずして、ただ解釈のみを新しくしたとしても、得るものは何もないのだと。「始末に悪いのは、自意識の過剰どころか自意識そのものだ」。

小林は「新人病」という言葉を持ち出し、それは「世間の或る通念を利用して生活の新しい解釈を得れば、新しい生活が実際に始つた様な気がする事」だと述べる。この時、小林秀雄は三十三歳。もう若くはないがまだ年寄りでもない。ドイツではヒットラーのナチスが国際連盟から離脱し、ニュルンベルク法を制定、日本と中国の間も急速にきな臭くなってきていた。盧溝橋事件が起こり日中戦争が始まるのは二年後の一九三七年である。「身の上話が不可能な程、実生活が混乱した時、一方に私小説無用論があるとは、何んといふ好都合であらう。而も構へて自分を棚に上げろとリアリズムといふ命令が下つてゐる。世間に対していよいよ抜目がなくなり、自分自身に関してはいよいよ馬鹿でゐられる条件がそろつてゐるではないか」。これも実に辛辣である。

小林はレトリカルに苛立ってみせているようだが、おそらく実際にも苛立っている。続く部分には同年発表された横光利一の『純粋小説論』への言及も読まれる。

純文学の衰弱は通俗文学の跋扈による、ラヂオと映画の影響による、僕はさういふ俗論を好まない。純文学に通俗文学の手法を取入れようとか、映画的効果を応用しようとかいふ考へ方も、外見こそ実際的にみえるが、実は甘い考へ方に過ぎない。そんな事で純文学は決して面白くはならない。なるかならないかやつて見る事だ。純文学の通俗小説化はやつてみたいが、通俗小説を書くのは厭だ、といふ君の考へが、だんだん奇怪に思はれて来るだらう。

現代の純文学、特に新しい文学のみじめさは、扱ふ材料そのもののみじめさなのだ。君の生活、君の生活環境そのもののみじめさなのである。それでは何故そのみじめさこそ新人の特権だと感じないか。先輩作家等の私小説が、僕等には手のとゞかないリアリティを持つてゐるのは、彼等の青春が、僕等の青春の様な生活上の錯乱を知らなかつたからではないか。通俗小説があの様に盛大なのも、眼前のやり切れない現実を手本として描く必要がないからではないか。（同前）

小林は「青春」と繰り返し書きつける。そしていつのまにか「僕等の青春」と書いている。つまりここでいわれる「みじめさ」とは、「君」のものであるだけでなく、はっきりと小林秀雄自身が感じていたみじめさでもある。「私小説」が「私」の生活を写すものである以上、とどのつまりは「君が頭で解釈してゐる苦痛ではなく、実際に味つてゐる苦痛」が問題なのだ。そして、この実際的現実的な「苦痛」を「私=君」に与えているのは、社会である。

ここでの小林秀雄の問題は、なかば彼自身が葬り去ったと言ってもよいプロレタリア文学亡き後に、それとはまったく異なる仕方で同様の課題に応えるにはどうすればいいのか、というものだったと言えるかもしれない。小林は『私小説論』では「（日本の）私小説」を批判したが、ここでは或る意味で「私小説批判」をも批判している。

君が自己告白に堪へられない、或はこれを軽蔑するのは、君がそれだけ外部の社会に傷ついた事を意味する。即ち、君の自我が社会化する為に自我の混乱といふデカダンスを必要としたのではないか。このデカダンスだけが、君に原物の印象を与へ得る唯一のものだ、君が手で触つて形が確められる唯一つの品物なのだ。確かなものは覚え込んだものにはない、強ひられたものにある。強ひられたものが、覚えこんだ希望に君がどれ程堪へられるかを教へてくれるのだ。(同前)

『私小説論』のキータームであった「社会化」という語が、ここにさりげなく書き付けられている(この三文字が記されるのは、この文章でここだけである)。「覚え込んだもの」と「強ひられたもの」という、またもやわかりやすい二項対立を立てて、小林は敢然と後者に軍配を上げる。彼が「新人X」に望んでいるのは、外部の社会——それはけっして観念的な「社会」一般ということではなく、紛れもない昭和十年の日本の現実社会のことだった——に強いられたものによって傷ついた「君=私」の「自我」を、その混乱のまま、混乱そのものとして晒け出すことだった。このようなリアルで即物的なスタンスに、この時期の小林秀雄が独特な距離感を取っていたマルクス主義的思考(疎外論)との共振を見出すことはむろん正しい。だが、小林にとってマルクス主義とは、「解釈」の対象ではなく「生活」の範疇、少なくともそう強調しておくべきものだった。

「新人Ｘへ」は次のように結ばれる。「一気呵成に書いて了つて、気に入らぬ文句も書いたと思ふが、僕も君と苦痛をわかつてゐる事に免じて許し給へ。失ふべき青春もない僕が旧人になる事も出来ないからね」。繰り返しておくが、小林はこの時すでに「新人」ではなかったものの、Ｘには「小林秀雄」を代入することも可能である。この文章の最初の方には「僕の身のうちに青春が感じられる限り、新人といふ名前は、僕の興味を惹かない」とある。常のごとく小林は、ただ思ったことを率直に書いているように見える。だが言葉の上で「青春」を云々し始めた時、すでにその者の青春は足早に去りつつあるか、或いはとうに去った後であることもまた事実だ。

周知のように、この時、小林秀雄は「文學界」の実質的な編集長の職にあり、自らも『ドストエフスキイの生活』を連載しつつ、新しい文芸誌（「文學界」は一九三三年十月創刊）を切り回し、並行して新聞や総合雑誌などに多数の文芸評論を発表していた。三十代前半にして彼は文壇の覇者と呼んで差し支えない地位にあったのである。この端的な事実と、彼のいう「苦痛」とは矛盾していない。むしろ両者の狭間で『私小説論』は書かれているのだ。

## 2．「私」という「技法」

『私小説論』を読み返す前に、その前後に小林秀雄が書いた二つの文章について述べた。何故そうしたのかといえば、それなりに長い『私小説論』という批評文は、それなりに長い小林秀雄の批評文の例に漏れず、論脈があちこちに跳んでは戻り跳ねては返りしており、その丸ごとを順序立ててつぶさに論じようとするならば、却って話が胡乱になってしまうのは避けられないので、まずは『私小説論』自体ではなく、それを挟み込んで存在するテクストをあらかじめ示すことで、ここからの話を効率的に運ぼうという目論見による。実際、前節で『私小説論』の主張のポイントは、ほぼ出揃っていると言ってよい。

それではようやく、頁を繰ってみよう。『私小説論』とは、まず第一に、西欧のそれと日本文学における同種の試みとの比較論である。先にも述べておいたように、「ルッソオの「レ・コンフェッシオン」」の書き出しの引用から始まるこの文章は、言語の別を超えた理念としての「私小説」の淵源と本流を、ルソー『告白』に求めている。「僕がこゝで言ひたいのは、このルッソオの気違ひ染みた言葉にこそ、近代小説に於いて、はじめて私小説なるものの生れた所以のものがあるといふ事であつて、第一流の私小説「ウェルテル」も「オオベルマン」も「アドルフ」も「懺悔録」冒頭の叫喚無くしては生れなかつたのである」。「気違ひ染みた」「叫喚」という大仰な表現に、小林の驚嘆が表れている。

自分の正直な告白を小説体につゞつたのが私小説だと言へば、いかにも苦もない事で、小説の幼年時代には、作者はみなこの方法をとつたと一見考へられるが、歴史といふものは不思議なもので、私小説といふものは、人間にとつて個人といふものが重大な意味を持つに至るまで、文学史上に現れなかつた。ルッソオは十八世紀の人である。

（『私小説論』）

小林は久米正雄が大正十四年＝一九二五年――『私小説論』のちょうど十年前――に書いた時評を引く。そこで久米は「トルストイの『戦争と平和』も、ドストイエフスキイの『罪と罰』も、フローベルの『ボヴリイ夫人』も、高級は高級だが、結局偉大なる通俗小説に過ぎない」「結局、作り物であり、読み物である」と断じている。小林はこの意見にそのまま同意するわけではないが、しかし「当時多数の文人達が、抱いてゐたといふよりは寧ろ胸中奥深くかくしてゐた半ば無意識な確信を端的に語つてゐる」と述べてから、こう記す。「私小説論とは当時の言はば純粋小説論だつたのである」。横光利一に視線が送られていることは言うまでもないが、むしろここから読み取るべきは、この『私小説論』自体が、いうなれば小林秀雄にとっての「純粋小説論」として書かれているのだということである。

とすれば次の問題は、なぜ「私小説」が「純粋小説」であり得るのか、ということになるだろう。「フランスでも自然主義小説が爛熟期に達した時に、私小説の運動があらはれた」と小林は書く。そしてそのすぐ後に、例の「社会化」というワードが初めて登場する。「彼等がこの仕事の為に、「私」を研究して誤らなかつたのは、彼等の「私」がその時既に充分に社会化した「私」であつたからである」。やや余談になるが、ここで小林は「社会化した「私」」と書いているにもかかわらず、『私小説論』にかんする後世の論及において、しばしばそれは「社会化された「私」」と記されてきた。「した」と「された」には明らかな違いがあり、この点を巡って論争らしきものもあったようである。要するに、この違いは能動と受動の取り違えにかかわるわけだが、もともとの「社会化した「私」」がいつのまにやら「社会化された「私」」に変わってしまっていたという事実自体、日本的と言えなくもないように思う。

話を戻す。「ルッソオは「懺悔録」でたゞ己れの実生活を描かうと思つたのでもなければ、まして之れを巧みに表現しようと苦しんだのでもないのであつて、彼を駆り立てたものは、社会に於ける個人といふものの持つ意味であり、引いては自然に於ける人間の位置に関する熱烈な思想である」。それに較べて日本は、と小林は論を進める。

わが国の自然主義文学の運動が、遂に独特な私小説を育て上げるに至つたのは、無論日本人の気質といふ様な主観的原因のみにあるのではない。何を置いても先づ西欧に私小説が生れた外的事情がわが国になかつた事による。自然主義文学は輸入されたが、この文学の背景たる実証主義思想を育てるためには、わが国の近代市民社会は狭隘であつたのみならず、要らない古い肥料が多すぎたのである。(同前)

このように『私小説論』は近代日本批判でもある。批評家としての小林秀雄の最大の発明は、文学を論じることがそのまま眼前の思想的課題への純然たる応答でもあり得るという構えを確立したことである。彼はその登場以来、一貫して「私」と「文学」と「社会」の三幅対で勝負してきた。小林が新しかったのは、その勝負を常に「私」から開始して「私」に収斂させながらも、ただ単にそうであるだけとは思わせなかったことにある。

小林が日本の近代私小説の祖として取り上げるのは、田山花袋『蒲団』である。発表は一九〇七年(明治四十年)。よく知られているように、花袋はモーパッサンを知ってから、それまでの作風を一変させた。「モオパッサンの何が花袋を目覚ましたのか。モオパッサンの悲惨な生涯でもなかつたし、作者の絶望でも孤独でもなかつた。彼の天上を眺めず地上を監視する斬新な技法が花袋を酔はしたのである」。そして花袋は、彼自身の実体験に基づく女弟子への恋情、いや欲情をテーマにして『蒲団』を著した。

　実生活に訣別したモオパッサンの作品が、花袋に実生活の指針を与へ、喜びを与へた。この事情、わが国の近代私小説のはじまりである「蒲団」の成立に関する奇怪な事情に、後世私小説論の起った秘密があるのだが、この秘密の構造は少くとも原理的には甚だ簡明なのである。どんな天才作家も、自分一人の手で時代精神とか社会思想とかいふものを創り出す事は出来ない。どんなつまらぬ思想でも、作家はこれを全く新しく発明したり発見したりするものではない。彼は既に人々のうちに生きてゐる思想を、作品に実現し明瞭化するだけである。(同前)

　小林によれば、田山花袋『蒲団』における西欧自然主義文学の矮小化は、花袋ひとりの才能や資質に還元される問題ではなく、いわば「日本／近代／文学」が予め負わねばならなかった条件の具体的帰結なのである。「花袋がモオパッサンを発見した時、彼は全く文学の外から、自分の文学活動を否定する様に或は激励する様に強く働きかけて来る時代の思想の力を眺める事が出来なかつた。文学自体に外から生き物の様に働きかける社会化され組織化された思想の力といふ様なものは当時の作家等が夢にも考へなかつたものである」。これは最早、日本とフランスの社会的様態と思想的環境を引き比べているのに等しい。日本においては、文学は「社会との烈しい対決」を回避し、その代わりに「技法上の革命であり爛熟」が齎された。小林はほとんど無い物ねだりをしている。そして「実生活に関する告白や経験談は、次第に精錬され「私」の純化に向ふ。私小説論とは当時の文人の純粋小説論だと言つた意味もそこに由来する」。つまり「私小説」の「私」は、そもそも「技法」の一種だったのだと小林は言っている。

そこで小林は、田山花袋との比較対象としてアンドレ・ジッドを持ち出す。もちろんジッドが『贋金つかい』(『私小説論』では「贋金造り」。後も同様)』と『贋金つかいの日記』を彼の考える「純粋小説」として世に問い、横光利一が『純粋小説論』を書く動機となったことに因る(二冊の日本語訳が刊行されたのはこの前年のことである)。『贋金つかい』は三人称小説だが、登場人物のひとりである作家エドゥワールは『贋金つかい』という題名の小説を書こうとしており、彼の創作メモ的な日記がたびたび挿入される。『贋金つかいの日記』の方は作者自身の創作ノートであり、ジッドは両者をワンセットで提示した。

花袋が文学を素足のまゝで土の上に立たせるについて決心した事は、人生観上の理想主義と離別する事であり、この離別は彼には文学の技法上に新しい道を発見させ、この発見が又私生活を正当化する理論ともなつたのだが、ジイドにあつては事情が悉く違ふのである。彼が文学の素足を云々する時、彼は在来の文学方法に反抗したのでもなければ、新しい文学的態度を発見したのでもない。凡そ文学といふものが無条件には信じられぬといふ自覚、自意識が文学に屈従する理由はないといふ自覚を語つたのだ。(同前)

続く部分は重要である。

花袋が「私」を信ずるとは、私生活と私小説とを信ずる事であつた。ジイドにとつて「私」を信ずるとは、私のうちの実験室だけを信じて他は一切信じないと云ふ事であつた。これらは大変異つた覚悟であつて、こゝに、わが国の私小説家等が憑かれた「私」の像と、ジイド等が憑かれた「私」の像とのへだたりを見る事が出来ると思ふ。(同前)

ジッドが二冊の『贋金』でやっていることは、今日の呼称ならメタフィクションと言うべき試みであり、それだって明らかに「技法」と呼ばれるものではないかと思うのだが、小林はあくまでも「自意識＝私」の問題として論じている。彼の標的は徹底して日本の「私小説」の「私」の特異性(異常性)であったからである。「わが国の私小説家達が、私を信じ私生活を信じて何んの不安も感じなかつたのは、私の世界がそのまゝ社会の姿だつたのであつて、私の封建的残滓と社会の封建的残滓との微妙な一致の上に私小説は爛熟して行つたのである」。これは今日の呼称ならセカイ系と言うべきかもしれない。しかし、それではもう駄目なのだ、と小林は言う。日本文学の「私」はもとより駄目だったのだが、時代は変わり、今やいよいよ、ますますもって駄目なのだと。

「私」が「私」を語るという作業の根本に潜む欺瞞と甘えを自覚することなく、それが便利な「技法」の一種でしかないことを都合良く忘却して悦に入っているさまに、小林はほとんど激怒しているかに見える。小林のいう「社会化」とは、まずもって自己相対化のことであり、自己相対化の不可能性のことでもある。自己を支え、自己相対化を支え、その不可能を支えているのが、社会である。ジッドの『贋金』と『日記』の関係性は、小林にとっては「文学界の混乱」で述べられていた「作者の実生活と作者自身との距離」の遠さの認識、すなわち「人間化」ならぬ「作家化」の賜物に他ならない。つまり「作家化」の前提であり帰結でもあるものとして「社会化」が措定されているのだ。

書く私と書かれる私が常に二重の存在であることは単に事実でしかないが、問題はその間の隔たりが何によって規定され、どのように伸縮するのか、ということである。ところが「私小説」の「私」ときたら、そのような「私」の存立要件には目もくれず、「私の世界がそのまま社会の姿」であると信じて疑わず、いや、そう信じる必要さえ意識することなく、やっていることはと言えば、隠されていることによってではなく、やたらと露わにされることによって、そのあるのかないのかわからない価値を示そうとするような類いの「秘密」の開陳、つまり単なるプライバシーの披瀝ばかりではないか。

作家の秘密とは何か。言ふまでもなく、作家が読者に発表する必要のないもの、つまり作家の楽屋話を指す。芸術は自然を模倣するといふことを信条とした自然主義作家達は、表現技法についてどの様な苦心をしたにしろ、何はともあれ、自然といふ明瞭な題材は信じられたのだから、その苦心そのものは、公表するに足りないものであつた。わが国の私小説家達が、所謂心境小説といふもので、その私生活の細かい陰翳を明るみに出さう、読者の前で私生活の秘密を上演しようと辛労するに際しても、自分の生活と社会生活との矛盾を感ぜず、感受性と表現との間に本質的な軋轢を感じてゐない以上、取り扱ふ題材そのものに関しては疑念の起り様が

ない。舞台は確定してゐる。楽屋話は要するに楽屋話だ。（同前）

小林は、煎じ詰めれば「私小説」の核心は「作家の秘密＝私生活」の上演だと述べている。しかし「作家の秘密といふものを、作家は語るべきか、語るべきではないかは、それが作家の表現の正当な対象となるかならないかにかゝつてゐる」。この「正当な対象」とは如何なるものか。ここで先ほどまで「社会」と呼ばれていたものが、突然「伝統」と言い換えられる。「作家が扱ふ題材が、社会的伝統のうちに生きてゐるものなら、作家がこれに手を加へなくても、読者の心にある共感を齎す」「題材でなくてもよい、たゞ一つの単語でもよい。言葉にも物質の様に様々な比重があるので、言葉は社会化し歴史化するに準じて、言はばその比重を増すのである」。

正直、これはかなり保守的な、敢て言うなら少々くだらない言明だと思う。ところがここで、ふたたび「技法」という問題が顔を出す。「私」を技法上の新技として採用し消化した「私小説」は、当然のごとく、更なる「文学の技法上に新しい道」を志向することになる。「作家達は、何を描かうと選り好みはしなかつたにせよ、描き方といふものを表現の対象とする事は想像してもみなかつたのだが、さういふ想像してもみなかつた事が実際に起つて来た。描き方といふものを材料として、作品を創らねばならない様な妙な作業を作家達は事実強ひられる様になつたのである」。

言うまでもなく、これは「新人Xへ」における「解釈」と「生活」の二項対立の問題である。「現実よりも現実の見方、考へ方のはうが大切な題材を供給する」。見方、考え方、描き方、つまり「解釈」。小林にとっては、これらは幾らでも賢しらな工夫の可能な、所詮は小手先の技でしかなかった。そこにはジッドのような「文学といふものが無条件には信じられぬといふ自覚」が決定的に欠けている。

> 外的な経済的な事情によつて、社会の生活様式は急速に変つて行つたが、作家等の伝統的なものの考へは容易に変る筈がなかつた。彼等は、生活の不安は感じたが、描写と告白とを信じ、思想上の戦いには全く不馴れであつた私小説の伝統が身内に生きてゐたところから、生活の不安から自我の問題、個人と社会の問題を抽象する力を欠いてゐた。又、かういふ思想上の力によつても、文学の実現は可能だといふ事さへ明らかに覚らなかつたのである。（同前）

小林秀雄の「私小説」への死亡宣告は、おおよそ右の引用に集約されている。「描写」と「告白」への妄信、ただそれのみに依って立つ「日本／近代／文学」の異常なる本流、それが「私小説」であるのだと。その脈々たる流れは当然、西欧文学の受容にもバイアスを掛ける。

> 例へば新感覚派や新興芸術派の文学運動（中略）の源には、不安な実生活を新しい技巧によつて修正しよう、斬新な感覚によつて装飾しようといふ希ひがあつたので、この点これらの文学は、私小説の最後の変種だつたと言つてもいゝ。ジイドをはじめ、プルウスト、ジョイスの新しい文学が輸入された時、最も問題に富んでゐたが技法的には貧しかつたジイドが捨てられ、プルウストやジョイスの豊饒な心理的手法が歓迎されたのも当然だつたし、この技法の背後にあつた彼等の絶望的な自我の問題を究明しようとした冒険家も出なかつた。それほど描写告白

文学に対する素朴な信仰は強かつた。(同前)

こうして「私小説」、いや「私小説的なるもの」は、プルーストやジョイスをもっぱら「新しい技巧」と「斬新な感覚」としてのみ受け入れ、たとえもはや「私小説」と呼ばれることがなくなったとしても、繰り返し「又新しい形で現れて来るだらう」と小林秀雄は颯爽と予言し、実際にそうなった。ここまで『私小説論』を愚直に読み直してきた私たちは、そのことをすでによく知っている。ここで素描された「私」の肖像が、果たして本当に正しいものだったのか否かは問題にならない。そんなことを今さら問うてみても何の意味もない。

そうではなくて、次にするべきことは、この「私」が、その後に登場した「私小説」ならぬ「私の小説」たちに対して、どのように作用していったのか、を見てみることである。だがその前に、もう一点だけ、検討しておかなくてはならないことがある。それは「私小説」と「純粋小説」とのパラドキシカルな関係である。

## 3. 「純粋小説」と(しての)「私小説」

あらためて述べておくと、小林秀雄が『私小説論』で多少とも向こうを張ったと考えられる横光利一の『純粋小説論』における「純粋小説」とは、両者が書かれる少し前に日本語訳が出版されたアンドレ・ジッドの『贋金つかい』に由来する。では、それはどのようなものであったのか。ここは敢て渡部直己『小説技術論』より孫引きしておこう。

小説から、とくに小説本来のものでないあらゆる要素を除き去ること。近年写真がある種の正確さにたいする関心から絵画を解放したと同じように、近き将来において、蓄音機が、今日の写実作家が得意にしている克明な会話などを小説から一掃してしまう日がくるにちがいない。外部的な出来事、事件、外傷《トロマティスム》などは、映画の領分。小説は、よろしくそれらを映画にまかすべきだ。人物描写にしても、それは本質的に小説の部門に属すべきものとは考えられない。

(『贋金つかい』第一部第八章/山内義雄訳)

このように、ジッドの「純粋小説」は文字通りの純化、いわば小説の小説性の精錬の意味であったのだが(ここで「絵画/小説」という表象の技術と「写真/蓄音機」という記録のテクノロジーの関係性が持ち出されていることは私としては如何にも興味深い)、どういうわけか横光はここから「純粋」という言葉のみを借り出して、『贋金つかい』の意味とは完全に別個に、前述のごとく「純文学」と「通俗小説」の乗算としての「純粋小説」という独自の用法を打ち出してみせたのだった。

独自というか、これではほとんど真逆である。『純粋小説論』にはこの点についての説明が明確には述べられておらず、よくわからないのだが、推察するに、当時すでに「通俗小説」方向、すなわち「反純粋」へと大きく足を踏み出しかけていた横光にとってみれば、文壇でつとに話題となっていたジッドの「純粋小説」なるものは、こう言ってよければいささか都合が悪いのであって、無理にでも先手を打って、自らの変化（変節？）を肯定するタームへと捩じ曲げようとした、ということだったのではあるまいか。こんな邪推が頭を擡げてくるほどに、ジッドと横光の「純粋」はまるきり違っている。にもかかわらず、当時の横光の揺るぎなきプレゼンスのせいで、実際に『純粋小説論』は大きな反響を呼んでしまったのだから、文学史とはなんと奇怪なものだろうか！

すでに見たように、小林秀雄は横光的な「純粋小説」を気にしながらも、基本的には一蹴している。そしてジッドによる本来の定義に立ち返ってみせる。「小説」の純化。当時、小林は『贋金つかい』も含む『アンドレ・ジイド全集』（建設社）の翻訳に参加していたのだから、これは当然と言うべきかもしれない。だが、小林の「純粋小説論」というべき『私小説論』で問題にされたのは「小説」ではなく「私」だった。「ジイドにとつて「私」を信ずるとは、私のうちの実験室だけを信じて他は一切信じないと云ふ事であつた」。とすれば、小林秀雄にとって「小説」の純化とは、すなわち「私」の純化のことだったのだろうか？

ここで不意に思い出されるのは、小林が『私小説論』の半年程前に、ポール・ヴァレリーの『テスト氏』を翻訳刊行していることである。前に触れた文芸時評「「紋章」と「風雨強かるべし」とを読む」とほぼ時期を同じくする一九三四年十月のことだった。ヴァレリーが自身の分身であるエドモン・テストという特異な人物（キャラクター？）をめぐって長い時間を掛けて書き継いだこの奇妙な連作小説（実際にはそれは小説と散文詩とアフォリズムのアマルガムの如きものである）は、小林自身がしかと意識していたかどうかは別にして、彼の「私小説＝純粋小説」

論に決定的ともいうべき影響を与えている。ヴァレリーは「純粋小説」という言い方はしていないが、ある意味ではアンドレ・ジッドよりも、むしろジッドの親しい友人だったこの天才詩人の思考から、小林はより多くのインスピレーションを受け取ったのだと私には思われる。小林による訳文を引いてみよう。

僕は正確といふ烈しい病に悩んでゐた。理解したいといふ狂気じみた欲望の極限を目がけてゐた。そして、自分の裡に、自分の注意力の急所を捜し廻つてゐた。(略)僕は文学を信用してゐなかつた。詩となると随分正確な作業だが、これにも信を置かなかつた。書くといふ行為は、常に或る「知性の犠牲」を要求する。例へば、文学書を読む様々な条件は、言語の極端な正確とは、到底相容れないことは、人のよく知るところである。知性は、通常の言語の手に合はぬ完全さや純粋さを、進んで通常の言語に要求するであらう。

(「序」―『テスト氏』)

読まれる通り、ここでは「純粋」よりも「正確」という語＝概念が重要視されている。だが、ここで言われる「正確といふ烈しい病」や「言語の極端な正確」が『贋金つかい』の作家エドゥワールの夢と繋がっていることは明らかだろう。『テスト氏』を構成する個々のテクストの執筆時は長期間にわたっているが、この序文は一九二五年に発表されたものである(精確に言えば、これは『テスト氏』の二度目の英訳本の冒頭に何故かフランス語のまま添えられたものだ)。ジッドが『贋金つかい』を発表したのも同じく一九二五年だが、「テスト氏もの」の最初の一編

「テスト氏との一夜」の初出はこれよりも三十年近く遡る一八九六年のことだった。ジッドはそれ以前からヴァレリーと親しく、「テスト氏との一夜」以後の二十年に及ぶ沈黙期を経て発表され、ヴァレリーの文名を決定づけた長詩「若きパルク」（一九一七年）の成立にも貢献している。ジッドが「純粋小説」を標榜したのも、ヴァレリーの「純粋詩」からの影響が大きかったとされている。

「序」の続きはこうである。

> そこで僕は、自分が**現に本当に**所有してゐるもの以外、一切を捨てようと試みた。が、どう捨てたものかとなると、あまり自信がなかつた。そして自分を嫌悪するに必要なものなら、自分の裡をさぐれば、いくらでも苦もなく出て来る始末であつた。併し一方、僕は自分の、正確に対する限りない欲望、信念と偶像とに対する軽侮、容易に対する嫌悪、己れの極限を嗅ぎつける感覚力には充分恃む処があつたのだ。僕は自分の裡に、一つの内部《こゝろ》の島を拵へ上げ、これを認識し、これを鞏固にする為、徒らな時を過した……
>
> テスト氏は、かういふ状態の生ま生ましい思ひ出から、或る日生れ出たのである。（同前）

「自分が現に本当に所有してゐるもの以外、一切を捨てようと試みた」結果、ヴァレリーは「テスト氏」を生み出した。エドゥワール＝ジッドは「小説から、とくに小説本来のものでないあらゆる要素を除き去ること」を夢想した。いずれも純（粋）化である。ここに「自分（私）＝小説」という等号が結ばれる。少なくともこの等号は、小林秀雄にとって極めて重要な意味を持ったのではないか。

小林は一九三四年八月（推定）の小文で、日本語版『テスト氏』の出版社（野田書房）から解説文を求められたが「そんなものは書けぬ」と返したと述べ、なぜなら「「テスト氏」といふ本自身が精妙なヴァレリイ解説」なのだからと書いている。「ヴァレリイは「テスト氏」で自分といふよりも自分といふ人間の存在の根本規定を解説してをります。その精妙さの故にこの解説は独創的な文学となつてゐるのです」（「「テスト氏」の訳に就いて」）。いうなれば『テスト氏』はヴァレリー版『告白』である。しかしそれはルソーのように「わたし」が「わたし」を語るのではなく、友人である「僕」が「彼＝テスト氏」を語るという構造になっている。「自分」というよりも「自分といふ人間の存在の根本規定」の「解説」という小林の言は、このことにかかわっているだろう。

「テスト氏もの」は「テスト氏航海日誌抄」を除き全てがテスト氏以外の語り手／書き手を持っている（他には書簡体の「エミリイ・テスト夫人の手紙」があるが、これも「僕」がテスト氏に書き送った「友の手紙」への、本人でなく妻からの返信という形を取っており、基本的に語りの主体は「僕」に収斂していると言ってよい）。しかし、一読すればわかるように、奇妙なことに「僕」は「彼」と非常によく似ており、他者（たち）の視点を配することで主人公の人物像を客観視、対象化してみせるというありがちと言えばありがちな目論見と、ヴァレリーがしていることが全然違うことは明白だ。この点について、清水徹は自身の訳による『ムッシュー・テスト』の解説で次のように述べている。

そういう語り手に従ってムッシュー・テストの像を知ってゆくにつれて、わたしたちは、しだいに、この語り手をムッシュー・テストとよく似た人物のように感じてくる、というか、まるでこの小説の構造が向かいあわせに置かれた二枚の鏡の装置のように思えてくる。（略）語り手と語られる人物がほぼ鏡像関係にあり、そうした語り手「わたし」がまず、みずから理想と考える「強靭な頭脳」について語り、つづいてその「わたし」がこの理想をほぼ体現したと考えられる人物に出会って、その人物について熱狂的に語る。こういう小説装置を読みすすめてゆくわたしたちは、語り手の憑かれたような口調にいわばあおり立てられるようにして、ムッシュー・テストの像を想い描き、それに惹きつけられてゆく。

（「解説」――『ムッシュー・テスト』）

言うまでもなく『テスト氏』はヴァレリーの苛烈な自己探究の産物である。それは実質的には「小説」というよりも思想書に近い。だが、私たちは敢てこれを「小説」として、それも「私小説」と呼ばれる形式＝ジャンルの先行例のひとつとして捉え直しておきたい。「私」が「私」を語るために「私」を「彼」と呼ぶ別の「私」が召喚される。本来の「私」からすればこの「私」は「彼」である。だが読む者の誰もがこの二人の「私／彼」がほとんど同一人物であることに程なく気づく。つまりやはりそこでは「私」が「私」を語っているのである。語る「彼＝私」が語られる「私＝彼」を語っている。『テスト氏』において、それは語る「私」が語られる「私」を語っているのと同じことなのだ。実際、清水徹によれば、たとえば「友の手紙」は初出（一九二四年）の時点ではポール・ヴァレリー自身の手紙という体裁になっていたのに、のちに「僕＝テスト氏の友人からの手紙」に変更されたのだという。ヴァレリー自身が、どちらでも構わないという態度を示しており、要するに、そういうことだったのだ。テスト氏も、テスト氏を語る「僕」も、結局はどちらもポール・ヴァレリーという「私」の分身なのである。だがここでは分身自体が双児になっている。清水徹が「向かいあわせに置かれた二枚の鏡の装置」と評する所以である。

だが、この二枚の鏡は、確かに向かい合っているとはいえ、完全に対称とは言えない。なぜならば、ここで語りを任された「僕」、語られる「テスト氏」とは物語の設定上、間違いなく別の名前と肉体を持っていることになっている筈の「僕」は、考えてみれば実に不気味な存在であるからだ。「テスト氏との一夜」というテクストは「僕」が語らなければ存在していない。だが、その「僕」は「テスト氏＝彼＝ヴァレリー＝私」という語られる対象に較べ、あからさまにオブスキュアである。この「僕」は、ただ「私」を「彼」として語るためにだけ存在している。いや、存在させられている。その存在の様態は、彼が語っている対象よりも、比喩的に言うなら一段低い階層にある。それはいわば、語ること、語り続けることでかろうじて存在していることになっている、という程度のものでしかない。しかし、であるにもかかわらず、この「テスト氏」にかかわる何もかもは「僕」の語りに全面的に委ねられているのだから、いわば「僕」は何でもやり放題なのだ。「僕」はいつ「彼＝私」にかんして虚偽を述べたり、事実と異なることを記しているかわからないし、その真贋を見分ける術は読者にはない。

だがしかし、実をいえば『テスト氏』に限ってはその心配はない。だってこの「僕」は、ポール・ヴァレリーならぬ「エドモン・テスト」と同じく「正確といふ烈しい病」の産物なのだから。こと「正確」を最優先事項に掲げている以上、そこには誤差や計測間違いはあり得ても偽りや詐術はあり得ない。ヴァレリーは純化された「私」の結晶として「テスト氏」を発明した。いわば「純粋私小説」である。そして私たちにとって重要なポイントは、そのためにこそ「僕」が必要になった、という点である。「正確」に徹しようとするがゆえに「私」が「僕」と「彼」に分裂しなければならなかったこと、それは「私」が「私」として「私」を語るのとは、やはり違うのだ。だが、ならばそれは、どう違うのか？

　という問いはひとまず宙吊りにしておいて、一旦話を戻すと、小林秀雄は「純粋小説」という語が表題に据えられた文章を、少なくとも二つ書いている。ひとつ目は、一九三一年十二月に「文学」に掲載された「純粋小説といふものについて」である。そこで小林は「近頃、純粋小説といふ事がしきりに論じられてゐる。実に判然しない言葉で、私には、この問題をまともに抜け目なく述べる事が出来ようとは考へられぬ」と書き出す。この文章は横光利一の『純粋小説論』にはるかに先行している。前にも触れたように、アンドレ・ジッド『贋金つかい』の本邦初訳が世に出たのは一九三四年なので、日本語になる以前から、フランス語が読める者を媒介にして、日本の文学者のあいだで「純粋小説」は物議を醸していたということだ。しかし肝心の「純粋小説といふものについて」の内容はといえば、小林は早々に「なんの事はない、結局一般に立派な小説とはどういふ小説かといふとぼけた問題に帰着する」と断じ、「こんな事をまともに論じだしたら手がつけられなくなる。私は、私流の純粋小説論をする事にする」と言って、あとは谷崎潤一郎による永井荷風『つゆのあとさき』への書評を絶賛して終わる。その内容はここでは触れない。二つ目は、一九三六年、小林は東京放送局（現在のＮＨＫ）のラジオ番組に出演して「純粋小説」について話したが、その記録を基にした「純粋小説について」という文章である。これは明らかに『純粋小説論』の余波だが（それにしても「純粋小説」というネタは相当に保ちが良かったわけである）、ここでも小林は「しかし恐縮な事ですけれども非常に困つたことには、諸君が近頃純粋小説といふことを雑誌などで見るけれどもあれは一体何だと考へられる以上に、僕は純粋小説とは何だらうと思つてゐるのです、実は」などとのっけから告白し、横光利一の「純粋小説」の曖昧さに触れた後、しかしこの曖昧さは「純粋小説」なる用語＝概念の輸入に根本的に備わっていたものなのだと述べて、その輸入元であるジッド『贋金つかい』における「純粋小説」を紹介した上で、こう言う。

小説といふものは元来たいへん不純な表現様式であります。音楽とか絵のやうに音とか色とかいふ、純粋な実質で人間を動かす力はありませんけれど、音でも色でも一様に言葉に翻訳する事が出来る。音や色だけではない、心理でも情熱でも、思想でも行為でも事件でも風景でもあらゆるものを言葉といふ符牒で捕へてしまふ。小説といふ表現様式はあらゆる芸術様式のエレメントを叩き込むだけのゆとりをもつてゐる。さういふ意味で小説といふものはあらゆる芸術様式のうちで一番不純な様式だと言へるのであります。だからもしも小説の本質はどこにあるかといふ事になれば今申し上げた小説の不純性そのものがその本質だといふ事にならなければならない。

（「純粋小説について」）

「小説といふものは一番芸術様式のなかで自由な形式で、従つて不純な様式であるならば、一番小説らしい小説とは、その不純性といふ本質を出来るだけ発展させたものに他ならない。(略)この小説の不純性を恐れずに自覚して実現したならば、純粋小説といふものが出来上るにちがひない、とジイドは考へたのであります」。ジッドが、ではなく小林が考えたのだろう、と言いたくなる。実際、ここには小林秀雄の小説観、文学観の一端が赤裸々に覗いている。この講演録のこの後の部分でも、すでに見た『私小説論』の一節と同様に、小林はジョイスやプルーストの評価には留保をつけ、かわりにドストエフスキーを高く評価してみせる。「ジョイスやプルウストの在来のリアリズムに対して行つた反抗も、ドストエフスキイの敢行した革命に比べると、さう大したものとも示唆に富んでゐるとも僕は考へませぬ」。そして「純粋小説について」の後半はもっぱらドストエフスキーのことばかりが語られ、そのまま「未完」で終わっている。言うまでもないだろうが、この時期、小林は自らが編集する「文學界」で『ドストエフスキイの生活』を連載中だった。

詰まるところ、小林秀雄は「純粋小説」と題名にある二つの文章のどちらにおいても、ジッド由来の「純粋」ということを真正面から受け取って論じてはいない。彼はおそらく横光利一による「純粋小説」概念の誤用と混乱を苦々しく思っていただろう。だが、かといって小林はジッドの「純粋小説」にも与しなかった。彼は「純粋小説」という用語=概念を自分なりに再定義する代わりに『私小説論』を書いたのである。では再び問うてみよう。小林にとって「小説」の純化が「私」の純化のことで(も?)あったということは、どういう意味なのか?

小林秀雄訳「テスト氏との一夜」から二ヵ所、引用する。

彼は咳をした。独り言で「人間に何が出来る……人間に何が出来るのだ……」と、僕に向つて、「自分で何を喋つてゐるのか知らないといふ事を承知してゐる男を一人貴方は御存知なわけだ」。

（「テスト氏との一夜」――『テスト氏』）

「僕」はテスト氏と劇場に芝居を観に行った帰り、話し込みながら彼の部屋の前まで来てしまった。ここで「人間に何が出来る」と訳されている言葉は『テスト氏』の中心的な主題を表すもので、小林以後の諸訳では「ひとりの人間に何ができるか？」とされている。この問いこそヴァレリーが終始追究しようとしたものだった。

この「ひとりの人間」とは、つまり「私」である。「自分で何を喋つてゐるのか知らないといふ事を承知してゐる男」という言い方も興味深い。「自分が何を言っているのかわかっていない、ということがわかっている人間！」（清水徹訳）。テスト氏は「僕」に部屋に寄っていけと誘う。その癖、彼は話しながらベッドに入ってしまう。何度か眠りそうになり、次第に彼の話は途切れ途切れになる。

彼は猶つゞけた、「僕は考へる、考へるのは誰の邪魔にもならない。たつた一人だ。孤独といふものはいかにも気持ちのいゝものだ。（略）ひよいと顔を出す、ほんの些細な事実の破片《かけら》の方が、俺には余程ましなんだ。俺はかうしてゐる、自分を眺めるのを眺め乍ら、以下之に順ず……もっと間近かに考へてみよう。おやおや、人間はどんな題目の上にも眠るし、……眠りはどんな考へでも続けるし……」。

彼は静かに鼾をかいた。僕はもう少し静かに蠟燭を取り、足音忍ばせ外に出た。（同前）

「テスト氏との一夜」はこれで終わりである。「僕」と「俺」の使い分けなど、如何にも小林秀雄節と言えよう。注目すべきは「俺はかうしてゐる、自分を眺め乍ら、自分を眺めるのを眺め乍ら、以下之に順ず」という箇所だ。清水訳では「わたしはいま存在しつつあり、そういうわたしを見つつあり、わたしを見るわたしを見つつあり、以下同様」となっている。こんなことを語っている「彼＝テスト氏」を「僕」が見ている／語っているという構図は、実はかなり複雑である。「向かいあわせに置かれた二枚の鏡の装置」どころではない。ほとんど倒錯的と呼んでもいい。そして明らかに、これはすこぶる小林秀雄好みの台詞である。すなわち「自意識」の問題。

ヴァレリーは『テスト氏』として纏められた書物以外にも、彼が一八九四年から発表を前提とせず長期間にわたって書き継いだ膨大な頁の思索録『カイエ』の中で、たびたび「テスト氏」に触れている。たとえば次の断片。

テスト氏は自らを自分がするゲーム、あるいは、〔より一般的に〕ある種のゲーム、の駒の一つとみなすという奇妙な習慣を身につけていた。彼は自分を見ていたのだ。ゲーム台の上で、自分に活路を見出そうとするのだ。時にはゲームに興味を失うこともあった。

つねに〈自我《モワ》〉を〈第三者《リュイ》〉のごとく扱うこと。

（「『カイエ』の断章——テスト氏」——『ヴァレリー集成Ⅰ——テスト氏と〈物語〉』恒川邦夫訳）

執筆年は「一九二二—一九二三」とある（以下は丸括弧内に記す。引用元には出典を示す略号が附されているが割愛する）。ここでも「テスト氏との一夜」の末尾に似た倒錯性が働いている。主語は「テスト氏」だが、それはヴァレリー自身のことなのだから、彼はすでに〈自我〉を〈第三者〉のごとく扱っていることになる。ヴァレリーが自らをゲームの駒とみなした結果現れたのが「テスト氏」なのであってみれば、事態は極めて自己言及的である。「私は自分の孤独についてこういう方策を取った。／テスト氏は神秘家にして、自意識《セルフ・コンシアンス》の——純粋および応用——物理学者である。／とくに自意識をいかに《適用する》かという問題を探求する人である。／そして自意識を機能的……自動的にする!!——〈意識の〉諸状態を排除ないしは規則的に解消するように」（一九二六）。「純粋および応用」というフレーズは、一九三六年から一九三八年にかけて書き継がれ、死後出版された『純粋および応用アナーキー原理』に繋がる。「自意識」をいかに適用するか。ヴァレリーはそれを可能な限り物理学的、科学的、数学的に捉えようとする（彼はこれらの学問にも秀でていた）。「自意識の累乗——$C^1$、$C^2$、$C^3$——」という一行（それはまさに「自分を眺め乍ら、自分を眺めるのを眺め乍ら、以下之に順ず」ということだろう）から始まる断片には、こうある。

（自分についての）《意識》——は様々な形で広がっていく可能性がある。

A. たとえば、一種の覚醒から結果する（なぜなら、いずれの場合にも、意識は出来事——態度——etc.である）、覚醒が知識‐認識の領域に一種の評価子を導入する。その評価子がその領域にあったものに別の価値を付与し、その領域を格付けする。それが別の参照軸、意味、重要度——etc.を与える。

もし以前にあったものがすべてそのように処理されると、その出来事が、言葉の本来的な意味で、覚醒となり、それ以前の全領域が夢であったと推論される。

B. しかし意識《コンシャスネス》には別のモードもある。単純に、すべては特殊的であると《感じること》だ。すべての思考を包含する思考はないし、すべてを表象する視像や感覚も存在しない。そしてそれは一種の無限である——《私には私の〈無限〉がある》、とテスト氏は言った。

（一九三二）

かくのごとく、ヴァレリーにおいては文学と哲学は科学と数学に接近する。別の断片では「自意識の累乗」はより直截に「指数関数」とも言い換えられる。「私は考える私を考える……（私を考える）という形に／もう一段階つけ加えることができないという事実を知ったときの驚きは大きかった。それは二本の直線の交点に垂線を一本引いたら、それ以上は引けないというときに感じる想像力の袋小路の経験に似ている！／我々は何かを汲み尽してしまったのだ。（略）（私は考える……）という操作は$\sqrt{x}$、のようなもので、$x$はゼロ以下にはなり得ない。あるいはベクトルの掛け算a×b×cに意味がないようなものだ」（一九四二）。この「私は考える私を考える」は「自分を眺め乍ら、自分を眺めるのを眺め乍ら」と同じ「テスト氏」の基本構造である。しかしヴァレリーが言うには、この「累乗」は現実には二乗に留まり、それ以上には行けない。次の断片では、このことが更に数学的に述べられている。

私は考える私を考える……という形は、「私は考える……」が二つ続くとそこでストップする、あるいは自然消滅する　φ（φ（φ…）。

代数的にはかまわずφ（φ…）と書くことができる。しかく書いても無益で、意味がなく、何も表さない。――《なぜか？》――素朴な疑問。

（テスト氏だけが、時には、一瞬の間、三重の段階へ到達することがあった――――etc.）（一九四四）

テスト氏だけが、三重の段階、すなわち「私は考える私を考える私を考える」に達し得たというのは、一体どういうことだろうか。正直言って私にもよくわからないが、ふと思い出したのは、大を付けてよい傑作というべき榎本俊二の哲学マンガ『ムーたち』のあるエピソードである。息子のムー夫が父親のもとにやってくる。「お父さんたいへんだよ　本を熱中して読んでいたら　ボクがボクを見てるんだ」。実際に机に向かって本を開いているムー夫の背後に、もうひとりのムー夫の頭が浮かんでいる。すると父親は穏やかに言う。「ムー夫にもついに来たんだね」。怪訝そうにムー夫は尋ねる。「なにがだい？」。全てを心得たような表情で父親は言う。「自分をみつめるもう一人の自分のことだよ　我を忘れている自分を冷静な目で観察しているもう一人の自分に気がつく瞬間が誰にでも必ず来るんだよ　それはなんの前ぶれもなく突然やって来る」。そして彼自身の経験を語る。ムー夫は「自分が自分を意識するなんてキモチ悪いよー」と厭がるが、父親はこう言ってたしなめる。「そんなコトないよ　訓練しだいで無我夢中の自分をコントロールできるとても便利なものなんだよ」。それでもムー夫は納得しない。「お父さんの言葉を意識している自分を意識している自分がいる……　訓練なんてしたくないよ――」。最後は父親の内的独白である。「私の言葉を意識しているムー夫を意識しているもう一人のムー夫を意識している私を意識しているもう一人の私もいるよムー夫」。

これはヴァレリーの「私は考える私を考える」とよく似ている。「ウェルカム自分」と題されたこの挿話のテーマは、次の「セカンド自分」に引き継がれる。やることが多過ぎると嘆くムー夫に、父親はこうアドバイスする。「そういう時に便利なのがもう一人の自分なんだよ　忙しいファースト自分にかわって冷静なセカンド自分に意識のスイッチを入れてもらうんだ」。

私はこれを読んだ時、すぐにこう考えた。セカンド自分がいるのなら、サード自分もいたっていいのではないか。更にはフォース自分もフィフス自分も、つまり「私は考える私を考える私を考える……」である。だが、私にもこれは難しいと思えた。なぜ難しいのだろうか。難しいという以前に、その状態をイメージしようとしても、上手く出来ないのだ。なんだか気持ちが悪くなってくる。但し、ひとつ言えることは、『ムーたち』のように、絵でならば描けるということである。机に向かうムー夫の背後に浮かぶセカンドムー夫の背後に浮かぶサードムー夫は簡単に描くことが出来る。同じく「私は考える私を考える私を考える」という文もこうして書くことが出来る。もちろん「書いても無益で、意味がなく、何も表さない」のかもしれないが。

ヴァレリーは「テスト氏だけが、時には、一瞬の間、三重の段階へ到達することがあった」と書く。これを「テスト氏」は考え得る限り最も理想的な知性の状態に近づいた一種の超人として創造されているのだから当然だ、と理解するのは容易いが、そうではなくて、『テスト氏』で採用された構造こそが、時には、一瞬の間、そのようなことを可能にしたのだ、と考えてみなくてはならない。すなわち、この「私」を「彼」と呼ぶもうひとりの「私」をもうひとりの「彼」として呼び出すこと。「テスト氏＝私」を語る「僕＝私」を語る「ヴァレリー＝私」。ほら、三重になっているではないか。

　しかし、この三者の「私（たち）」の間には、当然のことながら各々懸隔がある。これらの懸隔は幾らでも操作可能である。そして、だからこそ「正確」が求められなくてはならなかったのだ。ヴァレリーは彼自身である「私」の肖像を「純粋」に描き出そうとした。そのためには「テスト氏」と「テスト氏を語る僕」がどうしても必要だった。小林秀雄がアンドレ・ジッドについて述べた「「私」を信ずるとは、私のうちの実験室だけを信じて他は一切信じないと云ふ事」とは、こういうことではなかったか。『テスト氏』とはヴァレリーにとって、文字通りの「実験室」だったのである。

　大分遠回りしてしまったが、ここでもうひとつだけ、小林秀雄とポール・ヴァレリーの交点を成す「テスト氏」にかかわる『カイエ』の断片を引いておきたい。

　自分の人生のすべての瞬間に自分の姿を見、自分が考えたこと、頭に浮かんだこと、自分の身に起こったことのすべてを、証人として、再-考するようなことに誰が耐えられるだろうか？　うまくいかなかったとか、自分がしたあれこれの行為のせいでは必ずしもなくても、自分がいやでたまらず、昔の自分など追放してしまいたいと思わない人がいるだろうか――
そう感じるのは、ひとえに、他人が次第に決めつけてくる、自分が十全に感じている可能性に違和感をもたらすような特定の個人像ゆえである。我々の歴史は我々をある人物に仕立て上げる――それは侮辱である。

〔多くの可能性の中から〕「誰か一人」であるということほどばかげたことがあろうか？　どんな《偉人》だって、その状態の一つひとつ、態度、身振り、言葉や行為を細大もらさず明るみに出されたらひとたまりもないだろう？（略）誰しもありのままの自分を受け入れることはできないだろう――仮に何らかの驚異的な状況によって過去の自分の姿や自分の本当の姿が十全に示されたとしても。自分の姿を……ある種の〈他者〉のうちにしか認めないのが人間である！（一九四四）

これまでの引用と比較すると、驚くほど素朴で率直な言葉が、ここには綴られている。このヴァレリーの述懐に、「様々なる意匠」のあのあまりにも有名な一節、すなわち「人は様々な可能性を抱いてこの世に生れて来る。彼は科学者にもなれたらう、軍人にもなれたらう、小説家にもなれたらう、然し彼は彼以外のものにはなれなかつた。これは驚く可き事実である」との共鳴を聴き取るのは間違いではないだろう。ヴァレリーもまた「テスト氏との一夜」から右の断片までに流れた実に半世紀もの長きにわたって、「自意識＝私」という「烈しい病」に悩んでいたのだ。

小林秀雄が『私小説論』の直前に『テスト氏』を翻訳していたという事実は、私たちには重要な意味を持っている。小林にとって『テスト氏』こそ、他ならぬこの「私」の純化を徹底的に

（正確に）追い求めた「純粋小説」であったからである。『私小説論』に「テスト氏」という名前は一度も出てこないが、エドモン・テストはそこにいるのだ。だが、小林は勿論、同じことが「日本／文学」では不可能であるということも重々承知していた。それゆえに、彼は「私小説は亡びたが、人々は「私」を征服したらうか」と書かなくてはならなかったのである。では、そんな『私小説論』を、他の文学者たちは、どう読んだのだろうか？

## 4．「私小説（論）」論者たち

小林秀雄『私小説論』から十五年後の一九五〇年に、中村光夫が長篇評論『風俗小説論』を発表している。直接的には丹羽文雄との論争を契機に書かれたものであり、題名の通り丹羽らの「風俗小説」（当時流行していた時事風俗を描くことを主眼とする小説）を批判する内容だが、読めばすぐにわかるように、これは同時に「（日本の）私小説」批判でもある。また、全四章の全ての表題に冠されている「近代リアリズム」の再検討でもある。そして文中では一度も言及されていないが、中村は明らかに『私小説論』を踏まえて書いている。というよりも、そこでの小林の、すでに見てきたように（例によって）胡乱と唆呵の入り交じった、それゆえに曖昧さを色濃く残した（それゆえに魅力的でもある）主張を、より多くの道具を揃えて丁寧に論じ直した、という感が強い。言うまでもないだろうが中村光夫は小林秀雄と同じく東京帝国大学文学部仏文科卒であり、小林が編集を務める「文學界」で文芸評論家としてのデビューを果たした、いわば直系と言ってよい存在だった。

小林と同じく、中村もまた日本の近代私小説の始まりを田山花袋「蒲団」(一九〇七年=明治四十年)に置いている。中村はその前年に発表された島崎藤村「破戒」(一九〇六年=明治三十九年)が、論中で矢継ぎ早に指摘される(がここでは略す)多くの欠陥にもかかわらず「明治時代の作家が近代小説の本道を意識して歩もうと試みた貴重な記念碑であるのは動かせぬ事実」だと評価しておいてから、おもむろにこう述べる。


我国の近代小説全体がひとつの大きな断層と屈折を経験したのであり、この屈折の方向がそのまま日本文学の進路となったので、明治三十九年と四十年のあいだに横たわる断層はある意味で現代にも続くと考えられます。この断層がはっきり形成されたのは「蒲団」の出現によってなので、ここに定型をあたえられた私小説が今日にいたるまで我国におけるもっとも多産な文学形式であるのはいうまでもないことです。

更に重要な意味を持つのは、作家がその小説に直接「私」を登場させると否とを問わず、リアリズムという文学の根本技法と、ひいては文学の観念自体までが、それによって決定されてしまったことです。

(『風俗小説論』)


中村は、花袋の回想録『東京の三十年』(一九一七年)から、藤村「破戒」への「非常な喝采」や国木田独歩『独歩集』(第一集/一九〇五年、第二集/一九〇八年)の好評に孤独と焦燥を禁じ得なかった花袋が、ゲルハルト・ハウプトマンの戯曲「寂しき人々」に強い感銘を受けて「蒲団」を書くに至ったという有名なくだりを引用する。「丁度其の頃私の頭と体とを深く動かしていたのはゲルハルト・ハウプトマンの"Einsame Menschen"であった。フォケラァトの孤独は私の孤独のような気がしていた。（中略）……私も苦しい道を歩きたいと思った。世間に対して戦うと共に自己に対しても勇敢に戦おうと思った。かくして置いたもの、壅蔽して置いたもの、それを打明けては自己の精神も破壊されるかと思われるようなもの、そういうものをも開いて出して見ようと思った」。中村は「蒲団」が「寂しき人々」を「直接に模倣」したものであることは花袋自身が明言していると断わった上で、「「蒲団」によって形を定められた私小説を主流とした我国の近代小説は、その後さまざまな「欧洲の新思潮」の影響をうけながら、根本においては「寂しき人々」と「蒲団」との関係を変えずにいると思われる」と述べる。ではその「関係」とはどのようなものか？

「蒲団」を読んで見ても、また右に引いた彼の言葉からも、まず明かなのは、花袋が感動し、模倣したのは、戯曲にかかれたヨハンネスであり、この戯曲を書いたハウプトマンではない、ということです。

「フォケラァトの孤独は私の孤独のような気がした」というところから、花袋はこの作中人物を操る作者の手付には眼をとめず、いきなりヨハンネスを実演してしまったのです。その実演がそのまま芝居になると思い込んでしまったのです。

作者がみずから作中人物と化して躍ることで、小説をつくりあげ、併せてそこに作品の真実性の保証を見ることに、花袋から田中英光まで一貫した、我国の私小説の背景をなす思想があると思われます。自分のことを自分で書くくらい間違いのないことはない。事実である以上、嘘があるわけはないという考えです。(同前)

「この思想が後に我国の小説にどのような累を及ぼしたか」と中村は続けている。いま読んでいるのは『風俗小説論』の第一章「近代リアリズムの発生」だが、この章はおおよそ全編が「蒲団」を開祖とする「我国の私小説」への痛烈な論駁になっている。「(「蒲団」は)近代小説の性格についての或る大きな錯誤にもとづいて制作された」と中村は言う。その「錯誤」とは、次の二点に集約される。

第一には花袋がせっかく「寂しき人々」に「頭と体とを」深く動かされながら、作家と作中人物との距離をまったく無視して、自分をフォケラァトに擬すれば、そのままハウプトマンになれると速断したこと。近代文学のもっとも大切な次元のひとつを見落して、作者即主人公という奇妙な定式を、近代小説の要求する真実の名の下につくりあげたこと、そのために作家はその作品の主人公を彼を超えた立場から批判する自由を奪われ、たえず主人公の内部に縛られていなければならないことです。

第二にはこのような構成の当然の結果として、主人公は作品と同じ幅に拡がってしまい、しかも作者と主人公はたえず同一視されるため、作品全体が結局作者の「主観的感慨」の吐露に終ってしまうことです。「蒲団」とそこから流れでた我国の私小説は本質的に他人の登場を許

さない小説なので、その基調は作者(または主人公)のモノローグです。(同前)

中村の整理が、小林秀雄の問題提起のパラフレーズおよび展開であることは明らかだろう。だが忘れてはならないことは、こう中村が書いた時、すでに『私小説論』からは十五年という時間が経過していたのだし(いちおう断わっておくと、二つの論の間には太平洋戦争が挟まっている)、「蒲団」からは四十年以上の歳月が流れていた、という事実である。そもそも『私小説論』と「蒲団」のあいだにも、三十年近い時間が横たわっていたのだ。ということは、裏返せば「我国の私小説」が抱える「錯誤」は、それだけの長い時間を過ぎ越してきたということになる。そして「作者=主人公」と「モノローグ性」とでも短く纏められるだろう、ここで中村光夫が掲げる二つの問題点は、その後も更に半世紀以上生き延び、現在も持続しているのではあるまいか。

私小説発達の歴史は、作者がその「主観的感慨」にそのまま客観性を獲得するための苦闘史であり、そこに得られた主観的客観または客観的主観が「心境」という名で尊ばれたのは周知の通りです。しかしこのような「心境」も結局世間智の域を出ず、しかも小説家という特殊な職業に成熟した知恵であるために、(略)我国の私小説は描写の技術が円熟し、人間の写実が繊細な完成に達したときですら、作者の文学理論にまず共感せぬ者には理解し得ぬものになり、文壇とその周囲の狭隘な読者だけを相手にせざるを得なかったことは、私小説の文壇性、または非社会性として、くりかえして指摘されたところです。

これにさきに触れた作者が脚本書きとともに俳優を兼ね、たえず自分の文学を演戯していなくてはならぬ必要性とを加えると、我国の私小説が豊饒な開花のもとに潜めていた欠陥は大体つくされるのですが、そのすべてが「蒲団」のなかに芽生えの形であっても、はっきり備っているのを見れば、この小説の出現を我が近代文学史上宿命的な事件と呼んでも決して誇張ではないのです。（同前）

痛烈な批判である。「この意味で「破戒」から「蒲団」にいたる道は滅びにいたる大道であったと云えましょう」とまで中村は言っている。その筆致は、ある意味では小林秀雄以上にポレミカルだと言ってよい。そしてその論難の矢は丹羽文雄ら眼前の「風俗小説家」よりも、彼らが登場するまでに至る「日本近代文学」の前史丸ごとに向けられている。その「錯誤」の出発点が、西洋の近代小説の誤った輸入、そこに生じた矮小化／歪形化であったという論点も、小林の『私小説論』と同様である。

中村の「蒲団」への批判は『風俗小説論』の第二章以降も延々と続けられるのだが、さしあたり本論にとって必要な部分は、大体これで足りるだろう。纏めると、田山花袋の「蒲団」が開示した「作者＝主人公」と「モノローグ性」を特徴とする、文壇的＝非社会的、すなわち閉鎖的／内輪話的な「演戯」の産物——これを更に纏めるなら、第二章「近代リアリズムの展開」で引用される中村武羅夫が「私小説」の前身というべき「心境小説」を評して言った言葉「書かれてあることよりも、誰が書いたか」ということになるだろう——を、西欧の文学的な達成に対応する近代日本の「リアリズム」と勘違いした／させたところに「滅びにいたる大道」のはじめの一歩があったのであり、そのことを「明治三十九年と四十年のあいだに横たわる断層」と中村光夫は位置付けているわけである。藤村から花袋への重心移動、「破戒」から「蒲団」へのヘゲモニーの転換こそが、今（一九五〇年）から振り返ってみれば、日本近代文学史上の忌むべき「宿命的な事件」だったのだと。

中村光夫の後で「私小説」の問題に真正面から取り組んでみせたのは、もちろん平野謙である。『風俗小説論』発表の翌年に当たる一九五一年、平野は「私小説の二律背反」という文章を発表している。それは、その後に書かれた森鷗外、田山花袋、島崎藤村、徳田秋声、永井荷風、志賀直哉、夏目漱石にかんする小論および関連論考と共に『芸術と実生活』（一九五八年）に収録されることになる。

「私小説の二律背反」という論文は、やや長めの引用から始まる。孫引きになるが、重要なのでそのまま記す。

近頃の日本の小説界の一部には不思議な現象があることを賢明な諸君は知って居らるるであろう。それは無暗に「私」という訳の分らない人物が出て来て、その人間の容貌は無論のこと、職業にしても、性質にしても一向書かれなくて、そんなら何が書いてあるかというと、妙な感想の様なものばかりが綴られているのだ。気を付けて見ると、どうやらその小説を作った作者自身が即ちその「私」らしいのである。大抵そう定っているのである。だから「私」の職業は小説家なのである。そして「私」と書いたら小説の署名人を指すことになるのである、という不思議な現象を読者も作者も少しも怪しまない。小説家を主人公に使うことも、「私」を主人公にすることも、悉く少しも排斥すべき事柄ではないが、その為に小説の主人公の「私」

は皆作者その人のことであって、従ってその小説は悉く実際の出来事のように読者がいつとなく考えるようになった事は嘆かわしい次第である。

いささかトリッキーな書き出しというべきかもしれないが、このあと平野謙自身の文章はこう始まる。「日本独特の私小説という文学ジャンルの性格を衝いたこの引用文は、伊藤整のそれでもなければ、中村光夫のそれでもない。宇野浩二つくるところの『甘き世の話』という小説の一節である」。平野は、この小説が大正九年＝一九二〇年の作であることに読者の注意を促す。「作中に「私」という人物が登場しさえすれば、その「私」は作品の署名人と同一の小説家で、そこに書かれている話はことごとく実際の出来事であるかに誤解されるような風潮が、すでに大正九年に一般化されていたという事実は、やはり注目されていいと思う」。この『甘き世の話』だって「蒲団」から数えれば十数年が過ぎているわけだが、ともかく平野は「私小説」が、すでにして長い歴史を有しているという事実を強調する。先に触れた「書かれてあることよりも、誰が書いたか」という一節が読まれる中村武羅夫「本格小説と心境小説と」が大正十三年＝一九二四年、『私小説論』でも引用されていた久米正雄の「私小説と心境小説」がその翌年の一九二五年、他にも複数の名前や文章を次々と挙げていくことで、平野は大正十年代には「心境小説＝私小説」の隆盛はひとたび極まっていたと指摘する。だから小林秀雄の『私小説論』は、それからまた十年という時間が流れて、さてどうなったのか、という話だったわけである。

ではそういう私小説・心境小説の特徴はどこにあるか。従来、私小説も心境小説も、その随筆的・日常茶飯的傾向を非難されるのが通説だが、そして、亜流的作品はたしかにその非難に値いする安易な傾向をはらんではいたが、やや逆説的にいえば、その本質はむしろ非日常性にこそある。家常茶飯的ならぬ生の危機感こそ、それの産みだされる根源のモティーフにほかならなかった。

（「私小説の二律背反」）

「実生活上の危機意識とそれの救抜こそ、秀れた私小説と心境小説とに共通する主題であった」と平野は続けている。「非日常」と「危機」。確かに今日に至るまで、不思議なことに「私小説」と呼ばれたり、また自らそう名乗っている小説には、むしろ並の小説よりもドラマチックであったりスリリングであったりするような作品が多い。むろんそうではないものもあるのだが、描かれ語られる事件や出来事が、読者の大多数にとっての人生や生活、そこで育まれる常識とは何らかの意味で隔絶した内実や様相を有している場合の方が、たとえ「私小説」であっても、いや「私小説」であるからこそ、どうも受けが良いのではないかと思えるのは、否定し難いことではないだろうか。なぜ「私小説」の「日常茶飯的傾向」はしばしば非難され、むしろ「非日常性」が好まれるのか。ここには私たちにとって重要な論点が存在している。しかしとりあえず平野謙に戻ろう。

しかし、私小説と心境小説とではやはり決定的な相異点を持っている。私小説を滅びの文学とすれば、心境小説は救いの文学である。私小説をどうしようもない混沌たる危機自体の表白とすれば、心境小説は切りぬけ得た危機克服の結語にほかならない。前者が外界と自我との異和感に根ざしているとすれば、後者はそれの調和感にたどりつこうとしている。人間実存のどうしようもない愚かしさや罪ふかさに発する生の危機感と、そのような危機感を超克するところに生ずる澄明な運命感と。前者はその救抜を芸術の側に求めようとし、後者は実生活の側に求めようとする。(同前)

「私小説は破滅者の、現世放棄者の文学であり、心境小説は調和者の、現世把持者の文学にほかならない。近松秋江から嘉村礒多をへて太宰治にいたる系列と、志賀直哉から滝井孝作をへて尾崎一雄にいたる系譜とが、そこにおのずから区別される所以である」と平野は述べて、それから細かい検証に入っていく。『芸術と実生活』という書物は、まず「私小説の二律背反」と、更にその前の冒頭に置かれた、ごく短い「問題の発端」という文章（一九五一年執筆、一九五三年発表）をワンセットの序論＝要旨として配し（目次上はこの二篇で「I」とされている)、その後に個別の作家論が続く構成になっている。

「問題の発端」にかいつまんで記されている平野謙の批評的モチーフは、書名に端的に示されている。同論の書き出し、すなわち本の始まりはこうである。「「芸術と実生活」あるいは「実行と芸術」という問題は歴史的な由来をもっている。それは明治四十年前後の自然主義文学の勃興とともに提起されたものだ。それが明瞭な問題意識として論ぜられたのは、明治四十二年のことである」。平野によれば、この「明治四十二年」とは、田山花袋が「評論の評論」という評論を発表した年である。「蒲団」の二年後のことである。またも孫引くと、そこで花袋はこう書いている。「人生に対する作者の理想（実行者が多く抱いているような、社会がこうありたいとか、自分がこうありたいとかいう）が加われば加わるだけ一層描写の目的が達せられなくなる。芸術家と実行者との差が此に横わっている」。平野は、ここで花袋が提起した「実行と芸術」「芸術と実生活」の相関関係、そこに孕まれる「二律背反」という問題が、甚だ茫漠とした、曖昧なものではあるものの「曖昧なままに自然主義文学を貫流するおもおもしさに心ひかれていた」と述べる。そして続く「私小説の二律背反」では、より問題意識を明確にした上で、具体的な作家／作品を多数取り上げて「芸術と実生活」を論じている。しかしその視座は極めて一貫している。たとえば平野はこう述べる。

芸術家の場合、わけて日本の私小説家のような場合、その芸術家生活の持続と家庭生活の平穏とはしばしば一致しない。家庭の和楽は芸術家の情熱をなしくずしに沈滞させ、家庭の危機という餌食によって、はじめてその芸術衝動は切迫感を獲得する。さきにふれたように、私小説が生の危機意識にモティーフを持ち、その危機感が形而上的な生の不安や孤独から隔絶された具体的なものとして成立している以上、そのような傾斜はまぬかれがたいのである。（同前）

「芸術か家庭かという二者択一」と平野は言う。「ひろくバルザック、スタンダール、フローベール、プルーストらが独身もの乃至それにちかいものとして終始した一半の理由もまたそこにある」。ところでしかし「二者択一／二律背反」が起こる作家と起こらない作家がいる、とも平野はつけ加える。「鷗外・藤村・直哉らは、おお根のところ否定すべき「現世」をはじめからなにほども所有しなかったゆえに、比較的容易に現世放棄者となり得た世の私小説家どもとは反対に、放棄すれば彼らをして彼らたらしめている現実的地盤を喪失しなければならぬだけの「現世」にしかとつながれていたからである。そこに彼らが世のつねの私小説家とは面目を異にする本質がある」。

率直に言って暴論ではないかと思う。ここでの平野謙の指摘が、あまりにも単純で杜撰で強引な決めつけに過ぎることは、ほぼ誰の目にも明らかだろう。現時点からみれば『芸術と実生活』の大半は、誰もが漠然とではあれ感じていても正面切って論じることは憚られていた「作家の私生活と作品との関係」という問題、つまり言ってしまえばゴシップ的な憶測を、文芸評論に全面的に導入した、ということ以上のものではない。そしてその面においては、これはなかなか面白い書物であることは確かである。

「私小説の二律背反」は、最後に伊藤整の長編小説『鳴海仙吉』（一九五〇年）の話で終わる。文芸評論家としての伊藤整もまた「私小説」批判論者のひとりだった（『小説の方法』一九四八年、ほか）。平野は『鳴海仙吉』によって「はじめて伊藤整は私小説的文学精神の方法化に一応成功した」と言う。どういうことか？

では私小説の方法化とはなにか。現実処理と芸術処理という点では、私小説も心境小説もひとしく現実処理イクォール芸術処理という一元的な立場にたっていた。しかし、私小説にあってはあくまでその芸術処理にアクセントがみられ、そこに芸術至上的な最後のカタルシスを希っているのに反して、心境小説においてはその現実処理のために芸術処理を一応犠牲にしてもやむを得ぬ立場がとられた。前者の代表は近松秋江・葛西善蔵・嘉村礒多・太宰治らであり、後者の典型は志賀直哉・滝井孝作・尾崎一雄・外村繁らである。そして、それが一元的な立場を孤守せざるを得ないゆえに、そこには生活者としての破滅か、芸術家としての緘黙かがいわば必至の陥穽として待ちかまえていた。伊藤整はこのような陥穽をのがれようとして、現実処理と芸術処理とをまっぷたつにひきさいたのである。私小説流のむごたらしい人間認識をしかと踏まえながら、生活的危機に直面することによってその人間認識を文学的に光あらしめようとせず、しかし、危機克服のすえに生活と芸術をともども浄化し蟬脱する方向は最初から断念して、いわば芸術処理のなかにのみその人間認識を封じこめようとしたのである。(同前)

「これを私は私小説的文学精神の方法化と呼びたい」と平野謙は言う。周知のように小説『鳴海仙吉』は評論『小説の方法』と対になる形で書かれたものであり、ジェイムズ・ジョイスの『若い芸術家の肖像』に多大なる影響を受けた、すこぶるモダニスティックな実験小説である。ここで平野が言っているのは、要するに伊藤整は「私小説＝芸術」から「実生活」を完全に切り離した、裏返せば、彼の「実生活」から彼の「私小説」を遊離させた、ということだろう。つまり、あたかも「鳴海仙吉＝伊藤整」すなわち一種の「自伝＝私小説」のように見せかけながら(そのように読まれることを重々意識しながら)、しかし徹底して人工的／虚構的な、作者である「伊藤整」とは無関係な存在として「鳴海仙吉」を仮構してみせた、ということである(このやり口を伊藤はジョイスから学んだ)。

ではなぜ、そうしなくてはならなかったのかといえば「実生活上の危機は、はじめから伊藤整にはなきにひとしかった」からだ、と平野は言う。しかしそれでも伊藤は、いわば「実生活」抜きの「私小説」、あの「二律背反」を構成することのない「私小説」を試みたのであり、その結果が『鳴海仙吉』なのだ、というわけである。平野は、そこに「危機」はないが、しかし「暗い私小説的人間認識」はあるのだと言っている。この見方は非常に興味深い。「私小説」から具体的現実的な「私」を消去したとしても「私小説的人間認識＝私小説的文学精神」は残る、ということだからである。

平野謙は、『鳴海仙吉』の主人公の台詞「その頃から僕は、つまり書くものの効果のために、何でも作っていたんだ。作ることを僕は知っていたんだ。僕の間違いの全体がそこにある。僕はあの詩の中で告白したんじゃない。僕は作ったんです。僕自身が作りものなんだ」を引用して、そこでの「間違いの全体」という言葉を注視する。この「鳴海仙吉」の悲痛な「告白」は、今で言えばメタフィクショナルなものだとも言えるが、平野はこれを「芸術と実生活との二律背反をのがれようと悪戦苦闘した作者自身のうめき」だとする。そして平野は、伊藤が「実生活上の危機に直面したとおなじ「効果」を文学的に「作ること」に成功した」にもかかわらず、たとえば志賀直哉のような「仮構された第二の自我」の「調和や解脱」をなし得なかったということ――それは他でもない、伊藤がわざわざ「鳴海仙吉」に右のような「告白」をさせずにいられなかったという点にあからさまに示されている――を指摘する。

これが芸術のために実生活を犠牲にせず、実生活のために芸術を犠牲にもしなかった現代日本の文学者のたどりついた二元論の結実にほかならない。この狭い門が私小説からの脱出を示す

唯一の血路ならば、その「間違いの全体」の上にこそ、今後芸術と実生活とを築きあげてゆくしかあるまい。(同前)

「しかし、それを「間違いの全体」と一見うしろめたげに呼ばねばならぬところに、現代日本文学に課せられた独特の困難がある」という一文で、平野は論を結んでいる。

いま一度繰り返しておくが、「私小説の二律背反」及び『芸術と実生活』全体で繰り広げられる多数の小説家たちの「実行と芸術」の相関関係のあれこれには、色々な意味で問題があると思われるものが少なくない。伊藤整にしても、勝手に他人から「実生活上の危機」が「なきにひとしかった」などと断言されても困っただろう。「危機」をもっぱら現実のエピソードにのみ求め、何ら具体的事件と関わりを持たない内面的な「危機」の可能性を予めスルーして、それを「私小説流のむごたらしい人間認識」として、いわば外挿的に作品に仕込まれるものだとしか想定していないようなのにも大いに疑問が残る。要するに人生が悲惨であるということが私小説的=文学的であることの条件であると言っているようなのも酷い話ではある。

だがそれでも、ここで平野が見て取っている「私小説」の「私」の人工性、仮構性、可塑性は、押さえておくに足る視点だと思われる。或るひとつの「小説=芸術=虚構」に、作者自身の「人生=実生活=現実」の対応物を何としても見出してしまおうとするベクトルは、多くの読者が少なからず(無意識的にではあれ)抱いているものだし、そのような欲望は現実的にも原理的にも排除出来ない。つまり、当然のことながら、あらゆる「小説」は何らかの意味で「私小説」として読まれ得るのだし、そこでの「私」の真実性の含有度を作者がコントロールしようとしたとしても、そのように読まれるとは限らない。たとえプロフィールや伝記的事実が完全に伏せられていたとしても、読者はそのように素性が隠された人物として、その作家の「私」をあれこれ想像してしまえるのだから。

つまり「私小説」には二種類があることになる。「私小説として書かれた小説」と「私小説として読まれる小説」である。むろん両方備えている場合が多いわけだが、しかし「私小説」を名乗る小説が事実との異なり、つまり「作りもの」の成分を炙り出されることはよくあるし、先にも言ったように「非＝私小説」から「作者の私性」を検出することは幾らでも可能である。中村光夫の言う「自分のことを自分で書くくらい間違いのないことはない。事実である以上、嘘があるわけはない」は「私小説」のとば口に過ぎない。或いはまったく間違っている。「作者＝主人公」は反転すれば「主人公＝作者」であり「登場人物＝作者」である。悲惨な人生を抱える作家が書く悲惨ではない「私小説」も、安穏な生活を送る作家が書く悲惨な「私小説」もあり得る。平野謙は「芸術」と「実生活」では後者の事実性にウェイトを置いたが、そもそもそれがどの程度信頼に足るものなのか実のところ判然としないということは多くの「自伝」と「伝記」との差異が証明している。詰まるところ事実は、たかだか事実でしかない。平野謙が『鳴海仙吉』に見た「作りもの」と「間違いの全体」のことを考えれば、事実が一切書かれていない「私小説」もあり得るのだし、そしてそれは「事実である以上、嘘があるわけはない」と嘯く「私小説」と、時として区別がつかなくなる。

前にも触れたが、小林秀雄は『私小説論』に先立つ「文学界の混乱」で、「私小説」論の「人間化」と「作家化」という二つのベクトルを提示している。あらためて述べておくと、「人間化」

とは小説に込められた「心境の深さ」を論じることであり、対する「作家化」とは「作者の実生活と作者自身」の「距離の遠さ」に着目することである。そして小林は後者に可能性を見ていた。平野謙は『芸術と実生活』で、この問題を愚直に実践してみせたと言っていい。ところで、小林は「近さ」ではなく「遠さ」と言っている。だが「私小説」とはそもそも「作者の実生活と作者自身」の「近さ」を標榜するものであったのだ。「遠さ」と「近さ」は相対的な問題である。同じ距離を、ある者は「遠い」と感じ、ある者は「近い」と思う。ここには「自分のことを自分で書く」ことを試みる「私小説」家が、書こうとしたが書けなかったもの、書いたつもりはないが書けてしまったもの、そして、書いてなどないのに読まれてしまうもの、それらの交錯が浮かび上がっている。小林秀雄が対峙しようとしたのが「私」の「自意識」の問題だったとして、「私が私を書く」という時、書く「私」にも書かれる「私」にも自意識はそれぞれ駆動しており、二つの「私」の間でもそれは働いている。ところが「書かれてあることよりも、誰が書いたか」を「私小説」の問題の中心に置いてしまった瞬間、これら自意識の錯綜は「誰」に収斂してしまう。この「誰＝私」自体がひとりではないのだというのに、読まれた「私」は「誰」に代入される一個の固有名詞に書き換えられる。

だとすれば、するべきこと、やれることのひとつは「読まれた私」をどうにかして複数化してゆくことになるのではないか。そのためにはまず「読まれた」という過去完了を「読まれる」という現在形の動詞に変換する必要がある。おそらくここに、私たちの「新しい私小説」の可能性がほの見えている。だが、そこに赴くのはまだ早い。

差し当たり、もう一点だけ述べておきたい。ジャンル名としての「私小説」は、田山花袋の

「蒲団」を遡行的な起点として或る時見出されて以来、この百年以上、幾度も流行してきた。それは「私小説」として書かれた小説と「私小説」というタームの両方の流行であり、二つは分かち難く結びついている。このことは中村光夫の『風俗小説論』や平野謙の『芸術と実生活』を繙けば詳らかにわかることだし、小林秀雄『私小説論』が、最終的には「「私小説」と名乗り／呼ばれ得る小説」の滅亡を宣言しつつ、同時にその再来を予告していたことに如実に示されている。

しかし、いつしか「私小説」は一過性の流行現象の名称であることをやめ、いわばむしろ日本文学の通奏低音の如きものに変質していたのではないか。それでも何年かに一度、自ら「私小説」家を名乗り／呼ばれる小説家が颯爽と現れて、何度目かのブームの様相を呈したりもする。しかしその時、その小説家は田山花袋が「蒲団」を書くに至った苦悩の経路を辿り直しているわけではない。そこから始まった「私小説」というジャンルの歴史を踏まえているのである。こんにち、誰かが「私小説」を書こうとする／書いたと宣うのは、過去に誰か（たち）が書いた「私小説」を読んだからに他ならない。

とすれば、その反対側には、確かに「私」のことを書いていながら、だが「私小説」と呼ばれたくはない、自分の書いているものは「私小説」とはどこかが（あるいは歴然と）違うのだと考え、そう表明する者が居ることになるだろう。つまり「私小説」を書く「私小説家」たちの対岸に「私の小説」を書く「非（もしくは反？）私小説」家たちが存在している。ならば、それはたとえば「誰」のことだろうか？

# 第三章　反（半？）・私小説作家たち

## 1．「私小説」のＡＢＣ

《私小説は亡びたが、人々は「私」を征服したらうか、私小説は又新しい形で現はれるだらう》と小林秀雄氏の書いた年に生れた人間であるぼくはいま、こう考えている。私小説は亡びなかった、人びとは「私」を征服しなかった、そして私小説は新しい形をとることがなかった……

大江健三郎は「私小説について」と題された文章を、こう書き始めている（『厳粛な綱渡り』一九六五年に収録）。一九六一年九月、大江はまだ二十六歳だった。「飼育」で芥川賞を受賞したのは三年前のことである。

この年、大江は「セヴンティーン」の続編「政治少年死す」を浅沼稲次郎暗殺事件の実行犯・山口二矢をモデルとして書いたことで右翼団体から脅迫を受ける。同作品は現在に至るも単行本には収録されていない。その一件とこの文章の執筆動機が何らか関係しているのかどうかは定かではないが、ともあれ右の文章を大江はこう続ける。「人びとは「私」を征服しなかった、征服しなかったというより、この二十六年間に「私」はますます文学の中心問題となった。「私」より他のものは征服されつくしたが、「私」だけはのこった、というべきかもしれない。(略)すなわち政治、それよりも、「私」にこだわり、「私」のなかにはいりこみ、私の内奥の暗い深みをさぐることが、文学者の当面の問題となったように思われる」。

このあと、小林秀雄の『私小説論』と同い年である大江健三郎は、今や「すくなくとも社会主義国家群をのぞいて、あらゆる国の若い作家たちが「私」のなかにもぐりこみはじめている」と述べる。「社会主義国家群」の説明抜きの除外も興味深いが(大江はこの年、東欧やソ連に旅行している)、ある意味で、ここでの「あらゆる国」に「日本」は必ずしも含まれていないということが、この先を読み進むとわかる。大江は「若い作家たち」の「私」への沈潜は、「「私」を征服する、というのではなく、叫び声をあげながら「私」のなかに抜け穴をさがしもとめている」ようなものだと言う。余談だが、こう書いた約一年後、彼は「叫び声」と題された短めの長編(或いは長めの中編)を発表することになるだろう。

大江はノーマン・メイラーのインタビュー記事を取り上げ、それが「感動的なほど自己告白的」だと述べる。彼は「アメリカの若い作家たちは、きわめて明らかに「私」をきわめつくすことを目的としてその新しい文学をつくりはじめた」と言い、メイラーの他、ソール・ベロオ(ベロウ)、ジャック・ケルワック(ケルアック)の例を挙げ、そしてこう書く。「ぼくも若い作家の一人として「私」の内部へ自己探検の旅をおこなうことを、文学的主題のもっとも基本的なものと考える点で、これらのアメリカの作家たちにつながっていると感じる」。

ところがアメリカと日本では、いささか事情が異なっている。大江は、自分の国においては「一箇の爆弾がすべての人間の同時の死の可能性をほのめかして、すべての人間の運命を統一したとき、逆に個人は極度にその「私」の重みを思い知った」のだと言う。その結果「私」は征服されるどころか、最強の敵となって城を構築してしまった」のだと。こうして、ノーマン・メイラーのような「アメリカの若い作家」による「私」の「内部」の自由にして放埓な探究とはまったく別の仕方による「私」へのアプローチ、すなわち日本文学における「私小説」が、あらためて問題になる、というわけである。

大江は「現在おこなわれている私小説」の端緒を志賀直哉に置く。「私小説は志賀直哉氏によって変質をとげた。むしろ、現在の私小説という日本文学だけの形式は、志賀直哉氏とその追随者によってはじめてつくりあげられたというべきかもしれない」。それはもっぱら「文体」の次元で成されている。そしてここからが、この「私小説について」という文章の白眉なのだが、大江はＡＢＣ、三つの引用を並べる。孫引きになるが、以下に全文を掲げる。

《僕はあの時分から駄目だつたんだ。あの時分から僕の病気はだんだんひどくなりかけてゐたのだ。僕は教室の後に隅つこに小さくなつてごちやごちやと並んだみんなの頭ばかり見てゐたのだ。そしていろいろな円い、角い、尖んがつた、圧しへされた、旋毛のグイと後に喰附いたそんなやうないろんな頭を見てゐると、俺は訳もなくつくづくと憂鬱になつて来て、この世の中が果敢《はか》なまれて来て苦しくて堪まらなかつたのだ。けれどもその時分はまだまだ詩人だつ

た。》……A

《もうもうすぎた事だからと思ひながら、こだわりて仕方が御座いません。どうしても、ようきの気持になれません。ほんとうにもう一生のうちにこうゆうつらひ思ひをどうぞさせないで戴き升。お猿もたうとう死にました。今もかなしくてかなしくてたまりません。もうほんとにあなたを信じさせて戴き升。ほんとにほんとに信じて信じてゐてこんな事がありましたので御座いますから、此後はほんとに内しよでもいやで御座い升。私の我まま斗申上まして御気におさわりになりますかもしれませんが私の胸の苦しみ出しまして御願ひ申上升。》……B

《彼が外出から帰り、此手紙を見てゐる時、電報が来た。「オカヘリネガフ」——妻がいよいよ堪へきれなくなつた気持が彼には明瞭《はつきり》うかんだ。彼は妻がこれ以上我慢しようとしなかつたのは、幸だつたと云ふ気がした。用は少しも片づいて居なかつたが、直ぐ帰る事にした。

「病気でも悪いのかしら?」

「私が道楽したんです」

母はそれには答へなかつた。そして「直ぐ帰るといいね」と云つた。

彼は二十分程で支度し、漸く最後の急行に間に合つた。》……C

Aは「志賀直哉以前の私小説製作」の例で、後で参照する『常識的文学論』の大岡昇平によれば葛西善蔵の作品とのことだが、大江の文中には出典が明確に記されておらず、作品名を確認出来なかった（大岡も「葛西善蔵のなんという作品か知らないが」と書いている）。BとCは志賀直哉の「痴情」から。Bが「「私」に裏切られて傷ついた弱者の妻の手紙」の一部、Cは地の文で、結末部分である。

大江はAの文体を「個性的で、立体的にこの「私」を表現している」「この「私」がこれだけのパラグラフでもなにか特異な新しい人間であることを暗示する」と評価する。しかし志賀直哉は、このような文体を排して「その文学のほとんど最初から、それ以後あらゆる国語教師によって追随され、日本語散文の正統的な規範のあつかいをうける特殊な文体を固定して創作をはじめた」。大江は、こうした「志賀直哉氏の文体によって最も大きい被害をうけた作家が志賀直哉氏自身」なのだと言う。

氏（＝志賀直哉）は一人の作家に一つの文体しかないというめずらしい誤解をストイックに信じとおし、みずからの肉を剝ぎとるように自分の他の可能性を封じこめ、不動の「私」をつくりあげた。そのように文体をえらぶことは、作家にとってその人生の行動法をえらびとることである。かれはいまや数万の国語教師と数人の私小説作家をしたがえて、その作家としての肉体と精神とを、死んだ人間のように規範的に明快にいかなる不安もなく存在させている。

（「私小説について」）

痛烈な批判である。「文体をえらぶことは、作家にとってその人生の行動法をえらびとること」だという認識は、この数年前に出版されていた、大江健三郎の当時の盟友・江藤淳の『作家は行動する』（一九五九年）を想起させる。続けて大江は、Bについて「奇妙なかなづかい、用語、そして独創的な飛躍（お猿についての突然の記述のなんという効果！）それらはいかにも切実に、この苦しみながら卑下している「私」を短い行間に生動させる」と述べ、対してCは「雄渾で清潔だ、そしてエゴイスティックで鈍感な「私」とその母とを、いかにもふさわしくえがきだすことのできる文体」だと言う。そして「日本語の標準的な文体という架空の概念によって、Bの文章よりCの文章が正統的ですぐれているとすることはまちがいだ」と断じる。架空の正統性を冠された文体は、まさに大江健三郎の年齢と同じ時間をかけて醸成されてきた。「志賀直哉氏にとっては個性的だったCの文体も、それを継承して、日常的でおだやかで反復可能な小説の文体として採用した私小説作家たちは、もっとも個性的でない文章の書き手となり、もっとも個性的でない生活者としての「私」となった」。

つまり大江健三郎は、当時の「私小説」、いや「文学」の規範とされているCの文体よりもBの側に自分はつくと言っている。「Bの文体はCによりもAに近い。葛西善蔵、牧野信一、嘉村礒多、宇野浩二、滝井孝作らの私小説作家たちの文体に近い。志賀直哉氏の文体とはもっとも遠く、その追随者たちよりはなお遠い」。大江は、A的な文体、彼が「私小説から追放されたBの文体」とまで言う文体は、むしろ作家よりも森崎和江が記す女坑夫のような「具体的な生活者」の文章に受け継がれていると述べる。これに対置されるのが、「現在の私小説の文体において正統的な位置をえ、覇をとなえている」とされるCの文体の「最も誠実な継承者」としての尾崎一雄の作品である。

面白いのは、発表されて間もない尾崎一雄の「まぼろしの記」を引用した後、大江は「この文体のかたる「私」は正常で退屈で、不安な好奇心をそそったりはしない、既知の一市井人である」としつつ、しかしそれは「現実を生きている市民とは別の、いわば反・市民生活者」だとしていることである。つまり大江は、たとえ「正常」で「既知」のように映ったとしても、C的な文体によって描き出される「私」の像の方が、実のところ「現実」を隔絶したフィクショナルなものだと言っていることになる。

大江は、尾崎一雄の「私小説」において「「私」は単なる記述者にすぎない」と言う。

年代記の記述者のように、可能なかぎり「私」は影にしずみ、色彩をみずからにほどこすことを避ける。この作品で個性的なのは（すなわち固有の文体を要求するであろう「私」をもっているのは）外面から描写される「他人」たちであり「他人」としての過去の「私」である。そしてこの私小説作家が、ほかのいかなる反・私小説作家よりも「他人」を正確にえがくという奇妙な、しかし当然でもある背理が生じることになる。（同前）

大江は、このような「背理」の始祖を志賀直哉に求める。「作家は書くといふ事で段々人生を深く知るより道がない、書いて見て初めて自分がその事をどの程度に深く知つてゐたかが判然して来る。書いて見て如何にその事が本統の行ひでなかつたかといふ事も分つて来る」という志賀の言葉を、彼は「もっぱら「他人」を知ることについてのみあてはまり、「私」を知るためにはそれがあたらない」とし、「「私」は最初にすべてを知っている」とさえ述べている。大江は、尾崎一雄のみならず「現在の私小説」はおしなべて感動的だが、その感動の理由は「いかに非個性的な人間も共有しているところの、生と死の問題についてかたっているから」なのだと言う。

つまり「日常的な平均的な人間の、生と死についての信仰告白」という構造がここにはある。「正常な生活者における異常事（たとえば、死）をかたることによって感動をひきおこすこと。しかもこの場合、この異常事は非個性的に、誰にでもおこることが「私」におこったと「私」がかたることで真実性をたかめ、おなじ正常な生活をおくる非個性者たちを感動させるのである」。

誰にでも起こり得るのだが、実際に起こるまでは所詮は他人事であり、しかしいざ我が身に起こったが最後、他人の身に起きた場合とは比較にならない特殊な（特権的な）体験となってしまうような「異常事（たとえば、死）」が、その時点では「他人事」でしかない読者にとっても「感動的」なものになるためにこそ、一見ニュートラルで国語教科書的なCの文体が要請される、ということである。大江はハンセン氏病の作家、日下直樹の「不肖の子」を取り上げ、その文体を「凡庸」と評しつつ「感動を禁じえない」と書く。


この感動は、もしこの作家がこの「私」とちがってハンセン氏病者でないとしたならば湧きおこらないものであり、この感動はハンセン氏病への既成概念が背後の声となって支えているものなのである。それは現在の私小説の本質につながる。（同前）

ここでこの文章は、ようやく大江健三郎自身の話になる。「私小説が感動的なのはそれに作家の、生と死についての信仰告白があるからだ、とぼくは書いた。それは逆にいえば、日本の反・私小説作家たちが、きわめて多く、その生と死についての信仰告白のない小説を書くということである」。大江は日本の小説家が、インタビュー等でも作品においても「自己告白」を回避する傾向にあると指摘する。「その自己隠蔽の傾向は、政治的な意味においても広く見うけられる」。

ぼくは自己告白すれば、ノーマン・メイラーのいうように自己探検の旅を自分の内部におこなうことと、小説を書くこととを統一したいとねがうものである。しかし「私」を、現在の私小説作家の文体の規範にしたがわせようとするとき、ぼくは「私」がぼくの真実の内奥にふれてゆかなくなるのを感じる。またぼくが、自分の内部に自己探検の旅をはじめるとき、ぼくは「私」が想像力《イマジネール》の世界に踏みいることなしには、ぼくの内部の暗い深みからうきあがってしまうのを感じる。そこでぼくの文体はCのそれよりもBの、不均衡で偶発的な歪んだ文体にちかづく。(同前)

「もし「私」を征服するということが可能ならば、ぼくにとっては想像力の世界でぼくの内部にもぐりこんでゆく「私」を発見し具体的なイメージにかえることしかないと、ぼくは考えるのである」。この「想像力」というタームは端的にサルトル的なもので、如何にもこの頃の大江健三郎らしい落とし所と言っていいだろう。「私小説について」の最後は、次のように結ばれている。

そしてもっと一般的にいえば、われわれの文学はあらゆる文体とイメージをもちいて自己探検し、自己告白することによってしか、反・文学の攻撃にたちむかうことはできないと考えるのである。自分自身が敵でないかということさえ発見できないのではないかと。(同前)

私たちはやはり、この「反・文学の攻撃」を「政治少年死す」による筆禍と結びつけざるを得ない。こうして「私小説について」は、いわば大江健三郎の（「自己告白」から逃げないという意味で）「反・反・私小説作家宣言」であり、また、そのことによって「反・反・文学宣言」でもあるものとして幕を閉じる。この後、大江は『遅れて来た青年』（一九六二年）、『叫び声』（一九六三年）、「性的人間」（同）、『日常生活の冒険』（一九六四年）と、広い意味での半・自伝的な作品を書き継いでいく。障害を持った長男・光が生まれるのは一九六三年六月のことである。その誕生をテーマに据えた、周知のように正反対の結末を持った短編「空の怪物アグイー」と長編『個人的な体験』の発表は一九六四年である。

さて、先にもちらと触れておいたが、大江健三郎の「私小説について」は、ちょうど同時期に、それが掲載されたのと同じ「群像」で文芸時評を兼ねた長編評論『常識的文学論』（第一回「『蒼き狼』は歴史小説か」が井上靖との論争に発展したことで有名である）を連載中だった大岡昇平の目に留まり、大岡はその一回分をほぼ丸々、年少の作家の私小説論の検討に当てている。

この「私小説ＡＢＣ」と題された文章で、大岡は大江の結論を「現代の簡潔病患者の病弊を突いている」と評価しつつ、まずはおそらく大江論文を読んだ多くの者が抱いただろう矛盾（?）を指摘する。「例えば彼（＝大江）の主張するＢの文体にしても、それが志賀の作家の眼が取り上げたもの、或いは訂正したものであることも忘れてはならないと思う。大江がこの文体の現代版として引用する女坑夫の聞書にしても、しかりである」。

申すまでもないことだが、素朴な文体などというものは、この世に存在しない。それは大抵は一対多のコンムニケーションの中にまぎれ込んだ、一対一の対話の声調である。活字とされた場合は、必ず筆者の選択が働いている。

（「私小説ＡＢＣ」）

大岡昇平の筆は大江健三郎以上に志賀直哉に手厳しい。大岡は、単に志賀という人間が「エゴイスチックで鈍感」だったから「あの欧文直訳体から枝葉を切り落した「簡潔な文体」が徐々に形成されて行ったので、まずは生理的必要と考えていいであろう」とまで言う。そして大江も引いていた「作家は書くといふ事で段々人生を深く知るより道がない」に始まる志賀の文章を「美しい言葉である」と評したそばから「しかし同時にいつわりでもあるので、こういう勘違いから、どんなに下らない自己探検小説、自己発見小説が書かれたかを思えば、志賀直哉は或る意味では日本文学にとって、厄病神みたいなものであった」とこき下ろしてみせる。ここから大岡の舌鋒は更に鋭く、激しくなる。

「私小説は亡びたが、人々は〝私〟を克服したらうか、私小説は又新しい形で現はれるだらう」有名な小林秀雄の「私小説論」の結びの文句だが、これもまた美しい言葉の一つである。大人はここ三十年来、常に私小説について語って来たが、その結果は生れたのは醜い私小説の大群であり、美しい私小説は百に一つもなかった。百に一つあればたくさんだというのも一つの考え方だが、昔ながらの百鬼夜行は、最早文学上の問題ではなく、社会問題だと思えるのだ。

「社会化された私」も、極めて日本的な贋の観念の一種だったが、「私」の「克服」もまた一つの錯覚ではあるまいか。なぜ人はそう私を克服したがるのか、私は克服に値するか、という風に視点を変えてみれば、今日なお我々の文学に一般的な、底の浅さ、ひよわさについて、考える手懸りがあるかも知れない。(同前)

大江健三郎にはまだしも「現在の私小説」に対する一定の評価(ないし遠慮)が残存していたが、ここでの大岡昇平は完全に否定的である。大岡は大江と同様、尾崎一雄の「まぼろしの記」を取り上げ、大江論文で多少とも評価された部分も全面的に退けてみせる。その批判の骨子は、先の志賀へのそれと同じく、その文体、そこに書かれているものは、結局のところ作家自身の生の人間性の半ば無意識的な転写でしかない、というものである。文は人なり、ではなく、人は文なり。身も蓋もないようだが、大岡はそう言っている。

そして彼は、それらの内に巣くう、正直ぶって振る舞ってみせているがゆえの不徹底と欺瞞をあげつらい、ここでは直截的にではないが、純然たる作り物=虚構としての小説の真実性に与しようとしている。そして、この立場に立ってみれば、そもそも「私」なるものが、全ての元凶なのである。

大岡は、志賀の「痴情」や尾崎の「まぼろしの記」に限らず、「どうやら日本の私小説は、亭主の道楽を中心に廻転しているらしい」と揶揄してから、当時の話題作だった島尾敏雄の『死の棘』(この時点では第二章まで)に触れる。大岡は、確かに「凄惨な物語」だと認めつつも、その原因となった出来事=夫の不貞よりも、その後の妻の狂気に重点が置かれている点に着目する。「それを描く作者の筆は、忠実なる記述者のそれではない。この時悔恨と自虐が空想させる地獄図であり、彼の好むところのものが巧みに描き出されているだけである」。

つまりは、たとえ元になった事実があるにしろ、それが書かれたものである以上は、そこには何らかのかたちで「空想」が作用している。言うまでもないことだが、大岡自身が、自殺した元愛人の坂本睦子をモデルにした長編小説『花影』を、この半年程前に刊行していた。「問題はそこにどこまで人間という存在の不透明な部分が出ているかである。これまでの凡百の私小説と同じように、そこに珠玉の真実を選り出して鑑賞するのは、読者の役目とされているようである」。

要するに、事実を語る空想というものがあるのであって、そこから読者は、ある意味では勝手に「真実」を穿り出す。いずれにせよ「事実」など厳密な意味では点検されようがないものなのだし、だからこそむしろ、そこに描かれていることが「事実」同然の「真実」性を帯びるということ、それだけが肝要なのだ。

『死の棘』には、この種の真実が、圧縮された状態で、連続して存在する。それは一種の調子を持った文体に乗って、ワン・ツー・パンチのように働く。ここに作用しているのは質より量であるが、それを実感とかいう観念で割り切るのは、作者の苦心を正しく評価する所以ではあるまい。これらの真実は架空のものだから、やはり作者の想像力、つまり技巧を認めなくてはなるまい。（同前）

「空想」といい「架空」という。そして「苦心」といい「技巧」という。大岡昇平の「私小説」

観は、基本的にこのようなものである。すなわち彼にとってそれはあくまでも小説技術の問題だった。「私小説は日常茶飯事を描いたものではなく、危機における日常生活を示したものであるというのが、十年ばかり前に、平野謙が出した新説であるが、その危機はすでに過ぎ去ったものであることを条件としているように思われる」。この時間差が「技術」の駆使される場を構成する。すでに過ぎ去った事実の危機は、もともと起こらなかった架空の危機と、どれほどに違うのか。或いは、そこまでは言わないとしても、時間差は常に、出来事の時間とそれが書かれる時間との間に厳然と存在している。

現在進行形の危機を実況することとは、小説には出来ない。「私小説」には「私」の「危機」を止めることも防ぐことも出来ない。つまり「小説」には、人の生死をどうすることも出来はしない。そしてむしろ、だからこそ、小説家は「生死」を書こうとするのである。

「語り手」が「私」であるための信憑性は、現在では失われていると思われるが、私小説が大抵生死について描くのは事実である。夫の道楽には必ず妻の自殺、或いはその可能性が、夫の側に妄想としてでもなければ、家庭の事情小説は成立しない。そして、このあたりの事情について、これこそ抜きさしならぬ真実だというものを、『死の棘』は目指していないと思う。(同前)

そして大岡はこう述べる。「私小説論議が美しいように、「私小説」は要するに危機を美化したものであり、危機自身を描いたものではない。真実を描けば、危機はどっかへ行ってしまう」。

危機をめぐる、危機の美化をめぐる、事実と真実の闘争。

この後、大岡は以上のような論旨に沿って水上勉の「決潰」を手厳しく批判した後、再び大江健三郎の「私小説について」に戻ってくる。先に引いた同文の末尾について、「反・文学の攻撃にたち向おうという点で私は大江の同志であるが、この宣言自身に私はなんかひ弱い、ふっ切れないものを感じる。大江の考えによれば、自己告白は「社会主義国家群をのぞいた、あらゆる国」の特有の現象だそうだが。こういう政治二元論、現象論に立つ限り、彼もまた私小説作家の妥協的自己隠蔽と同じ局面にいると、私は考える」と述べ、大江が引用していたノーマン・メイラーの「荒蕪の島に数冊の書物とともに追放されるなら、自分の書いた本をたずさえてゆき、それをつうじて自己探検の旅にのぼりたい」という発言に対し、それは「美しい言葉」かもしれないが、しかし「追放されるなら」という条件付けが気に入らない、自分は「どんな処にいても、「自分のことを長々と語れる人が好きだ」という立場に止りたい」と宣言する。大岡がメイラーに代わって名を挙げているのはD・H・ロレンスである。

大岡昇平の「私小説ABC」は、次のように結ばれる。

私小説をあまり「私」にこだわって考えると、間違いそうな気がする。問題はいくらでも拡がり得るので、私小説が新しい形で現われるだけではなく、私小説論議もいつまでもくり返されるであろう。私小説はもともと批評家が発明した名称である。(同前)

言うまでもなく、ここですこぶる意味深いのは、大岡昇平が「私小説」を「私」から切り離そうとしていることである。「私の問題」と「私小説の問題」を混同すると、間違いそうな気がする、と大岡は言っている。前者における「私」とは端的に、それを書いた作者＝作家自身のことである。実際の、現実の人生や生活や実存などなどといったものを、この「私」は指している。そしてそれは、少なくとも後者の「私」とイコールではないし、そうではあり得ない。

だがしかし、ならば「私小説」は何をもって「私」を名乗っているのか。という問いは向きが逆なのであって、それは書き手自身、文壇、世間から「私小説」と呼ばれている（思われている）から「私の小説」だとされるのである。だから実態としては、「私」と無関係な「私小説」もあるのだし、「私」が描かれた「反・私小説」も存在する。

「私小説について」の大江健三郎は、最初から誰の目にも明らかである筈なのに、何故だか繰り返し繰り返し舞い戻ってくる、この古くて新しい問題を、もっぱら文体の次元で再考しようとした。しかし大岡昇平の指摘を俟つまでもなく、大江の言う「ＡＢＣ」には歴然と不可思議なところがある。大岡が述べていたのは、志賀直哉の「痴情」の妻の手紙、すなわちＢの文体が、たとえまったくの虚構ではなかった、いや、ほとんど事実そのままであったのだとしても、それが「志賀の作家の眼が取り上げたもの、或いは訂正したものであること」をけっして無視することは出来ない、志賀直哉によって書かれた文であることは変わらない、ということである。

だから志賀が非難されるべきだとしたら、大江が考えたように、Ｃのような文体を「日常的でおだやかで反復可能な小説の文体」として定立し、結果としてそれが「現在の私小説の文体において正統的な位置をえ、覇をとなえている」ことによるのではなく、むしろ正反対に、Ｂのような文体でさえ、その「私小説」の内部に格納し得てしまったという点にこそあるのだ。大江は

「私小説から追放されたBの文体」と述べていたが、彼にそう思わせた妻の手紙が志賀直哉の小説の一部なのだから。

その上で、志賀直哉を批判するのならば、それはおそらく当たっている。だが、その批判の正当性は、すでに文体論とは別である。それはたとえば、この十数年前に坂口安吾が痛罵したものとほとんど同じだと言っていい。

志賀直哉の一生には、生死を賭したアガキや脱出などはない。彼の小説はひとつの我慾を構成して示したものだが、この我慾には哲学がない。彼の文章には、神だの哲学者の名前だのたくさん現われてくるけれども、彼の思惟の根柢に、たゞの一個の人間たる自覚は完全に欠けており、たゞの一個の人間でなしに、志賀直哉であるにすぎなかった。だから神も哲学も、言葉を弄ぶだけであった。

志賀直哉という位置の安定だけが、彼の問題であり、彼の我慾の問題も、そこに至って安定した。然し、彼が修道僧の如く、我慾をめぐって、三思悪闘の如く小説しつゝあった時も、落ちつく先は判りきっており、見せかけに拘らず、彼の思惟の根柢は、志賀直哉という位置の安定にすぎなかったのである。

彼は我慾を示し肯定して見せることによって、安定しているのである。外国には、神父に告白して罪の許しを受ける方法があるが、小説で罪を肯定して安定するという方法はない。こゝに日本の私小説の最大の特色があるのである。

神父に告白して安定する苦悩ならば、まことの人間の苦悩ではない。志賀流の日本の私小説も、それと同じニセ苦悩であった。

（「志賀直哉に文学の問題はない」）

安吾がこの文章を著したのは一九四八年九月のことである。「小説が、我慾を肯定することによって安定するという呪術的な効能ゆたかな方法であるならば、通俗の世界において、これほど救いをもたらすものは少い。かくて志賀流私小説は、ザンゲ台の代りに宗教的敬虔さをもって用いられることゝなった」。或いはこの二年前の一九四六年に、その翌年に結核によって三十三年の人生を閉じることになる織田作之助が、「志賀直哉とその亜流その他の身辺小説作家」について、文字通りに必死の舌鋒でこう述べていたことを思い出してみてもよい。

彼等は人間を描いているというかも知れないが、結局自分を描いているだけで、しかも、自分を描いても自分の可能性は描かず、身辺だけを描いているだけだ。他人を描いても、ありのまま自分が眺めた他人だけで、他人の可能性は描かない。彼等は自分の身辺以外の人間には興味がなく、そして自分の身辺以外の人間は描けない。これは彼等のいわゆる芸術的誠実のせいだろうか。それとも、人間を愛していないからだろうか、あるいは、彼等の才能の不足だろうか。彼等の技術は最高のものと言われているかも知れないが、しかし、いつかは彼等の技術を拙劣だとする時代が来ることを、私は信じている。

（「可能性の文学」）

だが織田作から、この「いつか」は奪われ、そして彼の希望した「時代」は、それから十五年が過ぎても、大江健三郎や大岡昇平といった何人かの例外による意思表示を除いて、訪れることはなかったのである。先の坂口安吾による檄文の書き出しは「太宰、織田が志賀直哉に憤死した、という俗説の一つ二つが現われたところで、異とするに足らない」である。織田作之助は現実に「憤死」したに等しいが、その事実が、他ならぬ織田作自身を「私小説的世界」の住人に変貌させることになったのだと言ったら、あまりに酷だろうか。

大江健三郎は「われわれの文学はあらゆる文体とイメージをもちいて自己探検し、自己告白することによってしか、反・文学の攻撃にたちむかうことはできない」と宣言した。大江によって、そのための武器は「想像力」と呼ばれた。これを承けて大岡昇平は、皮肉たっぷりに「大江が想像力の世界に入って、シュルレアリスト流の自働記録をやっても、わざとらしいものしか出て来ない」と「予想」した。この「想像力」を、大江が準拠したサルトルから切り離して、織田作之助のいう「可能性」に接続すること。「想像力」を用いた「可能性の私小説」は、果たして可能か?

## 2．「私的な日常」と「寓話」

大江健三郎と大岡昇平の「私小説ABC」から四半世紀が過ぎた一九八〇年代の半ば、富岡多恵子が「私生活と私小説」という文章を書いている（『表現の風景』一九八五年に収録）。そこで論じられているのは「私的な日常」が記された書き物、すなわち「日記」と「私小説」の関係である。時評的な連載の一回分の文章であり、前半では阿部昭の長編小説『緑の年の日記』(一九八四年)が、後半ではつげ義春の『つげ義春日記』(一九八三年)が取り上げられている。また、なぜか書名が記されていないが、同時期に刊行された大江健三郎の『新しい人よ眼ざめよ』(一九八三年)への言及もある。

「小学校の時に、夏休みに絵日記を書く宿題があった」という思い出話から書き起こす富岡は、まずは「日記」というもの、その行ないについて、誰にも覚えのあるだろう一般論とでも呼ぶべきものを綴ってゆく。「海水浴につれていってもらった日や、お祭りの日のような特別な日は書きやすかったが、なんにもない日は書くことがなく、親にどこかへつれていってくれとねだったりした。子供にとって、なんにも起らぬ日、つまり「日常」を記すことはなかなかの困難であった」。宿題で一頁に一日が配された絵日記を毎日書かされる子供にとっては、この日にはこんな出来事があり、またこの日にはこんなことをした、というやり方しか差し当たり思い浮かばないので、絵日記の一日分を埋める内容が「なんにもない日」には、なんにも書くことがない。文字通り「今日はなんにもなかった」と書くことくらいしか出来ない。自分の記憶にあたってみても、大体そんな風ではなかったか。

しかし、富岡は、まさにそのことこそが「日記を書く」という行為の本質にあるのだという。

特別になにも起らない、なんにもない日といっても、その日はその前日とはちがうのであるが、そのちがいが書けなければ、書く方が退屈するのは当然である。また、その日が、その前日と、時間のつづきであって、いかに特別のことが起っても、さして変るものでないとの認識があってこそ、特別のことも書ける。

（「私生活と私小説」）

なんにもないとしか思えなかった一日の、ただなんにもなかったということだけではない、その前日との微小な差異と、それとは矛盾しない、何があろうと変わることのない、黙々と脈々と流れていく時間。そんな変化と不変が綯い交ぜになった日々を記録するのが「日記」なのだということである。

ところで「日誌」のあり方は「日記」とは異なっている。個人的な生活とは別の、何であれ仕事を持っている者が、そのことを記録していく場合は、そこに書かれるのは「私的な日常」ではなく、同じ仕事にかかわる誰かに向けたものであったり、そうでなくても自分自身の備忘録的な意味合いがある。それゆえ「職務上の日誌」は「日記」ほど書くことに困ることはない。たとえば或る人が、「日誌」はさして苦労なく毎日つけられても、こと「日記」となると三日坊主になってしまったりするのは、そういうことである。それはつまり、およそ「日記」というものが、事後的に読まれることよりも、ただ（毎日）書くということ自体に重きを置いていることを示している。

しかし富岡多恵子は、そうではないと言う。

職務上の日誌は当然であるが、「私的な日常」を記す日記も、読まれることをアテにしている。「鍵のかかる日記帳」というものも売ってはいるが、それでさえも、鍵をもつ本人に、何年かのちに読まれる、つまり本人に読みかえして回想されることが予定されている。またいかにそれがその時は秘められていても、本人の死後にはひとに読まれることがアテにされている。日記は、自己閉鎖の表現に見えながら、じつはそうでなく、むしろ逆である。（同前）

「日記」もまた、実のところ読まれることをアテにして書かれている。そこで富岡は、阿部昭の『緑の年の日記』を取り上げる。この小説は、自分自身の二十歳の大学生の頃の日記を、作家が三十年近く経ってから読み返し、感想や注釈を加えていくという趣向の作品である。「緑の年」とは、要するに青春時代のことだ。開始まもなく、作家は「それにしても、今頃こんなものを持ち出してどうするつもりかと言われそうだ。もとより公開を予想した文章でないのは断わるまでもなく、青いだけあってこわいもの知らずだから、馬鹿なことも外聞の悪いことも平気で書いている」と述べている。この小説では、日付とともにその日の日記が丸ごと引き写されるのだが、「三十年近くも昔のものとなると、もはや自分が書いたのではないとさえ言えそうで、実際誰か他人の文章を読んでいるみたいな気がすることもしばしばだ」。そして作家は、次のような認識を披瀝する。

いずれにせよ、過去というのは筆者の思い出す能力の如何にかかっており、思い出すということがすでに「小説」の一種にすぎないと思う。

（『緑の年の日記』）

ここで一見事もなげに記されているかに見える「小説」という一語こそ、「私生活と私小説」の富岡多恵子が徹底してこだわってみせるものであり、われわれの目下の理路にも深く関係するものである。阿部昭は『緑の年の日記』単行本の「跋」でも、同様のことを述べている。

一個人の過去の記録があり、年経てそれを閲読する筆者当人がおり、それにもとづいて創作される思い出があり、それら全体を一篇の読物として読む読者がいる。こんな手続きそのものがすでに「小説」とか「小説的」とか呼ぶしかないものであると、私は考えるようになった。

(同前・跋)

富岡は、まず先に引いた冒頭の作家の言明に疑いの目を向ける。「ひとつは、素材となっている二十歳ころの「日記」が、はたして真実当時の大学生に「公開を予想」されなかったか、ということがある。次に、その二十歳ころの「日記」を小説家が三十年近くたって「小説」をつくるために書きうつす時、はたして元のままで書きうつしているかということがある。これは、実在する人物への配慮から名前を仮名にするようなことでなく、句読点や文字づかいなど文体上のことを指す。もとより読者には、この種の変更はまったくわからない。しかし読者としては、公開が予想されなかったという小説家の説明によって、その二十歳ころの「日記」は「事実」と信じることを強制される」。

とはいえ、小説家に「強制」されたからといって、読者が唯々諾々と従うとは限らない。富岡は、これが「小説」として差し出されている以上、むしろ「「小説」なのであるから「日記」という事実は変更されていて当然、少くとも変更されているかもしれないと読者は覚悟している」と言う。この「覚悟」は、小説家の「強制」に反するものだが、『緑の年の日記』というやや特殊な小説を読むためには必要な「覚悟」である。むしろ「強制」されているからこそ「覚悟」するのだと言ってもいい。

続いて富岡は、先だっての「アテ」の論理を適用して、こう述べる。「小説家が「小説」のために三十年近くたって二十歳ころの「日記」を読みかえすという「事実」があり、そのことは、とりも直さず、二十歳のころの大学生の「日記」が将来「公開」を予想されていたことが逆に証明される。いや、三十年近くたって、大学生が小説家になり、それを証明してしまった。「公開」を予想しない日記」は決して本人によって公開されるはずはないからである。もっとも、二十歳のころの「日記」も、それを読みかえすのも、すべて「小説」のための小説家のウソ、或いはつくりごとだといわれたら、読者はいうことはない」（傍点引用者）。

富岡は、作家の「日記」すなわち「私的な日常」の記録が、如何にして「小説」化するのか、というメカニズムを考察しようとしている。言うまでもなく、この問いは「私小説」の問題に直結している。「「私的な日常」は公開された時すでに独立している。その「小説化」は、その独立を本来は助けて、公開する本人から完全に切り離そうと働くはずのものである」。ところが『緑の年の日記』の場合、結果としてそうはならず、むしろ作者は「小説化」によって「私的な日常」の「独立」を阻み、それを「私有」し続けているように見える、と富岡は述べる。

遠い過去ではなく、その時の「私的な日常」を小説家が「小説化」して公開する時、その

「私的な日常」は書かれていなかった「日記」ともいえる。「私的な日常」が「小説」となるのは、小説家が読者に先んじて自分自身の「私的な日常」に対しての感想や批評や断定を避ける時である。小説家の感想や批評や断定は、その「小説化」自体であるはずで、その「私的な日常」がたとえ本人にとって恥かしいものであっても、お恥かしい次第ですとは読者に向っていえない。「私的な日常」の「小説化」とは、それを書く小説家が自分の「私的な日常」から外へ出て、それを取扱う作業である。しかし取扱う「私的な日常」に本人が不在では「私的」でなくなるから、当然、小説家はそこにいる。(同前)

「私的な日常」という紛れもない「事実」に属する小説家Aが居り、それを記録したとされる「日記」に書かれたA′が居り、その「小説」化に登場するA″が居る。読者の眼前に現れるのはA″なのだが、「A″→A′→A」という矢印は暗黙の「強制」として働いており、と同時に読者は必ずしも「A＝A′＝A″」ではないことを「覚悟」してもいる。ここで重要なことは、読者にとって、小説家Aが実在しているという事実は前提であるということである。なぜならAが、A″やA′が出てくる小説を書いたのだから。読者に見えているのはA″でしかないのにもかかわらず、A″ではなく、A′でさえもなく、他ならぬAの話を読んでいるのだと思ってしまう信憑は、「私小説」が駆使する最大の詐術と言っていい。

読者は、小説家阿部昭の長編小説『緑の年の日記』のもとになったとされる青年阿部昭の「日記」を、それそのものとして読むことは出来ない。私たちはただ、冒頭に書かれている作家の前口上をひとまず信じたことにして読み進めてゆくだけである。そこに「強制」と「覚悟」というメカニズムが働いていることは既に触れた。そもそも素材となった本物の「日記」が実在していたのかさえ、読者には確かめようのないことではある。だが、この「私小説」という問題のむつかしい（面白い）ところは、だからといって、何もかもがすべて嘘、虚構であると、つまり元の「日記」などはなからどこにも存在しておらず、すべては作者によるでっち上げだったのだとしたら、それほどつまらないことはない、ということなのである。

つまらない、というか、それではあまりに簡単過ぎる。なぜならそれは結局「小説」がいつもやっていることに過ぎないのだから。阿部昭の二十歳の頃の「日記」は、たとえ作者以外は誰も実際に読めなかったとしても、確かにそこにあるのであり、それを書き写す作業の過程で幾らかの、あるいは大きな改変や編集などが介在したのだとしても、それでもやはり過去の「日記」は実在のものとしてあったのでなければならない。「小説」と「私小説」の差異は、まずはそこにある。

やや話は逸れるが、このことは、たとえば『緑の年の日記』を青木淳悟の『私のいない高校』（二〇一一年）と比較してみることで、より鮮明さを増す。青木の長編小説は、実在の高校教師、大原敏行の『アンネの日記　海外留学生受け入れ日誌』（一九九九年）を下敷きにして、全面的に書き直したものである。先の「日記」と「日誌」の区別でいえば、こちらは「職務上の日誌」に分類されるものだが、同書は実質的に協力出版（自費出版）で世に出た本であり、単なる「日誌」とはやや出自が異なっている。

「日記」であれ「日誌」であれ、たとえ一人称が出てこなかったとしても、それを書いている（とされる）のは常に必ず「私である誰か」である筈である。にもかかわらず『私のいない高校』

では——おそらく『アンネの日記』でも——「私」がまるでそこにいないかのように書かれている、というところに特異さがあるのだが、当然のことながら『私のいない高校』にいない（かに思われる）「これを書いている筈の私」は「青木淳悟」ではない。対して『アンネの日記』の「書き手＝私」が「大原敏行」であることははっきりしている。『私のいない高校』と『アンネの日記』の関係は、『緑の年の日記』と「二十歳の日記」との関係と、どちらもそもそも後者がなければ前者もない、という点では似ているが、当然のこととして、『アンネの日記』に「青木淳悟」という「私」はどこにもいなかったが、『私のいない高校』を書いた「私」は「青木淳悟」であり、「二十歳の日記」は「阿部昭」である「私」が書いたものとされ、それを引き写しつつ『緑の年の日記』という「小説」を書いていったのも、かつての「私」と同じ、その時の「私」である。

ややこしい書き方をしていると思われそうだが、わざとややこしく書いているのだ。つまり「私」はそれを実際に書いた「私」と、その「私」によって書かれる（或いは書き落とされる？）それを書いているとされる「私」と、その「私」によって書かれる（或いは書き落とされる）行為主体としての「私」がいるのであって、この三人がややこしく入れ替わり立ち替わり読者の眼前に現れては消え、消えては現れしている。『アンネの日記』がなければ青木淳悟は『私のいない高校』を書き得なかったかもしれないが、少なくとも読者にとっては、『アンネの日記』を書いた「私」が本当はいなかったとしても、さほどの違いはない。

つまり『アンネの日記』に「青木淳悟」という「私」がいなかったのと同じ意味で、『私のいない高校』に「大原敏行」という「私」は最早どこにもいない。だから『アンネの日記』という書物の実在が嘘だったとしても、むしろ嘘だったとしたらある意味では更に『私のいない高校』の特異性は強まることになる。これを逆にしたら『アンネの日記』というネタ本（？）の存在を知らずに『私のいない高校』を読み終えた読者が、後になってその事実を知って驚く、ということになり、現実にはそちらの方が多かっただろう。

だが『緑の年の日記』の場合は、そうはいかない。『緑の年の日記』に出てくる「日記」が虚構であってはならないのは他でもない、私たちが結局それしか読むことが許されていない『緑の年の日記』に「阿部昭」という「私」がいるから、つまり、それが「私小説」であるから、である。もしも「二十歳の日記」が虚構であったとなると、この「私小説」における「私」の何もかもが疑わしくなってしまう。いわゆる「信頼出来ない語り手」が登場してしまう。もちろん原理的には何だって誰だって疑ってみることは可能だし、どのように欺くことも可能ではある。ところがしかし、それでもやはり「信頼出来ない語り手」とは逆立する、いや、およそ「信頼出来ない語り手」なるものとは矛盾する（しかない）存在こそが「私小説」の「私」なのである。

だから富岡多恵子がどれだけ疑ってみせたとしても（そしてそれは無理もないことであったとしても）、『緑の年の日記』の「二十歳の日記」が「事実」と信じることを強制される」のと、そうではない可能性があることを「覚悟」することの二重性に先立って、『私のいない高校』とは違い、そこでの「二十歳の日記」が『緑の年の日記』の「私」によって書かれたものであることが自明である以上、それは現実の照応物と完璧に同一ではないかもしれないが、それでもしかし『緑の年の日記』という書物が実在しているのと同じ意味で実在していた必要がある。つまり「強制」や「覚悟」が働く以前に、ある「事実」と呼ばれるにたるものがなければならない、ないわけにはいかないのが「私小説」の「私小説」たるゆえんなのである。

つい先走ってしまった。ここで話題は『つげ義春日記』に移る。富岡はまず、つげ義春が「私小説」の長年の愛読者であり、自分の「日記」を雑誌に連載した際も、編集者の『これは私小説ですよ』というオダテに励まされた」と彼自身述べていることを書き記す。この本には「昭和五十年の十一月から五十五年の九月までの日記がおさめられている。といっても、日付はとびとびになっていて、現実に筆者がとびとびに日記をつけていたのか、発表にあたって、その日付以外ははぶかれたのか読者にはわからない」。この「日記」は「小説現代」に連載されたものだが、同誌に掲載されている小説は当然のことながら「ストーリー」優先の作品が多い。その中にあって「日常のディテール」を重視する『つげ義春日記』は異彩を放っていた。

だが、そこに「ストーリー」がないわけではない。むしろ十分過ぎるほどにある。それはもちろん、つげ義春の人生そのものが持つ「物語性」である。多くの「私小説」の場合と同じように、つげの「私的な日常」にも劇的な要素が無数に宿っている。

このひとが倒れて救急車を呼んで病院に運ばれ、その後、大きな病院の精神科を訪れて、治療を受け、「森田療法のすすめ」という本を読み、自分で自分の病気を学習し、苦しみながら自分を分析していくところは、「日記」の「ストーリー」のなかでもりあがるが、それとて、日常のディテールあってのことである。精神科にもいかず、森田療法の本を読むこともしなかったが、つげ氏の病気とほぼ同じと思える病気とつき合ってきたわたしは、その「日記」に見られる記録の態度に驚かされた。わたし自身は病気の時「日記」をつけるなんてとてもできなかった。まして、つけていない「日記」として、それを「私小説」の素材にすることなど思い及ばなかった。むしろ「書かない」ことによって病気を「日常」に溶かして消そうとした。（同前）

ここから富岡は、つげの「日記」と「私小説」との距離感をはかっていく。つげは「「私小説」をどこかで意識したかもしれないが、自己隠蔽によって自己表現を行う企てや意志はそこにない。「私生活」の純度を落さずに「私小説」になっておればいいという楽観がその「日記」の、思いいれの少ない文体をつくる」と富岡は述べている。「私小説」読者としてのつげにとっては作家の「私生活」の出来るだけそのままの記録こそが「私小説」なのであって、「その意味で年譜や日記を見るのも興味はつきない」と彼は言っている。だが、この「私小説」観は、必ずしも一般的なものではない。

文学の専門家は、つげ氏のこのような「私小説」認識やそれへの思惑に文句をつけるかもしれない。しかし、つげ氏はその「私小説」を文学の世界に通用してきた術語として使用していないとしたらどうなるのか。つげ氏の「私小説」意識からは「日記」がもっともふさわしい表現になったのだろうが、つげ氏の「日記」ほどの「私小説」は「小説家」に書けないのである。それはつげ氏が「私小説」としてのそれほどの「日記」を書きながらも、その「日記」を「小説」にしえないのと、ちょうど逆である。（同前）

「私生活の記録」すなわち「日記」は、つげ義春にとっては「私小説」と同じものだが、他の多くの「私小説」の書き手にとっては、けっしてそうではない。こうして少しずつ「小説」なるものが炙り出されてくる。「「小説」のことを思う時、わたしにはいつも、つげ氏流の「私小説」と、その反対の極に「寓話」が浮んでくる。これらは、両極をなして離れており、「小説」はそのどちらの極端にもいけずに、その間でたゆたっている。つげ氏は、「寓話」の方を絵によって表現しているから、コトバによる表現は彼流の「私小説」になるのだろう」。そして富岡は、端的にこう断定する。「当然なことであるが、「私生活」を書いたものが「私小説」ではない」。

だが興味深いことに、ある意味では「私生活」をただ書いただけのものこそ「私小説」以上に「私小説」なのである。つまり、つげ流の、いわば真正にして純粋な「私小説」と、その対極にある「寓話」の間のどこかに、われわれが「小説」と呼んでいるものはそれぞれ座標を違えながら位置しており、その中にいわゆる「私小説」も含まれている、ということになる。

そこで富岡は、この文章における第三の論及の対象を持ち出す。「大江健三郎氏の、一連の、イーヨーと呼ばれる長男を描いた「小説」は、「私小説」から遠ざかり、「寓話」に接近しようとする工夫がこらされるが、それが巧緻をきわめればきわめるほど、「私小説」の部分がかがやき出す」。障害を持って生まれた大江の長男、光をモデルにした一連の短編を纏めた『新しい人よ眼ざめよ』は、ウィリアム・ブレイクの詩がモチーフになっている（題名もブレイクからの引用）。

小説家が、ブレイクのどんな「詩句」に対するよりも、「私的な日常」のなかで出てくるイーヨーの「せりふ」に感動しているのが、わかってしまう。いやそうではなく、イーヨーのことばをブレイクならブレイクの詩句にてらして感動しているのがわかる。詩人の詩句は「私的な日常」のなかのイーヨーのことばから小説家を守る盾となっているように見える。しかし読者は、少くともわたしは、ブレイクの詩句より小説家によって書かれたイーヨーの発することばの方に詩を感じる。(同前)

「詩人の詩句は「私的な日常」のなかのイーヨーのことばから小説家を守る盾となっている」という指摘はおそろしく鋭い。これはある意味で大江健三郎に対する痛烈な批判である。ところが富岡は一旦矛先を変えて、「「私的な日常」の一部である病気のことをどのようなかたちにしろ書くのをなぜわたしは避けたのだろう」と自問し始める。

わたしには、病気と宗教的なことは最も「私的な日常」の一部という気がし、それはつげ氏流の「私小説」で書けなかった。いや、書かなかった。それは「私的な日常」をさらし、或いは公開することへの羞恥からではなく、また「小説家」(或いはことばによる表現者)の矜持からでもなく、自分の書くものが、それを読むひとをあざむかないとおもしろくないと思っているからだった。それは、「日記」を書くひとが、「日記」を私的に占有して公開を極度に嫌いながら、同時に公開をひそかに期待する気持に似て、「小説」或いはことばによる表現によって自分の「私的な日常」がわかられてたまるかという気持と、「私的な日常」を公開して、背中のホリモノをどうだと見せるひとのような気分を味わいたいという気持にひき裂かれることだった。(同前)

この文章と執筆時期の近い富岡多恵子の小説作品は、代表作のひとつというべき『波うつ土地』（一九八三年）や『水獣』（一九八五年）ということになるだろうが、この時期に限らず富岡の小説は、たとえ彼女自身を含む実在の人物や現実にあった出来事が出発点になっていたとしても、大江健三郎とはまた異なる仕方で、高度に抽象化、すなわち「寓話」化されており、形式としても読みの印象としても「私小説」からは遠い。富岡は「大江氏の「イーヨー」も、「寓話」になるには、作者の大江氏が、近代人、いや現代人でありすぎるのだろうし、つげ義春流の「私小説」になるには「小説」の専門家でありすぎるのだろう」と続ける。「「小説家」にとっては、つげ氏流の「私小説」に感嘆しつつも、それでもない、また「寓話」や「物語」でもない、それらの間にたゆたうカタチがあるはずだとの思いが現代の「小説」にこめられているのではないか。それは、フィクション、ノンフィクションのような便宜的な分類の手前の、未分化の混沌を処理し、別のなにかを創ろうとする表現の方法だったのではないか」。ここでいわれる「小説家」とは、誰よりもまず第一に富岡多恵子自身のことだったろう。

富岡は、『つげ義春日記』に書かれている体験や出来事は、かなり劇的に思えるとしても実は「特殊なものでなく、たいていのひとと似たり寄ったり」なものだと言う。結局のところそれらは「だれの「私的な日常」にもある」のだと。だがしかし、「つげ氏はそれを特殊なものと表現しなかった点で読者を惹きつけ、大江氏はそれを「小説」化することで抽象しようとし、その結果が「寓話」への接近となった」。ここでもうひとつ富岡は大江に注文を付けてみせるのだが、そのことについては後で述べる。ひとまず続けると、富岡は「小説」と「私小説」の闘争（？）

に論を進める。「「小説」の読者は、「小説」のために消えた「小説家」の「私的な日常」の残像を見ている。いい代えれば、「小説家」が「小説」のなかにある「私小説」をかくそうとすると、その「私小説」が反乱をおこす。「小説」という体制にとって、「小説」内部の「私小説」は反体制なのだろう」。富岡の見立てでは、大江の作品内で起こっていたのも、この「反乱」だったということになる。だがもちろん、この見方は裏返すことも出来る。すなわち、むしろ「小説家」は「小説」のなかにある「私小説」を隠すふりをすることによって、「私的な日常」を「小説」にしているのだと。

ともあれ、ひとが現実にあった「私的」なことを語っていく場合でも、そこにはホントのことをいいたいという「告白」の欲望と、おおげさに事実を拡大して聴くひとを驚かせ楽しませ、そのことであざむきたいという「虚構」の欲望が同時にある。(略)「小説」はこの両方の欲望を同時に充たそうとする表現の方法でもある。いかに客観的事実だけを記した「日記」でも、それはそのひと本人に独占される「私的な日常」でしかないものを「告白」しようとする欲望の表現であり、「寓話」は「虚構」への欲望の極限的な抽象化である点で、「日記」或いはつげ氏流の「私小説」と「寓話」が言語表現の両極端だといった。(同前)

「「小説」はこれら両極端の間に「定型」をつくろうとしてきた」が「しかしまだ、幸なことに(?)「小説」に「定型」はない」と富岡は言う。「定型」を求めつつもつくり得ないので、たゆたっている、というわけである。そして富岡は、私たちの「(新しい)私小説論」にとって極めて重要な、しかし誰もが最初からわかっている筈の真理（?）を告げる。「日本の「私小説」といわれるものの語り手であり同時に主人公の「ワタシ」はつねに「小説家」である」。わざわざ言われるまでもなく、当たり前のことである。しかし繰り返すが、この当たり前はこのうえなく重要であり、本質的な問題を抉っている。「日本の「私小説」は「小説家」の「私的な日常」または「私生活」を中心に書かれるが、それは「小説家の」という特殊である点で、一種の隠語世界である。その特殊は、「小説家」というものの説明をせまり、それがために、「小説家」は「私小説」のなかで弁明するか、はたまたは尊大に「小説家」の特殊に「小説」のラベルをはる必要を生じる」。富岡は「日本の私小説」の急所を抉っている。

「小説家」がいかにして小説の世界で小説家になってきたかのような「小説」があり、それは、つげ氏流の意味での、大工の「私小説」や百姓の「私小説」より「小説」かというとそうでもない。百姓がいかに一人前になったかを、百姓は書かない。（同前）

「「小説家」の「私小説」が、つげ氏流の「私小説」ではないとしたら、「私小説」の主人公たる「小説家」が特殊な「私生活」を送るしかなく、それは、「小説」のための生活になっているのかもしれない」。実際、こんにちに至るまで、少なからぬ「私小説作家」が、自らの「私的な日常」を「小説」に書かれるだけの「特殊」にするべく日常や生活や人生を送ってきた／いるのは事実ではないだろうか（もしくは「小説」的な「特殊」な人生や生活や日常を送ってきた者が「私小説作家」になるのだ、と言ったらいいのか?）。富岡のスタンスは『芸術と実生活』における平野謙の「私小説」論の延長線上にあると言えるが、実作者による論であるだけに凄みと説得力がある。「私的な日常＝私生活」の「告白」と、たとえ同じ素材を元にしていたとしても、一見正反対の「虚構」へのベクトルに赴く「寓話」。「私小説」の祖（のひとつ）がジャン＝ジャック・ルソーの『告白』だとされていたことを思い出そう。しかしもちろん「告白」にも「虚構」は混入し得るのだし、「寓話」にも「私生活」は残留している（ことがある）。

富岡多恵子の「私生活と私小説」の読解はおおよそ以上なのだが、ここで先に保留しておいた点に触れておかねばなるまい。富岡は、大江健三郎が「小説」化のために選んだ「寓話」性について述べた後、こう続けている。

しかし、その企てが成功するほどに、「私的な日常」にいるはずの、しかも、そこから出る意志のない人間、出られない人間、たとえば「イーヨー」の母親、つまり女の思惑のディテールはおきざりにされた。父と子の共生という「寓話」の内部ではそれは不可解でないとしても、おそらく大江氏という「小説家」の「私的な日常」ではそんなはずはない。つげ氏の「日記」は未熟児の母をそういう意味ではおきざりにしていない。（同前）

これまた手厳しい、ほとんど残酷と呼んでもいいような、だが一面至極もっともでもある論難である。富岡は、つげ義春の「日記」を読んでも、つげの妻の「日記」を読みたくはならなかったと言う。なぜなら、「その「日記」には妻の日常がともに出現していたから」である。『緑の年の日記』にかんしては「二十歳の日記を読んでいる時の筆者の「日記」もしくは「私的な日常」

の記録を読みたい」。そして「大江氏の「イーヨー」の「小説」を読むと、「イーヨー」の母の育児日記か、彼女の「イーヨー」物語を読みたいと思った」と富岡は書いている。

だが、それを望むべくもない理由も富岡自身が先に述べている。「「イーヨー」の母の育児日記」を私たちが読むことが叶わないのは、「日本の「私小説」といわれるものの語り手であり同時に主人公の「ワタシ」はつねに「小説家」である」からなのだ。

## 3.「私」の含有率

小島信夫は、二〇〇二年十月に行われた「私小説」にかんするインタビューで、次のように語っている。

最近の傾向では、僕は読んでいないので他の人の話を聞いて想像して分かるんですが、僕と何となくつき合いがある保坂和志君、ああいう人達は日常のことを書くんですけれども、いわゆる私小説じゃないですね。私小説じゃないけれども、「私」のことを書くんです。堀江敏幸君もそうです。堀江君なんかは、人が「私小説だ」って言うと軽蔑するんですけどね。つまりこの「私」は「私」を含んでいるけれども、「私」ではないものを書こうとして、「私」をとりあえず含ませて書いているんだと。自分の考えていることを、感じていることを基本にして書く、というのがそういう人達の傾向です。でも、一人一人みんな違いますから、自分のことを書くからといって、人の目に付くような作品というのはなかなか難しいんです。僕自身もいろいろな書き方をしていますからね。

（「ぼくの考える小説の面白さ」、私小説研究会編『私小説ハンドブック』）

このインタビューの半年程前に、小島は『各務原・名古屋・国立』を刊行している。保坂和志は同じ年の夏から長編『カンバセイション・ピース』を連載中だった。堀江敏幸にとっては「スタンス・ドット」を一作目とする『雪沼とその周辺』連作の時期に当たっている（単行本の刊行はいずれも二〇〇三年）。ここで小島は「私小説じゃないけれども、「私」のことを書く」「「私」ではないものを書こうとして、「私」をとりあえず含ませて書いている」という言い方で、いわゆる「私小説」と、保坂・堀江の作風を切り離そうとしているのだが、もちろんそれは小島信夫自身の小説にも言えることである。

だが、その前に、右の発言に続けて、小島がいささか興味深い「私小説」観を披露しているので、まずそれに触れておきたい。彼はこう言っている。「僕らが書き始めたころは、ものが大体良く見えていた時代なんです。見えるということは、世の中の考え方がみんな同じということです。その中で人と違ったことを書く、ということだけであって、基本的にはみんな同じような考え方をしている」。小島信夫が「書き始めたころ」とは、おおよそ一九五〇年代の前半のことである。この時期に「世の中の考え方がみんな同じ」だったのかどうかは異論があるかもしれないが、ともあれ小島は、かつては「その中で人と違ったことを書く」ことがまだしも可能だったのだと述べている。

それが一番はっきりしているのは、日本という国の問題とか、戦争の問題とかになってくるんです。でも、それは長続きしませんね。だって、今と戦後の風土と時代を比べたら、そこに現れてくるものは全然違う。風俗も違ってきています。本当はそんなに違うはずがないんですが、根本的な問題として同じことを繰り返していますから、同じ問題があってその問題とどうつながるか。時代の変化とその関係、時代が変わっても、風俗が変わっても、同じ問題があるということを、どこかで感じている。それを小説家はどうするか、というときに私小説というものが出てくるんです。いろんな形でもって、自分でもう一回考えなければならないというときには、自分を軸にして考えるよりしょうがないですよね。あまり見易くない問題を考えるときには、どうしても自分の問題になります。(同前)

小島は「日本」や「戦争」という「問題」にかんして、「僕らが書き始めたころ」は「世の中の考え方がみんな同じ」に見えたがゆえに「その中で人と違ったことを書く」ことが出来たが、もはやそういうわけにはいかない、と言う。なぜなら今では「そこに現れてくるもの」すなわち先の「問題」のありようが大きく変わってしまったからだ。だが、面白いのはここからで、違うと述べたそばから、いや、しかし「本当はそんなに違うはずがない」と小島は言い分を反転させ、たとえ「時代」や「風俗」が変わっても「同じ問題」があるのであり、そして「それを小説家はどうするか、というときに私小説というものが出てくる」と言うのである。

こうした生真面目に字面通りに受け取ろうとすると真意を疑わせるような奇妙に捻れた理路は

小島信夫の読者にはお馴染みのものだろうが、要するに、ここで小島は「私小説」というものを、大方の人間に見えているものが大体同じだと想定し得たがゆえにそれとは違うことを書くという小説なり文学なりの目論みから、基本的にバラバラに違ってしまっているように見えるからこそ、それでも変わっていないもの、変わらないものについて語る必要があり、その場合に「軸」となるのは差し当たり「自分」しか居ないので、そういう時に「私小説」が要請されるのだ、と言っている。

ところが、更に続けて、小島はこう述べるのだ。「が、それだって安定したものではない。自分で問題がどこにあるのか探らなくてはいかん。普通は探った結果を書くんであって、そこからある程度高まった感情を書く。ところがそれもできなくなってしまうことがある。恐らく誰もが、自分に自信を持って書くということは難しいと思いますね」。いわば小島は「私小説」の再定義と、再定義された「私小説」への疑念（批判）を同時に語っている。昔と違って、たとえば「日本人」というカテゴリにかんして、或る均質性、同一性、等価性のようなものを前提には出来ない以上、小説を書き出すには自分自身＝「私」を足掛かりにするところから始めるほかない、しかしそれは、そのことこそが、相当に困難なのではないか、と。

戦争直後には、みんな何かしっかりしたものがあったんです。その考え方だけは小説になると思っておったんですけれども、それが消えていってしまったんです。消えてしまうような問題じゃないだろう、とも思いますけどね。そういう問題を本当に自分で解けるか、ということはなかなか簡単に分からないんですね。ところが、生きていく中で変わっていったり、変えていくうちに、見えてくる世界があるんです。それは自分の書いたものから順々に分かってくるものなんです。書かないときには分からない。そういう問題もあるわけですね。書くことによっていろいろ見えてくるものを書く、その代わり初めから決まったことがある、と。一番大事な考え方というのは、みんな持っているはずだと言いながら、なかなかないわけですよ。書いていくうちに、世の中とつながる問題と自分との関係がちょっと見えてくる。そういうときに「ああ、そうだな」と思うときがあるわけです。で、そういう問題を書きたいと思う人もいるわけです。（同前）

続けて「このごろはそういう作品が多いんじゃないですかね」と言うからには、小島はあくまでも、このインタビューがなされた二〇〇二年秋の時点の話をしているわけである。この後、聞き手の「世界文学における日本の私小説の特殊性」にかんする質問に答えて、むしろ海外の小説における「自分にまつわることを書いている小説」とは決定的に違っているという意味で日本には「私小説」という語があるのだろうと小島は述べている。「「私」のこだわり方とか、女々しさとか、葛西善蔵なんかが基本になってしまうんだけれども。境目はいろいろ難しいですね。本当の私小説らしい私小説というのは、西洋の人が書いたものにはないかもしれないですね」。

興味深いことは、このような小島信夫の「私小説」観が、彼は一言も触れていないけれども、あの小林秀雄『私小説論』の名高い「社会化された私」と一脈通じていると思われることである。つまりここでもやはり「私」と「世の中＝社会」が何らかの意味で対置されており、「社会」に対して、「社会」の中で（その一員として）、「私」が如何なる場所を持ち得るのか、如何に振る舞い得るのか、という問題意識が覗いている。
あれから「小説に書かれる私」が多少とも「社会」化されていったのだとして、その「社会」自体が著しく変容してしまった、そしてなお変容しつつある現在、「私」はどうするべきなのか、どうすることが出来るのか。小島の言う「本当の私小説らしい私小説」とは、むろん実際には「社会化されざる私＝社会化に抗う私」を描くものであり、今や絶えざる「社会化」に耐えられなくなった「私小説」の「私」は、かといって素朴な先祖返りをするわけにもいかないとしたら、自ずと「私」の有り様それ自体を変化させないわけにはいかない、というわけである。

今の私小説は、だんだん向こうに似てきていますね。なぜかというと、やっぱり客観視しているんです。今の私小説を書いているということになっている小説家にしても、客観視するところがあった上で書いているんです。どうも「私」を元に書いていく方が、客観視をするということも含めて、客観的な小説を書くよりも、何か具合がいいんです。客観的な小説を書くためには、何かが足りないんですよ。そこのところが微妙になってくる。(同前)

そして小島は、この三年ほど前にすでに亡くなっていた後藤明生の方法論へと話を進める。小島が言うには、後藤は「あるときからある書き方にしてしまった。道を歩いていて、いろんな人に会う、要するに、人に質問するだけの小説なんです。で、何か「あるもの」があるんですよ。こういうことを言いたいと思っていることを、人にちょっと質問してそのギャップを印象としているんですね」。この後藤明生評は、後藤と小島の長年の或る種のライバル関係を考えるとなかなか含蓄に富むものだが、重要なのはこの後である。「「私」を持ってくると、細工をしなければならない。何か細工をしないと作品にならない」と小島は言う。そして、この「細工」が何をしているのかといえば、「人間と人間」や「世の中と自分」との「関係を見せている」のだと続ける。

この「関係」は、言い換えるなら齟齬や不具合のことだろう。だが、後藤の小説の「私」は、このネガティヴになりかねない「関係」を、いうなれば中和するために機能しているのだと、小島は言っている。「そういうやり方は明るいんですよね、ちょっとユーモラスで。そういう小説は、昔の私小説にない。保坂君が書いているようなのもないですよね。堀江君がやっているような、なんか息が詰まるような、相当その小説のために用意しなければならん、という小説も昔はない。昔はもっと単純ですよね」。

このインタビューは、そもそも「私小説」について話すものであるから、当然のことながら小島信夫は自作と「私小説」のかかわりをあれこれ述べている。しかし最終的に彼は、次のように言う。

僕の小説の中で私小説的になりそうなところもあると思うけれども、そうなってはいないと思います。私小説になりそうなところを全部外しているわけですよ。私小説にしないようにしているところが、おもしろみになって出てくるように書いていると思いますけれども、それでは自分がおもしろくありません。ですから、僕があの中で書いたおもしろいと思ったことは、本当は逆になっているのかもしれないんです。普通ならおもしろくないことを、実はそこがおもしろいんだというように書いていますけれども、読んでいてそう思わなければ意味がない、（略）何か唐突に出てきたり、さっき何かしゃべったかと思うと今度は具体的なことが出てきたり、これは一体何を言っているんだろうかというふうに思いながら、だんだん引きこまれていくというふうになれば良いわけです。（同前）

というわけで、結論はこうである。「だから私小説ふうに書けば、おもしろくないと思いますよ。「私」のことを書いているんだけれども、『私』の小説」ふうに書いているんじゃないところがおもしろいというようになっていかなければと思います」。こうしてこの比較的長めのインタビューは、最初に小島が保坂和志と堀江敏幸の小説について述べていた「「私」は「私」を含んでいるけれども、「私」ではないものを書こうとして、「私」をとりあえず含ませて書いている」に大きく円環を描くように再び戻ってきて終わる。確かに「私（と呼び得る何か）」を含有する「小説」ではあるが、しかし自分たちが書いているのは「私小説」とは違うのだと。

『各務原・名古屋・国立』は、書名にある三つの地名をタイトルに冠した三作の連作中編から成る作品集だが、最後の「国立」の中で、堀江敏幸が「熊の敷石」で芥川賞を受賞した際のことが語られている。全三十章の第十四章なので（もっとも章の長さはバラバラだが）まさにほぼ折り返し点と言っていいが、こう始まる。

大庭みな子さんからの夜の電話——千葉県の浦安から国立へ
（大庭）こんどの芥川賞の堀江という人の小説お読みになりましたか。

（小島）いいえ、まだ読んでいません。

（大庭）あれはなかなかいいですよ。

（小島）そうですか。近いうちに読みます。

（大庭）あれは小島さんに似ています。早くお読みなさい。だって、この人は、小島さんのお弟子さんでしょう。だって岐阜県の出身で、それに明治大学の、小島さんが教えていらっしゃった、理工学部の先生でしょう。

（小島）こういう人がフランス語の先生になってきたということはしばらく前から風の便りにきいています。それにたいへんみんなに好かれているというふうなことも知っています。男でも女でも好かれる人がいるらしいことは何となく心得ていますが、人物のことなのか、作品のことなのか、まったく見当がつきません。それに〈お弟子さん〉という歯の浮くようなものはぼくにはいません。第一面識もなくてどうして弟子なんでしょう。


（『各務原・名古屋・国立』）

小島信夫が長年、明治大学理工学部で英文学の教授を務めていたことも、堀江敏幸がこの頃、同じ大学の同じ学部でフランス語を講じていたことも、堀江が小島と同じく岐阜県の生まれであることも事実である。もちろん二人の勤務時期は二十年近く離れており、この時点で面識もなかったというのだから、小島が大庭みな子に〈お弟子さん〉などではないと答えたのも正しい。だが、当然のことではあるが、だからといって右のような電話の会話が現実に交わされたとは限らないし、たとえ小島と大庭の間で似たような会話があったのだとしても、そっくり同じかどうかはわからない。読者は、こう書いてあるのだからこういう事が実際にあったのだろう、という信憑と、こう書いてあること自体が「細工」なのではないか、という猜疑の狭間に宙吊りにされる。むしろこの宙吊りこそ、小島の「細工」と呼ぶべきものである。
続く第十五章は、冒頭に〔四月三十日、明治大学駿河台本校の三十八階の高層ビルの二十三階にある、何とかいう催し物をする会場での、堀江敏幸氏の芥川賞受賞を祝う会における老いて疲れたコジマ・ノブオさんの講演〕と但し書きがあり、これも小島小説ではお馴染みではあるが、ウソかマコトか判然とし難い、なんとも人を喰った風情の講演＝語りが延々と展開してゆく。何しろそれは、こんな調子なのだ。

堀江さんが芥川賞になった夜おそく名古屋のある新聞社から電話がかかってきて、もう一人の人といっしょに堀江さんが芥川賞になりました。御存知ですかというので、いま初めて知った。知らせて下さってどうもありがとう、とこたえた。この人は岐阜県としては、先生が芥川賞になられて以来四十六年になります。それでお祝いのコメントを願います。そのくらいになるかもしれないが、めでたいといっても、ぼくが貰ったわけではないので、知ったことではない、ともいえるが、何はともあれ、ほんとうによかった。岐阜県にとってめでたいということはどうでもいいことだけれど、とこたえました。（同前）

いちおう繰り返しておくが、無論こんなことをこのまま現実の小島信夫が喋ったのかどうかはわからない。後で触れる或る傍証を考慮しなければ、少なくとも大方の読者と同じく、私にもそれを確認する術はない。そもそもこういう場が実際にあったのかさえ、この小説を読んだだけでは定かではない。

ともあれ、このように始まった「コジマ・ノブオ」の「講演」は、次の第十六章から堀江敏幸の芥川賞受賞作「熊の敷石」の読解、より精確にはそれを初めて読んでみた時に自分の内に去来したあれこれの再現、に入っていく。もちろん小島の話は「熊の敷石」だけに留まることなく、記憶障害の妻「アイコさん」とのことや（小島がアイコさんに「熊が林の中を一列になって走って行く、と思っていると、いつのまにか熊のセナカの上に乗っかっている」という「熊の敷石」の冒頭部分を話して聞かせると、彼女は「それは面白いわ。とても面白いわ。そういう小説読んだことも見たこともないわ」と興奮する）、小島とは兄弟揃って旧制岐阜中学の同窓で、数年前に亡くなっていた平野謙の弟で今は闘病中の、元新聞記者の平野徹のことなどに何度も何度もずれ込んでゆき、まさかと思うタイミングでまた戻ってきたりする。

そしていつの間にか、この小説の地の文――「私」の一人称で書かれてある――と渾然一体となって、どこが「講演」の終わりなのかも了解困難になって、遂に話題は堀江敏幸から何度目かに離れて、そのまま戻ってこない。読者はまさしく「これは一体何を言っているんだろうかというふうに思いながら、だんだん引きこまれていく」のである。

そのあと、堀江に代わって保坂和志とのかかわりの話が散発的に、やはり他の幾つもの話題に混じって語られる。「国立」の最終章（第三十章）には、こんな数行がある。

保坂さんは、どこから来て、どこへ行くか、そのあいだだけ、この地球にいるのだ、といおうとする。もっと若い堀江さんは、「私は回送電車です。居候です」という。二人のいっていることは、同じとはいえない。しかしまったく違うともいえない。（同前）

実に的確な評言ではあるまいか。「回送電車」とは、もちろん堀江敏幸のエッセイ集の題名に引っ掛けてあるわけだが、「回送電車Ⅲ」と副題の附された『アイロンと朝の詩人』（二〇〇七年）に、「国立」のもとになった出来事を堀江の側から書いた文章が収録されている。「大学の送迎バスに乗り遅れた小島信夫さんをめぐる随想」である。発表は二〇〇五年の冬なので、小島信夫の最後の長編小説となる『残光』はまだ発表前（「新潮」二〇〇六年二月号掲載）である。小島は二〇〇六年十月に亡くなる。

この長めの随想を、堀江敏幸は小島信夫もかつて通った明治大学生田校舎の思い出から始めている。郊外に造られた、理系の学部ならではの独特なキャンパスの雰囲気をひとしきり描写した後、堀江はおもむろに小島信夫の名前を記し、他でもない「国立」から「国立市の自宅から南武線経由で南下して小田急線に乗り換え、向ヶ丘遊園を登山口として大学を目指すときの様子」を引用する。

それから小田急に乗り換え、次の駅の向ケ丘遊園で降りると、駅で待っている学校のマイクロ・バスに乗りこみ一息つくのであった。バスの中では、電車の中以上に、何も考えなかった。バスが出発したあとだということが分ると、疼く虫歯をかむような思いで歩きはじめ、溝川の土堤を辿り、丘をのぼりはじめ、あとから出発したバスにあざわらわれながら、そこでもう一度、虫歯をかみしめる思いをし、校門をくぐり、やがて階段をのぼり、その校舎を作るのに中心となったはずの同郷の先輩の堀口捨己先生のことをちょっと考え、教室の学生の姿や、教師の声などを気にしながら、研究室と称する小さい部屋のドアのカギをあけ、そうして長椅子の上に仰向けになり眼を閉じるのである。（同前）

これは「国立」の第六章からの引用だが、その後、小説はあっちこっちに脱線（だが、どこが本線だというのか？）したあげく、結末間近の第二十九章で、この文章自体が話題にされる。今度は「私」は「二十世紀文学研究会パーティでのスピーチ」をしているのだが、あるパーティで「北大で国文学の教師をしている、もと明治大学の学生だった人」に、次のように言われる。

『先生には教わったことといえばたった一つだけです。先生は、具体的なことだけが生きるのだ、ということはぼくの記憶に残っています』

たとえばどんなことが、その〈具体的〉なことか、ということを、ぼくが具体的にしゃべればよかったかもしれませんが、それをいったかどうかおぼえていません。その例を話すということは、人に向ってしゃべるということは、何かはずかしいことのようにぼくには思われます。すくなくとも教室ではいうのは、気恥かしいことです。

ぼくは、いま書いてきている『国立』の中で、教師としてぼくに似た男が歩いて歩いて学校へ着いて教室を横眼に見てそれから階段をのぼり廊下をまた歩いて研究室に入って長椅子に仰向きになってボンヤリしているということは、どうして書いたのか、と思ってきましたが、ただいま申し上げたこととどこかでつながっているかとも思いますが、これもずっと考えてきたといいながら、ここで申し上げるのは、思いつきみたいなもので、これまた恥かしいことです。（同前）

ここでいわれる「具体的なこと」とは、しかし「書かれたもの」として「具体的」である、ということなのだ。例によって小島はどうとでも取れるような茫漠とした書き方しかしていないが、「国立」第六章に描写されており、第二十九章でより圧縮した形で言い換えられる「ぼくに似た男が歩いて歩いて学校へ着いて教室を横眼に見てそれから階段をのぼり廊下をまた歩いて研究室に入って長椅子に仰向きになってボンヤリしている」というひと続きの行動のひと息の叙述こそが「具体的」の正体なのであって、しかも第六章では「私」の回想らしきものだったのに、後になると「いま書いてきている『国立』の中」の「ぼくに似た男」のことに――しかも同じ小説の中で！――微妙に、だが決定的に変化してしまっているのだから、小島にとって「具体的なこと」が単純な意味での事実性の別名ではないということはすぐさま知れるだろう。むしろこの小説（に限らず小島信夫のほとんどの作品）の随所に仕込まれた、こうしたあからさまな操作や変換が、小島が妙に強調している「恥ずかしさ」に因るのだと考えるべきであるように思う。

堀江敏幸の「大学の送迎バスに乗り遅れた小島信夫さんをめぐる随想」には、「国立」に書かれていた〈四月三十日、明治大学駿河台本校の三十八階の高層ビルの二十三階にある、何とかいう催し物をする会場での、堀江敏幸氏の芥川賞受賞を祝う会における老いて疲れたコジマ・ノブオさんの講演」の様子と、堀江の記憶にある出来事との幾つもの無視し難い違いが記されている。堀江敏幸が、一九五四年の小島信夫（「アメリカン・スクール」）、一九八七年の三浦清宏（「長男の出家」）に続く、明治大学理工学部の教員として三人目の芥川賞受賞者となったことを祝し、大学主催でパーティが催されたのは事実である。その際、同郷人でもある小島が妻のアイコさんともども出席したことも事実である。だが堀江によれば、その時の「小島さんに「老いて疲れた」様子などみじんもなかったし、幹事がお願いしたのはご負担の多い「講演」ではなくちょっとした「スピーチ」」だったというのである。

この時に現実の小島信夫が話したのは、十何年か前、夫婦で岐阜県に帰省する折に、堀江の郷里（多治見市）にある有名な手打ちうどんの店に立ち寄ったところ、今日打った分がなくなったから注文には応じられないと店の主人ににべもなく断わられ、わざわざそこのうどんを食べるために途中下車したのにと食い下がってはみたが、結局「店主はうどんの代わりに門前払いを食わせた」というエピソードだった。小島のスピーチは、具体的にはほぼこの話だけで終わったという。

いちおう断わっておけば、これは「国立」にはまったく出てこない話である。小島がどういうつもりで堀江敏幸の祝いの席でこんな話をしたのか、幾らでも勘ぐりようはあるだろうし、堀江自身も憶測を述べてはいる。だが、もちろんここで重要なことは言うまでもなく、小島信夫という小説家はこういうことをするのだ、という端的な事実の方である。

しかも堀江も右の「告発」に続けてすぐに記していることだが、小島は、このことも小説の中に書いてしまっている。「熊の敷石」を読み始めた（ことを「講演」で語り始めた）第十六章で、

「私」は妻との朝食の場面を語りつつ、わざわざ丸括弧に括って次のように記すのである。（コジマ・ノブオは、講演で、こういうことは何もしゃべってはいなかった。そこを跳びこえていたのに、この文章においてはよけいなことを書いてしまったというのは、とんでもないことである）。

「国立」における「コジマ・ノブオ」による「講演」と、現実の小島信夫の「スピーチ」の間甚だしい矛盾は、これだけではないのだが、それは省くとして、そうして事実を書き連ねた後、堀江敏幸は、こう述べる。

小島作品に実在の人物が実名で登場してくるのは周知のとおりだけれど、自分自身が登用されてみてようやく小島信夫の語りの技術の高さとそれゆえの不気味さに気づかされたのだった。その不気味さは、あらかじめゆがんだレンズを用意してものごとを観察しておきながら、できあがった話のなかではそのレンズがゆがんでいたことも、わざわざ自分で用意したものであることも忘れて、全体が小島信夫的な「真実」として記憶され、再現されていく仕組みに由来していて（略）

（「大学の送迎バスに乗り遅れた小島信夫さんをめぐる随想」）

「小島さんの小説内における精神は、「小島信夫的な真実」としてのみ機能するようにできているのだ」と堀江は続ける。全体として、このエッセイは「国立」に対する微妙な（というか歴然とした？）意趣返しの目論みを隠しているとも思えるのだが、しかしこの文章の結びに、堀江はこんな気づきを書き添えることも忘れていない。「語り手の「コジマ・ノブオ」さんは、作品解釈や人物評の肝になる部分の判断を、記憶装置にうるわしい「狂いが生じている」アイコさんとのやりとりにとけ込ませていた」。そして「ほんのすこしまえの記憶がゆがめばそれを基準とする判断もゆがみ、語られているいっさいの真偽のほどが曖昧になってしまう」。つまりはそこに書かれてある何もかもが「狂いが生じている」可能性から逃れられてはおらず、それどころか率先してゆがみの内に投げ入れられているのであって、そのことこそが「国立」が「小説」を名乗り得る証左なのだということである。

この「ゆがみ」は、「小島信夫」が「コジマ・ノブオ」に書き直されるという操作にまずは示されている。そして「コジマ・ノブオ」の行状を書き記している「私」という話者＝存在がいる。「国立」一編を読んだだけで、先の「こういうことは何もしゃべってはいなかった」を筆頭に、堀江敏幸の指摘を待たなくとも、そこで語られていることが事実そのままというわけではなく、むしろまったくのフィクションと呼んでいい部分を含んでいるだろうことが読者にも分かるように「私」は書いている。そればかりか、その「私」自体も「登場人物」の一員であることだって明白である。小島信夫の作品を幾つか読んだ者なら誰もが思うだろうが、あんなにもいつまで経っても終わらない「講演」や「電話」や「手紙」など、現実にあるわけがない。つまり、身も蓋もない言い方をすれば、小島信夫は事実をダシに、また事実を担保に、しばしば真っ赤な嘘を書いているわけだ。

だがしかし、ここで問題となるのは、この「しばしば」の比率を読者はどうしたって精確に知りようがないということである。「国立」において「私」と名乗る語り手＝書き手と、その「私」によって書かれ／語られる「コジマ・ノブオ」が、現実の「小島信夫」と、どのくらい似ていて、どのくらい別の存在なのか、ということが読む側には（読むだけでは）けっして分からない。ならばむしろ、こう考えるべきなのではないか。事実の内に虚構が混ざり込んでいるというよりも、その逆、すなわち幾層もの虚構の織物によって事実＝真実の方が隠されているのだと。小島信夫は「コジマ・ノブオ」と記すことによって、他ならぬ「小島信夫」をこそ護っているのだと。

堀江敏幸が「国立」に自ら「登用」されることによって否応無しに気づかされた小島信夫の「語りの技術の高さとそれゆえの不気味さ」とは、どうやら事実であるらしきものを素材にしながら、ただ読んでいるだけの者には分からない嘘をついてみせること、そこに諸々の作為や意図、すなわち「ゆがみ」を秘かに忍び込ませ、読者に事実とは異なった出来事の記憶／印象を植え付けること、もちろんそれらも間違いではないにせよ、そういうことのみを指すのではない。そもそも読者がそこに書かれていることが「事実」がもとになっていると信じるのは、単に「私」が「小島信夫」と同一人物であると判断されるしかじかの記述がなされているから、ただそれだけでしかない。言うまでもなく「私＝作者自身」ではない小説は幾らでもあるが、その「私」が「作者」ではないと考えられるのは、そうではないと判断し得る記述が読まれるからである。だが、この二種の信憑を分かつ線は、実のところあやふやなものでしかない。というか、そんな線は本当はどこにもありはしないのだ。

だから真の問題は、小島信夫の小説には嘘が書かれているということにあるのではない。そうではなく、それでも尚、小島の小説には事実＝真実も含まれているだろうということこそが厄介なのであり、重要なのだ。「この「私」は「私」を含んでいるけれども、「私」ではないものを書こうとして、「私」をとりあえず含ませて書いている」と嘯きつつ、実際には「「私」ではないもの」の底に「私」の貌が見え隠れしていることが、小島信夫の「私小説」ならぬ「「私」が書いた（とされる）小説」のおそろしさであり、うるわしさ、なのだ。

いや、果たしてそれは「私小説」ではない、のだろうか。むしろそういうものこそ「私小説」なのではないか。いや、すべての「私小説」は、そういうものなのではないか？

## 4．「他者たち」のホログラフィー

「私小説」と呼ばれたり、そう名乗ったりしている小説においては、本当のことのように書かれている内容には嘘が混じっていることがあり、その反対に、嘘としか思われないことは本当であったりする。そして「本当」と「嘘」のこうした混じり具合は、結局のところ作者の意のままであり、自由自在である。ただし一点、そこで主人公ないし語り手ないし視点人物として設定されている登場人物が作者自身と相似しており、そのことが大方の読者にも読む前からわかっているという点が、「私小説」が「私小説」と呼ばれたり自称したりする前提条件になっている。いうなれば「自伝」と「作者をモデルとする小説」の中間地帯に位置しているフィクションのことを、ひとは「私小説」と呼んでいるのである。

堀江敏幸の『アイロンと朝の詩人』には長短さまざまなエッセイが収録されているが、小島信夫との思い出を綴った「大学の送迎バスに乗り遅れた小島信夫さんをめぐる随想」のひとつ前には、その名も「ホログラフィーとしての「私」」と題された文章が置かれている。発表は二〇〇三年の十一月（「草思」に掲載）。ちょうど同じ時期に堀江が上梓した長編評論『魔法の石板――ジョルジュ・ペロスの方へ』にかかわる文章である。堀江は、まず次のように書き始める。

ほとんど成句となったランボーの、「私とはひとりの他者である」という言葉を、否定的な文脈ではなく、それをじゅうぶん実感しながら肯定的にとらえなおしたうえで、いわば「私とは複数の他者である」ことを生きようとしたのは、一九七八年に五十五歳で亡くなったジョルジュ・ペロスだった。

（「ホログラフィーとしての「私」」）

続いて堀江は『魔法の石板』の概略的にG・ペロスの生涯のアウトラインをごく簡潔に述べる。二冊の「詩集」を刊行しているので「詩人」と呼ばれる理由はあるが、本人の生き方は一般的な「詩人」というイメージからはかなり懸け離れたものだった。「当初は演劇を志し、伝統あるコメディー・フランセーズの準会員にまでなりながら、その裏面の政治性に嫌気がさしてさっさと足を洗い、パリを離れてブルターニュ地方の漁村に居を構えたペロスは、隠遁にも似た貧しい暮らしのなかでなお定職につかず、脚本原稿の下読みと翻訳と書評で食いつなぎ、そのあいまに『パピエ・コレ』、すなわち貼り紙と名づけた断章を書き溜めていった」。この「ホログラフィーとしての「私」」という文章は、堀江敏幸が、少し前にその評伝を書き終えたばかりの、ジョルジュ・ペロスという「複数の他者としての私」を通して、彼自身の「私小説」観を披瀝したものとして読むことが出来る。だが堀江は、いきなりこんなことを言い放ってみせる。

文学の世界では、話題に事欠いてくると、かならずこの「私」の問題が蒸し返される。それはほとんど周期的な現象と言ってもいい。「私」とはだれか。「この文章の書き手である私」自身も、以前、文芸雑誌などでその種の慣例にしたがったことがあるので気がひけるけれど、結論から先に言えば、どうでもいい話だと思う。はっきりした答えなど出せるはずがないし、またその出せないことにこそ「私」のおもしろさも怖さも限界もあるだろうからだ。(同前)

まったくその通りで、まるで本論のことを先回りして言われているようで耳が痛い。「文学の世界」において「私の小説」をめぐる問題が、何度となく蒸し返されてきた「周期的な現象」であることも、これまで見てきたように歴然とした事実である。

右に続けて堀江は「この文章の書き手である私」略して「私」が、しかし実生活においてはほとんど常に「ぼく」で話していると告白し、すなわち「文章における一人称はあくまで仮面であって、書き言葉の世界にしか棲息しない幻なのである」と述べる。このような「一人称のペルソナ」の問題は、人称を示す語が複数ある日本語の特殊事情としてしばしば言われることであり、最近だと平野啓一郎の「分人主義」に繋がる。

ところで堀江は、それは当然のことなのだが、「にもかかわらず厄介なのは、わずかずつ像がずれたり薄くなったりちいさくなったりする、そのおびただしい数の「私」や「ぼく」が、確実に大きな「私」をかたちづくっていることだ」と言う。つまり、現実世界においては常に「複数」であり、そうでしかあり得ない「私」や「僕」やその他諸々を、無理矢理一個の「私」なり何なりの「一人称」に重ね合わせてみせているのが、小説などのフィクションにおける「私」（なり何なり）なのだということである。「書き言葉のなかの一人称は、語りの像を安定させ、行文の揺れを防ぎ、言葉を引きしめていく反面、許容範囲を超えたとたん、こんどは痛ましいほどにぼやけて、ときにははげしい縦揺れを起こす。書くことは、その不安定な「私」の建てなおしとさらなる破壊を、ほとんど同時におこなう作業なのだ」。

大雑把に整理しておくと、《「私」語り》には、ふたつの異なる位相がある。ひとつは、「複数の他者」の集合体としての「私」をどこまであたりまえのものと見なしうるかという「私」の成り立ちの問題であり、もうひとつは、一九六〇年代、七〇年代のフランス文芸批評をにぎわせた、あの「語っている私」とはだれかをめぐる問題である。（略）しかし、以上の二点は、母語としての日本語を使用しているかぎり、じつにあたりまえの出来事ではないだろうか。これもまた言及されつくしたことだが、「語っている私」という一人称は、男女の性によって、年齢によって、出身地や階級によって、さまざまにその装いを変える。無意識と否とにかかわらず、その使い分けは「自分のなかの他者」の、一回ごとの呼び出しにほかならない。（同前）

そして堀江は、先ほどの「一人称のペルソナ」について幾つか具体的な例を挙げたのち、しかしこれは「文法の問題」などではなく、「「ひとりの私」のなかには、「複数の私」が生きている」というのは「日常に即した「あたりまえの」身体感覚」であり「「あたりまえ」に生きている人間ならだれにでも生起している事態なのだ」と述べている。

これこそまさしく「分人主義」であり、それ以前に、ごく普通に生きていれば誰もが首肯する「あたりまえ」の感覚と言っていい。私だって普段は「私」で話してなどいない。この私は「この文章の書き手である私」でしかない。私も堀江と同じく、生活のほとんどの状況では「ぼく」を使っており、ごく親しい相手やくだけた場では「俺」を使ったりもする。ではなぜ、ここで「ぼく」や「俺」で記さないのかといえば、慣例に従って、ということでしかない。実際、別に俺はぼくと書いたって全然構わないのだ。

ここから幾つかの問題系を引き出すことが可能だと思われる。まず、そうであるならば、どうして「一人称の私小説」では通常、一個の人称しか使用されないのか、ということがあるだろう。なぜ、最初は「私」で始まるが、途中では「ぼく」になり、クライマックスでは「俺」になってはいけないのか。いや、そういう趣向の小説だってないとは言えないが（きっとあるだろうが）、そういうことではなく、「「ひとりの私」のなかには、「複数の私」が生きている」というのが「あたりまえ」であるのなら、どうしてそれをそのまま「小説」でやることが「あたりまえ」とされていないのか、ということである。この問いへの答えは、おそらく「慣例に従って」ということでしかない。とりあえず選び取られた「私」に「ぼく」や「俺」などが重ね合わされているというのなら、いっそ分けてしまってもいいのではないか。だが、われわれはそうはしないし、私もそうはしない。どうしてなのかはともかく、それをすることは不自然なのである。

それから「語っている私」の問題。たとえば、いま、ここで私として語っている／私と書いている私が、固有名詞だと「佐々木敦」になることに異論のある者は皆無だろう。だが、なぜそう言えるのか。これがフィクションではない批評文であるからだ。逆に言えば、私が書いている／語っているのがフィクションであるとしたら、そこでの一人称すなわち「語っている私」が「佐々木敦」であると読者が思い込むのは、それが広義の「私小説」の意匠を纏っている場合以外にはない。堀江敏幸に当て嵌めれば事態はもっと明白だろう。「ホログラフィーとしての「私」」の「この文章の書き手である私」が「堀江敏幸」のことであることは誰の目にも明らかであり、そこに疑いの余地は基本的に存在していない。

だが堀江の「小説」で、一人称の語り手がすべて作者自身だと考えるのは早計も甚だしい。このことは、より一般的に、エンターテインメントやライトノベルの「語っている私」が、それを「書いている私」とイコールであると考えられる筈がない、というあまりにも当然の事実に敷衍される。そしてこれこそまさに「一九六〇年代、七〇年代のフランス文芸批評をにぎわせた」、具体的にはジェラール・ジュネットに代表されるナラトロジーの問題であるわけだが、その話は後に取っておくことにして、ここではただシンプルに、なぜ今、この「新・私小説論」で私と書いている私が「佐々木敦」であるということがあらかじめ同定されており、まったく別の、文字通りの他者であるところの「私」と勘違いされることがないのか、なぜフィクションにおいて、あらゆる一人称の語り手が作者本人と認識されるわけではなく、その中のごく一部だけがそうなのか、その線引きに「慣例」以外の如何なる力が働いているのか、そもそも、その線引きは揺らいだりしないのか、揺らいではいないのか、現実として、揺らいでいるのではないか、そして、その「揺らぎ」こそ、今や問題にするべきことなのではないか、とのみ書きつけておく。

もうひとつ、ここまでの堀江の書き方で気になってならないことがある。それは冒頭から出てきた「私とは複数の他者である」の「他者」という言葉である。その前にランボーの「私とはひとりの他者である」という表明が置かれているわけだが、その後の論脈において、この「他者」は「自己」に置き換えてしまっても、さしあたり成立するのではあるまいか。「私とは複数の自己である」。マルチ・アイデンティティでもポリ=セルフでもいいが（どちらも今拵えた造語）、自分が複数のパーソナリティだという実感、その端的な事実と、その複数のそれぞれが「自己」ではなく「他者」と呼ばれることの間にはどう見ても懸隔がある。なぜ「他者」なのか。実のところ、堀江敏幸の「私小説」論は、この点にこそ核心が宿っている。

堀江は、「自分のなかで「複数の他者」が、競合し、分裂しながら、しかも「共存」という調和的な言い方ともはずれたかたちで住み着いていると考えておけば、なんの苦労もいらないだろう」と言う。そしておもむろに「本当の私」という言葉を持ち出す。

ただし「本当の私」は、いずれ色あせる。どれほどたくさんの仮面があったとしても、それが「本当の私」の一部で栄養を分配してもらっているかぎり、命のある時間は限られているから、かならず朽ち果てる。これにたいして、「本当でない私」は、いつまでたっても褪色せず、腐りもしない。

しかし、ここからが面倒なのだが、「本当でない私」は、それを利用した「本当の私」の色を奪うのである。（略）どんなに切実な一人称を使っても、最後にはゆらゆらした「私」の光が明滅し、やがて消え入る。「私」が生きのびるとしたら、この弱々しい光のなかで、永遠に揺れている以外に方途はないのだ。（同前）

そして堀江はこう続ける。「要するに「私語り」とは、冷たい雨のなかで、激しい風のなかで、結果はおなじになるけれども出所が異なる「本当の私」と《「本当ではない私」をつい使ってしまった「本当の私」》のうち、どれだけ真剣に前者を保持できるか、それを実践のなかで考える作業だと、「この文章の書き手である私」は考える」。

ここでようやく再びジョルジュ・ペロスの名前が持ち出される。「私とは複数の他者である」というテーゼは、「「複数の私」を見据えるために「複数の私」を抱えた「他者」が、彼の、彼女の、そしてあなたという「他者」が不可欠なのだ」と言い換えられる。ペロスはそのことを繰り返し書いた。「自己」ではない、やはり要請されているのは「他者」なのだ。「ただし、それは密着した仮面ではなく、距離をおいた「他者」だった」。ペルソナの使い分けの話ではない。詰まるところランボーの言う通りなのだ。「私」とは「他者」である。「複数の他者」が「本当の私」なのである。そしてペロスは「そういう関係の磁場を砂漠と呼び、またそこで生きることが真の孤独だと解釈していた」。

「私語り」は、結局、この砂漠のなかでしか維持できない関係なのであって、履歴、来歴を得々と語ったり、友人、先輩、恋人とのやりとりをだらだら書き記したり、言葉や文学作品についての蘊蓄を傾けたりすることとは、まったくべつの次元のことがらなのである。そうした些事に属する話題や一人称の変奏のむなしさをよくわきまえたうえで、「私」へのアプローチでも「私」からの離脱でもない孤独の場を措定すること。(略)「私」だけ、「ぼく」だけ、「あたし」だけの物語をいくらたどってみたところで、すぐ隣に茫漠とひろがっている「他者」の砂漠に目をやる勇気がなければ、真の「私語り」は生まれないだろう。(同前)

そして堀江は、この「砂漠」という魅力的な隠喩を「孤島」と言い換えてみせる。ジョルジュ・ペロスに代わって召喚されるのは『モレルの発明』のアドルフォ・ビオイ＝カサーレスである。周知のように、ボルヘスの親友にして共作者でもあった小説家、評論家の代表作である同作は、実体を持たないひとびとによる同じ一連の出来事が延々と繰り返し映写され続けている島に行き着いた主人公の悲劇を物語るものである。堀江の「レジュメ」はかなり恣意的に纏められているが(たとえば私にとってこの小説は、ひとはなぜ「映画」の虜になるのか、というシネフィリーの問題と、究極的には常に片恋である「恋愛」の本質を痛切に抉った「映画＝恋愛小説」として極めて重要な作品だが、ここではそうした側面は裁ち落とされている)、要するにイメージだけにされた人間、すなわち「ホログラフィー」としての自己と他者というのが、この小説の中心に据えられたアイデアである。

主人公は最後に、自分以外の人間たちがすべて自動映写装置の「映像」でしかないことに気づき、機械を破壊する。だが「その瞬間、彼自身も消えてしまうのである。なぜなら、島にやってきた彼もまた、命のないホログラフィーたちのひとりだったから……」。堀江は、島民たち、そして主人公自身も、モレルという発狂した科学者の「発明」であるという意味で「出自はひとつ」だと述べる。「顔かたちも年齢もまちまちなのに、男は、自分の孤独のむこうに、「私というひとりの他者」を任じる一体一体の像の孤独をも見出し、それゆえさらに深い孤独に陥っていく」。

「複数の私」を動かそうとしている作者としての「私」は、どこにいるのだろうか。（略）しかし、「ものを書く人間」の一人称と限定したうえでの「私」たちが踏み留まるべき境界線は、まさしくこの映写機破壊の一歩手前にあるのだ。ぎりぎりのところで手控えて、高さも厚みも色もあるのに、重さと体温のない亡霊たちを、そうと知りつつ眺めようとつとめること。このままいっしょに消え失せてしまいたいというとてつもなく魅力的な誘惑に屈せず、あきらめに満ちた気持ちで、落ち着いてそのさまを観察すること。（同前）

結論（？）はこうである。「「私」の語りは、「私」の身体がなかば色を失い、身体の向こう側がやや透けて見えているあたりでとどまることを理想とするべきだ。（略）このとき、「複数の他者」は、その代表としての「私」をすり抜けて、あたりまえの複数がうごめく「私」になる」。読まれるように、この文章は後半に向かうにつれて、ややレトリカルに流れるきらいがあるのだが、それでも文意は明快だろう。もはや「私」は何人もの「他者」へと複数化したのみならず、ほとんど半透明になっている。

人生において成功するのではなく、おのれの人生を成功させるためには、こうした「あたりまえ」の孤独がまじわる孤島で、みずからホログラフィーになりかねない危険にどれだけ身をさらすか、そこにかかっているのだ。（同前）

堀江敏幸の「ホログラフィーとしての「私」」は、以上で終わっている。ここでの「おのれの人生を成功させるため」を「おのれの小説を成功させるため」に置き換えてみても、この場合は同じことだろう。

前節でも触れておいたように、このエッセイが発表され、ジョルジュ・ペロスについて書かれた『魔法の石板』が刊行されたのと、ほぼ同じタイミングで、堀江は連作短編集『雪沼とその周辺』を上梓している。川端康成文学賞を受賞した名編「スタンス・ドット」を劈頭に、七編が収録されており、木山捷平文学賞と谷崎潤一郎賞をダブル受賞した、堀江の代表作と言える一冊である。

「スタンス・ドット」の書き出しを引いてみよう。

午前十一時から営業をはじめているのに、客はひとりもあらわれなかった。木曜日はいつもこんな調子だからべつに驚きはしなかったが、夜の九時をまわったところで見切りをつけて、壁面照明の電源をすべて落とした。メンテナンスにやってくる担当者さえめずらしがるコーラの瓶の自販機の、ゲームがおこなわれているときには気にもならない冷却モーターの音がずいぶん大きく聞こえる。夜になるといつもおかしくなる耳の調子は、まだ大丈夫らしい。それにしても、ビールやジュースを冷やすために熱が必要だなんて滅茶苦茶な理屈だ。冷やせば冷やすほど放熱し、部屋が暑くなる。それを冷やすためにエアコンを入れると、こんどは室外機が熱風を外に吹き出す。暑さは場所を移すだけで消えはしないのだ。このまま仕事をつづけていたら、俺の人生もなにかを冷やすためによけいな熱を出すだけで終わりかねないぞと胃が痛むほど悩んでいた三十代の自分の姿を、しかし彼はもうはっきり思い出すことができなかった。

（「スタンス・ドット」）

最初の段落を丸ごと引用した。最後のところで、ふっと「俺」という語が書きつけられ、そしてそのあとに「彼」という人称代名詞が置かれている。つまりこれは三人称の小説、より細かく言えば「三人称一元」で書かれた小説である。過去からの反響の中で「俺」という一人称を用いられた男は、その後は「彼」として物語の主人公の役割を務めてゆく。彼は自らが経営する鄙びたボウリング場を廃業しようとしており、その最後の営業日に、とつぜん現れたカップルに、最後のゲームをプレゼントしようと思い立つ。続く短編群においても、雪沼という名の土地を舞台に、それぞれに人生を歩んできて、それぞれの孤独を淡々と生きているひとびとの姿が、抑制の利いた、だが極めて優美な文体で描かれる。

雪沼というのは架空の名前である。そのことだけではなく、この作品集を読んでいると強く感じられてくるのは、隅々まで配慮と注意が張り巡らされた、その驚くべき人工性である。人物たちの内面も、彼ら彼女らの関係も、そこで起こるささやかだったり些細であったりしつつ同時に決定的と言うしかないような出来事も、どれもこれもおそろしくフィクショナルであり、そこには現実世界の影がまったく感じられない。にもかかわらず、そこにはリアリティと呼んでよいだろう或る切実な感覚が、ありありと宿ってもいる。つまり、これは「私小説」と呼ばれているタイプの小説とはおよそ対極の作品であるかに思えるし、実際のところ、デビュー以来、随想や評論に近似した独特な佇まいの小説を書いてきた堀江敏幸が、おそらくはじめて意識的に取り組んだ「物語」であり、だから「彼」という人称代名詞の出現は極めて重要な意味を持っていたと言えるのだが、がしかし、そうしたことは全部認めた上でなお、ここでの試みは、「ホログラフィーとしての「私」」に書かれていたことと、本質的に繋がっていると思われる。

私は、この世界の何処にも実在していない「雪沼」という場所は、ビオイ＝カサーレスの『モレルの発明』に描かれていた、あの「孤島」、永遠に上映を繰り返す精巧な一連のイメージだけから成る、それなのに現実そのものとしか思われない、あの生々しくも儚い世界と、ほとんど同じものだと言ってしまいたい衝動に駆られる。「雪沼」もまた「ホログラフィー」なのだと。もちろんその映像の中に映っている「彼」もそうである。そしておそらく「スタンス・ドット」の「彼」を一種の分光器のようにして、それに続く『雪沼とその周辺』を構成する各編の登場人物たちは、「実山さん」とか「田辺さん」とか「絹代さん」とか「蓮根さん」などなどのいかにも「現実」に居そうな固有名詞を与えられ、ごく自然に身に纏うことになったのだ。

重要なことは、ここで起こっていることが、堀江が書いていた「「複数の他者」は、その代表としての「私」をすり抜けて、あたりまえの複数がうごめく「私」になる」という特異な状態の、紛れもない実践であるということである。小島信夫は堀江敏幸と保坂和志にかんして「この「私」は「私」を含んでいるけれども、「私」ではないものを書こうとして、「私」をとりあえず含ませて書いている」と述べていた。これらを踏まえつつ引っくり返すなら、複数の「私」ではないものを含ませて書くことによって、はじめて立ち上がる「私」というものがあるのである。

いや、それこそが、それだけが「私」なのだ。『雪沼とその周辺』は純然たるフィクションである。しかしこの小説集が『魔法の石板』と、ほぼ並行して書かれていたという事実を軽視してはならない。堀江敏幸にとって、ジョルジュ・ペロスの「私とは複数の他者である」を「複数の他者が私である」に逆転し、更には「複数の他者が私となる」に変換した地点に現れる真理の最初のレッスンが、あの小説だったのだ。

『雪沼とその周辺』から八年近くが過ぎた二〇一一年五月、堀江敏幸は長編小説『なずな』を発表している。或る事情によって弟夫婦の娘、生後二ヵ月のなずなを預かることになった、四十代半ばの新聞記者の「私」の物語である。刊行当時の流行言葉で「イクメン小説」などと称された作品だが、ここでの「私」の機能ぶりは卓越したさりげなさを誇っている。小説の冒頭はこうである。

女の人の声が聞こえたように思ってぐるりと周囲を見まわすと、前後左右どこも白い闇だった。夢ではない。異臭もあるし、この町なかで靄や霧はないからまちがいなく白煙だと、そこまで頭が働いたときにはもう半身をひねりながら立ちあがっていた。

（『なずな』）

まだ人称は特定出来ない。この小説の「私」は、日本語においては小説の人称の選択が必ずしも該当する人称代名詞の使用を強制しない、という特異性を利用している。実際、「私」の一語が最初に書きつけられるのは、このあとかなりの文字数が過ぎてからのことなのだ。しかし、さも前衛的に「私」の隠蔽／消去を上演してみせるような浅薄さも、もちろんこの小説の作者は持ち合わせてはいない。「私」はごく適切な節度で出現する。その明滅は自由闊達なものであり、ほとんどそのこと自体を気取られないほどの自然さに達している。むろんこの自然さが、したたかな技巧によって支えられていることは言うまでもない。

『なずな』を読みながら、この「私」と、それを書いた／書いている「堀江敏幸」との間に、もちろんイコールではなくともニアイコールに漸近するような何らかの要素を見出そうとする読者は少なくなかっただろう。或いはこの物語の出発点となった事実のような何かを想像した読者もおそらく居たことだろう。それ自体は通俗的な、くだらない憶測の域を出ないが、しかし「私」という人称代名詞が、どうしたってそのようなバイアスをこのフィクション自体に及ぼすことになるという点に、堀江がまったくの無意識だったとも思われない。おそらくここに、制度的な意味での、また形式的な意味での、「文学」と呼ばれる営み／試みと、それ以外の「小説」との差異らしきものが横たわっている。

「文学」以外の、とりわけジャンル小説において採用される一人称は、あくまでも視点となる登場人物のものでしかなく（言い換えれば、視点の指標でしかなく）、そこに作者自身を敢えて透視しようとする読者は、何かしらの特殊事情でもない限り、非常に稀だろう。それはしかし、そのような約束事が常識として働いているからである。逆に言えば、約束事が機能していなければ、いつでも読者は「私」は私のことだと誤解する可能性があるし、その権利もある。語っている「私」と書いている「私」は、本来的に異なる存在であるがゆえに、そこに濃淡はどうあれ等号が結ばれる読みを、完全に排除することは出来ない。

であるならば、『なずな』の作者である堀江敏幸は、イクメンの「私」を彼自身の不完全な投影として捉えようとするあさはかな読者の邪推を、知りつつも単に無視するか、そうでなければ何らかの仕方で利用すること、制御すること、操作しようとすることを小説自体のたくらみに忍ばせるしかない。そして私は、堀江は後者を採っていると考える。たとえ『なずな』の「私」が、百パーセント虚構の人物であり、作者とは何ひとつ共通点や類似点がなかったのだとしても、それはそうなのだ。なぜ、そう言えるのかといえば、このことは、堀江がエッセイや評論においてあたりまえに使用してきた「この文章の書き手である私」の「私」が、すなわち「他者」でもあること、それも「複数の他者」であるということの裏返しであるからである。

こうして堀江敏幸の「私」は「複数の他者」のホログラフィーとしての自らのありようを確定させた。こうなれば、「文学」以外のジャンル小説の場合とは別の意味で、彼の「私」は誰にでもなれるし、彼の「彼」も誰にでも、私にもなれる。この作業は、ある意味で「堀江敏幸」を虚構化すること、登場人物化すること、作者自身を「小説化」することでもあるだろう。最新作の『その姿の消し方』は、アンドレ・ルーシェという、どことなくジョルジュ・ペロスを思い出させなくもない架空の人物の行状を、「堀江敏幸」によく似た「私」が、短くはない歳月をかけて探究してゆくという物語である。ここではもはや「私」とは誰なのか、ということは、大した問題ではなくなっている。

あらためてランボーの「私とはひとりの他者である」に立ち返ってみよう。もちろん、これはほとんど成句ではあるが、ここには現代的なパラフレーズを許すポテンシャルが、今なお存在している。「他者」としての「私」という様態が必定であるのなら、私が「私」の一語を書き得るためには「他者性」の確認があらかじめ必要なのだということである。ならば「他者」とは何か。それは「自己」ではないもの、すなわち「私」ではない何ものか、である。こうして簡単に論理は循環してしまう。「私」とは「他者」以外であり、「他者」とは「私」以外である。

だが「私」は「他者」でもある。いや「私」が「他者」なのだ。「他者」としての「私」を発見すること、いや、これも違う。精確にはこうだ。「他者」としての「私」を発明しなくてはならない。そうすることによって、そうすることによってのみ、ようやく私は「私」の名のもとに小説を書き出すことを許される。それは、ただ「私」と書けば書けてしまうのだし、誰もが常に誰かではある「私」を使って幾らでも物語を書いてしまうことが出来るという杜撰な野放図さ（それは間違っても「自由」とは呼べない）を超えて、あらためて「私の小説」を、「私」の「小説」を書き始めるためには、どうしても必要なまわり道なのだ。

「私小説」という形式に今でも意味があるとしたら、この点をおいて他にはない。すなわち、新しい「私」を発明すること。相変らず「私」と呼ばれ／称してはいるが、かつての「私」とは、その「複数の他者性」あるいは「他者の複数性」において、かなり違った、ことによると全く違った内実を備えた「私」を、なんとかして拵えてみせること。

「小説」の形式的な進捗と変化の背景には、むろんさまざまな変項が存在している。小林秀雄の名高い／悪名高い「社会化された私」とは、それ自体としてはまったくもって大したことは言っていない。だが、常に「社会」の内に「小説」があるのだと考えられるかどうか、考えるべきかどうかはともかくも、「小説」の内に「社会」が常に幾らかは不可避的に貫入していることは間違いのないことだろう。これはいわゆる社会反映論とは違う。ジャン＝リュック・ゴダールは「映画」とは「現実の反映」ではなく「反映の現実」だと喝破した。このことは「小説」にも当て嵌まる。もしも「私小説」という形式がヴァージョンチェンジ（今はヴァージョンアップとは言うまい）しているのだとしたら、それは他でもない「私」それ自体が変異を来してきた／いるからであり、そしてその変異は「他者性」にかかわっている。つまり「私」は、かつての「私」とは、すでに違う何かになっているのである。

逆に言えば、かつてとは異なる「私」を使用可能にするために、長らく「私小説」と呼ばれてきた／いる形式のヴァージョンチェンジが求められた／ているのであり、それは「私」が「他者」で（も）あるという真理のアップデートのことでもあるのだ。

さて、ここまで私たちは狭義の「私小説」について論じてきたが、いま微かな片鱗がほの見えてきたばかりの新しい「私小説」、新しい「私の小説」／「新しい私」の「小説」へと向かうためには、もうひとつの角度からも考えてみる必要がある。それは「一人称の小説」である。言うまでもなく「私小説」は一人称を必須とはしない。それとこれとは別の問題である。だが、別だからこそ、ここであらためて「人称」の問題に触れておかなくてはならないと思うのだ。「一人称の小説」と「三人称の小説」は、どう違うのか。そして「一人称の私小説」と「三人称の私小説」は、どう違うのだろうか？

# 第四章 「一人称」の発見まで

## 1.「た」の発見まで

人称とは何か。辞書を引いてみると、以下のように定義されている。

文法で、言語主体が話し手か聞き手か、またはそれ以外の第三者であるかの区別をいう。一人称（自称）・二人称（対称）・三人称（他称）の三種がある。ヨーロッパ諸語では、主語の人称によって動詞の形が異なる。日本語では、一般に代名詞の分類にこれを用い、右の三種のほか、不定称を立てる。（『大辞林 第三版』）

つまり、私は今、この文章を書いている、と書いた時の「私」が「一人称」、あなたは今、この文章を読んでいる、と書く際の「あなた」が「二人称」、そしてそれ以外、すなわち「私」と「あなた」以外の「彼」とか「彼女」が主語に置かれる場合が「三人称」ということである。あらためて述べるまでもない、ごくごく常識の範疇に属する事柄というべきだろう。

　ここで問題にするのは、日本語による言語表現、それも発話ではなく文章による表現、とりわけ「小説」と呼ばれている表現行為における「人称」にかんして、である。一般に、日本語小説は一人称小説と三人称小説が大半を占めている。稀に二人称で書かれた小説もあるが、小説という虚構の形式において、一個の独立した作品で「あなた」や「君」を主語とする文体を全面的に採用するのには多くの障害と限界がある。その最たるものは、二人称小説が殆どの場合、実際には一人称小説になってしまうということだろう。たとえ一度として字面上は出現しなかったとしても、そこには「あなた」と呼びかけている存在＝私が、常に既に潜在しているからだ。だが、二人称については、別のところに書いたことがあるので、ここでは立ち入らない（拙著『あなたは今、この文章を読んでいる。』を参照）。

　ある一編の小説が、一人称で書かれているか三人称で書かれているかは、読者に対してはその作品を読み進むにあたっての大前提として、与件として機能する。作者の立場になってみるなら、一か三かの選択は、これから書こうとしている小説の、紡いでゆこうとしているフィクションの、或る決定的な条件付けとなる、極めて重大な選択である。人称の設定は、言い換えるなら「主観」がどこに置かれるのかという問題であり、それは当然、描写や叙述、時間表現、作品全体の構造やプロットの組成など、さまざまな小説技法のありように深くかかわってくる。

　だが、このような、敢えて強い言い方をすれば「人称」による「小説」の拘束は、いつから生じたのだろうか。それはけっして古代の出来事ではない。当然である。そもそも日本の「小説」自体が、たかだか百五十年位の歴史しか有していないのだから。もちろん日本語によるフィクションの歴史はそれよりもはるかに長い。しかし、そこには「人称」と呼ばれる機構は存在していなかった。日本の或る時代までの言語表現においては、「人称」と呼ばれる思考が存在する必要がなかった、と言う方が正しいかもしれない。逆に言えば、こんにちの姿に直接連なる「小説」の誕生は、「人称」という思考抜きにはあり得なかった。つまり先ほどの設問は、問い自体が間違っていた。ある意味では「人称」が「小説」を可能にした、いや、「人称」が「小説」を生み出したのである。では、それは実際のところ、どういう経緯だったのだろうか。
「江戸時代は、三人称を知らなかった」。この印象的な一文から開始される野口武彦『三人称の発見まで』は、刊行後二十年以上が経過した現在もなお、卓見と刺激に満ちた書物である。野口はそこで、日本語による文芸が「三人称」を獲得するに至る経緯を、幾つもの視座から繙いてみせる。

「私-人称」、「あなた-人称」、「非-人称」の三つは、発生史的に別物であった。最初からいきなり三点セットで成立したものではなかった。文法体系が組織された時点で「人称」として整理統括されたのである。はなからあったと思うのは、史上最古の文典がすでにそう組成されていたという理由にすぎない。もちろん、そんなことは実証できるわけがない。だが、そういう文法以前の言語の太古を想定することはかなりの暗示に富んでいる。
(『三人称の発見まで』)

「以上は、日常言語の話である。文学言語となると、とたんに世界は変る」と野口は続けている。「文学は文法を無視する。いや、はじめは処女のごとく従順に文法を守りながら、やがて脱兎のごとく疾駆する。その結果、文法の方から折り合いをつけなければならないような仕儀になる。文学は文法を変える。それはどうやら、文学が日常言語の世界に、（略）虚構の人称を持ち込んだかららしいのである」。「文学」と「文法」を鋭く対立させる、このようなスタンスが理論的に妥当であるのかどうかは、本論では問わない。ここで掲げられた「発生史」の是非も問題にはしない。野口の論を援用しつつ、これから私が考えてみたいのは、簡潔に述べるなら「一人称」の再発見である。

「三人称の発見まで」と言うからには、それ以外に「一人称」と「二人称」の「発見」もあったわけであり、野口の言う「文学言語」において、一でも二でもない「三人称」の登場が重大な歴史的意味を持ったのだとして、その理路を辿り直すことによって、むしろ「一人称」の意味を、効用を、ポテンシャルを、新たに発見出来ないかと思うのである。

「ソクラテスやプラトンが活躍した古代ギリシアには、散文はなかった。あったのは、劇であるか詩であるか対話かだった。（略）確実にいえるのは、この三つが一人称だったことである」。しかしやがて「劇」でも「詩」でも「対話」でもない、ごく曖昧に「散文」と呼ばれるしかないような文学様式が登場する。時代が下って近代に入り、今度は「散文」から「小説」が分化してくる。「ずばり定義するなら、近代小説とは、ヨーロッパの特定の時期に、市民社会の成立を土台に、作者および読者を産出しつつ勃興し、そして現代にいたっている一つの文学ジャンルである」。

それは現実の記述とよく似た、まがいものの記述を導入した。歴史と虚構とは区別がつかないものになった。本来は、どっちがどっちでもよかった。しかし、近代小説は、これは虚構ですとことわることからスタートした。歴史記述まがいの口吻で語ることのライセンスがそれで得られたのである。たとえそういわなくても、一人称の記述がそもそも真偽あやしいものであった。厄介なのは、小説家が三人称で書き始めたことであった。一人称の物語は、真偽いずれにせよ語り手の当事者性という担保がある。ところが三人称は、そうした担保なしに、かえって信憑性を増すかのように扱われるのである。(同前)

「こういうことが可能なのはなぜなのだろうか」と野口は問い、ポール・リクール『時間と物語』におけるエミール・バンヴェニストとケーテ・ハンブルガーにかんする言及を参照して、現在言うところの「ナラトロジー(本文中ではナラトロジイ)=物語学」の(当時の)理論的収穫に触れる。ハンブルガーが論じたことをリクールが引用しているのを野口が読んだものを私が纏めることになってしまうが、さしあたり押さえておくべきは、現実的な「私」がフィクションの「私」すなわち「虚構の一人称」へと離脱し、そして「このすでに虚構化された文法空間にあっては、一人称は三人称へとやすやすと障壁を通りぬけ」たということである。

こうして「虚構の三人称」が出現した。ここで重要なことは、「いかなる操作を経て文学言語上の三人称ができあがったかということではない。この虚構の文法空間においてのみ、文学的三人称が成立可能だったことである」。「文学的一人称」から「文学的三人称」へ。ここで「文学的」と呼ばれている属性には、追って別の角度から異なる呼称が与えられることになる。

あらゆる「語り」は一人称で発話される。しかし、(略) これは尋常の一人称ではない。とりあえず超越的一人称と呼ぶことにしよう。他界的一人称、異界的一人称、「あの世」的一人称……呼び名はいろいろ可能であるが、この際いかなる宗教性も脱色しておきたいのである。(同前)

この断り書きは、そこで野口が取り上げているのが、江戸時代の人形浄瑠璃などの口承文芸、つまり「語り物」であり、そこで語っている者は、多くの場合、この世ならぬ「他界=異界=あの世」から声を発しているという構えを有しているからである。つまり「超越的一人称」は、単なる虚構の誰かによる「語り」ということではない。それは「始源的には次元を異にした一人称の重層」なのである。
次の一節は本論にとって極めて重要である。

江戸文学史は、この超越的一人称の世俗化の過程である。完全な世俗的一人称、つまり語り手の全面的な人間化は、原理的にいって、視野に死角と限界があるという約束事を越えられない。しかし当初まず、近世浄瑠璃の超越的一人称はそうした拘束力を知らなかった。それをもって語られたのは、天来の、他域からの、異界からの「声」であった。(同前)

「超越的一人称」から「世俗的一人称」へ。ここから現代小説の「一人称」までは、あとほんの数歩である。だが、いま暫く「超越」に留まるなら、野口は近松門左衛門『曾根崎心中』について、そこでは結末に至って「お初の姿に仮現した観音がまずお初に参詣されるという不思議な構図がここには浮かびあがっている」と述べる。これだけ取ると、あからさまな矛盾であり、SF的なタイム・パラドックスを想起しもするが、しかしそれは「循環的な時間というのではない。最初と結末が同時に実現されているこの時間断面は、循環性とはまったく性質を異にするものなのである」。

> 「未来成仏」と作者はいう。しかし「未来」とは、過去と現在を経たのちにやがて迎えるであろう時間であるよりは、むしろこの世とは別の場所、相異なる時空系の謂いなのである。「未来」は、娑婆世界とは別箇のもう一つの島宇宙である。
> 浄瑠璃の作者は、もともとそうしたいくつもの島宇宙を見渡せる次元に属していた。これがくりかえしいってきている超越的一人称の視座であり、話法と人称と時制とはすべてこれに規定されている。近松門左衛門といえども、これから自由ではなかった。だから逆に最大限に活用したのである。（同前）

近松ら浄瑠璃作者たちが、「未来」と呼ばれる時間領域を「現在」からの延長線上に位置付けるのではなく、別の「島宇宙」として捉えていたという指摘は、すこぶる刺激的である。しかも、むしろこのような、文字通り超越的な語り手のポジションこそ、そこで使用されている一人称の「話法と人称と時制」を規定していると野口は言っている。つまり、先だっての「世俗的一人称」が「視野に死角と限界があるという約束事」によって束縛されているという主張が、ここでは裏返されている。「超越的一人称」であっても万能ではあり得ない。そこにはさまざまな限界がある。そしてまさしく、それは「一人称」であるがゆえの限界なのであり、そこからいわば論理的な必然として「三人称」が導出されてくるというわけである。

では、「三人称」とはいったい何なのか。「「三人称」とは何かではなく、いかなる言表が「三人称」と呼ばれるか」と野口は書く。そしてバンヴェニストの『一般言語学の諸問題』から次の部分を引用してみせる。

《三人称》は、実際には人称の相関関係の無標の成員を表わすものである。それゆえに、次のように断言してもわかり切ったことを言うことにはならない。つまり、非＝人称は、話《わ》の現存のなかで、この現存自体に関係するのではなく、その現存の外にあるだれか、あるいはなにか――このだれか、あるいはなにかはいつでも、一つの客観的な指向を備えていることが可能である――の過程に述辞としてはたらくものにとっての唯一の可能な言表行為様式なのである。

（『一般言語学の諸問題』／岸本通夫監訳）

つまり、本来は「非＝人称」とされるべきであった人称が、いつしか「三人称」と呼ばれるようになっていったのだと、バンヴェニストは言っている。なぜ「非」なのかといえば、それが「人称の相関関係の無標」すなわち「話の現存の外」で働いているものであるからである。もう少し敷衍するならば、それはニュートラルな人称ということである。いうなればそれは、そもそも「一人称」の内に潜伏していた中性、無性、外性が、他からは独立したかたちで育った人称のことであり、この意味では、実は「人称」という言い方が正しいのかどうかもわからない。それは「語り」あらため「叙述」から「語り手の当事者性」を取り外したものである。あるいはもっと端的に「語り手」の消去を意味していると言ってもいいかもしれない。だが、もちろん実際には「語り手」は消えてなどいない。ただ、そうであるかのように振る舞うのが「三人称」なのである。

「明治の日本語は、初めて三人称を知った」。『三人称の発見まで』の後半、いよいよ野口は「言文一致」と「人称」の問題に踏み込んでいく。

このとき初めて日本語に三人称が生まれたのではない。翻訳作業を通じてであれ、西欧語文典の知識を介してであれ、言語には三人称的言表というものがあり、日本語ではそれが形態差異的に特立されていないという事実に気がついたのである。そこで第一に形態表示ゼロの三人称を意識すること、第二になんらかの形態表示性を言表行為的に書きあらわしうると感じること、そして第三に、時としては、形態表示をした方が都合のよい場合があると認知すること、という具合にその過程は進行した。
(『三人称の発見まで』)

「これは明治二十年前後に文学から始まる言文一致の話し言葉と書き言葉との「一致」という表側を支えている、つまり、それなしには表が存在しえないところの裏の経過である」と野口は述べる。この時期に不可逆的に進行した「言文一致」という運動=現象の背後で、ここでいう「形態表示ゼロ」すなわち無標の、ニュートラルな「三人称」の（再）発見、もしくはその前景化が起こっていたということである。

　野口は「言文一致」の遂行の過程を辿りつつ、そこから「人称問題」を丹念に、また大胆に引き出していく。周知のように、言文一致体の立役者は『浮雲』（一八八七年〜一八八九年）の二葉亭四迷と『武蔵野』（一八八七年）および『夏木立』（一八八八年）の山田美妙だが、野口は二人に言及した森鷗外の『言文論』（一八九〇年）を引用し、鷗外の美妙評から「言文一致」と「人称」の関係にかんする重要な論点を浮かび上がらせる。それは「小説」における「詞」と「地」の問題である。

「詞」とは作中人物の（内的独白を含む）発話のこと、「地」とは文字通り、それ以外の地の文のことである。野口は『言文論』では二葉亭も一緒にして「美妙体」と呼ばれている「言文一致体」には「前期美妙体」と「後期美妙体」があり、鷗外はその違いをよくわかっていたと述べる。それは「詞」と「地」の重心の違いである。「美妙が『言文一致体の基礎』（『夏木立』序）と考えた「地」の文章は、前期では「下流に対する語法」であったのが、後期では「同等に対する語法」に変った。簡単にいってしまえば、前者は「だ」調であり、後者は「です」調である。美妙自身はそれを待遇表現と考えていたのであるが、じつは人称の問題なのである」。

　言文一致の要点は、「地」の文章に集中している。（略）「詞」はどうでもよかった。少なくとも二の次である。なぜなら、「詞」（作中人物の言表）の部分の言文一致化は、江戸文学のいくつかのジャンル――洒落本・滑稽本など――がとっくに成就していたからである。問題は一にかかって「地」（作者の一人称の発話）の部分にあった。「地」は文章家にとっての聖域であった。それをいかに劫掠するか。（同前）

野口は「鷗外は言文一致が人称の問題であることに気づいていた」という。そして、その問題の焦点は「「地」の文章の一人称がいかに「三人称」化されるかの過程」であったのだと。右の引用で「地」には「作者の一人称の発話」というカッコ内注記が付けられている。つまり、ある時点までの日本語小説、あるいは「小説」未満の言語表現においては、「作中人物」と「作者」がそれを語っていること、より精確にいえば「作者」の語りの内部で「作中人物たち」が語りを許されているということが、意識されることとさえない自明の前提条件だったのであり、それ以外の「語り」の様態は認識されていなかった。ところが「言文一致」が、「作者の一人称の発話」とは異なる「地」の文の可能性を、その必要性を惹起させたのだ、というわけである。「三人称の発見」とは、こういう意味である。

しかし、それでも「地」の文が（そして当然「詞」の文も）「作者の発話＝言表」であることには変わりはない。それは実際には常に必ず「作者による三人称」である。ならば、誰もが気づくように、そもそも「三人称」とは「作者の一人称性」を限りなく縮減してゆき、ほとんど零度にまで濾過した結果、あたかもニュートラルであるかのように見えている文＝小説の様態ということになる。ということはつまり、「一人称」から「三人称」への移動とは、ある見方からすれば「作者性」の隠蔽の作業に他ならない。そしてそれは明らかにそうなのだ。むしろ「三人称」化によって、「作者」は「一人称」に較べ、より多大なる権能を獲得するとさえ言っていいのではあるまいか。

とはいえ、こんな当たり前のことを言い募るのはとりあえずよして、野口の論に戻ろう。『三人称の発見まで』の最終章（第七章）は「「た」と人称」と題されている。


明治の日本語は、三人称の形態表示を知った。その段階で初めて、三人称性にいかなる言語形式を与えるかの選択が問題日程にのぼったのである。見たところ、課題はいかにも山積しているかのようである。言文一致と人称とはどう折り合うのか。「言」と「文」、つまり言葉の聴覚言語性と文字言語性との塩梅いかん。「地」と「詞」との力関係はどうなるか。しかし、あまり案ずるには及ばない。文末詞「た」の登場が、問題を言語事実的に解決してくれているのである。（同前）

野口は「た」を「人称詞」と名付ける。これは彼の造語である。「言文一致体が背負い込むすべての厄介事は、その重圧は、日本語の構造上どうしても文末にのしかかってくるという言語現実に、自然体で身を任せた方がよいのである。文末詞「た」はけなげにも、そのストレスをたったひとりの肩で支えている」。かなり芝居がかった文章だが、「三人称の発見」を「言文一致」と綿密に重合させてきた理路が、単に時制を表す文末詞ではない、人称詞としての「た」に流れ込むことによって、『三人称の発見まで』は終わろうとしている。

野口は、二葉亭四迷の『浮雲』の未完の第三篇、その末尾の段落が、それまでとは違って終始「た」止めで書かれていることに注目する。「完全な文末詞「た」の連発に、作者はもう何のためらいも見せない」。そこには第一篇の時点では色濃く残留していた江戸の戯作調が最早まったく見られない。それは「近代小説史の始発期の試行錯誤に一つの区切りをつけた」と野口は言う。「た」の顕現によって何が起こったのかといえば、それはまさに「作者」の消滅だった。

行間にも作者の顔はのぞかない。消え失せたのは江戸戯作スタイルだけではない。作者自身も作中世界からいなくなってしまっているのである。作者の作者性表示——言表行為性の提示——は、『浮雲』第三篇ではみごとに抹消された。作者はどこへ行ったのか。作中人物に内在し、かつまた、作品世界に遍在するようになったのである。作者はこれ以上もう話者の存在態を取らず、一種仮有の時空点から発話する。これが三人称である。

一人称と三人称は、視界方位ならびに時間深度を異にする。三人称の成立は、(略)言語空間を「事実らしうもてなす」(引用者註:坪内逍遥『小説神髄』より)要請に応じている。一人称には視界の限定があり、発話時点の制約があるのに対して、三人称は無限定・無制約であり、言表対象の客観性と定在性、言表行為の公正性と信憑性の外見を保持することができるのである。(同前)

「明治の日本の公共圏は、そうした新しい文法空間の出現を不可欠としていた」と野口は続けている。ところでしかし、ならば、この「三人称」と文末詞=人称詞「た」は、どう結びついているのか。

野口は、谷崎潤一郎の「現代口語文の欠点」(一九二九年)という文章を取り上げる。谷崎がこれを書いた時点では、言うまでもなく「言文一致」はとっくに成立していた。その上で、谷崎がここで「欠点」と言っていることの一つが「のである口調」の問題である。それは明治の政治家たちの演説口調、「極め付きは、当時の新聞でも口真似されたという「あるんであるんである」という大隈重信の日常会話でも出た語調である」。谷崎は、それは「口語でしゃべっているのでなく、文章語でしゃべっている」(原文の旧かな遣いを現代文の表記に改めた)のだと言う。野口は、この問題を「のである」と「た」の選択に収斂させる。谷崎が同文章で、「のである」は重複や濫用に陥りやすい、「たとえば「行った」と書けば済むところを、「行ったのである」とする。私なども此処へ「のである」を付けるのは無駄と思いながら、どうも付けないと落ち着きが取れず、据わりが悪いような気がして、結局付けてしまう場合がある」と述べているのを引いてから、野口はこう述べる。

ここで図らずも谷崎は、「のである」は余計な部分であると述懐している。(略)書かずに済むのなら、それは文末詞ではない。文末詞はつけはずしが利かないのである。しかし反面では、谷崎は「どうも付けないと落ち着きが取れず、据わりが悪いような気」がするともいっている。つけるつけないは作者の気分次第である。自由選択である。しかし、ここにはたんに作家の気質というだけでは済まない性質の問題がある。「た」は時制詞であるとともに人称詞であるといった。谷崎が何気なく記した右の一文は、ゆくりなくもその論点を照らし出す結果になっている。近代小説の文末詞「た」は中立的な言語空間を存立させるための「三人称」の形態表示である。この言語空間は「た」だけで完結する。それなのに「のである」をつけないと気持ちが落ち着かないというのは、この言語空間の三人称性と発話行為の消去された一人称性との間の或る微妙な、いわば危険な関係を暗示しているのである。（同前）

ここで着目するべきは、もちろん「この言語空間の三人称性と発話行為の消去された一人称性」との間の「危険な関係」なるものである。「彼はこの文章を書いた」を「彼はこの文章を書いたのである」としないでいられないのは、明治期の「言文一致」によって誕生した「三人称」の奥底に隠された「一人称」の記憶の残響によるものだと野口は言う。つまり「三人称＝た」を、抑圧された筈の「一人称＝のである」が秘かに脅かし続けているのである。これはしかし、逆から見れば、かつては「余はこの文章を書いたのである」だったのが「彼はこの文章を書いた」に変容し得たということ、そう書くことが可能になった、ということでもある。

野口はこの後、この長編論考の結論として、言うまでもなく「言文一致運動」の決定的に重要な要因となった翻訳の問題に触れる。野口は、二葉亭四迷によるツルゲーネフの『あひびき』の初訳（一八八八年）の一節を引用してから、二葉亭自身によるその改訳（一八九六年）における或る重大な変更点を挙げる。それは改訳には「である」が登場している、ということである。

これ（『あひびき』初訳）は『浮雲』第三篇が行きついた文体と同一のものなのである。『あひびき』は一人称である。文中では、主語の「自分」が文末の「た」と呼応している。『浮雲』は三人称である。主人公の内海文三が文末の「た」と呼応している。双方にはいかなる区別もない。それにもかかわらず、「た」は人称詞なのである。それは近代日本が発見した新しい

「三人称」を表示する文末詞なのである。（同前）

続けて野口は、こう書いている。『あひびき』の「自分」は、白樺林のなかにひとり座し、感受性の機構を全開にして、空の色を、木の葉のそよぎを、空気の肌ざわりを、知覚している。こういう「自分」はそれまで知られていなかったのである」。『あひびき』がロシア語からの翻訳であったということは、ここでは何ら問題にはならない。この「新しい自分」を発見するためにこそ、文末詞「た」が必要だった。言い換えれば、この「た」の働きによってこそ、『あひびき』が描出した「新しい一人称」が、日本文学史上、まったく新たな「三人称の発見」へと繫がっていくことになったのである。

野口は『あひびき』の影響の下で書かれた国木田独歩の『今の武蔵野（武蔵野）』（一八九八年）について、こう述べる。「ロシアの白樺林の「自分」は、ロシア語で何といおうとも、武蔵野の雑木林を逍遥する「自分」——日本語で他に何といおうとも——と同一の言語空間に棲息していた。そしてそれには、新しい文法空間の創出が不可欠であった」。感動的な記述と言っていいだろう。だが、ここにはもちろんさまざまな葛藤が、逡巡が、試行錯誤がありもした。『浮雲』全三篇における二葉亭の変化が、そのことを如実に示している。『浮雲』の場合がそうは（『あひびき』のようには）いかなかったのは、それが三人称の「た」止めだったからではない。人称性が問題なのではなくて、人称操作者（作者）の作中人物に対するスタンスが問題なのである」。そう、やはり「作者」の位相と権能が真の問題、少なくともそのひとつなのだ。

『武蔵野』の「自分」すなわち国木田独歩の一人称は、やがて本人の死後、有島武郎の『或る女』によって三人称化されることになった。それは文学史上の事柄であって、このエッセイの関知するところではない。関知するのは、それらがひとしく文末詞「た」の話法で書かれているという事実である。ロシアの白樺林と武蔵野の山林とに共空間的に遍在する抒情主体の「自分」は、いつでも一つの煩悶主体たる「自分」に転化しうる。ただその場合、その「自分」を対象化するもう一つの人称が必要であった。文末詞「た」はその機能をも一手に引き受けたのである。（同前）

こうして野口武彦の『三人称の発見まで』は、「た」の発見によって幕を閉じる。「近代日本に出現した現実＝言語空間と虚構＝言語空間をふたつながら担保し、口語文法上の時制詞「た」と形態論上の区別を欠いたところの人称詞「た」である。三人称の発見がこの既存の助動詞にもう一つの機能を要請した」。読まれる通り、野口が「た」を「人称詞」と呼ぶのは、それが「一」か「三」かの違いを越えた、いわば新しい「人称性」の獲得と不可分だったからである。裏返せば、従来とは異なる新しい機能を帯びた「た」が使用可能になったからこそ、それ以前とはまったく違った「三人称小説」という新しい小説のかたちが成立し得たのだ、ということである。こうして日本／語の「小説」は、かつて新しく「人称という思考」を発見した。そしてそれから百年余りが経過した。

だが、この「人称性の思考」は、思考であることの必然的な帰結として、時間の流れとともに「小説」と呼ばれる営み／試みの無意識の領域に、いつしか深く沈潜していったのではあるまいか。ふと気づけばそれは、ただ単に話法上の選択肢の問題に過ぎなくなっていたのである。その昔、「一人称」から「三人称」へと跳躍するために、どれほどの困難が、どれほどの危険が伴っていたか、どんな決断が、どんな智慧が、そこに必要とされていたのか、今では覚えている者はほとんどいない。むしろ「た」の不断の機能ぶりによって、その忘却は完膚なきものになっているとも言える。そこでは、作者という作者が、自らの「作者性」を都合良く、それも都合よさを一切感じることのないままに、意識せずに行使しており、読者もまた、それを易々と受け入れて、私は走った、という一文と、彼は走った、という一文との間に、とりあえずの趣向の別以外の何ごとかを見出すことはしなくなっているように思われる。

しかし、野口武彦の論は、私たちに重要なヒントを与えてくれた。彼が近代文学史から抽出してみせたのは、シンプルに纏めてしまえば、「超越的一人称」→「世俗的一人称」→「ニュートラルな三人称」という一連のプロセスである。そしてそれは「人称操作者（作者）の作中人物に対するスタンス」の変化とパラレルであり、すなわち「作者性」の濾過の過程となっている。とするなら、その初源に存在していた「超越的一人称」が有していたとされる種々の可能性は、どこかに置き去られてしまったのだろうか。余計なもの、無用なものだと、小説家たちによって、そして「小説」それ自体によって考えられたから、それらは失われてしまった、どこかに捨てられてしまった、ということなのかもしれない。それにそれらにしたって、もともとは「作者」の権能の一部に他ならない。

しかし私は、それらは実は消滅などしておらず、ずっと秘かに「人称」の内部に潜んでいて、そしてある時から、あたかもとつぜん息を吹き返したかのように、日本／語の「小説」の表面に浮上してきたのではないかと考えているのだ。そして、このことが「私小説」の問題、われわれの「新しい私小説」の問題と、深くかかわっているのである。だが、そこにはまだ赴くまい。その手前に踏み止まって、「人称の思考」を、また別の角度から眺めてみたいと思う。

## 2．日本文学に「人称」はいらない？

日本語学や文法学を専門とする人にとっては常識に属する話題だろうが、その筋ではよく知られた「主語無用論」や「主語否定論」などと呼ばれる立場がある。その提唱者であるカナダ在住の言語学者、日本語教師の金谷武洋は、著書『日本語に主語はいらない』において、おおよそ次のようなことを述べている。

カナダのケベック州モントリオールという英仏語両用の言語環境で日本語を教えるといういささか特殊な経験を長年積んできた金谷は、英語や仏語では「文には主語と述語がある」と言えるが、日本語にかんしてはそれは誤った主張でしかない、と断言する。そして何故、そのような誤解が罷り通ってしまったのかといえば、その淵源は明治期にまで遡ると金谷は言う。日本が開国して外来語が入ってきたタイミングで、日本語文法が整備されたことによって、本来は日本語には不要だったさまざまな事柄が付け加えられてしまったというのである。

私を含めた日本語教師にとっての一番の問題は何かと言えば、それは英語や仏語と日本語の根本的な違いがどの文法書にも明記されていないことだ。国内国外で使われているほとんどの「日本語教科書」が基本的には「学校文法」に基づいており、その学校文法は西洋語、特に英文法を下敷きにしているからである。

（『日本語に主語はいらない』）

根本的に西洋語とは異なったシステムを有する日本語に、無理矢理に英文法の機構を当て嵌めようとしたせいで、おかしなことになってしまった。この問題は、とりわけ外国語話者に日本語を習得させようとする教育の現場で顕在化すると金谷は言う。そしてその最たるものが、主語と人称代名詞にかかわる誤解であると続ける。英文法を下敷きにした「学校文法」が齎す誤解と、現実の日本語環境における事実との違いは、たとえば次のようなことである。

**（誤り）** 日本語にも、英仏語と同様に、品詞としての人称代名詞がある。「私」が英語の《I》や仏語の《Je》に相当するように「あなた」は同じ順で《You》と《Vous》、「彼」は《He》と《Il》などと一致する。

**（事実）** 英仏語では、名詞と人称代名詞には構文的に異なった働きがある。日本語にはその違いがない。つまり「わたし・あなた・かれ」などはすべて、文法的には単なる名詞であって、これらを人称代名詞と呼んで別の品詞を立てる必然性はまったくない。日本語に人称代名詞がいらず、英仏語には必要である理由は、双方の基本文の違いに由来している。（同前）

つまり金谷は、日本語には英語の〈I〉や仏語の〈Je〉のような「人称代名詞」と呼ばれるべき品詞はそもそも存在しない、「わたし・あなた・かれ」などは、単なる「名詞」なのだと言うのである。たとえば「日本語の「私」は「昨日そこに行った私」などと「名詞修飾」が可能だ。つまり、「昨日そこで買った机」における一般名詞の「机」と同じように使える。これに対して、例えば英語の〈I〉ではそうはいかない。「強調形」と呼ばれる〈Me〉、あるいは「再帰形」の〈Myself〉などの形に直さなくては「名詞修飾」が不可能である」。日本語の「私」は英語においては〈I〉だけではない。使用される状況に応じて〈Me〉や〈Myself〉に変化させないとまともに使えない。このことを金谷は、川端康成と大江健三郎のノーベル文学賞受賞記念講演のタイトルによって説明する。周知のように川端の講演の題名は「美しい日本の私」だが、英訳を行なったサイデンステッカーは、これをそのまま英語に直訳することは出来なかった。英語の題名は「Japan, the Beautiful, and Myself」である。川端を踏まえた大江の受賞講演「あいまいな日本の私」も、これに倣って英題は「Japan, the Ambiguous, and Myself」なのである。

金谷は「実は日本語教育で言う「名詞修飾」という言葉は実に「言い得て妙」である。名詞修飾ができるからこそ「私」は名詞なのだが、〈I〉はそのまま「名詞修飾」できないのだから「名詞」とは別の品詞として扱うべきだ。現に英仏語などではそうしている。それらが「名詞」とはわざわざ別立てで呼ばれる「人称代名詞」なのである」と続ける。日本語の「私」等と英語の〈I〉が完全にイコールとは言えないと考えられる理由は他にも多々ある。誰もが首肯し得るものとしては、ひとりの人物が、場合によって複数の一人称を使い分けているという事実が挙げられるだろう。金谷は「平均的な日本人サラリーマン」が、会社では「私」を、非公式な場、プライベートな場では「僕」や「俺」を、自分の子どもに対しては「パパ」や「お父さん」を使用している場合、最初の三つは文法上「人称代名詞」とされているが、最後の二つは明らかに「名詞」であることをどう説明するのかと問う。

双方の「人称代名詞」の数が英仏語と日本語でまるで違うのは何故か。その意味が対応していないからである。英仏語の〈I〉と〈Je〉は時間を遡れば語源も同じで、対話におけるその共通の意味は「You と話しているこの自分」でしかない。つまり「You」と「I」は相互排他的であって、「I」とは「非 You」、「You」とは「非 I」を意味する。それ以外には意味的に無色な、単なる符牒なのである。(同前)

符牒=記号であるからこそ、基本的に英仏語では〈I〉や〈Je〉を省略出来ない。それを消すことは、文において、発話において、他の部分にも影響を及ぼすことになるからだ。ところが逆に日本語においては、むしろ「私」あるいは「あなた」を省略しないことによって付加的な意味が生じる場合がある。金谷の主張に即して言い直せば、不要なものを敢えて付け足すことによって新たな意味作用が成される状況があり得るのだ。たとえば「I love you」の日本語訳は「愛してる」で問題ない。これを「私はあなたを愛している」と直訳するのは冗長であり無粋でもあるが、しかし敢えて「私は・あなたを・愛している」と記す/口にすることで生起する強調などのニュアンスが日本語の実践では起こり得る。金谷は「日本語の「基本文」は、人称代名詞から一切自由であり、それらが不要である」と「高らかに宣言」する。「構文的に必要なものを、あえて言わないとしたらそれは「省略」と言えよう。日本語においては多くが「初めからゼロ」の謂である。日本語の人称代名詞はいわば「裸の王様」と同じで、着ているはずの服が見えないのではなく、最初からスッポンポンの裸なのだ」。

金谷は「人称代名詞＝主語」の要不要をめぐって、伊丹十三が手掛けた翻訳にかんするエピソードを紹介している。伊丹は、ウィリアム・サローヤンの『パパ・ユーア　クレイジー』を訳すにあたって「原文の人称代名詞を可能な限り省略しない」というルールを自らに課した。金谷は伊丹が「「僕の父は僕の母に、彼女が僕と僕の父を彼女の車で送ることを断わった」というような文章に読者がどこまで耐えてくれるか私にも自信はないが、しかし、仮にこれを「ママは車で送ってくれると言ったがパパは断わった」という風に訳すなら、この小説は（中略）やさしくて物判りのいいお父さんの子育て日記という水準にとどまってしまっただろうと思われる」と「訳者あとがき」で述べていることに異を唱え、「日本語離れした言葉遣いで、登場人物の性格がより正しく伝わるなどということがありえようか。こうした翻訳が読者に与えるのは「下手な訳だなあ」という印象でしかない」と舌鋒鋭く批判する。続いて金谷は伊丹のこのような試みの顚末をやや詳しく考察しているのだが、そこは省略して、金谷の主張は、もちろん「原因は伊丹の実験が立脚する前提そのものが間違っていたという事実にある。すでに明らかにしたように、「人称代名詞が日本語では省略される」というのは広く信じられてはいるが実は根拠のない「神話」だからだ」ということである。

ややしつこいが、金谷は次のように繰り返す。

伊丹の使う「省略」という概念そのものが、英語中心の視点に立ったものである。「省略」ならばこそ「省略しない選択」も出てこよう。しかし事情は違うのだ。日本語の基本文において、人称代名詞は初めから不要なのである。主語や目的語がなくては文法的な文にならない英（仏）語であるから、人称代名詞がなくては困るのだが、それは日本語にはまったく関係のないことだ。（同前）

ところで、伊丹十三のエピソードは、ＳＦ翻訳家、野口幸夫のことを思い出させる。伊丹同様故人だが（二〇〇四年没）、おしなべて「翻訳は直訳でなければならない」という信念を抱いていたという野口は、怪訳本として一部のＳＦファンの間では有名なジャック・Ｌ・チョーカー『変容風の吹くとき』の翻訳において、原文の人称代名詞を一つも省略せず、語順もほぼまったく変えず、更には you're と you are を訳し分けたりもするという、超人的とも思える技を駆使した日本語化を行なった。結果として、すさまじく読みにくい訳文が出来上がってしまったのだが、その著作の中で、たびたび野口の訳業に言及している大森望は、「ひょっとしたらこれこそが（ある非常に極端な意味で）いちばん正しい翻訳かもしれない」（『新編　ＳＦ翻訳講座』）と述べている（もちろん大森は続けて「でも、危険だから初心者はぜったいに真似しないように」と釘を刺しているが）。ともあれ、このことからも英語の人称代名詞が日本語の文章においては同じ役割や機能を持っていないということがわかる。

ちなみに大森望の『新編　ＳＦ翻訳講座』には「人称代名詞を減らすには」と副題の附された

章がある。大森が例として挙げているレイ・ガートンの短編「お仕置き」では、原書の一頁分に所有格目的格含めて人称代名詞が十九個あるのだが、大森の訳文では三つに減らされている。「一人称の語りだと、原則として主語がなくても意味が通じるから、ほんとはゼロでもいいくらいだけど、わたしの技術ではこれがせいいっぱい。とにかく、原文がIではじまってるからといって、バカのひとつ覚えで「ぼくは」「わたしは」とはじめる必要はないということ」と大森は述べている。大森は名手・浅倉久志によるジョージ・アレック・エフィンジャーのハードボイルドSF『重力が衰えるとき』の翻訳では、一人称小説であるにもかかわらず、原文には多数存在する「I」が四ページ目まで一度も出てこないこと、それどころか「「おれ」以外の人称代名詞だって、三ページ中、会話の中に一箇所出てくるだけ。やればできるのである」とも書いている。

では、英語の原文ではやたらとひしめいている人称代名詞を減らすコツはというと、大森は「いちばんだいじなのは視点をしっかり固定すること。視点が一人称の場合は簡単。たとえば、小説の書き出しに「わたしは自分が道路に寝ていることに気がついた」と書いてあれば、「気がつくと道路に寝ていた」でだいたいOK。主語がだれなのか読者にはっきりわかっている場合には、省いちゃって問題ない」と述べている。つまり「日本語では、視点が固定されており、そのことが読者に共有されていさえすれば、主語＝人称代名詞がなくても文の意味は通じる（場合が多い）」。これは私たちの「新しい私小説論」にとって極めて示唆的な指摘と言えるが、ひとまず金谷の議論に戻ろう。

戻る前に一点触れておくと、金谷は、英語から日本語への翻訳とは逆のケースについても触れている。村上龍の芥川賞受賞作『限りなく透明に近いブルー』の英訳版と仏訳版を原文と並べてみると、日本語にはなかった「人称代名詞」が多数付与されていることがわかる。何故そうするのかといえば、もちろん「英語の基本文から言って「そうしないと非文法的になってしまうから」である」。

さて、金谷は、フランスの言語学者アンドレ・マルチネが提唱した「主語の定義」を紹介する。

主語は、他のあらゆる言語学的事実と同じで、その(具体的)振る舞いにおいてのみ定義づけられるものだ。もし命令文、省略文以外で、ある要素が述語と不可分に現れるなら、それは主語である。この不可分性を持たないものは主語ではない。それは形(例えば語幹)や文中の位置がどうあれ、他の補語と同じく一つの補語に過ぎない。(同前)

マルチネのバスク語にかんする論文の一部を金谷が訳した文章を引いた。金谷はここでマルチネの言う「振る舞い = comportement」という言葉に注目する。文法的に正しいかどうかよりも「実際の言語行為におけるある名詞句の構文論上、形態論上の振る舞い」が重要なのだということである。そして、この点を鑑みると、日本語では「主語」という特別な意味を帯びた言葉は必須ではない。金谷は「友達の家に招かれてクッキーを勧められた」という状況を想定する。「食べてみるとお世辞抜きでとてもおいしい。友達も会心の作と見えて、こちらの反応を待っている様子だ。さて、何と言えばいいだろうか」。

「おいしい―！」だけで十分だろうと金谷は述べる。だが、これを英語で言うと「It is good!」になる。金谷の主張は、この場合の「おいしい―！」は、正しい文から「It」と「is」が省かれたのではなく、それだけで必要十分で独立した一つの文なのだということである。裏返せば、この「おいしい―！」には、英語では必要な「It」と「is」が最初から含まれているのである。「It」は要らない。何故なら「主語」自体が不要であるからだ。また「is」すなわち「Be動詞」も日本語では必須ではない。何故なら「おいしい―！」という形容詞だけですでに述語になっているからである。「ここでまた強調しておきたいのは、中国語や朝鮮語の形容詞もまた日本語と同じくそのままで述語になれるという事実だ。つまりBe動詞のような繫辞（copula）がいらない」。これも裏返すなら、日本語の形容詞には、ある種の使用状況においては「繫辞」の機能が装塡されているということになるだろう。

金谷は、マルチネの論を敷衍して、英仏語などの「主語の条件」を、以下の四つに整理する。

(あ)基本文に不可欠の要素である。
(い)語順的には、ほとんどの場合、文頭に現れる。
(う)動詞に人称変化（つまり活用）を起こさせる。
(え)一定の格（主格）をもって現れる。（同前）

このように見ると、英仏語には「主語」という概念が必須であることがわかる。だが金谷によれば、実は英仏語でさえ、「主語」が出現したのは十二世紀頃のことであり、それ以前には主語

＝人称代名詞は、ほとんど使用されていなかったと言う。現在もイタリア語やスペイン語では、強調の意味を持たせる場合などを除いて主語の人称代名詞を使わない。「ダミー主語」と呼ばれるものがある。「It is hot.」や「It is ten o'clock.」といった文中の「It」のことで、「それ自身は意味がないのに、文を成立させることを唯一の目的として使われる言葉のことである」。つまり「主語」という存在は、言語の別を問わず「文法」の成立と深くかかわっているのである。シェイクスピアはダミー主語のない無主語文を書いていた。だが、その後、まず「英文法」が「主語」を必須の要件としてゆくプロセスがあり、次いでそれが本来「主語」を必要としなかった「日本語」にも強引に適用された結果、多くの矛盾や齟齬を生み出すことになったというわけである。金谷は、あくまでも「英語」中心に文法や構文を思考しようとする姿勢を「英語セントリック」（エゴセントリックの駄洒落）と呼んで揶揄してみせる。

このように金谷は「主語無用論」を展開するのだが、彼が立論にあたって前提としたのが、三上章による「主語抹殺論」である（金谷は三上の評伝『主語を抹殺した男』も著している）。『日本語に主語はいらない』でも、金谷は、三上の『象は鼻が長い』を参照している。ここからは金谷の記述を通して三上の主張をかいつまんで述べてみよう。

三上章の構文論の特徴は、その主著である『象は鼻が長い』の奇妙な題名に端的に示されている。三上が着目するのは、日本語における「は」と「が」の違いである。

三上は、まず係助詞「は」と、「が」及び同じレベルで扱われるべき「を・に・と・で」など格助詞とを峻別する。何故なら係助詞と格助詞には、文法的に大きな違いがあるからだ。格助詞は動詞との文法関係を示すが、係助詞は示さないのである。ましてや主語・述語による主述関係というものは日本語にない、と主張した。三上は格助詞「が」を他の格助詞と同じレベルに並べるから、が格の名詞句は主語となりえず、単なる「主格補語」にすぎない。補語は基本文の不可欠要素ではないから日本語の基本文は「述語一本立て」だというのが三上の主張である。（同前）

金谷は「かくして三上は、「は」と「が」がいずれも主語のマーカーではない以上、日本語に主語は無用であり、その基本文は述語のみの一本立てであること。一方、英仏語など西洋語では主述の二本立てであることを明解に宣言したのである」と続ける。金谷は豊富な文例を挙げているが、重要な点は、「〜は」も「〜が」も「〜」の部分は英仏語における「主語」とは違うのだということ、それから係助詞「は」は、「が」や「を・に・と・で」などの格助詞とはまったく異なる次元にある助詞だということである。金谷は「は」を「文字通りのスーパー助詞で、その本当の役割は、単文の境界を越えるところにある」と述べている。端的に言って「は」は「主語」ではなく「主題」を示すものなのだと、金谷は三上を継いで主張する。そしてそれは「単文の境界を越える」のだ。いったいどういうことか？

三上によれば、助詞「は」の働きは節を越え（コンマ越え）、文さえ越える（ピリオド越え）ことができる。その点において「は」は「が」以下の格助詞と明らかにパワーが違うのだ。

三上は夏目漱石の『吾輩は猫である』の冒頭を引用する。

吾輩は猫である。名前はまだ無い。

どこで生れたか頓と見当がつかぬ。何でも薄暗いじめじめした所でニャーニャー泣いて居た事丈は記憶して居る。

三上のかみそりはこれを見事に腑分けしていく。冒頭の題目「吾輩は」に、「名前はまだ無い」以下の3文が「おんぶして」おり、結果「は」は、ピリオドを3回にわたって越えている、と分析するのだ。つまり、以下のような図で示せるのである。

「吾輩は」↓猫である。
↓名前はまだ無い。
↓どこで生れたか頓と見当がつかぬ。
↓何でも薄暗いじめじめした所でニャーニャー泣いて居た事丈は記憶して居る。(同前)

金谷＝三上の主張の破壊力は明白だろう。「つまり、それぞれの述語との文法関係とは一切没交渉の地平で、これら四つの文にその勢いを及ぼすことができる助詞が「は」なのだ」。「は」は「文」を越えるのである。「スーパー助詞」とは、こういう意味である。そして「このスーパー助詞が複数の述語と持つ関係は「文法関係」ではない」。
ここからの金谷の論述はすこぶる刺激的なものである。

これらの考察をさらに進めると、スーパー助詞「は」はそれがかかる文の（略）その外に立つことになる。つまり「は」が示す主題は、文から切り離されるのだ。かつ主題は述語との文法的関係を示さないとしたら、分ける理由を他に求めるしかない。それは間違いなく語用論的機能だろう。聞き手に「さて、いいですか。それじゃこれから次の部分で重要なことを言いますよ」とサインを送るのだ。（同前）

金谷は「は」の「スーパー」ぶりを、「単文の領域を越えるSuper-sentential（超・単文的）な働き、対話の場において文の共作を可能にするSuper-personal（超・話者的）な働き」の二機能として規定する。「格助詞たちは単文内でその任務を終えるが、「は」の機能は段落レベルまで広げて考察しなければその全貌は見えて来ない」。

超・助詞としての「は」は「文の外」に立ち現れる、と金谷は言う。それゆえ「は」は「話者を越え、文を越えることができる」のだと。金谷は、あらためて三上章による例文「象は鼻が長い」を取り上げる。この形の文は何人かの論者によって、たとえば「二重主語文（「象」も「鼻」も主語である）」であるとか、あるいは「が」は「主語」だが「は」はそうではないとか、さまざまに論じられてきた。それらはどれも間違っている、と金谷は言う。彼はこの文にコンマを入れて「象は、鼻が長い」とした上で、次のように述べる。

二重主語どころか、この文には主語が一つもない。日本語にそもそも主語など不要なのだから当然ではあるが。「象は」は主題（題目）であり、「こんにちは」のように文がここで切れている。「象について話しますよ」と聞き手の注意を引いておき、それに続く話し手のコメントが「鼻が長い」だ。これは単に、主格補語「鼻が」を伴った基本形容詞文「長い」にすぎない。（同前）

金谷は「鼻が」の「が」は、他の格助詞でも、その働きは同じだと言う。たとえば「このクリームは、肌にやさしい」の「に」。だが「主語病」の論者は、もっぱら「が」にこだわってばかりいて「に」には目もくれない。「主語病とは、格助詞の中で「が」だけが特別重要に思える病気なのだ」。しかし金谷にとって、三上にとっても、「象は、鼻が長い」と「このクリームは、肌にやさしい」は、以下の三つの点で、まったく同じ構造を持っている。

(あ)主題がある。
(い)形容詞文である。
(う)形容詞文が格助詞付きの補語を一つ持っている。（同前）

金谷は続いて「ウナギ文」なるものを例に挙げる。これは「ぼくは、うなぎだ」という文のことである。この文も長年、多数の文法学者たちの論議を呼んできた。固有名詞を省いて記すと、この文が惹き起こす誤りは、もっぱら「AはB（だ）」という文を「AイコールB」の意味だとしていることによる。そのようにしか考えられない論者は、スーパー助詞の「は」は「文を切り、文の外に立つ」働きを持っていることが理解出来ていないと金谷は述べる。

「ぼくは、うなぎだ」を例にとれば、「ぼくは」で文が切れている。主題「ぼくは」がまず聞き手の注目を集めておき、基本文である名詞文「うなぎだ」を添えたものに過ぎない。英文で言えば（As）for me, it is eel. であって I am eel. では（略）ない。だとしたら「ぼくは、うなぎだ」という文の一体どこに問題があると言うのだろう。（同前）

繰り返すと、助詞の中で「は」だけが特別な力を持っているのであり、それはこれから語られる内容の大摑みの主題を予告すると同時に、その文＝言表の外部の存在を提示する。金谷は、これに似た機能を「自分」という語も持っていると述べる。たとえば、

太郎は自分のことを考えていなかった。

という文の「自分」は「太郎」のことだと一見思われる。だがしかし、この文の前に次の文が置かれていたとしたら、どうだろうか。

花子は、悲しかった。

途端に、「自分」とは「花子」のことにもなり、先の文は「花子」の「悲しかった」内容を示すものに変化している。つまり、ここでの「自分」は「は」とセットになって、自らが埋め込まれている文を越えているのである。この意味で「は」と「自分」は似ている。「双方とも、その働きや照合性を語るためには、それを含んだ単文だけを取り上げての考察では不十分だ、という点においてである。格助詞ならば単文で語ってもいいだろうが、「は」や「自分」は段落までコンテキストを広げなければ正しい分析にはならない」。そして金谷は、夏目漱石の『クレイグ先生』から、すこぶる興味深い例を引いてみせる。

先生の得意なのは詩であった。(中略)その代わり自分に読んでくれるのではなくって、自分が一人で読んで楽しんでいることに帰着してしまうからつまりはこっちの損になる。(同前)

ここに二度出てくる「自分」は、一度目は書き手であり、二度目は「先生」である。しかも二種類の「自分」は一文の内に共在している。ここでの「自分」は「主語」という概念とは明らかに無関係である、と金谷は述べる。

「は」や「自分」以外にも、金谷は日本語の格助詞の特殊な機能について幾つも指摘している。たとえば「が」にかんしては、「熊が太郎を殺した」という文章と、それを受動文にした「太郎が熊に殺された」という文章は、表わされている事実は同じでも、英文における能動文と受動文の意味内容の同一性とは異なる、ニュアンスの変化が認められると言う。「「太郎が熊に殺された」は単に（略）「熊が太郎を殺した」の視点を変えたものではなく、熊が太郎を殺した事実の他に「その状況下で太郎は無力だった」という意味が加わっているのである」。また「に」にかんしては、「（せっかく出かけたのに）雨に降られた」と「（大事な時に）電話に鳴られた」という二つの文を比較すると、同じく「に」が使用されており、「雨」も「電話」も無生物であるにもかかわらず、前者はごく普通に許容出来る文だが、後者は奇妙な感じがすると述べる。それは「日本人の言語感覚からは「雨」は有生性がより高いと見なされるのだろう」。この二種の例はいずれも受動文だが、ここからわかることは、英語では意味内容の変形がほとんど生じることのない「受動変形」が、日本語では時としてデリケートで複雑な差異に結びつくということである。それは「ある状況における制御可能性の有無が問題となるのである」。

駆け足で金谷武洋の（そして彼を通して三上章の）「主語無用論」を繙いてきたが、もちろんその主張にはさまざまな疑問や反論が寄せられている。金谷が撃っている敵は「英語セントリズム」すなわち「英語中心主義」だが、結局のところ、それは文法学者たちのアカデミックな世界の諍いでしかないとする反応もあり得るだろう。しかしこうしてみると、今も書き連ねている「日本語」において「主語」と呼ばれているものが、また「人称代名詞」とされているものが、いかにも奇態な、一種の怪物にも思われてくる。むろん実際にはそれは「日本語」だけの話ではない（「ダミー主語」のことを思い出してみればよい）。だが、ここまでの話を、私たちの目下の問題に引き寄せてみるならば、次のようになるだろう。

「日本語」に「主語＝人称代名詞」は必要か否か、そもそもそう呼び得るような何かが「日本語」にはあるのかないのか、といった問題はさておき、私たちにとって重要な問いは、もしかしたら不要であるのかもしれない、そもそも存在してさえいないのかもしれない「人称代名詞」が、日本語小説、日本文学において、それでも今なお幾度となく書きつけられているのだとしたら、それが意味することはいったい何か。それは如何なる機能と効果を持っているのか、ということである。当然のことながら、日本語で書かれた多くの、ほとんどの小説には「主語」が、すなわち「人称」が存在している。だがしかし、それらに読まれる「私」は、すでに明らかなように、実のところ英語で書かれた小説における「I」と必ずしもイコールではない。英語小説の「I」を「私」という日本語にストレートに翻訳しても、日本語小説の「私」を「I」という英語にそのまま移し替えても、そこにはズレが生まれてしまうのだ。金谷武洋の論議を追ってみたのは、そのズレの在処を多少とも詳らかにするための作業に他ならない。幾らだって省略し得るものであれ、はなから非在のものなのであれ、それでも、たとえば「私」という語が、書かれないのではなく書かれるのだとしたら、それは果たして何なのか？

　大森望は、英語から日本語への翻訳作業において、人称代名詞の消去の算段は、もっぱら視点の確定とその保持にかかっているという意味のことを述べている。それはつまり、主語の表示の有無は「視点」という要素と根本的に関係しているということである。極論するなら、つまるところ「人称」は「視点」によって代替可能ということになる。仮に人称代名詞が一つも記されていなくても、今まさにそれを見ているのは誰か、ということが読者に信頼に足る情報として与えられていさえすれば、実際には「人称」が機能しているのと同じことになるからだ。一人称小説であれば、このことはより明確になる。厳密には日本語小説に限らないが、とりわけ日本語では、述語のありようなどの工夫によって、一度も「私」と記さずに一人称小説を書くことは可能だし、そうした実例も幾つも存在しているに違いない。

　金谷武洋の主張に従えば、それは日本語が日本語であるがゆえの特殊性と、ある意味でのアドバンテージを示すものということになるだろう。日本語表現において鍵を握っているのは、たとえばスーパー助詞であるところの「は」なのであって、その前に置かれる「主語」だと思われている名詞ではないからだ。しかしたとえば、村上龍の『限りなく透明に近いブルー』でも何でもいいが、日本語の小説をいったん英語に訳し、その翻訳をふたたび日本語に訳した際に、ひとたび誕生させられたのち無惨に抹殺されて消失する「私」たちとはいったい何なのだろうか？

　日本語の「私」には、英語でそれに相当する「I」とは大きく異なった存在理由、ある紛れもない過剰さ、畸形性、あるいはそれがほんとうは不要なのだとしたら、それでも尚、言葉の表面に思いがけず顔を出してしまう、いわば不条理な必然、謎めいた欲望のようなものがありはしまいか。私たちが普段、ごく自然に読んでいる「私」たちとは、要するに何なのか。「私」の異様さと不気味さ、そしておそらくその媚態と誘惑に気づいてしまったが最後、私たちはもう「私」と書かれた小説を、それ以前と同じように読むことは出来ない。私は「私」をやりすごすことは出来ない。

## 3．人称と視点

前々節の野口武彦『三人称の発見まで』、前節の金谷武洋『日本語に主語はいらない』の検討は、私たちの「小説の人称性」にかんする論議に幾つかの有益な示唆を与えてくれた。野口の「三人称発生論」は文学史的な考察、金谷の「主語無用論」は文法学的な主張だが、いずれも日本語で書かれた小説における「一人称」の特異性についてあらためて考えてみるための重要な論点が含まれていた。

　野口の論から抽出した、もともと「始原的には次元を異にした一人称の重層」であったところの「超越的一人称」が「世俗的一人称」に縮減し、そしてそこから「ニュートラルな三人称」が生み出されてくるに至るプロセスを、私は「「作者性」の濾過」と述べておいたが、精確に言えば、ここで「作者」と呼んでいる何ものかは、「超越的」から「世俗的」へと収斂していく過程で、いわば「次元を異にした一人称の重層」が縒り合わされて一筋に成るかのようにして現出した「物語のひとりの紡ぎ手＝語り手」のことであり、ひとたびそうして受肉（？）化した「作者」の存在が、その後の段階では徐々に隠伏していった先に、あたかも具体的で個別的な「語り手」が語っているわけではないかのように振る舞うニュートラル＝中性的な「三人称」が現れた、ということである。つまり「世俗的一人称」をスイッチポイントとして、二段階の「濾過」が進行したと言っていい。第一段階は、いま一度『三人称の発見まで』から引用すると、次のようなことである。

> 完全な世俗的一人称、つまり語り手の全面的な人間化は、原理的にいって、視野に死角と限界があるという約束事を越えられない。しかし当初まず、近世浄瑠璃の超越的一人称はそうした拘束力を知らなかった。それをもって語られたのは、天来の、他域からの、異界からの「声」

であった。

（『三人称の発見まで』）

前々節でも強調しておいたが、ここでの「世俗的一人称」には「視野に死角と限界がある」という指摘は重要である。もともと「超越的一人称」には、そのような条件設定はなかった。野口がここで「約束事」という言い方をしていることは興味深い。それは確かに「拘束力」ではあるが、しかし実際には「約束事」すなわち「そういうことにする」というものに過ぎない。語っているのが「天来の、他域からの、異界からの「声」」ではなく一個の生身の「人間」である以上、見えないはずのものを見えるものとして語ったり、どこまでも何もかもが見えているという体の語りはあり得ない、という常識に則して「視野に死角と限界がある」ということにしているだけである。逆に言えば、そんな「常識」をカッコに括りさえすれば「約束事」は考慮しなくてもよい。少なくとも「語り手」の視野に死角と限界が「ない」かのように書くことは幾らだって可能である。ただ、それはおかしい、そんなことはあり得ない、と読者に思われるかもしれないが。

だが、それはほんとうに「あり得ない」ことなのだろうか。私は別にオカルトめいたことを言い募ろうとしているのではない。ならば「超越的一人称」の時代の「語り手」は、未開の、前近代的な、超自然的なものを信じ込むプリミティヴな存在だったということになるのか。それはそうかもしれない。野口の「天来の、他域からの、異界からの「声」」という表現にもそれは窺える。だが、自ら「約束事」を受け入れることで登場した「世俗的一人称」から遡行して見出すがゆえに「超越的一人称」が「死角と限界」に頓着していないように見えるということはないだろうか。それを書くことは誰にも簡単に出来るし、文法的に間違っているわけでもないのに、どうしてかそのように書くことを禁じられている、いや、誰もがそんな風には書けない、書いてはいけないと思い込んでいる、ただそれだけなのだと考えるのはおかしいだろうか。或いはこう言ってもいい。たとえ現実では錯覚か妄想か奇跡の関与抜きには起こらないことなのだとしても、なぜそれを「小説」でやってはいけないのか？　だって「小説」では「現実」にはあり得ない／起こり得ないことが幾らだって描かれているではないか。たとえ「現実」と瓜二つに見えても実のところは絶対的に「現実」とは違っているということこそ「小説」というフィクションの定義なのではあるまいか？

やはり私はおかしなことを書いているのかもしれない。というかたぶん書いている。しかし続けよう。野口史観の第二段階、すなわち「世俗的一人称」が「中性的三人称」を産出するプロセスに向かおう。野口はそれを「詞」＝「作中人物の言表」と「地」＝「作者の一人称の発話」の布置の問題として捉え、このプロセスが進行する舞台となった「言文一致」運動とは森鷗外に倣って「「地」の文章の一人称がいかに「三人称」化されるかの過程」であったと言う。ふたたび前々節で引用した『三人称の発見まで』の記述を見よう。二葉亭四迷の『浮雲』について述べた部分である。

作者の作者性表示——言表行為性の提示——は、『浮雲』第三篇ではみごとに抹消された。作者はどこへ行ったのか。作中人物に内在し、かつまた、作品世界に遍在するようになったのである。作者はこれ以上もう話者の存在態を取らず、一種仮有の時空点から発話する。これが三人称である。

一人称と三人称は、視界方位ならびに時間深度を異にする。(略)一人称には視界の限定があり、発話時点の制約があるのに対して、三人称は無限定・無制約であり、言表対象の客観性と定在性、言表行為の公正性と信憑性の外見を保持することができるのである。(同前)

お気づきのように、ここで野口は遂にこうして「発見」された「三人称」を「視界の限定」や「発話時点の制約」を持たない「無限定・無制約」なものだとしているが、それは「超越的一人称」がその視野に「死角と限界」を持っていなかったという状態に、ある意味で回帰しているようにも見える。しかしもちろん「一人称」と「三人称」の違いがここにはある。つまり「一人称」では「約束事」ゆえに許されないことが「三人称」ではごく当然に許される。

右の野口の文章は前々節で引用した部分から少し削ったのだが、省いた一文に「三人称の成立は、(略)言語空間を「事実らしうもてなす」要請に応じている」という記述がある。「事実らしうもてなす」とは坪内逍遥『小説神髄』にある表現である。ここには「リアリズム」とルビを振ることが出来るだろう。こうして「小説」というフィクションが「事実らしうもてなす＝リアリズム」に平伏する道具として「三人称」が召喚され、その使用価値を認められて、日本の小説に蔓延していくことになった。

しかし何度でも繰り返すが、野口も「言表対象の客観性と定在性、言表行為の公正性と信憑性」の「外見」とさりげなく記しているように、それはまったくもって「そういうことにする」ということでしかないのであって、実際には「三人称」であっても「(一人称的な)語り手」は消失などしていない。それは「作中人物に内在し、かつまた、作品世界に遍在するようになった」ということでさえない。それはたとえば一編の小説を丸ごと鍵括弧に入れて、その冒頭に「私は」を、末尾に「と書いた」を付け加えてみればたちどころに姿を現す。なぜならそれは「事実らしう」であって「事実」そのものではないし、この現実ではなくこの小説であるのだからだ。そんなことは当たり前だと思うだろうが、あらゆる「三人称の小説」は実のところ潜在的な「一人称」で書かれているのであって、それも何度も述べてきた当たり前だとするならば、それは結局、とっくに乗り越えてきた筈の「超越的一人称」と似かよってくる。

しかし「三人称」には「天来の、他域からの、異界からの「声」」は聞こえてこない。ならば「声」抜きにそれを可能にするのが「三人称」ということなのか。なぜ「私」と書いた途端に「視界の限定」や「発話時点の制約」が語りをさまざまに拘束し、そして「私」と書かないだけでそうしたこと全部を免れるのか。ここに考えるべき問題がある。

ここで金谷武洋の「主語無用論」がかかわってくる。金谷は「日本語」における「主語」すなわち「人称代名詞」の存在理由と機能様態が外国語とは著しく異なっていることを明らかにして「日本語に主語はいらない」と主張した。しかし、それは「日本語文法」では外国語と同様・同等に「主語」を扱う必要も必然性もない、という意味であって、一切の「主語＝人称代名詞」を「日本語」からなくすのが正しいということではないし、無論のこと、そんな事態にはなっていない。私たちの当面の「人称論」にとって意味があるのは、以下の二つの点による。

まずひとつは、なるほど「主語」がなくても多くの場合、意味が通じるのだとしたら、それでも書かれる「私」と、書かれることのない「私」の間には、如何なる違いがあるのか。たとえば今後、機械翻訳の技術が飛躍的に向上していったとしても、英語の小説を日本語に翻訳した場合には「人称代名詞」の煩雑さが、逆に日本語の小説を英語の翻訳に掛けた際には「主語」の追加が問題になることだろう。それを自動化することもおそらく可能だが、翻訳作業における「主語成分」の濃度の設定は原テクストの書き手とテクストそれ自体の個性を設定することでもあるから、許容される範囲内（その画定も容易ではないが）でパラメータをどのように配分するかはケースバイケースにならざるを得ないのではあるまいか。

そしてこのことは翻訳だけの話ではない。主語なしでも書けるのに何故だか消されず残された主語の紛れもない過剰さの問題と、書かれていない主語の暗黙の不気味な駆動の問題。それから「私」を書く／書かないは、その他の人称代名詞、たとえば「彼」と書く／書かないと何か違いがあるのか。書かれざる「私」と書かれざる「彼」はその不要性において同じなのか否か。

もう一点は「視点」の問題である。大森望は「日本語では、視点が固定されており、そのことが読者に共有されていさえすれば、主語＝人称代名詞がなくても文の意味は通じる（場合が多い）」と述べていた。これは端的にその通りだと思えるが、裏返すと「視点が固定されておらず、そのことが読者に共有されていないと尚更に、主語＝人称代名詞がないと文の意味は通じない（場合が多い）」ということになる。これもおそらくその通りだが、大森も丸括弧で「（場合が多い）」と断わっているように、このどちらにも例外はある。ならば「例外」の成立要件とは何か？

ごくオーソドックスな「一人称小説」の場合、もちろん視点は終始一貫して一人称の語り手のものということになるから、主語＝人称代名詞は原理的には極限まで省略可能である。読者がひとりの語り手が語っていると信じられ、また作者がその信憑を裏切りさえしなければ、うまくやれば主語を一度も書かなくても成立させられるかもしれない。「三人称小説」の場合は、当たり前だがもっと複雑である。まず視点となる登場人物すなわち「視点人物」が、ひとりもいない場合とひとりしかいない場合と複数いる場合に分けられる。視点人物がひとりもいない小説はごく普通にある。登場人物の誰の視点からの描写もないということであり（そもそも登場人物がひとりもいない小説というのも考えられる）、いわゆる客観描写と呼ばれるものだが、何を以て「客観」たりえているのかは厳密に考えると疑わしい。たとえばどこかの監視カメラに映った一時間の様子を描写しただけの小説があったとしたら（ありそうだが）、それはひとまず誰のものでもない視線ということになるのだろうが、言葉は映像と違って視界を丸ごと提示することが出来ないので、描写の時間性やエコノミー（どれぐらいの分量の言葉を費やすか等）の介在によって、どうしても単なる「客観」とは言えなくなる。むしろそれは先の「中性的な三人称」イコール隠蔽された「作者の一人称」に近い。そしてそこでは当然のことながら、視点と結ばれた主語が書かれる必要はない。

　視点人物がひとりしかいない場合は、はじめの段階でその人物への視点の固定を明確にしておけばよい。後はいちいち「彼は」「彼女は」などと記さなくても適宜省略が可能である。しかし視点人物が複数いる場合は、基本的には視点が切り替わるたびに名詞なり人称代名詞によって変更を告知する必要がある。大森望が翻訳技法の一環として述べていたのはこのことだろう。視点人物が何人いて、その場面、その局面での視点は誰のものなのかという情報を読者に開示しつつ、尚且つ主語をどれだけすっきりと減らすことが出来るかが翻訳者の腕の見せ所というわけである。

これらの区別は映画に置き換えるとわかりやすい。「一人称映画」とは、物語内に存在する誰かの視界＝見た目のみで構成されている映画である。これはかなり珍しいが、皆無というわけではない。従って、鏡などの反射物をその誰かが見ない限り、画面に視点人物の姿は映らない（しかもそれが映った場合、実際に映像を見ているのはカメラなのだから何らかの細工が施されていることになる）。普通の映画の大半は「三人称」である。視点人物なしの「三人称映画」とは、つまり一度も登場人物の「見た目」が挿入されない映画のことであり、実はこれはけっして多くはない。何故ならば劇映画の大半が、それぞれの語りの要請によって、或る場面の或るショットにおいて「登場人物の視点」を導入しているからだ。主人公と呼べるひとりの人物が居る場合、しばしば彼あるいは彼女の「見た目＝視点」のショットが挿入されることになるが、視点ショットが特定の人物だけに限定されるにはそれ相応の理由が必要であり、そのシーンの演出上の狙いによって何人もの視点が特に説明抜きに入ってくることもあり得る。

もっとも歴然としているのは、対話場面での、いわゆる「切り返し」だろう。二人の人物が向い合っていて、それぞれの顔が真正面から交互に映し出されたなら、それは二人の視点が切り返されているという「演出」である（実際には二人はカメラを見ているのだが）。更に言えば、誰のものかは明示されない／確定出来ないが、誰かのものではある視点というものもある。一本の映画を構成するほとんど全ての映像はカメラによって見られた／撮られた映像であるわけだが、その言わずもがなの大前提をフィクションの枠内で誰の／何人の視点に分与していくのかは、監督と編集担当者の判断に任せられている。それゆえに映画の場合、語りの次元においては、視点ショットとそうではないショットの判別がすべて完全につけられるとは限らない。映画を作った側にさえ、その線引きが曖昧なこともあるだろう。

小説の場合も、視点ショットならぬ視点＝視界描写とそうではないニュートラルな描写が混在している場合がある。映画における視点ショットの主体の判別──その映像は誰の「見た目」なのか？──は、小説においては「主語＝人称代名詞」の用法に紐付けられている。そこで重要になってくるのが「視点」の持ち主を「読者に共有」させるということである。それは主語＝人称代名詞の有無や使用法の問題というよりも読者が得られる情報量の問題であり、個別の独立した文章ではなく文と文の連結や段落や場面や章立てなどといった小説内の包括的な意味作用にかかわっている。特に説明的な記述がなくても、前後の繋がりによって、それが誰の視点による文なのかを過たず推察することが読者に十分に可能な場合もある。また、ニュートラルな描写と視点描写の区別を付けることも通常はさほど難しくないし、そもそもその区別自体が特に必要でないことも多い。そしてこうしたことが逆に、ミステリ小説における所謂「叙述トリック」の或る種のパターンの前提条件を成している。要するにそこには詐術が付け入る隙があるのだ。その際、主語＝人称代名詞の不在が、騙しの小道具として使用されることがあるのは言うまでもない。

渡部直己は、よく用いられている「主観」と「客観」という用語法を排し、かねてより「三人称多元」と「三人称一元」という呼称を提唱している。『小説技術論』所収の「移人称小説論──今日の「純粋小説」について」──まもなく本論はようやくこの論文への応答に赴くのだが──の注記で、渡部はその理由を説明している。「三人称客観」という用語法に問題があるのは、「一」として、ひとつの小説全体を通して、焦点（視点）が多数化するか、一人物に固定されるかは、誰にも判別可能な純粋に形式的な所与となるのに比して、「三人称客観」の場合は、何を以て「客観」となすかについて、判別の幅が大きく、かつ曖昧になりすぎる嫌いがあり、技術分析には不向きとなる」からだと渡部は述べている。また「第二として、用語の連動性というポイントがある。「三人称」にかんして〈「多元」／「一元」〉の対は連動的かつ同じ比重で成立するが、「三人称客観」では、こうはならない。「三人称主観」などという用語はなく、あったとしても、それが何を指すか曖昧であるからだ。ここからはまた、〈「一人称客観」／「一人称主観」〉という対立も生じえない。つまり、ひとたび「三人称客観」と口にすると、小説の人称分析の場は、ほとんどその一語の寡占状態となってしまう。対して、「三人称」の〈「多元」／「一元」〉は、そのまま「一人称」にも連動することができ」る。そして渡部は、「従来の「一人称」のもとではありえなかった対立として、「一元」にたいする「多元」、すなわち、「一人称多元」小説も扱う」として、それが「移人称小説論」の眼目となっている。私たちもまた、ほぼ同じ方向へと向かいつつあるのだが、ある意味で、ここで示された「一人称多元」は、渡部によって、そんな「用語はなく、あったとしても、それが何を指すか曖昧である」と一蹴された「三人称主観」と相通じているのではないかというのが、私が考えていることのひとつなのである。

ともあれ、さしあたり二×二＝四つの「人称小説」が考えられる。

一人称一元
一人称多元
三人称一元

三人称多元

ここでの「X元」は「焦点」ニアイコール「視点」のことである。イコールではなくニアイコールになっている件（右引用の注には「焦点（視点）」とあるが「移人称小説論」本文では「≒」と記されている）については追って触れることにして、とりあえず書き換えてみると、

一人称一視点
一人称多視点
三人称一視点
三人称多視点

となる。これらをふたたび映画に置き換えてみよう。「一人称一視点映画＝ずっと一人の見た目」は、映画における叙述トリック的な作品（実はここまではすべてひとりの人物が見ていた映像だったのだ！など）がまずは思い浮かぶ。「三人称一視点映画＝（物語外の）カメラの見た目のみ」は登場人物の視点映像が一切出てこない映画のこと（だが繰り返すがその認定は必ずしも容易ではない）、こんにちの映画では「三人称多視点映画＝（物語外のカメラ＋）複数の人物の見た目が混在」が明らかにもっとも多い（これも繰り返しになるがこれらの視点の判別も実際にはかなり難しい）。そしてここでも「一人称多視点映画」だけがどういうものをそう呼べるのかが明確ではない。それはそうだろう。映画の「人称」に相当するのは（ナレーションという次元を考慮

しなければ）観客が見ている映像を物語内で見ているることになっている者ということであり、それは「視点」と同定されている。つまり「一人称映画」とは「一視点映画」のことなのだ。

だが、そうとは言えないケースもある。近年の映画で一潮流を成している、いわゆる「POV（Point of View）映画」すなわち物語内の（複数の）カメラに記録された映像のみから成るという趣向の映画はどう呼んだらいいのだろうか。人ではなく機械だから「無人称映画」だろうか。POV映画における物語内カメラの視点は、そのカメラを構えている登場人物の視点とほぼ一致（完全に一致することはあり得ない）している場合もあれば、切断される場合もあり、遠く隔てられる場合もある。物語内の一台のカメラによって記録された映画という設定の作品があったとして、カメラを構えていた者はカメラを置いて自画撮りをすることも出来るし、そのカメラを別の誰かに受け渡していくことも出来る。この場合、分離したり転移したりしているのは「視点」だろうか「人称」だろうか？

中国の映画作家ワン・ビン（王兵）に『原油』というドキュメンタリー作品がある。上映時間十四時間という途方もなく長大な作品だが（私も全部は観れていない）、その中に、原油採掘場の休憩室で労働者たちが佇んでいる場面がある（というか私が観たパートはそれしかなかった）。そこでは薄暗い部屋の一番奥の壁際にデジタルカメラが据え置かれ、映像が撮りっぱなしにされている。やがて部屋にはひとりしか居なくなり、当然だが会話もなくなり、遂にその男も出ていってしまい、誰もいなくなり、それでもカメラは延々と部屋を撮り続ける。このカメラ＝映像はどう考えてもワン・ビンの視点とは言えない。ならばこれは「無人称一視点映画」ということになるのだろうか。それとも「三人称一視点映画」でいいのか。ドキュメンタリーという形式はフィクションとは性質が異なっていると思うかも知れないが、同じことをPOVの劇映画でやることは可能である（誰もやらないとは思うが）。映画という形式は小説と性質が異なっていると思うかも知れないが、同じようなこと（とは何かも今のところ定かではないのだが）を小説でやったとしたら、それは「三人称」なのか、それとも「一人称」なのか？

余談が続いたようだが、実はそうではない。だが、ひとまず話を戻そう。ロシア・フォルマリズムの言語学者ロマン・ヤコブソンに「転換子（シフター）」というよく知られた概念がある（もともとはオットー・イェスペルセンの用語）。転換子とは、チャールズ・パースの記号の三分類、「シンボル／象徴」「インデックス／指標」「アイコン／写像」の内、シンボルとインデックスの機能を併せ持つ記号のことで、その代表的なものは人称代名詞である。

Iという単語はIと言っている人を意味する。したがってIという記号は慣習規則によってその対象と連合されていなければその対象を表すことができず、（略）他方、Iという記号はその対象と実存的関係にあるのでなければ、この対象を表すことはできない。発話者を示すIという単語はその発話者と実存的に関係しており、したがって、指標として機能する。

人称代名詞やその他の転換子のもつ特性は、単一の、一定した、一般的意味の欠如にあるとしばしば信じられた。たとえば、フッサールは〝ichという単語は場合場合によって別の人物を指すが、それは、その度ごとに新しい意味によって、このことを行なうのである〟と言っている。このような文脈的意味の多様性があるとされたゆえに、転換子は象徴とは違って、単なる指標として扱われた。しかしながら、どの転換子もそれ自身の一般的意味をもっている。たとえばIは、それが属するメッセージの発信者（youならば受信者）を意味する。バートランド・ラッセルにとっては、転換子、すなわち彼の用語でいう〝自己中心的特殊語egocentric particulars〟は、一度に二つ以上の物には適用されないという事実によって定義づけられる。

（ロマーン・ヤーコブソン／長嶋善郎訳「転換子と動詞範疇とロシア語動詞」、『一般言語学』。但し一部訳文を変更した）

ヤコブソンの「転換子」は、エミール・バンヴェニストの「代名詞」にかんする考察と非常によく似ている。こちらも引用しておこう。

わたしは、「わたしを含むいまのディスクールの現存を言表している人」を意味する。それは定義上唯一の現存であり、その唯一性においてのみ、有効なのである。（略）しかし平行的に、わたしはまたわたしという形の現存としてもとらえられねばならない。わたしという形は、それが発せられる言表行為のなかでなければ、いかなる言語としての存在ももってはいないのである。したがってこの過程には、現存が二重に結び合わされているわけである。すなわち、指向する者としてのわたしの現存と、指向される者としてのわたしを含むディスクールの現存である。そこで定義は、次のようにすれば正確になる。すなわち、わたしは、「わたしという言語上の現存を含むいまのディスクールの現存を言表する人」である。

（E・バンヴェニスト／岸本通夫監訳「代名詞の性質」、『一般言語学の諸問題』。但し一部訳文を変更した）

私とは「私」と言っている者のことである。私は常に私のことを「私」と言う（しかない）。だがこの「私」は、あなたにとってはあなたのことである。彼にとっては彼のことであり、彼女にとっては彼女が「私」なのだ。ヤコブソンはこう言っている。「I（あるいはyou）は異なる主体の間欠的な同一機能を示し、その一般的意味を定義するにあたって言語学者でさえ困難に遭遇したということを観察するならば、自分自身を自分の固有名と同定することを覚えた子供が、人称代名詞のように話し手から話し手へ移行し得る用語に慣れるのは容易でないであろうことは明らかである。子供は、相手からyouと呼ばれているときに、自分自身について一人称で話すことには気おくれするかもしれない。（略）たとえば、子供はこんな風に言って一人称代名詞を自分だけ占有しようとする。〝きみは自分のことをぼくと言ってはいけない。ぼくだけがぼくで、きみはただきみなんだ〟」。

ヤコブソンとバンヴェニストに共通する見解は、人称代名詞それ自体は文字通りの単なる記号に過ぎず、そこには同一性を担保する意味は一切内包されていない、ということである。中でも「私」が特別なのは、「私」という転換子には、私に「あなた」と呼ばれている者も、「彼」「彼女」と呼ばれている者も代入され得るにもかかわらず、実際に「私」と発話／書記された途端に「私」は「私」と発話／書記している者以外の誰でもあり得ない唯一性を持ってしまうことである。交換可能性と交換不可能性。そして「Iという記号は慣習規則によってその対象と連合されていなければその対象を表すことができ」ず、「Iという記号はその対象と実存的関係にあるのでなければ、この対象を表すことはできない」ということは、慣習規則でも実存的関係でも対象と結びつけられていない、つまりシンボルでもインデックスでもない「I」が存在するということであり、それはまったくの空虚な記号であるということになるが、ほんとうにそうなのだろうか？

いや、それはそうであるのだとして、ならばたとえば、究極的に空虚な転換子としての「私」が「私は私以外の誰でもない私である」という交換不可能性から遊離して、私以外のいろいろな者たちが自由に代入され得る記号、たとえば「X」というアルファベットで表されるような記号＝容器として機能するということは考えられないだろうか。ヤコブソンによれば、B・ラッセルの転換子＝自己中心的特殊語の定義は「一度に二つ以上の物には適用されない」ことだというが、一度に二つ以上の物に適用され得る転換子＝X＝私というものはないのだろうか。いやむしろ、ひょっとしたらそもそも「私」とは、ほんとうはそういうものなのではないか？

日本語の人称代名詞、たとえば「私」も、もちろん転換子である。だが金谷武洋が言うように、日本語の「私」は、発話においても、書記においても、その都度の文脈的意味＝ディスクールの状態によって、言わない／書かないことが可能である。転換子としての「私」は日本語の言語行為から消去し得るし、現実に消されてもいる。また、バンヴェニストの定義、すなわち「わたし」イコール「わたしという言語上の現存を含むいまのディスクールの現存を言表する人」は、ディスクールの中に「わたしという言語上の現存」がいない場合は、どうなってしまうのだろう。

大分話がややこしくなってしまった。人称と視点について考えていたのだ。野口武彦の「超越的一人称」↓「世俗的一人称」↓「中性的三人称」というプロセスは、このこととどうかかわるのか。重要なポイントは、「世俗的一人称」が「約束事」として負った（そしてそのことによって言文一致＝近代小説の扉を開いた）「死角と限界」が、人称を「一」から「三」に変更することによって解消されたということ、そして「視界の限定」や「発話時点の制約」を持たない「中性的三人称」が、その「無限定・無制約」のありようにおいて「超越的一人称」に似ている、ということである。つまり「一→三」という人称の変化が、視界の制限およびその解除そして拡大と連動しているわけだが、それはとりもなおさず「私」という語の定義というか機能制限に裏付けられている。

語り手となる可能性を持つあらゆる者に「一人称」を使用する権利があるのだが、それはすなわち「一人称」はその発話／書記の語り手にしか許されていないということでもある。むろん「三人称」を選べば、こんなジレンマはたちどころに解消する。では「一人称」のままで「私」の限界を突破し、「一人称」を「わたしという言語上の現存を含むいまのディスクールの現存を言表する人」から解き放つことは出来ないのだろうか。あるいはそうしたとしたら、それは「天来の、他域からの、異界からの「声」」が鳴り響く、あの「超越的一人称」に逆戻りすることにしかならないのだろうか。

そうではないし、そうではない小説がすでに存在する。しかしそこに行く前に、もう少しだけ考えておくべきことがある。それは「作者」の問題である。より精確に言い直せば、「作者」と「語り手」の関係性が、「人称」と如何にかかわっているのか、という問題である。

## 4．語り手から作者へ

私は以前『あなたは今、この文章を読んでいる。』（以下『あな読ん』）という本の中で「作者0」という概念を提出した。同書は「メタフィクション」の歴史的／原理的な再検討を通して、重心を「作者」から「読者」へと移動させた、フィクションの新たな様態としての「パラフィクション」なるものを素描しようとした論考である。その前提として、まず「メタフィクションは、しばしば「フィクションの中のフィクション」すなわち「作者によって設定された虚構の内部に、それとは異なる虚構を立ち上げる」という形式を取る。当然、この「虚構内虚構」の内部にも、更に「虚構内虚構内虚構」を設置することが可能であり、それは原理上、幾らでも内側に掘ってゆくことが出来る」。いわゆるチャイニーズ・ボックス型、フレーム・イン・フレーム型、『あな読ん』では階層型メタフィクションと呼んだ手法だが、しかし実のところ、そのようなあからさまな意匠を纏っていなくても、「一人称の語り手が少なくとも一人以上設定されている物語は、常にメタな回路を有している」。更に言うなら「表面的な語り手の外部に想定される「真実の物語」の「作者」もまた、厳密に考えるならば、実のところは「登場人物としての作者」である可能性を含んでいる」。よく知られた「信頼されざる語り手」という言い方があるが、そもそも「語り手」とは信頼出来ないものだし、物語を精確に読み取ろうとするのなら、けっして信頼するべきではない。

ここで、ある一編のフィクションの外枠に附されている固有名の持ち主、制度的かつ現実的にそれを書いた（造り出した）生身の人物のことを「ゼロ人目の作者＝作者0（ゼロ）」と呼ぶことにしよう。（略）この「作者0」はフィクションの内部のどこにも存在していない。それはむしろ、あるフィクションが今ここに実体的に在るからには、その「作者」がいつかどこかに必ず実在したであろうという、読者の常識的な推察によって導き出される仮想の存在に過ぎない。だが、たとえ証明は出来ないとしても、フィクションがフィクションである限り、まず間違いなく「作者0」はどこかに実在している。

そしてこの「作者0」の下位に、フィクションの内部で作者（＝語り手）的に振る舞うカッカッコ付きの「作者（たち）」が、最低一人は存在している。（略）これを「（虚構内の）一人目の作者＝作者1」と呼ぶことにする。（略）この「作者1」は、そのフィクションのプライマルな「登場人物」でもある。そして「作者0」が生み出した「作者1」が、その語りの内部で語り始める「作者2」を生み出し、更にはカッコが幾重にもなった「「作者X」」を生み出していくと、それは「メタフィクション」と呼ばれるのである。

（『あなたは今、この文章を読んでいる。』）

重要なのは、「作者0」は作者その人ではない、ということである。『あな読ん』でも繰り返し強調しておいたが、それはあくまでも「あるフィクションが今ここに実体的に在るからには、その「作者」がいつかどこかに必ず実在したであろうという、読者の常識的な推察によって導き出される仮想の存在」なのであり、つまりは小説や書物の題字に記されている固有名を読者側の勝手な想像で擬人化したようなものに過ぎない。読者が作者自身を直接知っている場合もあり得るが、その生身の人間と当の読者にとっての「作者0」も異なる存在だと考えるべきである。すなわち、「作者0」は「フィクションの内部のどこにも存在していない」と書いたが、実はそれは

「フィクションの外部」にも存在していない。いわば「作者0」は、フィクションの内と外を隔てる薄膜に宿っている。にもかかわらず、大方の読者にとって「作者0」は、あたかも作者そのものであるかのように映っている。

階層型メタフィクションの場合、「作者1」「作者2」「作者3」……と「原理上、幾らでも内側に掘ってゆくことが出来る」わけだが、私たちの「新しい私小説論」が問題にするべきは、むしろ「0」と「1」の間、である。言うまでもなく「問題」は「一人称の私小説」において現れる。あるいは「私小説」であることを匂わせる、すべての「一人称小説」において現れると言ってもいいかもしれない。むろん「0」と「1」が完全にイコールになってしまうわけではない。「作者0」も「作者1」も、それぞれ別箇に存在しているのだが（この二者が消えることはない）、更には様態としての「0」と「1」の線引きが曖昧となり、いわば「作者0・5」や「作者0・8」などといったものが想定し得るようになる。メタフィクションとはまた別の意味で、読者は一編の小説を読みながら、同時に複数の「作者たち」を相手取っている。たとえば「作者0・5」は語り手である「私」（＝「作者1」）が読者にとっての作者その人（＝「作者0」）と半分だけ重なった存在である（断わっておくが、この「半分」は数的な量を示すものではない）。

ところで、私が『あな読ん』で示した以上のような図式は、ナラトロジー（物語論）における「内包された作者」の議論を即座に思い出させることだろう。以下、現在日本語で読めるナラトロジーにかんする最良の解説書である橋本陽介『ナラトロジー入門』を参照しつつ説明する。

ロラン・バルトによる、よく知られた「作者の死」以降、現代の文学理論においては「生身の／現実の作者」という存在への言及が忌避されるようになった。代わって前景に押し出されてきたのが「語り手」である。だが、ことはそれほど単純ではない。エミール・バンヴェニストは「語り手（と聞き手）は存在しない」という立場を取る。

三人称物語では、語り手はあまり前に出てくることはないし、聞き手に向けて話しているという感じも少ない。バンヴェニストは、話者と聞き手が現実の「今、ここ」に存在して語る文をディスクールと呼んだのに対し、小説の語り方などを**イストワール**と呼び、区別した。

（『ナラトロジー入門』）

バンヴェニストによれば、三人称物語＝イストワールには「語り手」は（聞き手も）存在していない。何故ならば、イストワールにはディスクールのような、発話が駆動している「今、ここ」が存在しないからである。存在しないというのは、イストワールにおいて物語られているのは、常に「かつて、そこ」であり、しかしその「かつて、そこ」が物語られている時空間には誰もいない、ということだ。それは「出来事が自分自身を語っている」のであって、具体的現実的な「語り手」によるものではない、とバンヴェニストは論じた。

ケーテ・ハンブルガーもまた、バンヴェニストと同様に「語り手は存在しない」と考えた。「なぜなら、テクストの内部には「**実在の私**」が欠如しており、語っているのは**何らかの人格**ではないからだという。このハンブルガーの論はバンヴェニストの言っていることによく似ている。否定されているのは、あくまでも「現実の人格」としての「語り手」である」。バンヴェニストの「出来事」に対してハンブルガーは、語っているのは「言語自体＝物語の機能」だと考えた。「一人称物語の場合にも、実際に言葉を生み出しているのは「物語の機能」であり、それは一人称の語り手の背後にある」。

橋本によれば、この二人を承けてアン・バンフィールドも「語り手は存在しない」と論じている。バンフィールドは、サミュエル・ベケットの「私」について「語り手がある不特定の、物語外のどこかにあるようなもの」だと述べている。橋本はこれにかんして「物語においては、言葉が生まれる時空間が現実の会話のように定まっていない。それはどこかも、いつかも、誰かもわからないような**物語の外にある点**である。それについて「わたしは尋ねないが、語る」という奇妙な存在なのである」と言う。

どうしてこうまでして「語り手」を遠ざけなくてはならないのかといえば、現実世界において何事かを（聞き手に向かって）語っている存在（ディスクールの主体）と、イストワールの発語の起源を同一視すると、さまざまな不具合が生じざるを得ないからである。それらを橋本は、以下の三点に纏めている。

①小説言語などにおいては、現実の話し手のような人格的な言葉を発する主体が存在しない。
②現実の会話では話し手と聞き手のいる「いま」と「ここ」、つまり時間と空間が定まっているが、物語ではそうではない。どこで言葉が生まれているかわからない。
③現実の場に話し手と聞き手がいる会話文と、小説などの物語文では言語使用が異なる。（同前）

橋本によると、バルトは「作者の死」を宣告しつつ「語り手」の存在は認めたが（『物語の構造分析序説』）、しかしバルトが「語るのは言語活動であって作者ではない」とも述べていることから、彼の言う「語り手」は「言語活動」すなわちハンブルガーの「言語自体」に酷似したものだと論じている。バルトはこう述べる。「言語活動は《人格》ではなくて《主体》をもち、この主体は、それを規定している言表行為そのものの外部にあっては空虚であるが、言語活動を《維持する》には、つまり、それを利用しつくすには、これで十分なのである」。

さて、ジェラール・ジュネットは、物語に「語り手」は必須だとして「語り手は存在しない」派に反論している。ジュネットは、バンヴェニストの「ディスクール／イストワール」という二分法を修正し、そもそもイストワールにもディスクールの次元が存在するのだと言う。そう考えれば話は通りやすくなる（何故最初からそうしないのか？）。しかし、ジュネットにおいても、先ほどの②の時空間の不確定性をめぐる問題は変わらない。

しかしジュネットの理論でも、物語における語る行為は、「時間の広がりを持たない瞬間的な行為である」とされている。つまり、現実の会話のように、語っている「いま」と「ここ」がきっちりとあるわけではないとしているのである。

それは、一人称物語の『失われた時を求めて』でも同じである。語り手＝主人公のマルセルが自らの過去を回想する形で描かれてはいる。しかし通常の会話で回想する時には、まず語っている現在があって、そこから過去を語るので、現在と過去は**同一時間軸上**にある。

一方、物語では、語り手のいる現在と過去との距離は「時間の中にも空間の中にも存在しない」とジュネットは説明する。その理由は、物語を語るという行為は、物語世界とは**別の次元にあるからだ**とする。

つまり、語りというのは、ジュネットの理論においても物語世界の外側に位置するものであり、同じ時間軸上にはない。一人称の語り手が語り手として登場している場合には、それも含めて物語られる物語世界の一部になっているのであって、真の語りはさらにその外の位置にある。（同前。傍点引用者）

煎じ詰めると、ジュネットの立場も、ある部分ではハンブルガーやバンフィールドと変わらないことになる。それは「語り手」は（たとえそう呼ぶしかないような存在、いや機能が措定し得るとしても）「人格」ではない、ということであり（そうでないと「作者」が回帰してしまう）、また、それによるナラティヴは物語世界の外部で為される、ということである。

しかし、そうするとやはり困った事態も生じる。理論はともかく現実には、小説のナラティヴの主体（ex-語り手）から一切の「人格」性を取り去ってそれを理解することは出来ないし、そこまで頑として「作者性」を払拭しようとしたとしても、身も蓋もない話ではあるが、実際には「作者」は消去などされていない。「作者」抜きに「作品」が誕生することはないのだから。橋本も言う。「いくら「作者」が全知全能ではないとしても、私たち読者は、物語を読んでいる時に、それを書いている作者についてあれこれ考えることもよくあるし、作者の人生や時代背景を知っていると理解が深まる場合があることを知っている」。ごく当然のことである。

そんな中、ウェイン・ブースが提出したのが、「内包された作者」という概念である。「内包された作者」とは、語り手の背後にいる存在で、この存在を認めると、物語は現実の作者（テクストの外側）がまずテクスト内部の「内包された作者」を作り出し、「内包された作者」が「語り手」を生み、語り手が物語を語る。そのメッセージは「聞き手（内包された読者）」に伝わり、読者に伝わるという構図になる。このように考えれば、人格的な「語り手」の背後に何らかの存在が感じられることが、「現実の作者」を遠ざけつつ、説明できる。（同前）

橋本も述べているが、さすがに何もそこまで必死になって「作者」を否定しなくてもいいんじゃないの？　幾らなんでもこれは無理筋というかナンセンスなんじゃないの？　という気にもなってくる。だが、そこは時代の産物ということで、作者の「作者性」を漂白して「作品＝テクスト」に与するというのがこの頃の文学理論の基本姿勢だったのだからこれはもう仕方がない。重要なのは次の指摘である。

ブースの「内包された作者」も、「読者が得る像」という説明がなされている。読者が小説などを読むときには、その書き手としての作者が想像されるわけだが、それはあくまでも「作者の像」であって、テクストの内部にいるものであり、「現実の」作者ではない。「現実」の作者は超越的なものであって、読者からは認識できない神の次元なのである。（同前）

この「内包された作者」＝「読者が得る作者の像」は、私の「作者０」とよく似ている。橋本は、そもそも「伝統的な文学論で私たちが「作者」といっていたものは、基本的に「作者の像」である」と述べ、例として「紫式部」を挙げている。「『源氏物語』は紫式部という作者が書いたことになっているが、「紫式部」という女性がどういう人物かについて、私たちはほとんど知らない」。それは「紫式部」という「『源氏物語』を書いた作者」のイメージでしかなく、現実世界で『源氏物語』を書いた「紫式部」を名乗った女性そのひとではない（精確に言えば、本当にそうでないのかどうかも、どこがどう違うのかもわからない）。しかし読者にとっての「紫式部」とは、このイメージ以外にはないのである。

だが、私の「作者0」と「内包された作者」＝「作者の像」には微妙な、だがおそらく決定的な違いもある。ブースの用語法では「内包された作者」が「作者0」に当たり、「内包された作者」が生んだ「語り手」が「作者1」ということになるわけだが、「内包された作者」は「テクストの外側」にいる「現実の作者」側からの定義、他方「作者の像」は「読者」が見出すものとされており、つまり「現実の作者」にとっての「内包された作者」が「読者」には「作者の像」として与えられる（そう見える）ということになる。逆にすると「読者」に「作者の像」として映るものが「内包された作者」であることになるのだが、しかし私の定義では「作者0」も「作者1」も等しく「読者」側からの腑分けであり、そこには文字通り「作者」は関与していない。私の論では、いつかどこかに確実に存在する／した筈の「現実の作者」が、その物語＝小説を書いた＝創造した「作者」であることは暗黙の大前提であり、バルト以来の「作者の死」は最初から一顧だにされていない。むしろ「現実の作者」の実在も、その「人格」性も潔く認めた上で（というか、それは結局のところ在るのだから）、それでも尚、テクストに「内包された作者」というよりも、不可避的に、それ以外にはあり得ない「読者が得る作者の像」として描出される、いうなれば「仮想／仮構される作者」として「作者０」を考えようというのが私の立場なのである。

何故、こう考えるのかといえば、単純な話、「作者」と「作品」の間に切断を入れるというのがバルトによる「作者の死」の企図だったとして、それはもちろん「作品＝テクスト」を「作者性」から切り離すことで自由で多様な読解へと押し開くという祈念が込められていたわけだが、その結果、当然ながら種々の不具合が生じてきて、その不具合を解決するために理論を精緻化させていったプロセスが、とどのつまりは、テクストを解放するという本来の目的から逸れて、読解者（「読者」ではない）の権能や、翻って「作者」性をより強化したかたちで舞い戻らせてしまったのではないかと思うからである。だから無理をせず、このテクストの作者は現に存在し、その彼なり彼女なりが書いた／創造した作品は、しかし彼なり彼女なりの関与の範疇からは溢れ出る可能態を備えたテクストとして読者たちに読まれることになるのだという穏当な立場を取っておけばいいのではないか。そしてその上で、テクストには必ずそれを書いた／創造した「人格を備えた現実の作者」が存在するという自明の事実をむしろ梃子というか口実のように用いることで、いわば中途半端に「作者性」を行使しているかに「読者」が想定し得るような、そしてその行使のありようをテクストの表面にさまざまに触知していけるような、実在とは別の「作者」として「作者０」なるものを措定するのが望ましいのではないか、と私は思うのだ。

ちなみに、ここで前節で棚上げにしておいた「視点」と「焦点」について触れておこう。これも橋本陽介『ナラトロジー入門』に沿って説明すると、橋本の専門領域である日本／語および中国／語のナラトロジーについて、そもそも「ある人物の視点に完全に制限して語るという方式は、伝統的な日本や中国の物語にはあまり見られなかった。一人称の語り手が登場する物語はもちろんあるのだが、語り手が知っているはずがない事柄まで語られてしまうのが通例であった」。これは野口武彦も言っていたことである。ところが近代に入って、たとえば森鷗外の『舞姫』は、いまだ文語体で書かれているが、視点は一人称で語る主人公に固定されている。橋本によれば、中国文学でも二十世紀になってから視点の固定＝制限が意識されるようになったが、それにはコナン・ドイル『シャーロック・ホームズ』の翻訳紹介が寄与していたという。言うまでもなく同作ではホームズの相棒であるワトソン博士に語りと視点が固定されている。

ジェラール・ジュネットは「視点」という用語に代わって「焦点化」という語を採用した。その理由は「「視点」という用語の場合、五感のうち「視覚」のみが特に強調されてしまうが、特定の人物の角度からの語りには「見る」という以外の感覚、例えば「聞こえた」「感じた」「匂った」などさまざまある。従ってそれらを一括して「焦点化」という用語にした」ということである。至極尤もである。確かに視覚オンリーでは不十分だ。前節で渡部直己が「焦点＝視点」としていたのは、このためである。しかし「焦点化」という五感（その他）を統合する便利な用語は、私たちの議論においては、その便利さゆえに新たな問題も生じさせる。ジュネットは「焦点化」を更に幾つかに区分けしている。まず物語内人物の「内面が表されている例、および、ある人物の視点（知覚）から語られている例」を「内的焦点化」、そしてその人物が「外側から見られる」例を「外的焦点化」とした。ジュネットは「特定の人物に視点が制限されていないタイプの物語を非焦点化、または焦点化ゼロの物語言説」と呼んだが、橋本はこれにかんして、ジュネットが「焦点化ゼロ」の例として挙げている物語においても焦点化がまったく行なわれていないわけではなく、この用語は誤解を招く恐れがあるとしている。この「焦点化ゼロ」という概念も興味深いが、先に進むと、近現代の物語の多くは「内的焦点化」によって語られているが、ジュネットはそれを更に三種類に分けている。橋本による定義を整理して以下に記す。

①内的固定焦点化　ある特定の人物ひとりに焦点化を固定するタイプ
②内的不定焦点化　焦点化する人物が固定されているものの、途中でその固定されている人物が変わるタイプ
③内的多元焦点化　同一の事柄に対してさまざまな視点から語るタイプ

そしてこれらとは別に、どの人物にも焦点化しないタイプの「外的焦点化」がある。そこでは誰の視点からも、誰の内面も語られない（これは「焦点化ゼロ」とどこが違うのだろうか?）。もっとも、こうした分類は便宜的なものでしかなく、実際に書かれている物語＝小説は、もっと曖昧というか適当な場合も多い。「焦点化は常に一定の仕方で行われているわけではない。特定の人物に焦点化が固定されている小説でも、人物の知覚とは一切関係のない描写が出てくることもよくあることであるし、途中で焦点化の仕方を切り替えることもある。これを使い分けることによって、物語は別の仕方で語られうるし、読んだ感触も大きく異なってくる」と橋本も述べている（同書のこういうリアリズムは実に好ましい）。「とはいえ、ある物語には、支配的な焦点化の仕方がある。通常は、主人公の目線から語られていることが多い。その支配的な焦点化か

ら、少しずらして語ることを、ジュネットは音楽の用語を借りて**変調**と呼んでいる」。「変調」には外的焦点化の内部に内的焦点化を埋め込む「冗説法」や、内的焦点化を意図的に制限する「黙説法」などがあるが、何らかの「変調」を大方の「読者」に気づかせないことで効果を発揮する場合と、明らかな「変調」を「読者」にぶつけることに目的がある場合とで、その機能はかなり違ってくる。「移人称」も「変調」の一種であり、後者の典型例と言っていいだろう。

まだ続きがある。ミーケ・バルやパトリック・オニールはジュネットの焦点化論をより精密化していった。「焦点化」という用語の曖昧さは、ひとつには「見る＝内的焦点化」と「見られる＝外的焦点化」とすればすぐわかるように、一つの語が「見る／見られる」の双方を指していることによる。そこでバルは「〜に対する焦点化」である「被焦点化子」と「〜を通しての焦点化」である「焦点化子」という二項を提出した。「焦点化子」と「被焦点化子」は一個の物語＝小説内で移動／変更し得る。これを踏まえてオニールは、次のような式を立てた（引用元の記号を用語に改めた）。

焦点化＝（外的焦点化1（人物焦点化2））

「つまり、まず語り手によって一次的焦点化がある人物になされ、ある人物からまた別の人物・事物に対する焦点化が二次的に行われると考えられるのである」。しかしこうした理論的な精錬の結果、わかったことは「一つには細かい断片ごとに焦点化されたりされていなかったりされうるということである。もう一つは、人物の目線からなのか、語り手からの記述なのか、実際のところ曖昧なことも多いということである」。ええ？と思われるかもしれない。それはそうでしょ！と思うかもしれない。しかし、こうした徒労とも思われかねない理論の道行きにも（アカデミックな意味合いとは別に）意義がある。

それは、まず第一に、特に或る種のエンターテインメント小説には、ここで扱っているような「焦点化」の技法が驚くべき自在さで駆使されている作品が散見されるのだが、それが書き手にとって意志的な仕業であるのか、それともほとんど無意識化された手口なのかを、他でもない「作者」の認識とは別箇に詳細に分析することが可能になるからである。そして第二に、そうした意識的／無意識的な「焦点化」や、その「変調」の有様が、いわゆる「文学」と呼ばれるジャンルにおいても、おそらくはどこかでエンタメ小説における成果とも繋がったかたちで、何人かの（何人もの）小説家たちの作品に見受けられるからである。

とりあえず、橋本は以上の系譜を次のように纏めてみせる。

ジュネットからオニールに至って、焦点化の一般的な記述はほぼ整理されていると考えていいだろう。物語世界に現れる人物や事物は、語り手によって外から客観的に描かれる場合（語り手による外的焦点化）、人物の内面が描き出される場合（人物に対する内的焦点化）、ある人物のパースペクティヴを通して別の事物や人物を外から描き出す場合（ジュネットの理論ではある人物への内的焦点化、見られる人物・事物に対する外的焦点化。バル、オニールではある人物が焦点化子、見られる人物・事物が被焦点化子）という三パターンが大枠で存在することになる。（同前）

このように「焦点化」とは、広い意味での「描写」にかかわる次元と言っていい。だが物語には、これに重なって、別の位相もある。それこそ「語り手」による「語り」という位相である。誰が見ているのか、ということの背後には、誰が語っているのか、という次元が常に存在している。このことをジュネットは「語りの審級」と呼んでいる。ならば当然、そこには語られている次元が同時に存在する。これを「語りの水準」と呼ぶ。そして「焦点化」の「変調」と同じように(だが違う次元のこととして)、「語りの審級」や「語りの水準」も一編の小説=物語内で変動することがあり得る。それはたとえば「語り手」が「語り手」としての位置から突然すべり落ちることである。あるいは私も『あな読ん』で挙げておいたが、フリオ・コルタサルの有名な掌編「続いている公園」では、小説の中に登場する読書している「彼」が、いつの間にか虚構の内部に取り込まれてしまう。このように「語りの水準」が途中から変わってしまうことをジュネットは「転説法」と呼んでいる。そして、こうした「語りの審級」と「語りの水準」の浮動性の問題が「人称」とかかわってくる。

ジュネットの理論では、どんな物語も「語り手」が「聞き手」に語っているということを前提としていた。従って、いわゆる三人称で物語られる物語にも潜在的には一人称の語り手がいると考える。つまり潜在的にはすべてが「一人称物語」であるというのである。では、いわゆる「一人称物語」と「三人称物語」の違いはどこから来るのかというと、物語内部に一人称で語る語り手が**人物として登場しているかどうか**になる。(同前)

　この指摘は、本論でもすでに何度となく述べてきた、前節でも「あらゆる「三人称の小説」は実のところ潜在的な「一人称」で書かれている」と記しておいたのと同じ主張である。だが、となれば問題はやはり、この「三人称の小説」における潜在的な「一人称の語り手」とは何ものか、ということになる。それはつまり、隠蔽された、というか自ら姿を隠した「内包された作者」ということになるのか。あるいは「現実の作者」そのものなのか。いや、そうではあるまい。だが、どちらにしろ、そこには表面上、一人称の「私」はどこにもいない。そこで何事かが語られている以上、語っている何ものかが必ず存在している筈だというごく常識的なことが「三人称に潜在する一人称の語り手」と言い換えられているに過ぎない。しかしこれは「三人称で書いている現実の作者」と、どこがどう違うというのか。ただ単に厳密さの問題でしかないのならば、いっそ話が簡単なほうがいいのではあるまいか。

「私小説」において、この問題は一層パラドキシカルになる。語っているのは誰か。「私」である。語られているのは誰か。「私」である。焦点化されているのは「私」で、焦点化しているのも「私」である。これらの「私」たちは、すべてが異なる位相に属しているのだと考えれば、理論的には正しい。がしかし、それは確かに正しいが同時にやはり間違っている。何よりも重大なことは、ほんとうはそうではないのだし、しかも、そうではないということを誰もがよくわかっている、ということなのだ。この意味で「私小説」とは、メタフィクションよりも（パラフィクションよりも？）厄介な存在である。そこでは「内包された作者」が「語り手」を内包し、そして「語り手」が「内包された作者」を内包している。「読者」が見出す「作者の像」が「語り手」

としどけなく入り交じってしまう。「作者0」が「作者1」の被造物としての正体を露わにしつつ（逆ではない）、「0」と「1」の序列とベクトルを思うさま混乱させる。この世のありとあらゆる物語＝小説は、「語り手たち」のものなどではなく、詰まるところは「作者（たち、ではない）」のものなのだという残酷にして浅薄な、誰もが最初からよくよく知っている事実を思い知らせようとする。「私」が「私」として「私」を物語る「私小説」は、人称の別を超えて、いわば最強のフィクションなのではないか。

「私小説」ほど「作者の作者性」が顕現された形式は他にあるまい。だが「三人称」で書かれた「私小説」も実は「潜在的な一人称」なのだと考えられるなら、むしろややこしいのは敢えて「一人称」で書かれる「私の小説」ということにならないか。「三人称」の「彼」の背後に「私」が居るのだとして、ならば「一人称」の「私」の背後には誰がいるのだろうか。そこにいるのは「語り手」か、それとも「内包された作者」か、「作者1」か、「作者0」なのか、「作者の像」か、それともやはり「現実の作者」なのか。その全員か。何人いるのか。あるいは、そこには実は誰もいないのか。ひょっとしたら、いるのは、あるのは「出来事」だけなのか。語っているのは／存在しているのは「物語の機能」に過ぎないのか。そこで不断に働いているのは「言語自体」だというのか、そうであるのなら、それを「私」と呼ぶべきなのか。それこそが「私」なのか。そうではあるまい。「私」は「私」である。私は私である。この「私」と私を、異なる同じわたしだと考えてみること。

# 第五章　いわゆる「移人称」について

## 1．渡部直己氏へのかなり遅い返信

すでに一時のブーム（？）は過ぎ去った感もなくはないが、渡部直己の「移人称小説論――今日の「純粋小説」について」（『小説技術論』所収）が提出した問題は、今なお（少なくとも「私」にとっては）重要であり続けている。ここで「ブーム」というのは、同論文の始まり間もなく渡部が記す、「一種の「ブーム」のごとく、キャリアも実力も異にする現代作家たちによる作品の数々が、その中枢をひとしく特異な焦点移動に委ねるという事態」そのものというよりも、むしろそのような「事態」を渡部が名付けてみせた「移人称」という新語の頻用＝流行を指している。時を経て、今やこの語は新奇なキーワードの段階を越えて、やや大袈裟に言うならば現在の文芸批評の基本タームに収まったかにさえ思われる。

しかし（もちろんこれは渡部の責任ではないが）却ってそのせいで、この言葉が本来表していた／射抜いていた筈の「事態」が有していた重大な意味は、単なる一過性の手法的な流行として、あっさりと取り逃がされ、やり過ごされてしまったのではないか、私はそう思っている。これから、本論は「渡部直己氏への長い返信」としての最終段階に入っていく。それは取りも直さず、それなりに長い道のりを経てようやくほの見えてきた、「新しい「私」」が語る／を描く「新しい「小説」」を摑まえる作業ともなるだろう。

さて、とはいうものの、私は渡部直己の論の大枠にはぜんぜん反対ではない。あらためて確認しておくならば、渡部命名の「移人称小説」とは、「語りの焦点が、一人称と三人称とのあいだを移動し往復する」というものである。そのような特徴を持った小説が、いわゆる「文学」において、幾人もの作家によって或る時期から頻繁に書かれるようになったことも疑いを入れない事実である。渡部による「移人称という問題」の摘出と命名はまったくもって妥当かつ適切であり、仮に彼がやらなかったとしても、いずれ別の誰かが同様の作業に及んでいたことだろう。

また、渡部は「移人称小説」を、「一人称の制約を担って語りはじめた話者が、いつのまにかその「私」なら「私」の軛を越え、三人称多元的な（時に「全知」の）視界に移行してしまう越境的なタイプと、逆に、三人称多元視界のもとに現われた諸人物のなかから焦点が不意にひとりに絞られ、その「彼」や「彼女」の一人称に語りを引き継がせるといった狭窄的なタイプ」に二分して論じているが、この用語法にも異論はない。渡部は「移人称現象」の淵源を横光利一の『純粋小説論』および『紋章』に置いている。これも渡部ならではの卓見である。前者の発表が小林秀雄の『私小説論』と同年の一九三五年（昭和十年）であったという事実から、私は自分の論を進めていった。

ならば一体、何が違うのか。まず一点は渡部論文の「中枢」にかかわり、他は個別の評定にかかわる。そしてこれらは結局、同じ問題だと私には思える。「中枢」とは、渡部自身の文言を借りれば、「移人称」とは「テクストにおける話者性と描写性との関係」の変動の結果として生じた「事態」だという認識である。「移人称小説論」の中で渡部はかなり沢山の小説を取り上げているが、そこでの分析と判断の前提になっているのは、「移人称小説」の書き手たちは、結果としての表出の仕方はそれぞれであるものの、総じて「作品の糧を描写ではなく話者に求め」ていること、すなわち「描写の稀薄化と引き替えに、話者の複雑化を図ること」に腐心しており、そんな「話者の複雑化」の端的な顕れとして人称移動が生じてきたのだという見解である。裏返せば、現代小説における「描写」の弱体化こそが「移人称」を齎したということである。そしてそれは約八十年も昔に横光利一が陥った「事態」の遠い反復なのだと渡部は論じている。わかりやすく言い直せば、今の日本の作家には「描写」が不得手な書き手が多く、それゆえなのか別の理由かはともかくも、おそらく彼ら自身も「描写」に価値を見出していないがゆえに、かつて横光利一がそうしたように、「描写」の代わりに「話者」を弄ることで勝負（？）しようとしている、というか、そうせざるを得ない、というわけである。

　おそらくはこのこともまた正しいのだろう。だがここに提示された歴史観にはいささかの疑義がある。言うまでもなく、小説において「描写」が軽視されるようになったのは「移人称小説」の流行よりもずっと以前からのことである。「描写」の衰退はおおよそ八〇年代にはすでに顕在化していた。「描写」の代わりに「比喩」を多用する村上春樹の出現によってそれはいわば宣言され、続いて「話者」の操作どころか「言語」自体の戯れ（それは紛れもない切実な必然性を持っていたのだが）にまで「小説」を還元してみせた高橋源一郎の登場によって決定づけられた

（僅かに先行してデビューした村上龍には「描写（らしきもの）」が存在するが）。

もちろん春樹や高橋と同世代にだって「描写」に長けた作家は居るだろうし、彼ら以前から存在していた古井由吉や金井美恵子のような徹底した「描写派」の書き手も変わらず健筆を振るっていた（とはいえ八〇年代に入ると古井が『槿』（一九八三年）を、金井が『文章教室』（一九八五年）を書き始めるという事実は「描写問題」と無関係ではないかもしれない）。しかし「日本文学」総体として「描写」への配慮が相対的に低められていくプロセスが八〇年代頃に始まったということは、この時代の主立った作品を確認すれば明らかではないかと思われる。そしてこのプロセスはゼロ年代に、ほぼ完成した。そこには幾つかの要因が作用している。ライトノベルを含む「文学」以外のジャンル小説群との緊張関係（混交関係？）がまずひとつ。もうひとつはインターネットをインフラとするブログやSNSにおける「日本語が書かれる環境」の変化である。おそらく渡部の主張も、こうした時代認識と関係していると考えられよう。

そして、渡部直己にとって「描写の危機」とは、そのまま「文学の危機」でもある。「移人称小説論」には、やや唐突に、柄谷行人の「近代文学の終焉」（「近代文学の終り」）に触れた箇所がある。「柄谷の命題は、技術史的にはむろん、描写の終焉を意味せずにはいない」と渡部は述べている。「これゆえ、つまり、みずからへの抵抗が消え失せた場所である以上、移人称小説は（一人称多元小説と同様）今後もなお易々として書かれつづけるのではないか」。ここで言及されている「近代文学の終り」は、柄谷が二〇〇三年十月に近畿大学で行なった講演を元にして、同名の著書として二〇〇五年に刊行されたものに収録されている。同論は、経済学、地政学、社会学、歴史学などの知見を動員して、「（日本）近代文学」＝「小説」がすでにその役割を終えていることを講じたものであり（柄谷はこの中で「近代文学は一九八〇年代に終ったという実感があります」と述べている）、たぶんに柄谷行人自身の「文学」への決別宣言として受け取られたこともあり、発表当時は一種、スキャンダラスな物議を醸したりもした。柄谷の論は、「描写の終焉」問題に直接かかわるものではない。だが渡部が「近代文学の終り」に触れたのは単にふと思い出したからというわけでもない。むしろここには明確な理由がある。

「移人称小説論」の副題である「今日の「純粋小説」について」の「純粋小説」とは、横光利一のそれのみを指すものではない。すでに本論で述べたように、そもそも横光はアンドレ・ジッドによる「純粋小説」論の自分なりの変奏として『純粋小説論』を世に問うたのだった。第二章で「移人称小説論」から孫引き引用しておいたジッドの「純粋小説」論を再度掲げておこう。

> 小説から、とくに小説本来のものでないあらゆる要素を除き去ること。近年写真がある種の正確さにたいする関心から絵画を解放したと同じように、近き将来において、蓄音機が、今日の写実作家が得意にしている克明な会話などを小説から一掃してしまう日がくるにちがいない。外部的な出来事、事件、外傷《トロマティスム》などは、映画の領分。小説は、よろしくそれらを映画にまかすべきだ。人物描写にしても、それは本質的に小説の部門に属すべきものとは考えられない。
>
> （『贋金つかい』第一部第八章／山内義雄訳）

そして「移人称小説論」の末尾近く、渡部はアンドレ・ジッドが『贋金つかい』の中で一人称から三人称への転称を試みていることを指摘し、次のように述べる。

つまり、当時としてはきわめて異数なその人称性の揺動が、描写の放逐と無縁でなかったことをここに付言しうるわけだが、このとき、そのジッドの（「ヌーヴォー・ロマン」から顧みれば明らかに）時代的な限界が、小説の描写を事物にたいする再現機能においてのみ捉えていたことに由来した事実を銘記すればよい。だからこそ、作家ならびにその一作中人物は、これを「映画の領分」へと排除しうると考え、以て、当の作品（の一部分）を現に「純化」しえたわけだ。

このジッド的限界を今後とも反復するか、否か？

（「移人称小説論──今日の「純粋小説」について」）

ここには柄谷行人の名前は出てこないが、明らかに渡部は「近代文学の終り」の議論（の一部）を想定している。同講演／論文の「六」において、柄谷はかつて自らが『日本近代文学の起源』の「風景の発見」で論じた問題を再提起している。「近代小説はいわば音声や挿絵なしに独立したわけですが、それは書き手にも読者にも大きな想像力を要求するものでした。しかし、視聴覚的なメディアが出てくると、そのような必要はなくなります。たとえば、映画が出現するまで、小説家は、いわば映画のように小説を書こうとして、さまざまな工夫をこらしたのです。しかし、いったん映画という技術が出現すると、そのような工夫は意味をなくします」。この後、柄谷は「風景の発見」で展開された、「近代絵画」が「写真」の出現によって根柢から変容せざるを得なくなった結果として「印象派」が誕生した、という経緯と、「近代文学（小説）」と「映画」の関係が相同的であると述べる。

小説についても同様のことがいえます。近代小説の特質は何といっても、リアリズムにあるのです。つまり、物語（虚構）であるのに、それがリアルであるかのように見えさせるにはどうすればよいか、それが近代小説の取り組んだ問題です。パノフスキーは、絵画のリアリズムをもたらすものを、対象とそれをとらえる形式の二つの観点から見ています。対象面でいえば、それは宗教的歴史的な主題から、平凡な人間や風景を主題にするようになります。形式（象徴形式）でいえば、それは幾何学的遠近法の採用です。これは、固定した一点から透視する図法によって、二次元の空間に奥行のある形を与える工夫です。

（「近代文学の終り」）

「実は、小説のリアリズムについても、同じことがいえるのです」と柄谷は続ける。そしてこれも「風景の発見」と同じく、「小説のリアリズム」の「対象面」にかんしては国木田独歩の『忘れえぬ人々』に言及した上で、「形式面でいえば、リアリズムをもたらすのは、「三人称客観描写」という形態です」と述べる（柄谷は渡部直己に倣って我々が退けた「客観」という語を使用している）。「西洋文学が三人称客観のリアリズムを疑い始めたときに、日本では、それを獲得しようと苦心していたのです」。

重要なのは、これに続く次の部分である。やや長く引用する。

日本の作家が「私小説」にこだわったのは、三人称客観描写という「象徴形式」になじめなかったからでしょう。かなり多くの私小説で、三人称が使われていますが、それは主人公の視点と同じものです。主人公に見えないものは、見えないようになっている。それに対して、「三人称客観」というのは、幾何学的遠近法と同様に、虚構としてあるわけです。だから、私小説家には、三人称客観小説は通俗小説に見える。三人称＝幾何学的遠近法は虚偽ではないかといえば、その通りなのです。

当時も今も、私小説は近代小説から逸脱して遅れた歪んだものだという批判があります。しかし、私小説にはそれなりの根拠があるのです。私小説は「リアリズム」を徹底しようとしたのだと思います。そうすると、三人称客観という虚構が許せない。芥川は逆に、私小説に、後期印象派に対応する先駆性を認めて評価しました。また、芥川は「藪の中」（それを映画化した黒澤（明、引用者注）の「羅生門」が国際的に有名ですが）で、「三人称客観」が虚構でしかないことを、三つのパースペクティヴを使って、巧妙に示しました。もっとあとに、フランスで、サルトルが最初に三人称客観の視点を疑い、それからアンチ・ロマンになった。以来、「三人称客観」は放棄されたと思います。（中略）しかし、「三人称客観」が与えるリアリズムの価値をとってしまうと、近代小説がもった画期的な意義もなくなってしまうのです。（同前）

柄谷が言っていることを纏めると、「西洋文学／通俗小説＝三人称客観描写＝虚構としてのリアリズム」vs「私小説＝（人称を問わない）主観描写＝リアリズムの徹底」ということになるだろう。両者は共に「リアリズム」を追求しようとしつつ、遠近法的な、客観的な、フィクショナルな図法への違和もしくは反撥が、日本の「私小説」の独特なありようを形成し支えてきたというわけである。

　絵画における遠近法とは、三次元を二次元に落とし込むための技法であり、透視図法とも言う。それは奥行きを平面に閉じ込めるべく、視界に無限遠点＝消失点を設定する。ところが写真の発明によって、風景はいわば「描く」ものではなく「写す」ものになった。画面の奥の奥の果てで消失している点の代わりに、写真機＝カメラのレンズという全く異なる「点」が風景を切り取り収める。つまり視界を成立させる「点」が最も遠くにあるか最も手前にあるかの違いであると言ってもいいかもしれない。絵画に代わって写真が登場し、次いで映画が登場してきたとき、文学＝小説もまた、その「リアリズム」の根拠自体をアップデートせざるを得なかった。テクノロジーの進化にそのまま相即した更新を目指そうとすれば、小説は「三人称客観描写」に漸近することになるのだが、それは実のところ偽のリアリズム、虚構のリアルでしかない。いや、それを偽とか虚構とか呼ぶこと自体が不当だという意見もあるだろう。何故ならば、その方向を採る限り、それしか出来ないのだから。だが日本の近代文学、特に「私小説」と呼ばれる形式は、そちらを選ばなかった。しかしこれはテクノロジーに背を向けるということではない。むしろ逆なのだ。

　写真機にも、ムービーカメラにも、撮影者が存在する。いや、レンズを覗いている誰かが居なくても、シャッターボタンが、録画スイッチが押されさえすれば、映像は自動的に写し取られる。しかしそれでも、シャッターボタンを、録画スイッチを押す者は必要なわけだ。このとき、カメラという機械＝テクノロジーと、撮影者もしくは撮影を可能にする何者か、という切り離し可能な二者／二体のワンセットがあるとして、ここでいう「三人称客観描写」と「私小説」の違いを映画に当て嵌めてみると、前者はカメラ＝撮影者も、そしてその映画の監督も、画面の絶対的な外部に在るという設定のことであり、後者の場合は、カメラ＝撮影者＝監督が画面の内部に位置しているということになる。逆にいえば、ある意味で「私小説」の「私」とは、映画のカメラが受肉化＝人間化したもの、なのではないか。つまりそれはテクノロジーそのものなのだ。だが、このテクノロジーには意識と意志がある。

　やや先走ってしまった。少し話を戻そう。柄谷はこう続ける。「写真が出現したとき、絵画は写真ができないこと、絵画にしかできないことをやろうとした。それと同様のことを、近代小説は映画が出てきたときにやったと思います。その点で、二〇世紀のモダニズム小説は、映画に対してなされた小説の小説性の実現という意味があると思います。小説にしかできないことをやる。ジェームス・ジョイスなどがその代表ですね。フランスのアンチ・ロマンもそうです。映画を非常に意識していた」。ここで「アンチ・ロマン」と呼ばれているのは「ヌーヴォー・ロマン」のことである。私は本書第一部「新しい「小説」のために」の第二章「『新しい小説のために』のために」および第三章「近代文学vs近代絵画」において、以上の問題にかんして幾らかのことを述べておいた。そこでの議論は繰り返さないが、柄谷が先に続けて、「アンチ・ロマン」の代表的作家であるマルグリット・デュラスが、或る時期以降、深く映画にコミットしていったことに触れており、これもまた渡部直己の、アンドレ・ジッドが「小説の描写を事物にたいする再現機能においてのみ捉えていた」がゆえに、その「機能」を「「映画の領分」へと排除」することによって「小説」の「純粋化」を果たそうとした、という認識と繋がっている点は押さえておくべきだと思う。デュラスはアラン・レネ監督の『ヒロシマ・モナムール（二十四時間の情事）』（一九五九年）やアンリ・コルピ監督『かくも長き不在』（一九六一年）への脚本参加を経て、一九六六年に初監督作品『ラ・ミュジカ』を発表する。また、やはり「アンチ・ロマン＝ヌーヴォー・ロマン」の旗手であるアラン・ロブ＝グリエも、同じくレネの『去年マリエンバートで』（一九六一年）の脚本を手掛け、一九六三年に『不滅の女』で監督デビューする。デュラスもロブ＝グリエも十指に収まらない数の映画を監督している。とりわけデュラスの場合は、映画への傾斜が彼女の小説に与えた影響ははかりしれない。

後期デュラスのテクストには、そもそもシナリオと小説の混交体のようなスタイルが多いが、端的に言えば、映画を撮るようになって以後、デュラスの小説からは「描写」の要素が減ってゆく。代わって（もともとその傾向は強かったにせよ）「声＝語り」のウェイトが強まっていった。ロブ＝グリエにかんしても、映画『不滅の女』を挟んだ長編小説二作、『迷路のなかで』（一九五九年）と『快楽の館』（一九六五年）の間で「描写」の濃度が明らかに変化しており、それは以後の『ニューヨーク革命計画』（一九七〇年）、『幻影都市のトポロジー』（一九七六年）での「断片化」によって更に極まってゆくことになる。つまり何が言いたいのかといえば、六〇年代にすでに、フランスにおいては、「小説」の「描写」の「映画の領分」への「排除」は起こっていたということである。

日本の八〇年代にせよ、フランスの六〇年代にせよ、要するに「小説」における「描写」の衰退は、すでに過去に何度も起きていた。もちろん「近代文学の終り」で柄谷行人は「しかし、小説の相手は映画だけではない。映画そのものを追い詰めるものが出てきた。それがテレビであり、ビデオであり、さらに、コンピュータによる映像や音声のデジタル化です」とも言っており、彼がこう語ってから十数年が経過した今では、先にも述べたようにネット環境によって、ますます状況は激変しているのは確かなのだが、それにしても一面、これは別に今に始まったことではない、というのも事実だろう。とするなら、渡部論文に取り上げられた小説のリストに沿えばゼロ年代半ば以降から頻出してきたと思われる「移人称小説」が、総じて「描写の稀薄化と引き替えに、話者の複雑化を図ること」をその特異性の本質としているという見解も、必ずしもそれだけが理由ではないということになるのではあるまいか。

では、それは何なのか、という問いが、本論の対象である「私」にかかわってくるのである。「移人称小説」の多くが「描写」への意識を欠いている(軽んじている)、そのように読めるのは確かであるにせよ、そこでの「描写」と「話者(人称)」は代補的なものとは限らない。「移人称」という現象には「描写」とのかかわりとはまた別の意味がある。私はそう思っているのである。ところで、渡部は「描写を契機とした移人称」も書かれているとも述べている。

他方、別の次元では逆に、描写そのものが移人称を導く場合もある。
すなわち、対象を過不足なく再現するという通常の役割をはみだして連なりはじめた言葉が、別の人称のみならず、時として別の時制までをもその場に呼び寄せ、あるいは創り出してしまうこと。

(「移人称小説論——今日の「純粋小説」について」)

こう述べたあと、その貴重な稀少例として渡部が取り上げるのは保坂和志なのだが、この点は後回しにすることにして、以前に整理しておいた「人称－視点」の四項をあらためて挙げてみる。

Ａ１　一人称一元（一人称一視点）
Ａ２　一人称多元（一人称多視点）
Ｂ１　三人称一元（三人称一視点）
Ｂ２　三人称多元（三人称多視点）

「移人称」の「越境系」はＡがＢに移ること、「狭窄系」はＢがＡに移ること、なので、組み合わせとしては８セットが考えられる。

越境系
（Ａ１↓Ｂ１）
（Ａ１↓Ｂ２）
（Ａ２↓Ｂ１）
（Ａ２↓Ｂ２）

狭窄系
（Ｂ１↓Ａ１）

（B1→A2）
（B2→A1）
（B2→A2）

この内、野口武彦や橋本陽介も述べていたように、たとえば越境系の（A1→B2）は（ざっくりとした時代区分になってしまうが）前近代の小説ではよく見られたことである。また、狭窄系の（B2→A1）は、エンターテインメント小説においては非常にしばしば採用されている。実際に「移人称小説」としての特異性を持つのは他の項ということになる。ところでそもそも「一人称多元（一人称多視点）」と「三人称一元（三人称一視点）」はその意味するところ自体が定かではないと思われるかもしれない。すでに後者にかんしてはムービーカメラの喩えで多少の説明を施しておいたが、では「一人称多元（一人称多視点）」とは何なのか。私がもっとも重要視しているのは他でもない、この項なのだが、渡部直己はこの点にも論及している。

大江健三郎の『晩年様式集《イン・レイト・スタイル》』にかんして、本来、濃密かつ異様な「対物描写」力の持ち主だった大江が、その小説家としての「晩年」において、急激にその「スタイル」を変貌させてゆき、遂には一種独特な「一人称多元小説」に辿り着くプロセスを渡部は素描している。それは「彼一流の対物描写を（周到な心理分析とともに）ほぼ全面的に放棄」することによって成された。『晩年様式集』に至っては、「本来の語り手である「私」（＝古義人）の対話相手として、あるいは、その相手のもたらす伝聞中の、または、手紙やメールやテープのなかの主語として、いたるところに、「私」や「わたし」や「あたし」が、入れ替わり立ち替わり出没するのである」。これがここでの「一人称多元小説」の意味である。しかし、それが上手くいっているのかどうかについては、渡部も留保を付けた書き方をしている。それよりも「肝心なのは、濃密な一元視界の放棄・譲渡につづいて、作家独特の執拗な対物描写がテクストから排除された一瞬、人称性が「揺れ動く」ことにある」。ここでも「描写」と「人称」の相補性が説かれているわけだが、それ以前に、この『晩年様式集』の語りのありさまは「一人称多元小説」と呼んでいいのだろうか。もしもそう呼ぶことが出来るとするなら、それは「本来の語り手である「私」」以外の「私」や「わたし」や「あたし」が次々と語り出すから、ではなく、渡部も示唆しているように、それらをも実際には「本来の語り手である「私」」が書いており、しかもその「私」が「大江健三郎」そのひとである（と読めるように書かれている）という点に求められる。以前の章でも述べたように、大江健三郎と「私小説」との複雑でパラドキシカルな関係性を鑑みた上で尚、敢えて彼の小説群を「私小説」として読んでみた時、そこに考えるべき問題が浮上する。つまりここでのいっけん「一人称多元」にも見える様子は、じつはむしろ「私」の強い一元性、唯一性に因っているのだ。「一人称多元」と呼ぶべき事態は、おそらく別にある。

ここで話は、渡部論文への応答の第二、すなわち「個別の評定」に向かう。本論の第一章で私は、これから「私小説」いや「私の小説」について考えていくのだが、最終的に二人の作家のことを論じるつもりだと、あらかじめ述べておいた。ひとりは柴崎友香であり、もうひとりは山下澄人である。渡部直己は、この二人にかんしても「移人称小説論」で言及している。柴崎作品は『わたしがいなかった街で』（二〇一二年）と、芥川賞受賞作『春の庭』（二〇一四年）を取り上げているが、いずれも評価は高くない。前者は次のような内容である。三十六歳のＯＬである「わたし」は、離婚して独り暮らしのマンションに引っ越してきた。小説は「わたし」の日々を一人称で淡々と記録していくが、中盤から、友人の異母妹だが「わたし」とは一面識もない、そして一度も会うことさえない、三人称で書かれる「葛井夏」の存在が次第に迫り上がってきて、最後から二番目の章で、遂に「わたし」は忽然といなくなり、残った「夏」の三人称一元描写で幕を閉じる。渡部はこう書いている。「越境系の移人称小説にふさわしく、三十六歳の女性派遣社員を主人公とする作品が（三百五十枚ほどの分量を費やして）さかんに主題化するのは、その「わたし」と「別の誰か」との交換可能性にほかならぬ」。

「わたし」と「葛井夏」の関係だけではない、この小説の底に備わった原理そして主題を渡部は明晰に指摘しつつも、「いくつかの意味でちぐはぐなこの「中篇」作品には、深くは立ち入らずにおく」とにべもない。『春の庭』については、本文ではなく注記に留まっている。曰く「同じく移人称小説として書かれてあるこの作品は、本稿の二分法では狭窄系に列するが、それが、三人称多元ではなく、三人称の主役（太郎）の一元視界に主導される点に、形式的な新味を発揮している。この三人称一元視界が（『わたしがいなかった街で』の場合と同様）中間的な移行ゾーンとしての友人からの「伝聞」場景を交えつつ形づくる作品は、後半部にいたり、二行分の余白を挟んで不意に、主役の姉にあたる「わたし」に語りをゆだねてゆくのだが、その一人称じたいがさらに越境系の動きを示している」（一部を略した）。つまり先の分類でいえば、『わたしがいなかった街で』は（A1→B1）であり、『春の庭』は（B1→A1→B1）ということになる。

山下澄人となると、渡部はほぼ注記でしか触れていない。注が振られた本文は、『わたしがいなかった街で』と比較して「同じ「戦争」にかかわる移人称小説として、出色の冴えを示す」と渡部が絶賛する奥泉光『神器』の分析中、「語る私」と「語られる私」について述べられた部分である。「作中にそうと名乗り出た以上、「私」ははじめから二人であり、「私」のその分割性が、登場人物の次元に波及すれば分身譚が生じ、話者次元に生ずれば越境が起こるわけだ」。以下は、その注記。

この二方向への一躍が同時に起これば、一人称の話者が、自分のいない場所に出現する自分の「分身」を越境的に語るという極端な事例が生ずる。岡田利規『わたしの場所の複数』で、「夫」のそばに現われる過去の「わたし」がそれであり、山下澄人『緑のさる』の「わたし」が、浜辺に「うつ伏せたわたし」の様子を語るくだりも同様。

後者の近作『ルンタ』(『群像』一四年七月号)ではさらに、「わたしは、泣いているわたしをわたしが見ていることに気がついた」といった文章までが現われ、(略)少なくとも私見におき、これらには、いわば自動的に極端であること以外に——あるいは、山下作のいう「緑」色の動物がたまたま覚えてしまった手ぐせにも似た反復性のほかには——さしたる意味は認めがたい。(同前)

なんとも手厳しく、そして正直かなり意地悪な文言だが、そのこと自体は無論ぜんぜん構わない。しかし私は、山下作品の「わたし」の特異なあり方には、「動物がたまたま覚えてしまった手ぐせにも似た反復性」と切って捨ててしまうのはあまりにも勿体ない豊かで切実な「意味」があるのだと考えている。そしてそれは、柴崎友香の見るからにあっけらかんとした、それゆえに紛れもない奇怪さを孕む「移人称」とも、どこかで間違いなく通じ合っていると思える。そしてそれこそが、「私」の問題、「新しい私」の問題なのだ。もちろん、それは「新しい小説」の問題でもある。

この「私」とは何なのか。たとえば山下澄人の長編小説『壁抜けの谷』には、こんな独白がある。いや、これは「独白」ではない。

おぼえていることはもちろんある。だから「はい」といった。面倒くさいからではない。面倒くさいなんて思うはずがない。しかし、「はい」といっておきながらおぼえているとぼくがいう、わたしがいう、それはどれも聞き手の期待するものとは違う。ぼくの、わたしのいう「はい」のすべては、そのときからだの中を走るカミナリみたいなもので、そこには何のつなぎ目も、辻褄も、一切ない。だからだ。ときどきぼくが、わたしがおぼえているというそれを、人が、誰かが、「それはおぼえているといわない」というのは。間違えているというのは。そんなことはなかったというのは、うそだというのは。意味がわからないというのは。

（『壁抜けの谷』）

## 2．柴崎友香と山下澄人

柴崎友香の小説の一人称の語り手、もしくは三人称の視点人物は、まさに「視点」と呼ばれる通り、今、自分に見えている光景、あるいは過去に目にした情景を、しばしば非常に丹念に描写しようとする。そのこと自体が彼女の作品においては、主題や物語とはまた別に、なかば目的化しているようでさえあり、ロングショットだったりクローズアップだったりと画角はまちまちだが、折々の「視点」のフレームに切り取られた場面の細部が、時としてかなり異様な、ほとんど不気味とささえ言ってもいいような屹立と肥大ぶりを示したりもする。この不気味さは、そのまま「視点／人物」自体の不気味さに跳ね返ってもくるだろう。ひとは現実にはそれほどいちいち視界に入るものを只管に見つめ、描写しようとはしないからだ。

このような特徴は柴崎小説のごく初期から見られたものだが、このいわば「凝視の欲望」は、ある臨界点を越えると、もはやはっきりと非人間的な不気味さを露わにして、小説全体を覆い尽くしにかかる。たとえば長編『寝ても覚めても』(二〇一〇年)は次のように始まる。


この場所の全体が雲の影に入っていた。

厚い雲の下に、街があった。海との境目は埋め立て地に工場が並び、そこから広がる街には建物がびっしりと建っていた。建物の隙間《すきま》に延びる道路には車が走っていて、あまりにもなめらかに動いているからスローモーションのようだった。その全体が、巨大な雲の影に入っていた。だけど、街を歩いている人たちにとっては、ただの曇りの日だった。

今は、雲と地面の中間にいる。

四月だった。

二十七階だった。壁一面のガラスの向こうに、街の全体があった。

(『寝ても覚めても』)

主語＝人称は書かれていないが、これがまだ読者に対して自己紹介をしていない視点人物による語り＝描写であるらしいことは、ここまででも察せられる。しかしこの後も主語が省かれたまま文章は延々と続き、ガラス窓の向こう側の風景とガラス窓のこちら側の様子がひとしきり語られた後、ようやく「三時間後に、心斎橋《しんさいばし》の大丸で友だちと待ち合わせをしていた。それまでは、自由だった。わたしがここにいることを知っている人は誰もいなかった」と、物語のヒロインでもある視点人物は、はじめて「わたし」という一人称を口にする。

『寝ても覚めても』は、柴崎友香の作品の中では例外的に恋愛が真正面から主題に据えられた小説だが、そこでの「恋愛」のありようがおそろしく特異なものであることは、読み進めていけばわかる。本論とは直接かかわらないので物語の内容には立ち入らないが、読者はこの「わたし」が恋愛の主体として純粋かつ強度に満ちた存在でありながら、同時にほとんど畸形的とでも呼ぶしかない一面を持っていることを次第に知ることになる。そしてそのような「わたし」の畸形性は、彼女の語り＝描写に最初から顕れている。

右の引用は、一見さほど異常とは思われないかもしれないが、しかしやはりどこか変である。それは第一に、この描写＝語りが、まるで「わたし」の「視点」から為されているのではないかのように思えてくるということである。ビルの二十七階のガラス窓の傍らに佇む「わたし」が見ているというよりも、その「わたし」を含むその場の全景が何者かに見られてでもいるかのような、ありえない感覚。この感覚は「わたし」という一人称の主語がなかなか顔を出さないことによっても増幅されている。だが、もちろん、当然ながら、やはり全ては「わたし」が見たものを

「わたし」が「描写」しているのだ。

より踏み込んだ言い方をすれば、『寝ても覚めても』が冒頭から暗に知らせているのは、この小説を成り立たせている筈の「わたし」による語り＝描写という前提そのものが、はなから微妙に揺らいでおり、法則性のわからないランダムな伸縮と明滅と変容を宿命づけられている、ということである。実はそこで物語られる「恋愛」の顚末も「自分に見えているものをどこまで信じられるのか」という問いが鍵となっているのだが、間違いなくそれは「わたし」の「視点＝視界」の独特なありようと繫がっている。あたかもそれは「わたし」に現に見えている光景に、その空間を「わたし」の姿込みに幾つものカメラアングルから捉えた映像（そこにはGoogle Earthのごとき上空からの映像も含まれる）が重ね描きされているかのようなのだ。

このとき、二重の事態が生じている。「わたし」に見えているものを「わたし」が「わたし」として描写しているのだから、どれほど複数の異なるアングル／フレームの映像が重ねられているにしろ、それらは結局「わたし」の範疇にある、とする立場と、もうひとつ、この「わたし」という視点はたまたまのワンオブゼムに過ぎず、それとは完全に別個に世界は存在しており、それゆえに無数のカメラポジションが成立し得るのだし、だから「わたし」もまたその内のひとつでしかない、という立場。この二つの相反する立場は、哲学における反実在論（＝独我論）と実在論（＝唯物論）の違いに相当する。「わたしの中の世界」なのか「世界の中のわたし」なのか、という昔からの素朴な、だがすこぶる厄介な問題。

だがしかし、ここで重要なことは、『寝ても覚めても』においては、二つの立場は片方を選べばもう片方が否定されるという形で対立しているのではなく、いわば矛盾したまま共存しているのだということである。これら二つの立場＝世界観は、そのまま「一人称」と「三人称」にスライドすることが出来る。つまりここでは、人称が移動（変化）しているのではなく、重合しているのだ。三から一に、一から三に移っているというよりも、一と三は最初から一緒になっている。だからこそ「わたし」はいつ顔を出してもいいのだし、いつ姿を隠してもいい。日本語は主語を書かずに一人称で書くことが出来る。それはつまり、主語が書かれない一人称は常に三人称への傾きを隠しているということでもある。

『寝ても覚めても』の「わたし」は、小説の最後に至って、一でありながら三でもあるという自らの特異な様態を、二度と後戻り出来ない極限まで開示してしまうかに見える。

雨宿りしていたカラスが飛び立った。わたしが見上げるのよりも速いスピードで上昇し、数秒で二十メートルの高さに達した。建物から出てきた人たちが、最初に出会った人に大雨と突風のことを話す姿が、小さな黒い点のようになって、あっちにもこっちにも見えた。どこまでも埋め尽くす建物の屋根や屋上は濡れて、街の全体が水浸しになったように鈍く光っていた。積乱雲は北へ移動し、西にはもう雲の隙間ができた。隙間はどんどん大きくなり、やがて街を越えて海のほうまで雲のない場所が広がっていった。（同前）

もちろん、この少し前に「近くの木の赤い花が、ぽんと音をたてて開いた。その向こうの家の柵にからまっている植物の黄色い花も、次々に咲いた」などというあからさまに超常的な描写があることから、この光景が「わたし」の妄想か、そもそもこの場面自体が丸ごと「わたし」が見ている夢なのだ、といった解釈は成り立つかもしれない。だが、それを言うならこの小説全編をそのようにも疑える。私たちは差し当たり、ここに書かれてある描写は、この小説の他の部分の描写と変わらぬ真理性を有しているという前提で考えてみる必要がある。ならば、ここでは何が起こっているのだろうか？

ところで、先に引用した、はじめて「わたし」が記されたすぐ後に、次のような一節がある。

もう一度、真下を見た。視界の中心に、光の残像が黒い閃光《せんこう》のような小さな塊《かたまり》になって残っていたが、しばらくするとそれも消えて、広い交差点がくっきりと見えた。二十七階分の距離を隔てた場所で、信号待ちをしている人たちがいて、いちばん先頭にいる女の人が、こっちを見上げているように見えた。一時間くらい前、同じ場所にわたしが立っていて、同じようにこのビルを見上げていた。だけど、下から上を見たときには、巨大な壁のような高層ビルの白い壁と黒く反射するガラス窓しか見えなくて、最上階のここに人がいるのはわからなかった。一時間前、そこには、交差点を見上げているわたしを見下ろしている人がいたかもしれない。（同前）

このような高低に位置する二者による視線の交錯は、柴崎が好んで描いてきたものである。たとえば『ドリーマーズ』（二〇〇九年）所収の短編、その名も「ハイポジション」には、右と極めてよく似た記述がある。

額をガラスにくっつけて見上げると、斜め向かいのビルの十三階、自分が毎日働いている会社があるフロアの窓が見えた。ほぼ真下から急角度で見上げると、窓ガラスは青く空を反射して光っていて、中の様子なんてまったく窺うことはできなかった。あの窓のあたりは営業部の仲がいい女の子の席のうしろで、わたしは暇なときその席に遊びに行って窓から下を覗いてこのカフェを見る。上から見るとこのカフェのこの席は距離があるわりに驚くほどよく見えるから、今この瞬間に誰かが覗いていたら、わたしが見上げているのがよく見えると思う。

（「ハイポジション」）

「高低」というのは極めて柴崎的なテーマだが、ここではそれと同時に「見る／見られる」という関係性、より精確に言えばその互換性が問題にされていることに注目したい。柴崎友香の小説においては、語り手もしくは視点人物は「凝視の欲望」を備えている。誰もが普段は意識していないが、見るということは、ただそれだけで特殊な行為なのであり、あまつさえそれを「描写」しようなどというのは、明らかに異常な行ないである。そして見ることは見られることでもある。見ている誰か／何かに「わたし」は常に見られ（てい）る可能性がある。見られている誰か／何かは見ている「わたし」と常に反転可能であり、結局のところそれはどちら側に「わたし」が置かれているか、という違いでしかない。

更に作品歴を遡ってみると、『その街の今は』（二〇〇六年）の「わたし」は、昭和二十六年に撮られた写真を見て、こう語る。「子どもも含めて笑っている顔はほとんどなく、戸惑うような睨むような目でじっとカメラを見ているどんぐり目の一家を、わたしは知らなかった。だけどその人たちは、今わたしを見ていて、そこにいるのだった」。この「見る／見られる」をめぐるオブセッシヴとも呼べるだろう感覚は柴崎小説に一貫して流れている。『かわうそ堀怪談見習い』(二〇一七年)にも、次のような挿話がある。不本意ながら「恋愛小説家」として活動してきた「わたし」は一念発起して「怪談」を書こうとする。そんな「わたし」に中学時代からの友人のたまみが語る夢の話である。

「エレベーターは、そのうちに停まる。何階なんかは、もう、わかれへん。ドアが開いたら、他の階と同じ、廊下がある。いつのまにか、夜中になってる。誰もおらんし、どの部屋にも電気はついてない。もう、建物じゅうどの部屋にも誰もおらんようになったんやな、ってわたしはわかる。右側に台所。廊下を歩いていって、いちばん奥の部屋のドアが開いてる。わたしはその部屋に入る。その先の部屋に、あのテレビがある。(中略)テレビはついてて、その中の部屋にわたしが映ってる。部屋の中にいるわたしが、なにかを探してるみたいにうろうろしてる。それから振り返って、わたしはわたしに気づく。テレビの画面を見てるわたしに。気づいて、テレビの中のわたしは驚く。ものすごく怖いものを見た顔。人間ってこんな顔ができるんや、っていうくらい、目を見開いて、口を歪《ゆが》めて、こっちを見てる。まだ? って、その歪んだわたしが聞いてくる。まだこっちの世界に来ないのか、って」

(『かわうそ堀怪談見習い』)

いかにも怪談らしくオチがつけられているが、ここで語られている状況が、柴崎小説の独特な「見る/見られる」関係の延長線上にあることは明らかだろう。しかもここでひどく驚き、恐怖の表情を浮かべるのは、見ている「わたし」ではなく、「わたし」に見られていた「テレビの中のわたし」の方なのだ。これも「見るものは見られるものである」という柴崎的なテーゼの証明と言えるが、しかしここには単純な意味での互換性、交換可能性とは些か異なる次元が存在しているように思われる。

前節で見たように、渡部直己は、その「移人称小説論」の中で、柴崎友香の『わたしがいなかった街で』(二〇一二年)にかんして、次のように述べている。「越境系の移人称小説にふさわしく、三十六歳の女性派遣社員を主人公とする作品が(三百五十枚ほどの分量を費やして)さかんに主題化するのは、その「わたし」と「別の誰か」との交換可能性にほかならぬ」。ふさわしく、とはどういうことか?

> すなわち、「一」=「他」。祖父がわずか一月ほどの差で広島での被爆をまぬかれたことにかんして、別の「偶然」が働けば「別の誰かが、わたしの代わりに存在していたかもしれない」と考え、とある作家の「空襲都日記」を読みながら、「わたしは、かつて誰かが生きた場所を、生きていた」と感じ、日課のごとき頻度で「戦争ドキュメンタリー」の無残な死体画像に見入っては、「自分がなんで他の人ではなくこの体の中に入っていて、今ここにいるのか」と訝るのみならず、それが何かの間違いではないかとさえ感じながら、不器用で不如意な生活を余儀なくされる主人公である。とすれば、その視界が「別の誰か」に手渡されたところで不思議はない。
>
> (「移人称小説論——今日の「純粋小説」について」)

そして『わたしがいなかった街で』は、引き続き渡部の言を借りれば「東京に暮らす「わたし」の視界は、旧友の異母妹というだけで一面識もない大阪の娘へと幾度か移行したあげく、末尾にむけて、その娘にまるごと譲り渡されてゆく」。この小説で起こっていることは、その通りなのだが、しかしこれは「「一」＝「他」」ということなのだろうか。確かに「自分がなんで他の人ではなくこの体の中に入っていて、今ここにいるのか」と「わたし」自身が思っているのだから、この「わたし」は常に「わたしではない誰か」に交換され得る可能性を有していると言える。しかし当然ながら、ここで最終的に一人称の「わたし」に成り代わって三人称の視点人物となる「葛井夏」は「わたしではない誰か」ではあっても「誰でもいい誰か」というわけではない。つまり彼女は「他」ではなく「わたし」とはまた別の「一」なのである。だから二人が交換されたというよりもむしろ、「わたし」が語っていた時にも「葛井夏」はどこかで存在していたのだし、「葛井夏」が視点人物となって以後も「わたし」は書かれていないだけで小説内の世界に存在し続けている、という方が実態に近い。

「わたし」と「葛井夏」は一度も出会うことがないのだから、二人が「見る／見られる」関係を結ぶことはない。しかしその代わりに「葛井夏」が「わたし」の「自分がなんで他の人ではなくこの体の中に入っていて、今ここにいるのか」という感慨と対になるような想いを抱く場面がある。高松から大阪行きの高速バスの車内で、眠ったり目覚めたりを繰り返した後、彼女は車窓から見える小さな山の棚田のいちばん上に佇む、おそらくは夫婦であるだろう老人と老女を目に留める。「棚田と海と、その向こうに燃えながら沈んでゆく太陽」。そして彼女はこう思う。

わたしにはこれからも、たぶん、田んぼを耕したり毎日自然と対峙しながら誰かと共に何十年も過ごしたりすることはない。あの場所で体験できるこの世界の美しさは、わたしは得られないと思う。たとえ彼らの年齢になっても、得ることはない。

（『わたしがいなかった街で』）

更に彼女は、眠っていると思っていた隣席の女性が、窓の外に広がる風景を見ながら涙を流していることに気づく。「海や田を照らすのと同じ太陽によって、顔じゅうをオレンジ色に光らせて、だらだらと涙を流し続けながら、黙って、夏が見ていたのと同じ場所に向かって目を開いていた」。

きっとこの人の今までの何十年分の人生のできごとが、今この人をこういう状態にしている、と夏にはわかった。なにがあったかはわからないけど、うれしいこともつらいこともかなしいこともくやしいこともとてもたくさんあって、今日、この風景を見た。

わたしはこのおばちゃんみたいな気持ちも、一生経験することがない。わたしのこれからの時間に、そんなに深い感動は訪れはしない。なぜそう断定してしまうのか自分でもわからないけど、そう思って、でもそれはむなしいこととともかなしいこととも感じなかった。

ずっとわからないかもしれないけど、それでも、わたしは、自分が今生きている世界のどこかに死ぬほど美しい瞬間や、長い人生の経験をかみしめて生きている人がいることを、少しでも知ることができるし、いつか、もしかしたら、そういう瞬間に辿り着くことがあるかもしれないと、思い続けることができる。なくてもいいから、絶対に、そう思い続けたい。（同前）

ナイーヴの極みと思う人もいるかもしれないが、『わたしがいなかった街で』という小説の最後に「葛井夏」という女性が登場する理由は、疑いなくこの部分に存していると私は思う。この場面は、すでに姿を隠してしまった「わたし」が囚われていた「世界の悲惨」に対して、ささやかながらも「世界」の美しさ、かけがえのなさを提示する、という役割を担っていると同時に、「わたし」の「自分がなんで他の人ではなくこの体の中に入っていて、今ここにいるのか」という問いかけへの裏返しの答えにもなっている。すなわち「自分はどうしてか他の人ではなくこの体の中に入っていて、今ここにいる」ことを認めること、肯定すること。交換可能性ではなく、交換不可能性を受け入れること。わたしがどこまでいっても、いつまでたってもわたしであり／わたしでしかなく、他のどの「わたし」でもあり得ないという端的な事実。わたしはわたしであり、わたしがわたしなのには理由がない。なぜなら「わたし」とは「この体の中に入っていて、今ここにいる」ということでしかないからだ。

「わたし」はたまたま語り手としての役割を担わされていたのだが、そこに在る「世界」を凝視し、描写しようとする「視点」としてのポジションを「葛井夏」に交替して以後は「葛井夏」にとっての「わたし」が「わたし」なのであり、その「わたし」は最初の「わたし」とは違う「わたし」なのだが、だがしかし「わたし」として見つめ、語るという意味では同じなのである。ここには人称の違いとは別種の同一性が覗いている。「わたし」の絶対性と、それゆえの相対性と多（無）数性。たまたまの「わたし」が交換不可能な「わたし」となり、しかしそのような「わたし」たちが無限に近いほど現に存在しているという、当たり前というならごくごく当たり前のこと。

柴崎友香の芥川賞受賞作『春の庭』（二〇一四年）は、『わたしがいなかった街で』と「同じく移人称小説として書かれてある」（渡部直己）。前作では「わたし」の一人称が「葛井夏」を視点とする三人称に変更されたが、この作品では「太郎」という青年を視点人物とする三人称一元描写の語りが、結末近くになって突然、彼の姉である「わたし」の一人称に変わる。姉の存在は三人称の語りの中で何度か示されてはいたが、実際に姿を見せるのは「わたしが太郎の部屋を訪れたのは、二月に入ってからだった」という唐突な一文によって、である。「わたし」は、やがて「わたし」が知ることが出来ない筈の「太郎」の行状について語り始める。「わたしが帰った次の日、太郎は、賃貸情報サイトで部屋を検索した。そろそろ、次の場所を探さなければならなかったが、どの街のどんな部屋に住みたいか、なにも思い浮かばなかった」。そしてこの後はゆっくりとフェードアウトしてゆく。

わたしが歯を埋める場所を探しに外へ出た六時間後、太郎は、ベランダの手すりを乗り越えて立ち入り禁止の中庭に降りた。ようやく風も収まったようだ。部屋の明かりは消して出てきたので、暗い中で目を凝らし、隅に置いてあったコンクリートブロックを重ねて足場にした。必要な物を詰めてきた布袋の持ち手を片方ずつ両肩に掛けて背負っていた。ブロック塀に足を掛けたところで振り返ると、二階の左から二番目の窓だけ、明かりがついていた。昼間、二週間ぶりに巳さんに会った。前に太郎が渡した招待券で美術展に行ったら十万人目の来場者で記念品をもらったとよろこんでいた。太郎もうれしかった。巳さんはこんな時間に起きているのだろうか。太郎とは逆に、明かりをつけていないと眠れないのかもしれなかった。

（『春の庭』）

こうして「わたし」はいつのまにかいなくなり、この小説はふたたび「太郎」を視点とする三人称一元描写で幕を閉じる。ここで前節に引き続き、渡部論文に基づいて整理した「人称－視点」の四項と「移人称」の分類を挙げる。

A１　一人称一元（一人称一視点）
A２　一人称多元（一人称多視点）
B１　三人称一元（三人称一視点）
B２　三人称多元（三人称多視点）

越境系
（A１→B１）
（A１→B２）
（A２→B１）
（A２→B２）

狭窄系
（B1↓A1）
（B1↓A2）
（B2↓A1）
（B2↓A2）

『わたしがいなかった街で』は（A1↓B1）であり、『春の庭』の場合は（B1↓A1↓B1）である。前者は「越境系」、後者は「狭窄系↓越境系」ということになるが、どちらも「一人称一元描写」と「三人称一元描写」との間で移動が起こっている。人称の違いをカッコに括れば、二つの小説はいずれも「一元描写＝一視点」によって書かれている。とすれば、問題はむしろ、人称ではなく視点なのではないか。三人称↓一人称↓三人称と一見アクロバティックな叙述の変動を見せる『春の庭』でも、視点はその場面場面においては一点に固定されており、「太郎」↓「わたし（姉）」↓「太郎」というプロセスは、たとえば「僕（太郎）」↓「姉」↓「僕（太郎）」すなわち一人称↓三人称↓一人称にたやすく変換することが出来る。もしもそのようにこの小説が書かれていたならば、何か決定的な不都合や矛盾が生じるだろうか。おそらく全く生じない。むしろそちらの方が却って普通に読めるのではないか。

たとえば海外ミステリにおいては、一と三の人称の混在や複数の視点を駆使した語りは今や常套と言ってよい。そこで問題にされるのは、読者がそれについてこられるか、であり、読者がそれを愉しむことが出来るか、である。そして、翻訳にかんして大森望が言っていたように、「いちばんだいじなのは視点をしっかり固定すること」であり、それさえ出来ていれば、人称の移動／変動はいわば幾らでも自在に可能なのである。

　逆に言えば、視点の固定性がぐらつき出すと、たとえ人称が一貫していたとしても、そこで何が語られているか、何が描かれているか、という把握自体が困難となる。そして私たちはすでに、柴崎友香の小説において、そのような危機的事態を見た。言うまでもなく『寝ても覚めても』のラストで起きていた事態がそれである。あそこに書かれていた「わたし」の上昇と拡散は、先の分類だと一体どうなるのだろうか。そもそも小説の始まりからして「わたし」による語り＝描写が「A1＝一人称一元」と呼んでいいのかどうかさえ定かではない。それは確かに一人称で書かれているが、まるで視点が一定ではないかのように読めるからである。それは小説末尾に至って思うさま離陸し、どう呼んでいいのかわからない何かへと変態を遂げる。

　そして何よりも重要視するべきことは、それが「語り」ではなく「描写」の次元において為されているということである。渡部直己は「移人称小説」の流行の本質を、一部の作家たちが「作品の糧を描写ではなく話者に求め」るようになったこと、彼らが「描写の稀薄化と引き替えに、話者の複雑化を図ること」に可能性を探るようになったことに見出した。だがしかし、私は「移人称」と呼ばれる現象こそ「描写」の問題だと考えているのである。

　第一章で、私はこう述べておいた。

　渡部直己と私の対立の軸は「産出性＝こう書くゆえに、世界はこう生まれる」と「再現論＝世界がこう見えるから、こう書く」のいずれに軍配を上げるか、ということになるのだが、私は依然として、むしろ今や（今こそ）重要なのは後者、つまり「世界がこう見えるから、こう書く」「見たままを書いている」の方なのだと考えており、（中略）要するに「見たまま」ということ自体が変化しているのだ。そして「見たままを書いている」とは、すなわち「私が見たままを書いている」ということである。とすれば、この「私」もまた変化しているのではあるまいか。

「私が見たままを書いている」ということの変容について新しく考えてみるために、本論は長い道程を辿ってきた。ここでふたたび山下澄人を召喚しよう。山下のデビュー作『緑のさる』（二〇一二年）には、柴崎友香の『寝ても覚めても』と歴然と通じ合う所がある。語り手は「わたし」である。それはこう書き出される。「喪服姿で電車に乗っていたわたしは月の半分ほど葬儀屋でアルバイトをしていた。今日も葬式をひとつ済ませてきた。わたしの両親はがんで死んだ。両方とも死んでもう十年以上たっていて、毎年両親の命日をわたしは忘れる。季節は秋で、九月の終わりで、空は曇っていた。この日の午後六時以降の降水確率は九十パーセントで、だから電車の中も傘を手にしている人が多かったのだけれどわたしは傘を持っていなかった」。特に何か変わったところなどないように読める。ところがこのすぐ直後に奇妙な記述が現れる。

濃いねずみ色の雲におおわれた空には青いところがひとつもなくて空の全体からジェット機の音が聞こえていた。ジェット機は上空一万メートル近くの雲の上を飛んでいたから、あたりはきれいに晴れていて、そこから見る空の青は黒を混ぜたような青だったけれど、飛行機のまわりの空気は別に青くも青黒くもなかった。

（『緑のさる』）

ともすれば気づかずに読み過ごしてしまいそうだが、これは一人称の叙述としては明らかに変である。『寝ても覚めても』の「わたし」はカラスと共に空へと上昇していったが、ここではいきなりジェット機目線に飛び移っている。そしてこの小説では、こうした現象がごく自然に、当たり前のようにして幾度となく起きる。

少し前、わたしは電車にいた。わたしの目はそこに見える全部を見ていた。今も見ていた。窓の向こうに見える給水塔から突き出た避雷針が動いていた。ヘリコプターが見えた。ヘリコプターの操縦席から地区会館の屋根は見えたけれど、その下にいるわたしの姿は見えなかった。（同前）

遂にはこんなことさえ書かれてしまう。「またヘリコプターが飛んできた。地区会館の裏にある公園の砂場のへりを歩いていた大きな白黒の猫がそれを見上げた。わたしはそこに公園のあることを知らない」。このような不可思議な、野放図とさえ思える書き方について、以前私は『コルバトントリ』（二〇一四年）にかんするインタビューで山下自身に訊ねてみたことがある。「山下さんの小説でよく起きていることとして、人ではないものの視点がいきなり出てくるじゃないですか。動物とか、空を飛んでいる鳥とか。僕はここにいて、空をなにかが飛んでいる。そうすると飛んでいる向こう側からこちらを見ている視点に簡単に移ったりしますよね」という私の問いに対して、山下はこう答えた。

**山下**　人間の視点には、同時にふたつある、って思うんです。ぼくが飛行機を見上げたとき、飛行機から見下ろす視点がある。それは同時に起きている。だから見上げたときに「あ、飛行機が飛んでる」っていうだけでは半分しか語っていない感じがするんですよ。下から見上げている自分、っていうのと、向こうから見えている、は、セットになっている。

(「カーソルはたまたま〝今〟にある。『コルバトントリ』刊行記念イベントレポート」／本の話WEB (http://books.bunshun.jp/articles/-/1946?page=2))

これこそ文字通りの「見ることは見られること」である。いわゆるアフォーダンス的に理解される感覚かもしれないが、私はむしろこれを「わたし」の問題として考えたい。この「わたし」は、私たちが知っている「わたし」とは明らかにどこかが違っている。そう読める。それはほとんど「わたし」ではないかのようでさえある。だが、本当にそうなのだろうか。むしろ私たちが知っていると思っている「わたし」の方こそおかしいのではないか。そう思えてくるようなところが、山下澄人の小説の「わたし」にはある。

山下澄人の「わたし」や「ぼく」は、柴崎友香の「わたし」以上に、輪郭がおぼろげで、ひとりの人間であるらしい像を結んだかと思えば、すぐさま解けて融けて辺りに拡がり出し、今しがた「わたし」「ぼく」と名乗っていた者の視線の向こう側にある何か／いる誰かの視線に転移したり、その場その時ぜんたいをどこからか俯瞰する（あるいは仰ぎ見る）誰のものとも言えない視線に変異したりする。「見る」ということだけではなく、「在る」ということにおいても、「わたし」や「ぼく」は、たやすく別の人間であるらしい誰かになったり、また別の誰かになったり、前の誰かに戻ってきたりもする。その誰かたちが、いつのまにかさっきまでいた筈の「今ここ」からは遠く隔たった過去や未来や場所にいることもある。

そうこうしていく内に、もともとは（だが「もともと」とは何か？）別々であるらしい誰かたちは、他ならぬ「わたし」や「ぼく」という語＝言葉＝文字のもとで、ほとんど同じ存在になってしまうかにさえ思われる。あるいはまた、いちおうはひとりの「わたし」や「ぼく」であるらしい誰かの過去と未来がぐるぐるになって、現在、すなわち「今ここ」が、いつ、で、どこ、なのか、さっぱりわからなくなってしまう場合もある。しかも困ったことに、当たり前のことだが、読者である私たちは、そんな「わたし」や「ぼく」の語りを通してしか、事の次第を、出来事の顚末を、物語の推移を、そこに在る、在った風景を、そこに見える、見えていた光景を、時間と空間を、つまりは「世界」の相貌を、知ることは出来ないのだ。

だがそれは、そんなに奇妙な、異常なことなのだろうか。むしろ私たちにとってさえ、そもそも「わたし」とは、そのようなものではないのか、なかったのか。ただそれではいろいろと困るから、それでは不便だから、或る程度の時間を掛けてさまざまな工夫をして、この「わたし」という何ものかを、一個に、一点に、なかば無理矢理に収斂／集中させてきたというのが、ほんとうのところではないのか。

『壁抜けの谷』(二〇一六年)の「ぼく」は、こんなことを言う。

だいたいぼくは、ぼくの話すこと、記憶していること、それらのほとんどに自信がない。というか、そもそも一体どうしたらそんなものに自信が持てるというのだ。そんなものというのは、ぼく、という実在する、するらしい、このものが見て聞いて触れてしたことの、いやそれだけじゃない、見ても聞いても触ってもいないのに確かにあったこととしてそのつもりでいることの、ぼくの中に残る様々な膨大な痕跡、その蓄積、それを記憶と呼ぶとして、そのことだ。

何かを見たとする。一人でそれを見たとする。見たのだから見たと思っている。しかしぼくが見たということを知っているのはぼくだけだ。見たよな、とぼくが聞けるのはぼくだけだ。ぼくはいう

「見たと思う」

すでにここでふわふわし始めている。ぼくはもう早くも「思う」などといっている。見たのに。確かにこの目の玉でそれを、何でもいい、見たのにもかかわらず。ぼくは見た瞬間から見たことに自信がない。むしろ見ていないことの方が確かなぐらいだ、(以下略)

(『壁抜けの谷』)

この「ぼく」の寄る辺の無い述懐は、山下の小説のすべての語り手のものでもあり得る。山下にとって現在までのところ最も長尺の作品である『壁抜けの谷』は、多くの意味で、山下澄人自

身が「山下澄人の小説」についてあらためて考え直してみているようなところがある。それは「小説」について考え直してみている、と言っても同じことだ。この小説において山下は、自分が「小説」というかたちでいったい何をやってきたのかを、何をやってしまったのかを、自ら顧みている。

わたし、ぼく、わし、俺、自分、何でもいい。このこれ、このからだを自分とし、それをそのどれかで、ぼくは、ぼくを、「ぼく」もしくは「わたし」と呼ぶ。
そうしなければ、その話は、体験は、誰のものだかわからない、からだ。それが誰のものか誰かが知りたがっているかどうかはその際関係がない。そんなこととは関係なくそういうものとされている、からだ。わからなければ混乱する、とされている、からだ。なぜ混乱するのかの説明もされてないのに、混乱するのだろうとされているから、そうしている、からだ。（同前）

しかしこれはいわゆるメタフィクショナルな趣向とは違う。いや、むしろ「わたしが見たものを語るとはどういうことか」「わたしに起こった筈のことを語るとはどういうことか」を根本から考え直すという点では、メタということのもっとも純然たる作業と言ってもいいのかもしれない。「ぼくの経験はぼくのものとして、わたしの経験はわたしのものとして、わたしはぼくはこれまで話してきた。しかしぼくには、わたしには、それが果たして確かにそうなのか、それはぼくのわたしの体験したものなのかどうなのか、ぼくのわたしの身に起きたことどころか誰の身にも起きていないことじゃないのか、実のところよくわかってはいない。わかるわからないということの意味さえ、意味ということの意味さえ、わからない。わかっていない。たぶんそうだったことを、そうだった、として話してきた」。このように、『壁抜けの谷』で山下はデビュー以来の自分の小説の書き方を徹底的に再考し、突き詰めてみせた。それが大変な、相当に苦しい試みであっただろうことは、このおそるべき作品のそこかしこに刻印されている。そして、この小説の連載終了後、山下は『しんせかい』という作品を書き、芥川賞を受賞することになる。

『しんせかい』は「私小説」なのだろうか。確かに、この小説の語り手である十九歳の「ぼく」は「山下スミト」という名前を持たされており、彼が北の地にある【谷】で【先生】と呼ばれる人物が主宰する演劇学校の二期生として二年間に及ぶ共同生活を送る（物語られるのは最初の一年だけだが）、という物語は、十九歳で倉本聰が主宰する富良野塾の二期生として二年間の共同生活を送ったという山下澄人自身の経歴に酷似している。しかも『しんせかい』の単行本の題字は倉本聰が書いているのだ。従って読者の誰もが、この小説を山下澄人が自らの過去の経験を題材とした作品、すなわち「私小説」だと考えるだろうし、それはまったく間違っていない。

それはしかし、あらゆる「私小説」と同様に、ただ事実のみが、ほんとうに起こったことだけが書かれているということではない。すでに見てきたように、「私小説」ほどフィクショナルなものはないのだから。「私小説」としての道具立てが整っていればいるほど、そこには事実ならざるものや起こってなどいないこと、すなわち嘘や虚構が入り込む隙間が生じる。ましてや山下は『しんせかい』の執筆にあたって、三十年も昔のことである富良野での体験をほとんど思い出せなかったので、想像で書くしかなかったと何度も述べている。それに何より、この小説の「ぼく」も、そのすぐ前に書かれた『壁抜けの谷』の「ぼく」と同一線上にあるということを忘れてはならない。右に引いた複雑な感慨はスミトのものでもあるのだ。

何回か前にすでに一度引用しておいた『壁抜けの谷』の一節をもう一度引用しよう。小説の中でもこの一節は二度出てくる。二度目は一度目と一文字も変わらない。「おぼえてるか」と何ものかに問われて、語り手はこう語る。

おぼえていることはもちろんある。だから「はい」といった。面倒くさいからではない。面倒くさいなんて思うはずがない。しかし、「はい」といっておきながらおぼえているとぼくがいう、わたしがいう、それはどれも聞き手の期待するものとは違う。ぼくの、わたしのいう「はい」のすべては、そのときからだの中を走るカミナリみたいなもので、そこには何のつぎ目も、辻褄も、一切ない。だからだ。ときどきぼくが、わたしがおぼえているというそれを、人が、誰かが、「それはおぼえているといわない」というのは。間違えているというのは。そんなことはなかったというのは、うそだというのは。意味がわからないというのは。(同前)

最初に引用した際、私は「これは独白ではない」と書いた。その意味は文字通りで、これはモノローグではない。「ぼく」と「わたし」は別々であり、同じである。そしておそらく他にもたくさんいる。重要なことは、『壁抜けの谷』よりはるかに事実性が担保されている筈の『しんせかい』の「ぼく＝スミト」の語りも、このようなものとして読まなくてはならないということである。

たとえば、小説の始まりはどうだったか？

「揺れますよ」

と船乗りがすれ違いざまささやいたことに乗船口からずいぶん歩いて気がついた。振り返って船乗りを見た。光る黄色が横へ一本はいった紺の上着の船乗りの背中は広くヘルメットは白い。その向こうは夜だ。そこから次から次へトラックが来て人が来る。しかし船乗りはただ立っているだけで誰にもささやいたりしない。見てもいない。なぜあの船乗りはぼくにだけささやいたのだろう。ほんとうにささやいたのか。ささやいてなどいないのじゃないか。そもそもあれは船乗りか。船乗りだとしてあれはあそこにいるのか。いたのか。

「何かいっつもそうやな」

誰かがそういった。

「あんたの話って何ひとつまともに聞かれへんわ」

（『しんせかい』）

最初から「ぼく」の語りは「何ひとつまともに聞かれへん」ものとして読者に与えられている。『しんせかい』の「山下スミト」が「山下澄人」であり、【谷】とは「富良野」であり、【先生】とは「倉本聰」であるという同定は、全て作品の外部にある情報に依っている。「私小説」という形式は、私が「作者0」と呼んでいる、読者の想定する「この小説を書いた者」のプロフィールと、その周囲の事実だとされる諸々を、作品の内部に暗に取り込み、充填することによって成立している。

明らかに『しんせかい』は、このことに意識的である。作者自身の実体験であるという前提＝口実が、どうしたってそのように読まれるしかないという想定が、小説内の曖昧さや虚構性と釣り合っている。極端に言うならば、ここに書かれたことの全部が嘘っぱちの出鱈目だったとしても、読者はそこに「私小説」としての事実性や真理性を読み出そうとすることを止め（られ）ない。語り手に「山下スミト」という紛らわしい名前が与えられているのは、ほとんどそのためだと言ってもいいくらいだ。

ところで「何ひとつまともに聞かれへん」物語としての『しんせかい』は、結末において、ほとんどぶっきらぼうな仕草で、その正体を露わにする。

ぼくは外へ出た。外へ出て空を見上げると大きな月が確かに出ていた。満月に見える。少し欠けているようにも見えた。月など出ていなかったかもしれない。夜ですらなかったかもしれない。（同前）

このあと一行置いて「どちらでも良い。すべては作り話だ。遠くて薄いそのときのほんとうが、ぼくによって作り話に置きかえられた。置きかえてしまった」と書かれる。私は右の引用部分を読んだとき、突飛な連想と思われるかもしれないが、サミュエル・ベケットの『モロイ』の結末を思い出した。

しかし、とうとう、その言葉を理解するようになった。私はそれを理解した、理解している、まちがってかもしれないが。しかし、問題はそこにはない。報告をしろと言ったのはその声だ。それは私が今ではより自由だということだろうか。わからない。いろいろと習うことだろう。そこで私は家へはいって、書いた、真夜中だ。雨が窓ガラスを打っている。真夜中ではなかった。雨は降っていなかった。

（『モロイ』安堂信也訳）

相反する二つの事実が事も無げに並列されている。私は以前『モロイ』のこの末尾を、小島信夫の遺作『残光』の、やはり結末に結びつけて論じたことがある。

十月に訪ねたときは、横臥していた。眠っていて、目をさまさなかった。くりかえし、「ノブオさんだよ、ノブオさんが、やってきたんだよ。アナタはアイコさんだね。アイコさん、ノブさんが来たんだよ。コジマ・ノブさんですよ」

と何度も話しかけていると、眼を開いて、穏かに微笑《えみ》を浮べて、

「お久しぶり」

といった。眼はあけていなかった。

（『残光』）

「小説」とは、このようなことをするものである。眼は開いていたのかいなかったのか。雨は降

っていたのかいなかったのか。満月だったのか欠けていたのか、月は出ていたのか、真夜中だったのか、夜だったのか、どちらでも良い。すべては作り話なのだから。遠くて薄いそのときのほんとうが、「ぼく」によって作り話に置きかえられた。置きかえてしまった。要するにそれが「小説」なのであり、「私小説」であろうがなかろうが、このことに例外はない。しかしその上で尚、更に考えるべきこと、考えたいことがあるのであって、私たちはそのことに向かって歩んできた。それは「私小説」という言葉を構成する二つの語、すなわち「私」と「小説」の両方の更新を考える、ということである。

「一人称」とは、不思議なものである。野口武彦の議論（『三人称の発見まで』）で見たように、一方でそれは直観的にも論理的にも「三人称」に先行しているように思われる。今こうしてこの文章を書いているのが私であることは私にとってあまりにも自明なことであり、この文章の中で「誰某が何々と述べた」などと書かれる時も、いちいち断わっていないだけで実際には「誰某が何々と述べた、ということを私は知っており、それゆえに私はそう書いた」という言表がそこには潜在している。あらゆる語り、あらゆる物語は誰かが語る物語であるわけだが、その誰かが作中で明示されていようがいまいが、場合によっては幾重にもなった語り手（たち）の果て／底に、一人称を使用していようといまいと、必ず語りの起源としての主体＝「私」が存在している。つまり「三人称」とは隠蔽された「一人称」である。この世のありとあらゆる書かれた言葉は、書かれたものであるがゆえに常に必ずいつか誰かが書いたのであり、その誰かは自分のことを「一人称」で思考しているだろう。つまり実のところは「一人称」しか存在していないのだ。

だがそれと同時に、金谷武洋の主張（『日本語に主語はいらない』）で見たように、日本語は主語の省略が可能であり、いちいち「私」と名乗ることをしない「一人称」の語りは限りなく「三人称」に近づくことにもなる。また言語起源論的には、いわゆる「ダミー主語」（「It is hot.」「It rains.」の「It」のこと）を用いる「非人称構文」は「人称」の概念の誕生に先んじており、のちにそれが「三人称」へと転化して、そこから「一人称」や「二人称」と呼ばれるものが派生したのだという説もある（國分功一郎『中動態の世界』の指摘による）。もちろん非人称構文には「I」を主語とする節を頭に付けることが可能なものもある。だが、この世界で起こる／起こった出来事の何もかもを、個人の主体的な（とされる）意志に基づく行為や選択まで含めて「現象」として捉えるなら、あらゆる「一人称」は「三人称」に予め格納されているとも言える。つまり実のところは「三人称」だけが存在する。「一人称」とは、ただひとつしかない絶対的な「三人称」から折々に切り出されてくる任意の点のようなものに過ぎないのだ。

前節でも触れておいたように、これは「わたしの中の世界＝一人称」なのか「世界の中のわたし＝三人称」なのか、という問題である。そして柴崎友香の小説において、この問題は二項対立ではなく、独特なかたちで両立していたのだった。山下澄人の場合も同じである。「私」は「世界」の内にあり、「世界」は「私」の内にある。言い換えればそれは「一人称」と「三人称」の区別など、ほんとうはない、ということである。「一人称多元」と呼び得るものがあるのではなく、そもそも「一人称」が「多元」なのであり、「三人称一元」というものがあるというより、「三人称」とは「一元」のことなのだ。そして両者は結局は同じ事態を指しているのである。

私は以前、こう述べておいた。「ある意味で「私小説」の「私」とは、映画のカメラが受肉化＝人間化したもの、なのではないか。つまりそれはテクノロジーそのものなのだ。だが、このテクノロジーには意識と意志がある」。小説論であるにもかかわらず、本論はしばしば「映画」の隠喩を用いてきた。なぜならムービーカメラこそ「一人称＝主観」と「三人称＝客観」を自在に往復するものであるからだ。映画にはしばしば「主観」なのか「客観」なのか判別し難い、いや、判別の必要がないショットが紛れ込んでいる。それは結局のところ「カメラの視点」としか呼びようのないものである。それを言うなら一本の映画を構成するショットは全部が全部「カメラの視点」なのだが、その中で、さまざまな「視点」が腑分けされることによって、映画のナラティヴは遂行されている。そして、極めて重要なことは、腑分けが完璧に為されなくとも、その「視点」が誰／何のものなのか確定出来なくても、映画の理解には特に問題が生じない場合があるということである。

山下澄人の「わたし」や「ぼく」は、これとよく似ている。どれでもいいのだが、たとえば最初に芥川賞の候補になった「ギッちょん」の最後のパートを丸ごと引用する。


目が開くと男が子猫にエサをやっていた。子猫は男にとてもなついている。

「コトラ」

男は子猫にいった。

「コートラ」

小さなトラという意味だとわたしはわかった。トラというのがたしか男の部屋にいたはずだ。だから男は子猫をそう呼んでいるのだ。男がわたしを見た。

「起きた？」

わたしは頭の中でうなずいた。

「気分は」

「大丈夫」

しかしわたしからはもう声が出ておらずからだも動かない。ここがどこかもわからない。男が手にしていたヒモをコトラの前に投げた。コトラは男のくりだすヒモに全神経を向けている。コトラがヒモに向かって飛んだけれど、ぎりぎりのところでヒモはコトラから逃げる。男はコトラの全体を見ているから、絶対にヒモをコトラにさわらせない。男とコトラは別々のではなくてひとつの生き物みたいに見える。そこにわたしはいない。わたしはそれを見ている別の生き物だ。

「そんなことないよ」

男とコトラがわたしを見た。

「一緒一緒」

男がいった。


（「ギッちょん」）

ここでは「見る」ということがきわめて重要な役割を果たしていることがわかるだろう。そしてそれが「いる／在る」ということと深く関係していることも。山下は精確にも「目を開くと」ではなく「目が開くと」と書いている。そう、ほんとうは常にいつだって「目を開く」のではなく「目が開く」のだ。

では、この一連の文章が、映画の一場面なのだと考えてみると、どうなるか。もちろんここに書かれていることを逐一そのまま映像に置き換えることは困難だが、とにかく「見た」「見える」「見ている」といった語や、そこに見えている光景を表す文をショットに変換してみるならば、少なくとも複数の「主観／客観ショット」の交錯が起こっていることは確かだろう。明らかに互いに矛盾するショットもある（先ほど見た「作り話＝フィクション」としての「小説」の効用）。しかしそれらのちぐはぐなショット群は全てが「カメラの視点」であることに変わりはなく、そしてここでは「わたし」が「わたし」として語っている以上、この「カメラの視点」は「わたし」に紐づけられている。私が「私小説」の「私」とは「映画のカメラが受肉化＝人間化したもの」だと述べたのは、このような意味である。つまり「私の視点」があるというよりも、バラバラに繋がっているショット毎の「視点」の総合が「私」と呼ばれているのである。「見るものは見られるものである」とは映画の用語では「切り返し」と呼ばれる。切り返しの片方を「私」だとすると、他方は「私ではないもの」になってしまう。逆のことも言える。だが、そうではなく、この「切り返し」それ自体が「私」なのだ。山下澄人が私の問いに答えて語っていたのは、このことである。

一本の映画の「カメラの視点」を「私」と呼ぶということは、裏返せば「私」とは「主観」も「客観」も綯い交ぜになった、そしてその腑分けも実はさほど重要でない「カメラの視点」であるということになる。言い換えれば、この「私」は映画の「観客」に似ている。気づいたら逃れようもなく眼前に、いや目を閉じていようと延々と映写され続けている一本の映画をじっと見続けているひとりの観客に。その映画の中に自分のような誰かの姿が見えることもある。その自分みたいな誰かが今まさに見ている映像が見えることもある。そうでないこともある。しかしいずれにせよ、それを見ることを止めることは出来ない。なぜならその映画を只管に見ているということが、すなわち生きているということ、いや、存在している、ということであるからだ。『コルバトントリ』にかんするインタビューで、山下澄人と私は、次のようなやりとりをした。

**山下** 7年前のある瞬間のぼくというのは、今もいるんですよ。この瞬間に同時に存在している、あらゆる瞬間の自分が。今ぼくは現在にチューニングを合わせていますけど、これが何かの拍子に狂うんですよね。狂うとやや都合が悪くなるってことだけは分かるから(笑)、ちょっとがんばって今の自分にチューニングを合わせている。小説を書いているときは、そこがちょっと解放されている感じです。

**佐々木** それって、ゼロ歳から現在まで、というタイムラインがあって、今は現在にカーソルがきているけど、このカーソルが簡単に過去にとぶ、という話だと思うんですけど、このカーソルは未来にもいくんですか。

**山下** そこなんですよ。ぼくそれ、すごく考えたことがあって、ぼくの論理では先にもいくはずなんですよ。

(「カーソルはたまたま〝今〟にある。『コルバトントリ』刊行記念イベントレポート」/本の話WEB (http://books.bunshun.jp/articles/-/1946?page=3))

ここでの「カーソル」の喩えは「映画」の原理/論理でもある。ひとりの人間の人生が一本の映画で描かれているとして、それはその人間の生まれてから死ぬまでを順序立てて描くとは限らない。映画にはモンタージュ（編集）というものがある。それは時間軸をあちこちに跳び回ることが出来る。しかしたとえば上映を開始してちょうど一時間の時に二十歳だった人物が、その一分後に五歳になっていたとしても、観客にとっての現在時は「一時間一分」である。「ギッちょん」は断章形式で書かれており、それぞれの章の頭には主人公の年齢が記されている。しかしそれは「46・53・62・0・62・08・62・07」といったように、次第にめまぐるしく複雑化してゆく。誤解してはならないのは、だがこれはフリオ・コルタサルの『石蹴り遊び』やハリー・マシューズの『シガレット』のような時間操作小説とは似て非なるものであるということだ。読者が頁を捲りつつ頭の中でシャッフルされた挿話群を時間軸に沿った継起的な出来事のオーダーに並べ替えてゆくことを狙っているのではなく、誤解を畏れずに言えば、それは実際にバラバラに見えるその順番で起こっているのである。

「ギッちょん」の作者はいったん時間軸通りに書いた物語を細かく切り分けてパズルに仕立てたわけではない。彼はそのようにしか書くことの出来ない一個の人生、ひとかたまりの有限の時間を書こうとしたのである。それはクロノロジカルではない映画に似ている。たとえばそれは、何度映写してもきっかり二時間で終わる、零歳で生まれて八十歳で死んだひとりの男の生を丸ごと封じ込めた映画に似ている。二時間が八十年と等価になる、そのような映画に。

　渡部直己命名の「移人称」の問題に戻ろう。「三人称」が「一人称」に移る「狭窄型」は、映画の隠喩で簡単に説明出来る。というよりも「映画」とは、そういうことをするものである。その場面内に居る筈の誰のものでもない視点から突然、その内の特定の誰かの視点に移るということとは、特におかしなことではない。映画の技法に倣ったミステリ小説などにおいても「三人称」と「一人称」の併用はごく自然に行なわれている。おかしいと感じてしまうのは、柴崎友香の『春の庭』のように「三人称一元」が、それとは別の人物による「一人称一元」に移る場合であり、それは同じ作者の『わたしがいなかった街で』における「一人称一元」から「三人称一元」への移行と対になっている。しかしこのおかしさは「人称」のせいではない。移っているのは「視点」であり、それに伴って「人称」が変更されているに過ぎないからだ。つまり「移人称」とは見せかけの問題に過ぎない。いきなり「視点」が跳ぶのがおかしいのだ。いや、これでは精確ではない。「三人称一元」が別の「三人称一元」に移るのならそれほどおかしくはない、それは「三人称多元」と呼ばれる。また「一人称一元」が別の「一人称一元」に移るのだって特におかしくはない。とすればやはり「一」と「三」の組み合わせの中におかしさが宿っているのだろうか。

　では「越境型」について見てみよう。それは「一人称一元」が「三人称一元」もしくは「三人称多元」に移行することである。視点人物であり語り手でもある誰かの知覚と認識を越えた描写や叙述が為される時、それは「越境型移人称」と呼ばれる。だが、これも「視点」の問題に変換可能である。柴崎の『寝ても覚めても』や山下澄人の『緑のさる』で起こっていたのは、「人称」の移動ではなく「視点」の転移である。それは「一人称」のままなのだ。つまりこれが「一人称多元」である。それは確かに奇異な印象を読む者に与えるが、しかし映画に置き換えればそれほどおかしなことではなくなる。柴崎や山下が映画に影響されたとか映画と同じことをやろうとしていると言いたいわけではない。「移人称」と呼ばれている現象は、技術や方法の問題ではなく、存在の様態の範疇なのだと言いたいのだ。

いや、渡部直己が見事に分析してみせたように、それを技術や方法として意図的に行なっている作家ももちろん居る。だが、そういうこととはまったく異なる動機と必然によってそうしている者、そうせざるを得ない者がいるのであって、私はそのことを説明するために映画の隠喩を援用してきたのである。そこで起きているのは「描写の稀薄化と引き替えに、話者の複雑化を図ること」（渡部）ではない。山下澄人の「わたし」や「ぼく」が「一人称多元」である（しかない）のは「動物がたまたま覚えてしまった手ぐせにも似た反復性」（同）のせいなどではなく、もっとはるかに重大な、いわば「世界」との対峙の問題なのである。

『壁抜けの谷』の「ぼく」の言う「わたし、ぼく、わし、俺、自分、何でもいい。このこれ、このからだを自分とし、それをそのどれかで、ぼくは、ぼくを、「ぼく」もしくは「わたし」と呼ぶ」ということ、それは「そのときからだの中を走るカミナリみたいなもの」としての「私」である。この「私」の様態は、柴崎友香の「私」と確かに響き合っている。「自分がなんで他の人ではなくこの体の中に入っていて、今ここにいるのか」という問いに対して、「自分はどうしてか他の人ではなくこの体の中に入っていて、今ここにいる」ことを認めること、肯定すること。「ぼく」がどこまでいっても、いつまでたっても「ぼく」であり／でしかなく、他のどの「ぼく」でもあり得ないという端的な事実。ぼくはぼくであり、ぼくがぼくなのには理由がない。なぜなら「ぼく」とは「この体の中に入っていて、今ここにいる」ということでしかないからだ。

つまり「このこれ」の交換不可能性を受け入れること。そして「このこれ」とは、このこれ、この世界そのもののことでもある。

『緑のさる』の結末近くを引用する。

人工衛星がわたしのちょうど真上を通過した。
わたしの地下深くで岩盤のプレートがかすかに動いた。
わたしの後頭部の髪の先が小さく小さくゆれた。
わたしの体温により、わたしをとり巻く空気の温度がわずかに上昇した。
わたしの心臓は規則正しく脈動し、血液は循環し、各内臓はその役目をまっとうし、細胞が新しく生まれ変わった。

チビがわたしを見た。わたしもチビを見た。

(『緑のさる』)

チビとは猫である。これらの「わたし」はたまたま「この体の中に入っていて、今ここにいる」というだけの、つまりは「このこれ」であり/でしかなく、なんら特別なものではない。この「わたし」はもはや「主観」ではない。これはいわゆる「一人称」とは別のものなのだ。この「わたし」は、丸ごと「彼＝三人称」に書き換えることも出来るだろう。むしろそうした方がわかりやすい。だが、にもかかわらず、それでもこれは「わたし」で書かれているのだし、「わたし」と書かれているのだし、「わたし」が「わたし」として「わたし」を語っている。「わたし」が「わたし」であるということは、「わたし」が「わたし」を「わたし」と呼ぶということは、繰り返すが何一つ特別なことではない。それは誰にとっても同じ条件の、取るに足らないことでしかない。山下澄人の「わたし」は、むしろそのことを誰よりもよくわかっているがゆえに、他の「わたし」たちが自ら閉じ込められている／閉じこもっている「わたし」の領分をあっけなく越え出るのだ。


紫色の髪をした老婆が寝ている横におかれたカゴの中で、緑のさるが、寝ながら大きく口を動かした。

「マンキー、ニィー」

と、動いたようにも見えた。誰かが見ているわけではなかった。（同前）

誰かが見ているわけではない。この「見ているわけではない誰か」、にもかかわらず「見えた」と言っている「誰か」こそ、山下澄人の「私」、新しい「私」である。

# 第六章　新しい「私」のために

新しい「私」は、どこから来たのだろうか？

新しい「私」は、いつから居たのだろうか？

本論をここまで読んできた方なら、もうおわかりだろうが、それははるか遠い昔から、そこに、ここに、あそこに、ずっと居たのだった。その意味で「新しい「私」」という呼び方は、ほんとうは精確ではない。だが同時に、それは紛れもない「新しさ」を身に纏っている。ある意味でそれは、いちばん古い「私」の新しい回帰、と言っていいのかもしれない。

保坂和志の『未明の闘争』（二〇一三年）の名高い冒頭部分を、今更ながら引用させていただきたい。


　ずいぶん鮮明だった夢でも九年も経つと細部の不確かさが現実と変わらなくなるのを避けられない。明治通りを雑司ケ谷《ぞうしがや》の方から北へ池袋に向かって歩いていると、西武百貨店の手前にある「ビックリガード の五叉路」と呼ばれているところで、私は一週間前に死んだ篠島《しのしま》が歩いていた。

（『未明の闘争』）

この異様と言ってよい始まりは雑誌連載の初回から随分と物議を醸したし、単行本化された後も、この作品について語られるたびに必ず取り沙汰され、著者の保坂自身もインタビューなどでたびたび言及していたので、すでに語られ尽くした感もなくはないが、しかし実際のところ、ここでは何が起こっていたのだろうか？

言うまでもなく「異様」なのは文末である。「私は一週間前に死んだ篠島が歩いていた」。ここだけ抜いても文章としておかしいし、前の節からも文法的に繋がっていない。では、どう書き換えればまともになるだろうか。意味が通るように修正を施した上で前の節から記してみよう。

（A）西武百貨店の手前にある「ビックリガードの五叉路」と呼ばれているところで、私は一週間前に死んだ篠島が歩いているのを見た。

これなら変ではない。もうひとつ考えられる。

（B）西武百貨店の手前にある「ビックリガードの五叉路」と呼ばれているところで、一週間前に死んだ篠島が歩いていた。

これもまあ普通に読める。この二種類の書き直しからわかることは、「私は一週間前に死んだ篠島が歩いていた」の「私は」が犯人なのだということだ。「私は」とするのなら「のを見た」

を付け加えなくてはならないし、そうでなければ「私は」と書いてはならない。当たり前のようだが、ではこれらの文を英訳したらどうなるだろうか？

（C）私は一週間前に死んだ篠島が歩いているのを見た。
I saw Shinoshima who died a week ago was walking.

（D）一週間前に死んだ篠島が歩いていた。
Shinoshima who died a week ago was walking.

「私は一週間前に死んだ篠島が歩いていた」は英訳不可能である。Googleの機械翻訳を通すと「I was walking Shinoshima who died a week ago」になってしまう。「私は〜歩いていた」という文だと認識されるわけである。

ところで『未明の闘争』は「私」を話者とする一人称小説なので、抜粋部分だけでなく全文を英訳するなら（D）は独立した文としては成立しない。同じ意味なら（C）が適当であることになる。では、いま仮に、英訳した文章を原典に戻さずに新たに日本語訳することを考えてみよう。「I saw Shinoshima who died a week ago was walking.」は、そのまま「私は一週間前に死んだ篠島が歩いているのを見た」にはならず、文脈や前後の調子によって「私は」抜きの「一週間前に死んだ篠島が歩いているのを見た」あるいは単に「一週間前に死んだ篠島が歩いていた」とされることもあり得なくはない。すでに見たように、主語が省略可能で、かつ実際に省略されがちな日本語を英語に訳す際には主語の追加が要請され、逆に英語を日本語に訳す場合には英語原文の主語は全て残さずともよいし、むしろ適度に省略した方が日本語として読み易くなることが多い。「私は一週間前に死んだ篠島が歩いていた」の「私」とは、このように翻訳という回路を通すごとに出現と消失の明滅を繰り返す主語、日本語ならではのふわふわとした存在感、そこには居ないようなのに実は居て、確かに居るはずなのに居ないとしか思えない不思議な存在の様態を持った主語である「私」なのだと私は言いたいのだ。『未明の闘争』の作者は、明滅のスイッチをわざと間違えることで、この「私」の奇妙で魅惑的な存在をあぶり出してみせたのである。

そして、ここで強調しておきたいのは、あからさまな文法間違いにもかかわらず、この文の意味がわからない者は日本語を解する者にはひとりもいないだろうということである。つまりこの「私」は、日本語文法は違えていても、日本語として了解可能なのであって、その上で、『未明の闘争』という小説において、或る特別な効果を担わされている。その「効果」とは、これから始まるこの作品が、他ならぬ「私」というものを、長らく「私小説」と呼ばれてきた／いる系譜とは、かなり異なる仕方であらためて問い直そうとするものだということを、読者にあらかじめ予告、宣言する、ということである。

周知のように『未明の闘争』を書き始める前、保坂和志は、『小説の自由』（二〇〇五年）、『小説の誕生』（二〇〇六年）、『小説、世界の奏でる音楽』（二〇〇八年）の三冊に纏められることになる「小説をめぐって」（連載開始二〇〇三年）を、長期にわたって雑誌連載していた。この間、保坂は小説作品を発表していない。もっとも三冊目の『小説、世界の奏でる音楽』が刊行された後、これらは保坂自身の意向によって「評論」ではなく「小説」に分類されることになったのだが。

ともあれ狭義の「小説」ということでいうと、『未明の闘争』の前作は、ちょうど十年前に発表された長編『カンバセイション・ピース』(二〇〇三年)ということになる。

『カンバセイション・ピース』の舞台は、一軒の古い家である。「伯母が死んで私と妻の二人が世田谷のこの家に住むようになったのが去年の春のことで、その秋に友達が三人でやっている会社をここに移し、今年の四月からは妻の姪のゆかりも住むようになったので、勤めに出ている妻をぬかして昼間は五人がこの家にいることになった」と冒頭で簡潔に説明され、この小説は目下休業中の小説家であるらしい「私」が記述する、この家の六人の住人の日々の生活と、「もともとここには伯父伯母と四人の子どもの六人がいて、そこに私が小学校にあがる前の二年間、昭和三十五年から三十七年にかけて私の家族が同居していた」ので、その頃の想い出もしばしば差し挟まれる。この小説は『プレーンソング』(一九九〇年)でデビューして以来の保坂和志の総決算というべき傑作だが、ごく穏やかと言っていいだろう日常をつぶさに語り描いてゆく「私」が、そうしながら延々と頭の中で思いめぐらす(そして時には口に出しもする)哲学的な思考のプロセスが、表立っての出来事とはまた別の読みどころとなっている。

たとえば「私」は、ある時、それまで家の中で他の住人たちと喋っていたのだが、ふと家を出て、隣の空き地にまわり、外から自分がいつもいる二階を見てみる。「私のいない二階はひっそりとしているように見えるけれど、一階のざわざわしたやりとりが聞こえてくるような気が全然しないというわけでもなかった」。そして「私」は「視線」ということについて考え始める。

というのも視覚という機能がただ光学的な情報を処理することで完結しているわけではなく

て、見えているものを空間と時間の秩序に組み入れるために、記憶や聴覚や運動の感覚などを動員しつづけているからで、その過程で見えているものに視覚以外の要素が紛れ込むことがあるのだとすれば、一階のざわめきが聞こえてくるというのもただの思い込みではなくて、ある意味で感覚の現実に基づいていると言えなくもない。だから日によっては一階のざわめきが聞こえてきている気がしているうちに、二階に自分自身がいるのを感じるような気持ちになることもあるのだが、家の中から外を見ていた印象が強く残っていたときには、こうして外に立って家を見ている自分というのが家の中にいる私の延長の視線を操っているようで、外に立っている自分が家の中の自分を見ているのではなく、中にいる自分によって外に立っている自分が見られているような、主体と客体が入れ替わったような気分になったこともあった。

（『カンバセイション・ピース』）

「視線というのは厳密に考えようとすればするほど複雑に入り組んでいて、主体の位置があやふやになっていく」と「私」は考える。そう、見ることは見られることである。このあとは重要だ。「視線はその対象である家や風景がなければ存在しなくて、外に立っていてもなお家の中にいる自分の延長の視線を操っていると感じるその視線自体がつまりは家のことであり風景のことなのではないか」。こうして「視線」をめぐる思考は必然的に「主体」の問題、すなわち「私」の問題に流れ込んでゆく。「私」の延長という問題、この「私」とは何なのか、という問題に。

また別のところで、「私」はこんなことを考える。「自己像というのはおかしなもので、自分の心に浮かんでくる自分の姿というのが私にはいつも、鏡や写真に映った姿ではなくて、机に向かって仕事をしているのを背後から誰かが見ているその視線を借りて見ているようなものとして浮かんでくる」。想像や記憶や夢の中に出てくる自分の姿を、ひとはどうやって生成させているのか。そこに自分の姿が映っているのだとしたら、それを見ているのは誰なのか。「顔だけは鏡に映った像によって認識しているのは間違いないけれど、姿の全体となると自分のまわりにいる人たちの姿を見ることと、自分の姿を見る他の誰かの視線を仮想することを混ぜ合わせて練り上げているのではないかと思う」。ところで私自身は、夢の中に自分が姿形を持った像として出てきたことはたぶん一度もないと思う。私はいつもそこではそれをただじっと見ている「観客」でしかない。というよりも私は、他人が夢の中で自分自身の姿を客観的に見たりしているということが信じられないのだが、ほんとうにそんなことがあるのだろうか？

それはともかくも、ここから「私」の考えは飛躍、いや離陸していく。

映画だったら、私が鴨居を見上げた動作の次に、鴨居の位置に置いたカメラからそこを見ている私の顔が映されても唐突とは感じないことになっていて、そのように視点が飛んでも混乱を引き起こさずに理解していけるということは、人間にはもともと自分の目の位置から離れていろいろなところからいろいろな角度で物を見る機能が内蔵されているということなのかもしれなかった。（同前）

この「自分の目の位置から離れていろいろなところからいろいろな角度で物を見る機能」は、確かに「私」の延長（この「延長」にはすでに「飛び地」のようなことも含まれている）の内にあるものなのだが、その「いろいろ」が何らかのスケールで度を越してしまうと、それを「私」と呼び続けることに困難が生じてくる。それでも「私」を使用するしかないのだとして、更に「私」は考えを進める。

人が空間の中に生きているかぎり、空間と何らかの折り合いのつけ方をしているわけで、「私」という特定の主語がここからの眺めを見ているのではなくて、私でなくても誰でもいい誰かがここからの眺めを見るという、そういう動作の主語の位置に暫定的にいるのがいまは私なのだという風に感じられることが、空間との折り合いのつけ方のひとつなのかもしれなくて、それなら自分の中に蓄積された時間や行為という考えは少し単純すぎると思った。（同前）

じわじわと「私」は「私」の秘密に迫ってゆく。「私でなくても誰でもいい誰かがここからの眺めを見るという、そういう動作の主語の位置に暫定的にいるのがいまは私なのだ」という認識は、明らかに、柴崎友香の『わたしがいなかった街で』（二〇一二年）の「私」がとらわれる「自分がなんで他の人ではなくこの体の中に入っていて、今ここにいるのか」という問いを、裏返しに先取っており、山下澄人の『壁抜けの谷』（二〇一六年）の「わたし、ぼく、わし、俺、自分、何でもいい。このこれ、このからだを自分とし、それをそのどれかで、ぼくは、ぼくを、「ぼく」もしくは「わたし」と呼ぶ」という「このこれ」を予見してもいる。つまり「この体の中に入っていて、今ここにいる」「私でなくても誰でもいい誰か」の「動作の主語の位置に暫定的にいる」「このこれ」が、「私」なのだ。

そして「私」の思考は「私」の「空間との折り合いのつけ方」にかんして、もっと先に進もうとする。「外の空き地の向こうに立ってこの部屋を見ていたときに、そうしている自分が部屋の中にいる自分から見られていると感じたのもそのバリエーションで、つまりはあのとき私は部屋の中にいる自分に見られていたのではなくてこの部屋そのものから見られていたということなのではないか」。「私」はこうして「空間」や「場所」に対してさえ「主体と客体が入れ替わったような気分」を抱くに至る。

人間がもし空からの視点で人間自身を見たら、人間もまた木や花のようにつねに変わらずここにいるように見えるのかもしれない。人間は自然をつねに変わらずあると感じる一方で、ひとつとして同じ葉はなく、海が時々刻々姿を変えることも知っているが、言葉の中での操作でなく、言葉が指し示す対象があるかぎり二つの言い方は矛盾するのでなく共存する。

それは、個々の違いを見るのが視覚に起源を持つ現在時の認識であって、変わらないことを見るのが記憶(の不確かさ)に起源を持つ複数の時間にまたがる認識であって、つまり質の異なる二つの認識の重ね合わせの結果としてそうなるというようなことではなくて、もっとずっと直接に、不変ゆえに差異を感じ、差異があるゆえに不変と感じることが人間の認識の出発点だったのではないか。(同前)

このあたりまで来ると『カンバセイション・ピース』は、ほとんど哲学書のごとき様子を呈し出すのだが、しかしもちろんこれは「小説」であって「論文」ではない。「私」は淡々と、だが粘り強く「私」の思考を持続させてゆく。それは「私」をどこまでもひたすらに延長し拡張し、そうすることによって「私」が「私」を持ち堪えられなくなるまでに、「私」が「私」と呼び得なくなるまでに、つまりは「私」が「私」でなくなるまでに「私」を酷使し変異させながら、ほとんど「世界」そのものにまで広がり出した、かつては「私」と呼ばれていた何かを、ふたたび「私」と名付けてみせること、そしてまた延長と拡張に向かうこと、その繰り返し、である。「私」の「私」性、「私は私である」という、無意味であるがゆえに無敵のトートロジーに潜む唯一性・独自性・特権性を解除し、主体と客体、主観と客観、一人称と三人称のあいだに在るとされてきた障壁をなし崩し、それでも「私」を捨て去ることはない。なぜなら「私は私である」からだ。この循環、フィードバック、無限ループを、増幅に、螺旋状の上昇に、敢てこの語を用いるなら、進化にしなくてはならない。

私が雲を見るとき、見るは雲によってもたらされていて、見る私もまた雲によってもたらされている。私が見なくても雲はあり、私がいなくても雲はあり、そして私が見なくても見るはある。私が雲を見るという関係の中で、私が雲よりも見るよりも遅れて最後にやってきて最初に消えていくものではあるけれど、雲によってもたらされた見るをしている私はそれでもやっぱり特別な何かであり、それは私だから私にとって特別だというようなことではなくて、雲や空や木が見るをもたらす送り先として自覚するものとして特別な何かなのではないか。
　雲や空や木があっても語られることのない星がこの宇宙に実際にあったとしても、地球は雲や空や木が見るだけでなく語るをもたらした星であり、人間はその与えられた条件の中でしか考えられないというか、もたらすということがここで起こりつづけているのだから、雲や木や空だけを語るのが語ることではなく、私だけを語るのが語ることでもない。(同前)

真に感動的な一節というべきだろう。「見るだけでなく語る」をもたらすということ。「視線」だけでは足りない。「語り」がそこに生起して初めて、世界は「世界」になった。それは、私が「私」になったと言っても同じことだ。天地創造としての「私」の誕生。こうして「私」の思考は、なかば必然的に「神」という概念を招き寄せることになる。それもまたはじめは「視線」を通して触知される。すなわち、何もかもを見ている者、その存在。しかし、ここでの「神」とは万物の創造者のことではない。まったく反対に、「私」のいう「神」とは明確に、人間による被創造物である。「人間だけでなく犬や猫も含めた私たちすべてを見ている視線があるとしたら、やっぱりその視線は私たちの一人一人、一匹一匹の個別性を見分けないとする方が自然だと思ったけれど、その視線が、神という存在を想定して人間が自分の能力をそれに仮託したのと同じように、私の中にあるはずの視線なのだとしたらどういうことになるのだろうと思った。私は現実に鳴る音しか聞くことがないけれど、その音はすべてそれを聞く前からよく知っている音に還元されていく」。

ここで言われているのは、三人称の中に一人称があり、一人称の中に三人称がある、ということである。別の言い方をすれば、他者たちを含む「世界」との関係性において、この「私」は現れたり消えたりしている。「私」が現れている時の「世界」は「私」の「視線」の内にあり、「私」の「語り」によって存在する。「私」が消えている時の「世界」は誰かを(誰でも)「私」の代わりにすることが出来るし、その「私」の代わりになった誰かの「視線」と「語り」が「私」を名乗ったり「私」になることだってあり得る。そしてこの二つは重なり合っている。「人はつねに自分が何かを見ていることを意識して見ているのではなく、見ているほとんどの時間は「私」ないし「私が見ている」という意識をともなわずに見ているのだから、そのときに私でない誰かが私の目を借りて見ているということもあるのかもしれない」と、その時そこで「私」は考えている。『カンバセイション・ピース』の「私」は、このように「私」と「世界」の函数について、辛抱強く、だがどこかとりとめのなさも湛えたまま思考してきて、結末近くに至ってようやく、ひとつの結論らしきものに達する。それはもちろん「結論らしきもの」なのであって、何かの答えが出たということではない。そもそもこんな問題に答えがあるわけがないことは「私」は百も承知だろう。ところでその「結論らしきもの」は、それまでの思考が展開させてきた「私」の延長と拡張を、最終的にもう一度、収縮と限定の方向に畳み直すようなものとなっている。

「世界」へと拡がり出していった「私」は、しかし「私は」と言った／書いたその瞬間、時空間の一点に定着させられる。それはいわば、ほとんど「私」そのものになった筈の「世界」に無数の「私」という点を穿つようなものである。山下澄人の言う「カーソルはたまたま〝今〟にある」とは、そういう意味である。だから「私」はこう考えるのだ。「過去の時間は俯瞰できない。すべての時間や空間は俯瞰できない」。「私」が「私」から離陸して「私」を雲散霧消させてゆくことでやがて「すべての時間や空間」を俯瞰出来るほどの次元に達したとしても、ふたたび「私」と発した／記した途端に、俯瞰していた筈の視線は等身大に戻っている。だから「私」は、小説のほとんど終わりに、こう考える。

私というのは暫定的に世界を切り取るフレームみたいなもので、だから見るだけでなく見られることも取り込むし、二人で一緒に物や風景を見ればもう一人の視線も取り込む。言葉のやりとりでその視線を取り込むのではなく、視線を取り込むことが言葉の基盤となる。（同前）

「白樫の葉が月明かりに小さな光を反射させているのは空からでなければ見ることができないけれど、そういう視界を私は持っていて、それも私がこの場所に固定されているのではなくて暫定的なフレームみたいなものだからだ」。この「世界」を切り取る「暫定的なフレーム」が、新しい「私」、古くて新しい「私」である。

　この少し前のところで「私」は、一五〇億年という時間の巨大さを表現するために、こんなことを言う。「数字が『一《いち》』しかなくて、一五〇億って言おうとしてみろよ。すごい時間がかかるんだぜ」。要するに『一、一、一、一、一、一、一、一……』って、一五〇億回言うってことだよ」。この「一、一、一、一……」のそれぞれの「一」が、古くて新しい「私」、新しくて古い「私」である。

　保坂和志の、このような「私」観は、もちろん『カンバセイション・ピース』で突然開陳されたわけではない。それ以前から少しずつ、まるで作中の「私」のように、保坂は長い時間を掛けて思考を積み上げてきた。たとえば特異な連作短編集『〈私〉という演算』（一九九九年）の表題作で、幼少期を想起していた「ぼく」は、ふとこんなことを思いつく。「〈私〉は、今こうして瞼を閉じながら子どもの頃を考えている〈私〉が生み出したところの子ども時代の〈私〉が考え出した〈私〉ということになるのかもしれない」。これもまた「主体と客体が入れ替わったような気分」である。このあと「私」にかんする思弁が続く。

〈私〉についてこうして書いている〈私〉という存在は、いつか〈私〉がいなくなったあとにかつていた〈私〉を想起する何者かによって〈私〉の考えをなぞるようにして書かれた産物である、というような言い方でもいい。あるいは、〈私〉が〈私〉でない何者かによって想起された〈私〉であったとしても想起の主体がそれを〈私〉といい想起された側もまた〈私〉なのだと思っているのならそれがまさに〈私〉というものなのだ、という言い方でもいい。〈私〉という意識が〈私〉に生まれたときから〈私〉とは動物が自分を感じるようなものではなくて〈私〉という意識を作り出すシステムによってもたらされた〈私〉とならざるをえないのだから〈私〉とは絶えず生物学的な自分とズレたところに見つけるしかないということなのかもしれない。

（『〈私〉という演算』）

「こういう〈私〉にまつわる操作とか畳み込みのようなものを仮りに〈〈私〉という演算〉と呼ぶなら、〈〈私〉という演算〉が複雑になればなるほど、リアリティが生まれてくるような気がする」と「ぼく」は書いている。この「〈私〉という演算」という言い方は面白い。「〈私〉の演算」ではないところが重要である。演算によって「私」が導出されるということではなく、「私」であること、それ自体が「演算」なのだ。

そして実際、保坂和志はそれ以後、この「〈私〉という演算」を複雑化していったのだ。その試みは『カンバセイション・ピース』でひとたび徹底的に突き詰められた後、「小説をめぐって」

三部作を経由して、『未明の闘争』に辿り着き、『もうひとつの季節』（一九九九年）以来の新聞連載小説『朝露通信』（二〇一四年）、短編集『地鳴き、小鳥みたいな』（二〇一六年）と、その後も果敢に続けられている。そこにはいずれも名前こそ違え、作者である「保坂和志」を思わせる小説家が一人称の語り手／書き手として登場し、実在する「保坂和志」にきわめてよく似た経歴や人物像のもと、さまざまな経験や知見を語り描いている。

むろんだからといって、それらはいわゆる「私小説」とは多くの点で異なっている。だがそれらは「〈私〉という演算」の遂行という意味で疑いなく「「私」の小説」ではある。いや、そこでは判別不可能な虚実の混濁や、出来事の記録の過不足や矛盾、叙述のムラや不安定などなどが即興的かつ組織的に導入されており、そのあっけらかんとした「演算」の佇まいによって、そもそも「私小説」とされてきた／いる小説のすべてが実はそのようなものであるのではないかというけっして解消されることのない疑いをもたげさせるという意味で、それらは「私小説批判としての私小説」であるばかりか、むしろこちらこそ真正の「私小説」と言っていいのかもしれない。何故なら「私」とはそもそも、書くこと、描くこと、語ることによって定位されるどころか、そうしようとすればするほど「私」から遠ざかり、曖昧模糊とした、だが奇妙に生々しいリアリティを纏いつつ、ほらこっちが本物の「私」なのだよと「私」に怪しく語りかけ、そして実際のところ、ほんとうにそうであるとしか思えなくなってくる、かりそめの、だが厳然たる演算結果に他ならないからだ。

すべての「私小説」は、フィクションである。当たり前だと思われるかもしれないが、私は当たり前ということよりも、もっと強い意味で、こう書いている。多くの「私小説作家」たちは、そのことを利用している。その巧拙の問題もあるのだが、もっと厄介なのは、まったくそのようには思っていない、つまり事実そのまま、真実そのものしか自分は記していないと信じている「私小説作家」が、もっとも「フィクションとしての私小説」の恩恵を蒙っているということである。「私小説」のフィクション性に自覚的でありつつ、尚かつ「私小説作家」たろうとする者は、何らかの戦略を持たなければならない。それはずっと昔から、そもそもの始まりからそうだった筈なのだが、そのことに気づかないふりをしたり、都合良く忘れてしまった者らが、「私」は「私小説」を書いているのだと嘯いているさまは、いささか滑稽でもあり、悲劇的でもある。

かつて小林秀雄は「私小説は亡びたが、人々は「私」を征服したらうか」と書いたが、以来数十年、いまだに誰も「私」を征服などしておらず、ただ征服し得たと勘違いした輩が居るのみである。「私小説」は、全然亡びてなどいない。それは、そういうものではないのだ。むしろ「私小説」に元来備わったフィクショナルな事実性の演戯は、紙と活字以外の方法で「作者」のあれこれを知ることが容易に可能になってきて以後、ますます派手さを増しているし、「作者」と「作品」を切り離して論じられた時代があったことなど、もはや牧歌的と言うしかない遠い昔の話である。「私小説」は嘘をつく、「私小説」こそ虚構の最たるものなのだという事実にどこまでも意識的であり、そのからくりに苛烈な批判意識を抱きながら、それでも「私小説」を書こうとする者、どうにかして「私小説」の倒錯を逆転させようと試みる者だけが、真の意味で「私小説作家」たり得る。「私小説」がフィクションであるということを、自らの「私小説」によって晒け出そうとする者、その困難な挑戦に成功した者だけが、「私小説」を「作者をモデルとする虚構」から、単なる絵空事から救い出すのだ。

だが、この構図を裏返せば、「私小説」ならぬ「私の小説」、すなわち「一人称の小説」には、それがどれほど現実離れした、荒唐無稽なものに見えたとしても、常に幾許かの真実性が宿っている、ということになる。「私は」と書いた瞬間、何かが生まれる／何かが起こる。そして、いつかどこかで「私は」と書いた、書こうとした、書くであろうという事どもさえあれば、ただそれだけで、もう「私は」とは書かなかったとしても、それがほとんど「三人称」に見えていたとしても、そこに「私」は存在しているのである。だから或る種の書き手にとっては、一人称と三人称の区別などない。人称は一方から一方に移動したりしているのではなく、最初から重なり合っているのだ（それゆえに「移人称」という技術的な操作も可能になっている）。

なぜそうなるのかといえば、ひとつ目の答えは、そもそもそれが「世界」の実相なのであり、「私」の実相なのだが、短くはない時間をかけて、それが混沌ではなく自然であった状態から、こんにち「世界」と「私」だとされているものに、切り分けと腑分けが為されてきたのだということ、その結果、それが整然と渾然一体になっていた状態はいかがわしいカオスにされてしまったのだということであり、二つ目の、もっと重要な答えは、ようやく「小説」が、このような書き方／書かれ方を出来るようになってきた、ということである。それは小手先の技術などとはまったく違う意味での「小説」のテクネーの問題であり、またおそらくはそれが書かれ／読まれる環境も含めた「小説」のテクノロジカルなアップデートの問題なのだ。

私は円城塔が自らの小説について述べた「見たままを書いている」といういかにも誤解を呼びやすい発言に絡めて、次のように書いた。

今、まさにこの私の目に映っている「現実」、私自身がその一部として在るしかない「事実」の断片を「再現」しようとすることと、事実でもなければ現実でさえない、私の頭の中から、私の筆の内から立ち上がってくる「虚構」を「産出」することのあいだには、実のところ、如何程の違いもありはしない。何故なら「産出」される「世界」も、「再現」され損ねる「世界」も、それが「書く」という不可解な行為によって出現したものであることに変わりはないからだ。だからおそらく、問うべきなのは「再現」か「産出」か、ということではない。この二項対立は贋の問題なのだ。そうではなくて、真に考えてみなくてはならないのは、「現実」と「虚構」の区別を超えた「見られたもの」と「書かれたもの」が、どのように繋がっている（いない）のか、ということなのである。

これに続けて、私はこう書いている。「だとすれば、やはり問題は「私」なのだ。何故なら、そこにあるのは「私が見た」ものを「私が書く」こと以外ではあり得ないのだから」。そう、それから「私」たちは、この問題をさまざまな角度から考えてきた。「私」というマジックワードをめぐって、「小説」というマジカルな芸術をめぐって。

そしていまや「私」たちは、遂にようやく、ひとまずの終点に辿り着いた。「新しい私」は、どこから来たのか？　「新しい私」は、いつから居たのか？　このような問い方は間違っている。正しくはこうだ。「新しい私」は、いまどこに居るのか？　そしてそれから、もっと「新しい私」は、いつやってくるのか？　もちろんそれは「新しい小説」を、もっと「新しい小説」を、もっともっと「新しい小説」を、その誕生と到来を、ひたすらに待ち望むことに他ならない。

# 跋　批評の初心

私たちにとって幸福なことなのか不幸なことなのかはわからないが、この世界にはひとつだって簡単に片付けられる問題などない。それはそうだ。今もってそうである。はるか遠い昔に、意識と呼ばれたりする何かと一緒に人間に与えられた、言葉という、私たちがものを考えるためのただ一つきりの武器は、今もって昔ながらのマジックをやめようとはしていない。それはそうだ。そうだろう。やたらと崇高であろうとしたり、そう思われようとしたがっているような言葉は、結局はなにか劣悪なるものへと仕向けられてゆくことになるのだし、ということはつまり、劣悪なる言葉とは、とかく崇高ぶりたがるものだ、ということでもある。でもしかし、もしも言葉が、ひとを幻惑するマジックを捨ててしまえたとしたら、それはきっと影のようなものになってしまうことだろう。

文学の世界に詩人が棲み、小説家が棲んでいるように、文芸批評家というものが棲んでいる。詩人にとっては詩を創ることが希いであり、小説家にとっては小説を創ることが希いである。では、文芸批評家にとっては文芸批評を書くことが希いであるか？

おそらくこの事実は、今なお多くの逆説を孕んでいる。そればかりか、そうして孕まれた多くの逆説が孕む逆説もまた、すでに数多く説かれてきた。批評家にとっては批評を書くことが希いであるか？　この「希い」が意味するものとは何なのか？　このことには最後に触れよう。というか本稿が目指すのはこのことだ。私は、これからこのことだけを書く。

趣味とか好き嫌いだけで物事を評価するのはあまりにもイージーなことだという、すこぶるもっともな意見がある。けれども、何らかの評価の基準に従って評価することだって、同じくらいにイージーだ。自分個人の趣味嗜好のフレッシュさをずっと保ったり、価値判断のフレームを絶えず見直し更新し続けることが容易ではないのである。ついついひとは主観的価値判断と客観的価値判断の二つが、ぱっきりと分かれてあると考えたがるが、それはただ、精神と肉体とを別々に考えてみるように、ただ分けてみているだけのことだ。空想と欲望は違う。人間は絶対的な無いものねだりは（よほどの馬鹿でなければ）しない。これまた、おそらく今やますますそうである。人は可能なものしか真に望まぬものである。利口な者ほど、目の前にあって摑んで取れそうなものばかりを相手にする。もちろん視界の広さや手の長さの問題はあって、それはたぶんだいぶん昔とは違っているだろう。とはいえ、自分の身の程を知っている者だけが、自分が何を欲しいのか、自分にとって何が欲しがるべきものなのか、つまりは何が欲されるべきものなのか、を知ることが出来る。要するに、煎じ詰めれば自分個人の「趣味」でしかないものを、あたかも自分以外の他者たちにとっても妥当する「尺度」へと無理矢理にでも変換せしめようと試みることが、相も変わらず、まったくもって相も変わらず批評のやっていることなのであって、だがそこにおける二極のいずれかが、あるいは双方が、妙に固定化して、もう片方を縛り付けようとしたり、あまりにも互いに強く結ぼれ合ってしまって、まるでひとつのものであるかのようになって、外からやってくるものたちや、新たにやってくるものたちに向けて、扉を閉ざす、ということがあってはならない。あってはならない、と言っても実際そういうことはあるので、なるべくなくなるといい。可能なものしか真に望めはしないのならば、可能性と呼ばれるところを、どうにかして開いていく必要がある。身の程は知っておいた方がいいが、身の程だって変わることはある。最近ますます思うことは、やはり「尺度」というものは、ほんとうは存在しないのではあるまいか。いや、そんなものは存在していない、と考えておくべきなのではないか。そう考えておきつつ、しかし「趣味」を妄信し、結局それに絡めとられることからも、何とか逃げおおせなくてはならない。とはいえ「趣味」か「尺度」か、という分け方は、今でもやはり思いきり延命している。この単純な二項対立の内側に、さまざまな方法が編み出されたり名付けられたりしてきた、と言ってもいい。だが、批評の方法が如何に精密に点検されようが、その批評が人を動かすか動かさないかという問題とは何んの関係もないということである。例えば、人は恋愛の修辞学を検討する事によって己れの恋愛の実現を期するかも知れない。しかし斯くして実現した恋愛を恋文研究の成果と信ずるならば彼は馬鹿である。或いは彼は何か別のことを実現してしまったに違いない。

ここでいう恋愛とは慕情よりも情熱に近いものである。情熱とはいい言葉だ。批評の情熱。情熱の批評。情熱批評ならぬ印象批評という術語の意味するところはさほど厳密ではないが、次の事実は大変明瞭だ。いわゆる印象批評の御手本、たとえば小林秀雄の文芸批評を前にして、舟が波に掬われるように、繊鋭な解析と潑剌たる感受性の運動に、読者が浚われてしまうという事である。この時、小林秀雄のマジックに憑かれながらも、読者が正しく眺めるものは、嗜好の形式でもなく尺度の形式でもなく、無双の情熱の形式をとった、小林秀雄の夢なのだ。それは確かに批評であるが、同時に小林秀雄の独白でもある。そもそも彼の批評と自意識との区別をつけられるだろうか。小林秀雄の批評のマジックは、小林秀雄が批評することは彼自身が自覚することであるとあらかじめわかっていた点に存する。批評の対象が自分自身であることと他者たちであることは、結局のところ同じだ。そう彼は思っている。そう書いている。だが知ってのとおり、そう思うからといって「批評とは竟に己れの夢を懐疑的に語る事ではないのか！」などと思わず言ってのけてしまうと、たとえばこんな言葉が向けられたりもする。

ただ「夢」というのであれば、それはすでに『様々なる意匠』の小林秀雄が、「批評とは竟に己れの夢を懐疑的に語る事ではないのか！」という名高い一行で、感嘆符で誇張でもしない限りとても口にはしがたいあまりにありきたりな発想の貧しさに苛立ちながら語っていないでもないが、そこで問題とされているのが、せいぜい「批評家」の意識とか精神のありうべき姿形といったもので、言葉自身の孕む不条理な夢でないことは確かである。とはいえ、並はずれて鋭い眼光を持って生まれねばならなかった小林氏のことだから、その捏造された感嘆符の余韻が絶えつくす以前に、「批評家」の裡に「懐疑的」に語るべき夢など秘蔵されてはおらず、あるのは言葉の桎梏のもとに希薄化する意識の虚像ばかりであって、その貧しさをみずから共有しないでいられるわけがないと気づいていたはずであり、だから小林氏は、言葉の孕む夢を意図的に抹殺しながら貧しさそのもので武装し、「批評」が問題体系の一劃に浮上する道をあらかじめ絶ってしまった上で、おのれのまとう貧しさを徹底化させながら「嫉妬」の対象に仕上げてしまったわけだ。奪われ、かすめとられて生きるもの同士が、装われた自堕落を共有しつつ身を寄せあい、ゆっくり時間をかけてその仮装ぶりを忘れてゆくときに虚構化されたかにみえる「貧しさ」、それに鮮明な輪郭をよみがえらせて負の連帯者たちの鼻さきにこれみよがしにちらつかせ、ありもしない羨望を煽りたてることで小林秀雄は「批評」の一語を「文学」から永遠に抹殺しようとする。その試みはなかば成功したかにみえながら、肝腎なところで、完璧な「貧しさ」が必然的にまとう「華麗さ」へと怠惰な視線を惹きよせてしまったが故に失敗し、かえって「貧しさ」の圏域に囲い込むべき「批評」を贋の豊饒さへと解放することに貢献してしまったのだが、模倣しがたきものの模倣者が「懐疑的」な仮面もつけずに輩出し、語ることと語らずにいることのいささかも逆説的でない同質性を、あたかも逆説的であるかに錯覚する楽天性の上に一つの「批評史」を築き上げてしまったというのは、おそらく三木清や戸坂潤にもまして「科学」の言葉の近くに住まう資質に恵まれていたはずの小林秀雄が、そんな資質をあっさりと放棄してしまっていたからにちがいない。

ここに記されている「貧しさ」の一語は、他のたとえば「凡庸」といった語などと一緒に、近代でもポスト近代でも別にいいのだけれど、そのように括られもする或る時代の諸条件の一項である「貧しさ」や「凡庸さ」を自覚しつつ、それはしかし自覚する必要以前に誰の目にも明らかな筈のいわば常識に属する事態なのであり、にもかかわらずどうやらそんな常識にさえ気づかぬ無知蒙昧さと、自らの無知蒙昧さに気づかぬ厚顔無恥さがあたりには蔓延しており、あろうことかそんな連中が賢しいとされていたりすることさえあるようなので、しようがないからちょっとした老婆心から一応指摘しておいてやっているのであって、もとよりこんなことをわざわざ述べ立ててみせる義務など毛ほどもないのだし、この言説自体が「貧しさ」に回収されることになるということだってよくよくわかっているのだ、といった一連の迂路によって、結果としては目論み通りに、いささかも逆説的でない「豊かさ」や「華麗さ」を身に纏うことになっていくわけだが、しかしそれにしても、ついつい「夢」「！」と記してしまっただけで実にここまでやられてしまったのは、もちろん書法や文体の問題などではなくて、右の文章の書き手が、何よりもまず「自意識」と「批評」という、ここでそしてここに限らず「趣味」と「尺度」のセットの次に出て来ざるを得ない二項対立、いや、この二項を対立させるという手口に、後者から前者を切り離し、前者を唾棄し後者を聖別するという仕草に、はなから舌鋒の的を絞っていたからに他ならず、つまりは根本的に両者の立場はまったく違っている、いうなれば正反対なのである、ということのようだけれども、果たして本当にそうか？

ここで私はだらしのない言葉が乙に構えているのに突き当る、批評の普遍性、と。とはいうものの、たとえば芸術家と呼ばれる者たちは、ほんとうに「普遍性」とやらを狙っているのだろうか？　そうではなくて、彼ら彼女らは、例外なく「個体」を狙ったのではないか。というのは、またもや「趣味」と「尺度」の変奏だ。あらゆる世にあらゆる場所に通ずる真実を語ろうと希ったのではない。ただ個々の真実を出来るだけ誠実に出来るだけ完全に語ろうと希っただけである。この「真実」も「誠実」も「完全」も、今から見れば無防備であり、言うなれば陳腐極まりないものだが、だが次のことは今も変わらず言える。最上の批評は常に最も個性的である。そして独断的という概念と個性的という概念は異なるのである。もちろん殊更に「個性的」であろうとすることは、またもや「貧しさ」の刻印を免れまい。だが「最上」を絶対でなく相対として捉えるならば、書き手というよりもまず読み手にとって、誰かの批評に別の誰かたちの批評よりも個性的すなわち交換不可能性が何らかの点で宿っているということは、少なくともその書き手の名前を覚えておいて、機会があればまた読んでみてもよいという気にはさせるだろうし、それは疑いなく、並はずれて鋭い眼光を持って生まれねばならなかった、他ならぬ「貧しさ」の提唱者だってそうだったのだ。

ひとはさまざまな可能性を持ってこの世界に生まれてくる。科学者になれたかもしれない。弁護士になれたかもしれない。自衛隊員になれたかもしれない。小説家にだってなれたかもしれない。しかし私は私以外にはなれなかった。これまでも、これからもなれないだろう。これを驚くべき事実というと嗤われるが、しかしいつまでたっても、誰にとっても、この「私は私である」というトートロジーは無敵である。ここから、だからこそ私は「私」を更新しなくてはならないのだし、更新出来るのだ、といった発想が生まれてくる。しかし言うまでもなく、更新された「私」だって、私は私である。トートロジーとそれへの抵抗はフィードバックループになっている。ところでこの因果なフィードバックの解消法がひとつだけある。それは「私」という語＝概念を廃棄することである。そんなこと出来はしないと思われるかもしれないが、そしてそれはそうなのだが、いまこれを書いているのが「私」であるという事実のようなものを、疑うのでなく無視すること。いや書いているのは私だが、たぶんその筈だが、この「私」というのは主体というよりは中枢であって、つまり本当はもっとだだ広がりに世界に漂い出ていっているのかもしれないものを、それではあまりに切りがないので、さしあたり「私」として焦点化して、なんとか色んな事どもを処理しよう、ということで、そうしているのに過ぎない。「私」の内に「さまざまな可能性」が潜在していたのか、或いは「さまざまな可能性」の中のひとつが「私」なのかは、実際にはどちらでもいい。いずれにしてもここから、他のあらゆる「さまざまな可能性」を排除したところに在る「私」という発想が生まれてくる。言うまでもなく「私は私以外にはなれなかった」は「私は他ならぬ私である」とも言い換えられる。このトートロジーは、絶望と断念と諦念と怨念と、そして最後には奇妙で無意味な自信の過信のようなものを産み出すことがある。とにかく「私は私以外にはなれなかった」と言わないために「私」と言わないこと。そうすることで、私は私以外にはなれないという端的な事実を受け入れるか否かの強制、私は私であるというトートロジーを、鎧に、或いは武器にする、という処世術から、とりあえずは逃げ出せる（私には、批評家たちが、様々な思考の制度をもって武装していることをとやかく言う権利はない。ただ鎧というものは安全ではあろうが、ずいぶん重たいものだろうと思うばかりだ。しかし、彼らがどんな性格を持っていようとも、批評の対象がその宿命を明かす時まで待っていられないという短気は、私には常に不審なことである）。そうすることでまた、先の「自意識」と「批評」というセットを、イコールで結ぶかスラッシュで分かつか、という選択もしなくてよくなる。断わっておくが、これはレトリックの次元の問題（だけ）ではない。

　芸術家たちのどんなに純粋な仕事でも、科学者が純粋な水と呼ぶ意味で純粋なものはない。彼らの仕事は常に、種々の色彩、種々の陰影を擁して豊富である。この豊富性のために、●は、彼らの作品から思う処を抽象する事が出来る、という事はまた何を抽象しても何物かが残るという事だ。この豊富性の裡を彷徨して、●は、その作家の思想を完全に了解したと信ずる、その途端、不思議な角度から、新しい思想の断片が●を見る。見られたが最後、断片はもはや断片ではない、たちまち拡大して、今了解した●の思想を呑んでしまうという事が起る。この彷徨はあたかも解析によって己れの姿を捕えようとする彷徨に等しい。こうして●は、●の解析の眩暈の末、傑作の豊富性の底を流れる、作者の運命の主調低音をきくのである。この時●の騒然たる夢はやみ、●の心が●の言葉を語り始める。この時●は●の批評の可能を悟るのである。

試しに「私」を伏字にしてみたが、どうだろうか。だが今はそれよりも「夢」の一語がここにも記されていることに注意を促しておきたい。とともに、ここで言われていることは、先の痛烈な批判者の説と、少なくとも彼が現実にやってきたことと、それほどの違いはないのではないかとも思えてくる。いや、違いがあるとすれば、従来そう思われてきたような、本人たちもそう思っていただろう違いとは、違う違いではないかと思われてくる。

すぐれた芸術は、常に或る人の眸が心を貫くが如き現実性を持っているものだ。人間を「現実への情熱」に導かないような表象のアーキテクチャは、結局のところはマニュアルというかナビに過ぎない。人はナビをもって右に曲れば街へ出ると教える事は出来る。しかしそれでは、坐った人間を立たせる事は出来ない。人はマニュアルやナビによって動きはしない、事件によって動かされるのだ。強力な観念学は事件である。強力な芸術もまた事件である。「事件」の一語がここにあることに注意を促しておきたい。言うまでもなくこれは、先の批判者の用語のひとつである。二つの「事件」はまるで異なるものだという意見もあるだろう。二度とは起こらない正真正銘の不意撃ちと、請われれば何度でも上演可能な舞台上の演戯ぐらい、そこには差があるのだと。だがほんとうにそうか？　不意撃ちだって実は「上演」されているのではないだろうか？

確かに「事件」として描き出された体験は、実のところは遭遇の物語であり、その証拠に舞台装置や背景までが詳述されている。つまりそれは風景の中での制度的な遭遇にすぎず、いわばよくできた思考のメロドラマなのだと断じられたら、それはそうだろうと思えてくる。だがしかし、メロドラマを回避すること、物語を拒絶することは、言うほど簡単なことではない。いずれにせよ私たちは「事件」を遡及的にしか発見出来ない。少なくとも「事件」の記述は、たとえまったくの不意撃ちとして起こったことであっても、常にそれがとっくに起こってしまった後になってから書き出されるのだし、せいぜいがその違いは、その時間的な詐術に、あくまでも意識的であり得るか、そんなあからさまなことにさえ気づかないふりをしているか、或いはほんとうに気づいていないか、というぐらいでしかない。だが更に言うと、これは本当に違いなのか。もしくは、本当にそのように違っているのか。たとえば「モオツァルト」と呼ばれる文章にかんして、私は以前、そこでされたとされる「事件の上演」とは何だったのかという点をめぐって、幾らか時間をかけて考えてみたことがある。それについてはここでは述べないが、だが「現実への情熱」という独特な、と言っていい言葉が、別のところで「物質への情熱」とも言われているものと同じであって、つまりここでは「現実」と「物質」すなわちリアルとマテリアルへの「情熱」こそが賭けられており、それは先の「恋愛」の隠喩とも勿論繋がっている。

　つまり、こういうことだ。待ち構えていたわけでも予感していたわけでもないのに、まさしく不意撃ちのようにして、とつぜんに、外からやってくるものたちや、新たにやってくるものたちがあり、それは「私」にやってくるというよりも、やってくる運動の只中に「私」がたまたま巻き込まれているだけのことなのだが、そのような運動、すなわち「事件」が「事件」であることを知るには、何よりもまず「情熱」が必要なのだという考えと、いやそんなことは全然なくて、ひとしく誰にも「事件＝運動」はやってきているのだから、「情熱」の有無や多寡によって、そこから「私」を切り出そうとするのは小狭い、それは悪しき幼稚な特権化なのであり、そうではなくて、ただ単に「事件」はある、とだけ言っておけばいいのだし、本当はそれさえも別に言わなくたっていいことなのだ、という立場とが、ここではとりあえず対置されている。つまり、ここでもやはり問題は「自意識」と「批評」の相関のありよう、もっとシンプルに言い換えるなら「私」の問題なのだ。

芸術について何ごとかを述べようとする際、或るリプレゼンテーションが喚起する或るエモーションとして考えるか、或るエモーションを喚起する或るリプレゼンテーションとして考えるかの二通りしかない。一通りなのではないかと思われるかもしれないが、要するに「結果」と「効果」のどちらに軸を置くかということだろう。だが、ここにおそらくあらゆる芸術論／評的なるものが、少なくともその作り手たちにとってはナンセンスなものになってしまいがちである所以がある。芸術が様々な「効果」の単なる足し算だと考えるなら、その構造を精密に説明することは幾らだって可能だ。また芸術がこの社会に生み出されてくるアーキテクチャについてだって、いかようにもそれらしき図式をこしらえることは出来る。そうする者にとって、芸術とは結局、望ましい「結果」を弾き出すための広い意味でのテクノロジーのことでしかない。だが、当の芸術家自身にとっては、芸術とはエモーションのエフェクターでもなければリプレゼンテーションを組立／分解するテクノロジーのことでもない。それは単に実践である。作品（ワーク）とは、芸術家にとってワーク・イン・プログレスの写像に過ぎない。ひとつの「作品」の背後には常に

「進行中の作品（群）」がある。彼もしくは彼女に真に重要なのは歩くこと、歩き続けることである。だが無論、これを勘違いして一個の作品がうまくいかなかった時の言い訳に用いたなら、芸術家の歩行はすぐさま、自分ではそれと気づかないまま、無意味で空疎なシジフォスの労働になってしまうことだろう。「結果」としてのリプレゼンテーション、「効果」としてのエモーションは、歩行者＝芸術家が、ふと足を止めた瞬間の足跡、或いは歩行運動のスナップショットから、どうしたって不可避的に導出されてくるものである。それを見誤らないこと、精確に射抜くことは重要だが、そこから逆向きに、歩行の全体を知った気になってはいけない。ただ同時に、一歩一歩の連続が歩行と呼ばれるものであることもまた、あまりにも歴とした事実である。作品論と作家論。テクストと人物。どちらかを採りどちらかを捨てるという選択には当然得るものと失うものがあるが、むしろそのことよりも、どちらかを選んだつもりが、もう一方がいつのまにか忍び込んでいたり、どちらかに与したつもりが、排した筈の方に何故だか似てきたりすることがあるのであって、事ほど左様に、歩行と足跡は、動画と写真は、結局はひとつのものだということである。だとすれば批評にやれることは、歩行に付き合い、時々は一緒にやすんで、振り返ってそこに見える風景や、連なっている足跡を眺め、彼もしくは彼女が写真を撮ったならそれをよく見つめ、或いはその様子を自分も写真に写してみたりする、といったことしかない。だがこれだけのことをするのはまったくもって大変だし、これだけのことをしたくなる相手と出会うことは、大変むつかしい。とはいえ大抵の場合は、そうしたくなる以前に、もうしているのだが。

昔むかし、誰かが誰かに「世に一つとして同じ樹はない石はない」と教えたという。これは、自然の無限に豊富な外貌を尊敬せよ、という事であるらしい。しかしこの言葉はもうひとつの真実を語っている。それは、世の中に、ひとつとして同じ「世に一つとして同じ樹はない石はない」という言葉もない、という事実である。言葉もまた各自の陰翳を有する各自の外貌をもって無限である。むかし昔、或る巨大な作品を描こうとした芸術家の眼に、おそらく最も驚くべきものと見えたのは、世界が各々異なった無限なる外貌をもって、あるがままであるということだったのだ。彼には、あらゆるものが神秘であるという事と、あらゆるものがクリアであるという事とは、二つの事ではないのである。自然があり芸術があり言葉がある。無限があり作品があり批評がある。仮にこの三項が縮減のプロセスだったとしても、自らの有限性を梃子にして無限のようなものに迫るということを、どうにかして試みなくてはならないのだし、実際そうしているのだ。一枚の風景画は、視界を刳り貫いたのではなくて、それは常に枠の外部を、その存在を知らせている。一枚の風景画を語る言葉は、それと同じことを、限られた語によって、しようとする。その言葉について為される批評は、それと同じことを、限られた言葉によって、しようとする。

批評するとは自己を語ることであってはならない。他人の作品をダシに使って自己を語ることであってはならない。そう思ってきた。私は昔ほんとうに「私」と書くまいとしていた時期があった。だが、書くまい、は、書かない、とは違った。それは結局「私」と書くまいとする「私」を、私に気づかせただけだった。当たり前のことだが、一人称の封印だけでは駄目だったのだ。「己れの夢を懐疑的に語る」というとき、「己れ」も「夢」も「懐疑」も、あまりにも簡単に批判の俎上にあげられるし、その批判は大概当たっている。だが、そうした至極もっともな批判を踏まえた上で、それでもやはり「批評」とは「己れの夢を懐疑的に語る」ことにしかならないということも、また真実なのではないか。「己れ」をたとえば「他者」であるとか、或いは「言葉」に変えてみたとしても、そうそう上手くはいかない。そんな「他者」や「言葉」は結局「己れ」へと回収される、というより元々その一部ではないのか。「私小説」という言葉があるように、「私批評」という言葉があり得るのだとしたら、そこから完全に逃げおおせることは、不可能に近い。おそらく「私小説」以上に、「私批評」という三文字は、わざわざそう書かなくてもいいほど、結びついてしまっている。誰も彼もが「私批評」なのだ。「私」と書かないためには、たぶん「自然」になるしか手はない。そういう方向は確かにあって、そこに漸近していっている者は確かに居る。それがどういうことなのか、そこに本当に見込みがあるのか、ということはいずれ問われねばならないが、ともかくも「夢」とか「情熱」とか、「己れ」とか「私」とかいった、明らかに不用意で不完全で安易でさえあるだろう語を、書くか書かないか、ということは、もはや問題ではない。そうした語の柔さ脆さを馬鹿にする者だって、違う言葉で同じことをしているのだ。このことがわかるのに数十年がかかった。何か作品と呼ばれるものを相手取って、誰が見てもそう見えると思われることを書こうとするのと、私であるからそう見えると思うしかないことを書こうとすることのあいだには、違いはない。違いがあるとしても、それは「私」にはわからない。それは私には言えない。だとしたら出来ることは、もうこのことは考えない、ということしかない。ただ歩くことだ。このことがわかるのに、数十年がかかった。

　批評家にとっては批評を書く事が希いであるか？　この「希い」とは何であるのか。それはやはり、詩人にとっての詩を創ることや、小説家にとっての小説を創ることとは別のことである。私とは別に、どこかに誰かが、少なくともひとりの歩行者が居なくては、批評は始まらない。だがしかし批評は、それとは別のかたちで、創造と呼ばれ得る可能性と権利を有している。批評家もまた批評を創る。芸術家の「創る」と批評家の「創る」は、異なる審級にあるが、もともとは同じものである。批評と創造との間には、その昔、無機体が有機体に移ったような事情があるのであろう。正しくつながりがあろうが、また、正しく透き間があるのであろう。批評を読んでも創造の仕方はわからない。批評はマニュアルでもナビでもないのだから。だが批評から創造が始まることはある。しかしそうして実現された創造は、批評の成果ではない。そう思うなら私は馬鹿である。或いは私は何か別のことを実現してしまったに違いない。そう考えておかなくてはならない。創造もしくは創作という営み／試みについて、批評家による意識的無意識的な、そこへの欲望／そこからの誘引が、彼の批評にパラドキシカルに作用し、その有様に奇怪な、或いは綺麗な歪みを与えるものだと考えるのは、確かに一面の真実を突いてはいる。だが、かといってそうして実現された批評は、創造の傀儡ではない。そうではなく、彼は何か別のことを実現しているのだ。批評と創造は子と親でも親と子でもない、双児である。同じ親から産まれ、よく似た顔を持つ、別々の子どもである。創造は兄姉かもしれない。批評が弟妹であるかもしれない。だが周知のように、かつて日本では、双児は先に生まれた方が下の子とされていた。今は違うらしいが。つまりは、批評家にとっては批評を創る事が「希い」である。この「希い」が意味しているものは、作品／作家への奉仕でもなければ、創作への欲望或いは断念でもなければ、審判の矜恃でもなければ、孤独な独断の悦びでもない。自己を語ることではないし、自己を語らぬことでもない。「希い」とは、「私」と呼ばれる、確かに後からやってきた筈の者が、先にやってきていた筈の者と、外からやってくるだろうものたちと、これからやってくるだろうものたちを、出迎えるための準備である。

　私は、そう、私は、今日の日本の文芸批評には、日本の批評には、重要と呼び得るような「さまざまな意匠」は、どれだけ歩き回っても見つけることは出来ないという気がしている。だが、このことは翻って、どこもかしこも「意匠」だらけ、ということでもある。とりあえず私は今、出来るだけ素面で作品に対して、出来るだけ正直に私の心を、多少は論理的に語ろうとする。そう努めるしかない。だが、この「素面」と「正直」を見繕らないことだ。

　これが私の、批評の初心である。

＊以下の文章からの引用もしくは改変もしくは反響が含まれている。
「様々なる意匠」小林秀雄
「アシルと亀の子Ⅰ」小林秀雄
「アシルと亀の子Ⅱ」小林秀雄
「批評家失格Ⅰ」小林秀雄
「物質への情熱」小林秀雄
『表層批評宣言』蓮實重彥
『闘争のエチカ』蓮實重彥／柄谷行人
「柄谷行人氏と日本の批評」福田和也

『日本人の目玉』福田和也
「小林批評のクリティカル・ポイント」山城むつみ
『批評と文芸批評と　小林秀雄「感想」の周辺』水谷真人
「「モオツァルト」・グラモフォン」佐々木敦
「小林秀雄の／と「耳」――「モオツァルト」・グラモフォン2」佐々木敦
『「批評」とは何か？』佐々木敦
『批評時空間』佐々木敦

# あとがき

本書の第一部は「新しい小説のために」という総題の下に雑誌「群像」に断続的に発表された。その十五ヵ月後から同じく「群像」で「新・私小説論」という連載を行ない、これが第二部となった。とはいえ読まれる通り、この二つの論考は内容的に完全に繋がっている。構想時には「新しい小説のために」の第五章になる予定だったものが膨張して第二部になったのである。

結果として本書は、私が「小説」にかんして自分の考えらしきものを述べた著書としては、これまでで最も厚い本になった。文芸批評という分野における最初の主著と言ってもいいだろう。私は今も自分のことを「文芸評論家」だとは思っていないし、今後もそう名乗ることはないだろうが、多少はそういう本になったのではないかと思っている。

二つの長い論考の後に「跋」として雑誌「新潮」に小林秀雄論として書いた文章を置いた。小林秀雄「論」というよりも、小林のパスティーシュ、それも歪《いびつ》に壊れたパスティーシュのかたちを借りて、自分なりの（「文学」に留まらない）批評観を述べたものである。本論と直接の関係はないが、この本に入れるのが相応しいと思った。

誤解されている向きもあると思うのだが、私は何につけ、いわゆる「最新流行」が全然好きではない。芸術文化の如何なるジャンルであれ、私が一貫してこだわってきた／いるのは「未知なるもの」や「例外的なもの」である。本書で論じられている「新しい小説」や「新しい私」の

「新」という語は、一時的に勃興してはすぐさま消費されるトレンドとは何の関係もない。別の言い方をするなら、それは複数の潜勢力（potentialities）のことである。私は日本語環境とその歴史において「小説」と呼ばれてきた営み／試みの内に今も完全には発現しないまま潜んでいる幾つかのポテンシャルを抽出し、汎用可能にしたいと思った。その作業における重要なキーワードが「私」だったわけである。「新しい小説」をめぐる思考＝試行は、いつしか「私」という問題へと収斂していった。

第一部は長谷川淳氏、第二部は原田博志氏が、連載時の編集担当だった。お二人ともすでに群像編集部を離れている。いつかまた別の機会にご一緒出来ることを願っています。単行本化にあたっては講談社文芸第一出版部の中島隆氏の手を煩わせた。ありがとうございました。

装幀は私の強い希望で森大志郎氏にお願いした。森氏の「書物」という条件に対する鋭敏かつ大胆な抵抗の美学に、かねてより魅せられていたからである。完全にお任せした結果が、これである。ここにも「新しい装幀＝書物」というポテンシャルが宿っている。

本書は一冊の論集として完結しているが、終わってみると積み残しや新たな課題も見えてきた。私は文芸批評における二冊目の「主著」に向けて、遠からず漸進を始めることになるだろう。それは本書の到達点を踏まえて、更なる潜勢力を探求する仕事になる筈だ。

二〇一七年九月二十七日

佐々木 敦

**初出**「群像」
新しい小説のために
リアリズムの末流　二〇一三年四月号
『新しい小説のために』のために　二〇一三年七月号
近代文学 vs 近代絵画　二〇一三年一一月号
「小説」の上演　二〇一四年四月号、六月号、七月号
新・私小説論
「私の小説」と「一人称の小説」　二〇一五年一〇月号
『私小説論』論
二〇一五年一一月号、一二月号、二〇一六年二月号
反（半？）・私小説作家たち
二〇一六年四月号、六月号、七月号、九月号
「一人称」の発見まで
二〇一六年一一月号～二〇一七年二月号
いわゆる「移人称」について
二〇一七年三月号、五月号、六月号
新しい「私」のために　二〇一七年七月号
＊
批評の初心　「新潮」二〇一三年四月号

**佐々木 敦**（ささき・あつし）
一九六四年、愛知県名古屋市生まれ。音楽レーベルHEADZ主宰。映画、音楽、文学、演劇など、広範なジャンルで批評活動を行う。主な著書に、『ニッポンの思想』『批評時空間』『シチュエーションズ「以後」をめぐって』『あなたは今、この文章を読んでいる。パラフィクションの誕生』『ニッポンの音楽』『ゴダール原論 映画・世界・ソニマージュ』『例外小説論「事件」としての小説』『ニッポンの文学』など多数。近刊に『筒井康隆入門』がある。

新《あたら》しい小説《しょうせつ》のために

二〇一七年一〇月二五日　第一刷発行

著者　佐々木《ささき》敦《あつし》
発行者　鈴木　哲
発行所　株式会社講談社
〒一一二―八〇〇一　東京都文京区音羽二―一二―二一
出版　〇三―五三九五―三五〇四
販売　〇三―五三九五―五八一七
業務　〇三―五三九五―三六一五
印刷所　凸版印刷株式会社
製本所　大口製本印刷株式会社

定価はカバーに表示してあります。

本書のコピー、スキャン、デジタル化等の無断複製は著作権法上での例外を除き禁じられています。本書を代行業者等の第三者に依頼してスキャンやデジタル化することはたとえ個人や家庭内の利用でも著作権法違反です。

落丁本・乱丁本は購入書店名を明記の上、小社業務宛にお送り下さい。送料小社負担にてお取り替え致します。なお、この本についてのお問い合わせは、文芸第一出版部宛にお願い致します。

ISBN978-4-06-220805-5　Printed in Japan
©Atsushi Sasaki 2017